COMSOL
工程传热与相变实战

江帆 温锦锋 著

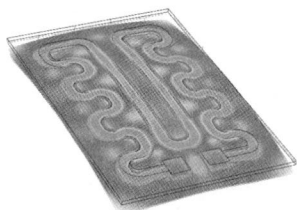

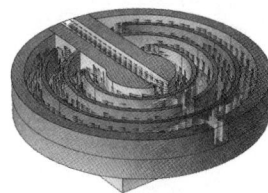

人民邮电出版社
北京

图书在版编目（CIP）数据

COMSOL 工程传热与相变实战 / 江帆，温锦锋著.
北京 ： 人民邮电出版社，2025. -- ISBN 978-7-115
-67261-2

Ⅰ. TK124

中国国家版本馆 CIP 数据核字第 2025PD5147 号

内 容 提 要

传热问题在不同的行业产生影响，需要进行详尽分析，COMSOL 传热分析能够处理各种工程传热问题，是科研人员与工程师的得力工具。本书在介绍传热基本控制方程、传热分析的有限元方法、流体传热及耦合传热等理论的基础上，给出了有关基础传热、热流耦合传热、相变传热、多物理耦合传热、传热参数与结构优化、深度神经网络代理模型训练等案例分析，尽可能多地涉及 COMSOL 传热分析的各个方面，每个案例给出相关的背景与详细的分析过程及注意事项，为读者具体应用提供参考。

本书可作为机械、材料、水利、土木、暖通、动力、能源、化工、航空、冶金、环境、交通、电力电子、超算、医药、生物等领域的科研与工程技术人员使用 COMSOL 软件进行传热分析及传热参数优化的参考书，也可作为这些专业领域的本科生和研究生学习数值传热分析、有限元法及 COMSOL 软件的教学用书。

- ◆ 著　　　　江 帆　温锦锋
　　责任编辑　吴晋瑜
　　责任印制　王 郁　胡 南
- ◆ 人民邮电出版社出版发行　　北京市丰台区成寿寺路 11 号
　　邮编　100164　电子邮件　315@ptpress.com.cn
　　网址　https://www.ptpress.com.cn
　　北京市艺辉印刷有限公司印刷
- ◆ 开本：787×1092　1/16
　　印张：20　　　　　　　　　　　2025 年 9 月第 1 版
　　字数：490 千字　　　　　　　　2025 年 9 月北京第 1 次印刷

定价：119.80 元

读者服务热线：(010)81055410　印装质量热线：(010)81055316
反盗版热线：(010)81055315

前　言

目前，热能科学与工程技术领域广泛采用数值传热分析软件进行模拟仿真、分析预测和设计优化，以便提高热交换效率、冷却效率、热防护效率或者降低辐射率等。因此，掌握传热机理模型及其数值计算技术对于从事各类装备设计、热管理等工作的工程师是非常必要的。而且，传热分析也是复杂装备多学科设计优化（Multidisciplinary Design Optimization，MDO）技术、热管理领域的重要组成学科。传热分析技术是复杂装备创新设计（各类设备热管理）和跨越发展的支撑技术。

数值传热分析主要是对传热控制方程求解，有很多方法，如有限差分法、有限体积法、有限单元法、边界元法等。其中有限单元法（简称有限元法，FEM）是计算椭圆型和抛物线型偏微分方程的有效数值计算方法，广泛应用于传热和固体力学计算领域。有限元分析软件可以帮助工程师解决复杂装备设计、优化或控制等环节中的传热问题。有限元分析软件很多，其中 COMSOL Multiphysics 具有高效的计算性能和独特的多物理场全耦合分析能力，可以保证数值仿真的高度精确，帮助科研人员与工程师分析各类传热问题，在机械工程、石油工程、能源化工、土木工程、航天航空、海洋工程、环境工程、光学工程、生物医药、电力电子、交通运输等行业的传热数值分析方面发挥着重要作用。

为了让读者掌握传热（含相变传热）分析基础知识、有限元法基础知识及 COMSOL 在工程传热与相变方面的应用方法，我们编写了这本《COMSOL 工程传热与相变实战》。本书包含数值传热分析基础、相变基础与有限元法等基础知识及 COMSOL 在固体传热、流动传热、相变传热、耦合传热、参数与拓扑优化、代理模型等方面的案例分析。案例涵盖基础传热、热固耦合、热流耦合、电热耦合、相变传热等方面的工程实例，尽可能多地涉及了 COMSOL 的传热分析领域，案例操作步骤详细，并给出了演示视频，便于读者进一步研究。

全书共分 6 章，第 1 章介绍固体传热、流动传热、耦合传热与有限元法的基本知识，第 2 章介绍 COMSOL 的界面组成与基本操作、简单传热分析案例，第 3 章为传热基础分析（包括不同材质平板导热量分析、蒸汽管道的总散热量分析、建筑结构热桥分析、齿轮的渗碳与淬火分析、翅片的拓扑优化分析），第 4 章为耦合传热分析（包括热水壶加热过程分析、纳米流体在微通道内的流动传热特性分析、机房内的传热分析、柔性涡发生器的振荡强化传热分析、CPU 散热器传热分析、双金属片的热变形分析、铜丝的通电发热分析），第 5 章为相变传热分析（包括孔隙尺度相变填充床储热性能分析、管道中的结冰分析、激光烧蚀分析、电池复合散热分析、微通道中蒸汽气泡生长分析），第 6 章为复杂传热分析（包括多孔介质传热分析、加热电路的电热固耦合分析、管式反应器温度条件优化分析、传热代理模型训练）。本书通过基础知识的介绍，让读者清楚软件中一些物理量及设置的具体意义；利用案例驱动软件学习，结合工程案例解析 COMSOL 在传热与相变领域应用分析的详细操作过程及一些注意事项，让读者在真实的工程分析实践中明确如何建模、设置参数及分析计算结果。本书的20 多个案例涉及 COMSOL 传热的各个方面，让读者尽可能全面地了解传热分析的应用领域。

　　本书由江帆、温锦锋编写，江帆负责构思全书框架与案例筛选，并编写第 1 章、第 2 章和第 6 章，温锦锋编写第 3 章至第 5 章，全书由江帆统稿。

　　本书部分材料取自 COMSOL 博客、百度、知乎、哔哩哔哩等网络资源，并稍作修改，感谢这些网友所做的工作。本书编写得到广州大学各级领导，以及机械与电气工程学院老师们的支持，得到人民邮电出版社的大力支持，还得到作者家人所给予的理解与大力支持，在此一并致以深深的谢意！

　　本书既是从事固体传热、流动传热、相变传热、耦合传热、复杂传热及传热参数与传热结构优化等研究的工程技术人员应用 COMSOL 进行相关传热分析的参考书，又可作为高等院校相关专业本科生和研究生进行工程传热与数值传热分析教学、复杂传热问题（特别是多物理场耦合传热、深度神经网络求解传热等问题）研究的指导书或教学用书，本书案例的模型文件、mph 文件与相关操作视频已上传至异步社区，扫描书中二维码即可领取相关资料。

　　因笔者的水平有限，书中难免有不当之处，敬请广大读者批评指正，请致信 jiangfan2008@126.com 或 2908551877@qq.com，不胜感激。

江帆

2025 年 2 月于广州

目　　录

第1章　工程传热与有限元分析基础

日常生活与工业生产中有很多热量传动现象与过程，直接影响人类生活方式、科技发展、工业生产和国防建设等。科学家们研究热量产生、传递和转换过程及其规律，并创建了热力学和传热学等学科。现在热力学和传热学已经在工业、农业、医学、生物、气象、信息技术等领域发挥着重要作用。在计算机技术广泛应用之前，科学家们已经对热力学和传热学的机理模型进行了深入的研究，但是只能采用傅里叶变换和参数分离等数学方法分析简单的热力学过程，在很大程度上依赖物理实验观察热量变化和传递现象、总结和验证传热规律。

近60年来，计算机技术的发展使得科学家们可以采用数值计算技术分析热量的产生、传递和转换过程，以及分析热固耦合、热流耦合、相变等复杂传热过程。计算机数值计算技术和经典传热理论的结合产生了一门新的交叉学科——数值传热学（numerical heat transfer, NHT），也称计算传热学（computational heat transfer, CHT）。数值传热学利用偏微分方程的数值计算技术（有限差分法、有限体积法、有限元法等，本书介绍有限元法）计算传热过程的状态变化（如温度场和温度梯度场的动态分布），并进一步分析预测传热过程对结构系统的影响（如固体热应力等）。数值传热分析技术及相应的计算机软件的发展，使得工程师可以十分方便地在各类工程技术领域中应用传热分析技术。

数值传热分析需要有传热分析、流体力学、有限元法等基础知识的支撑，本章简单介绍数值传热分析及相关方面的基础知识。

1.1　热力学与传热学概述

在科学技术领域，科学家们普遍采用系统论的方法将研究对象从环境中分离出来形成"系统"。系统观念强调了研究对象与外部环境之间的分割及联系，并且强调了系统内部要素之间的交互作用。系统与外部环境的分割或者连接之处称为系统边界。通过定义一个系统，研究者可以明确界定研究对象的边界和内涵。在与"热"相关的科学技术领域，科学家们将研究对象从环境中分割开来，并且定义为热力学系统。热力学系统是一种由"连续介质（continuum）"构成的系统，即大量的流体或者固体"质点"或者"粒子"占据连续空间位置构成一个没有缝隙的几何"体积"。采用若干参数描述热力学系统的"状态"，这些参数称为热力学系统的状态参数或者性质。热力学系统的性质不是微观尺度上单个粒子的状态，而是宏观尺度上全部粒子的统计平均规律。

一组确定的状态参数值称为热力学系统的一个状态，一个热力学系统可以具备多种状态。如果热力学系统的状态参数不随时间变化，则称热力学系统处于稳态或者平衡状态，否则称热力学系统处于瞬态或者非平衡状态。热力学系统中常见的状态参数有温度、压力、密度、内能、焓等。温度是描述热力学系统处于（瞬间）平衡状态的一个状态参数，热量是改变热力学系统状态的一种能量。

在工程技术领域，存在两门相互关联的研究热现象的学科——热力学和传热学，这两门学科分别从不同的角度研究了热力学系统的状态变化、热量传递和能量转换规律。

1.1.1　热力学基本定律

热力学主要研究热力学系统从一个状态变化到另一个状态时所伴随的热量变化或者热量与其他能量的转换。热力学系统与外界进行能量交换（传热或做功）的根本原因是两者的热力学状态之间存在差异。例如，热力发动机中能量发生转换是由于热力发动机的高温高压工质与外界环境的温度和压力有很大的差别。热力学第一定律和第二定律是描述热力学系统状态变化的基本定律，是热力学理论体系的基础。热力学第一定律表述为"当热能与其他形式的能量进行转化时，能的总量保持恒定"。热力学第一定律是能量守恒定律在热现象上的体现，其数学表达式为

$$\Delta E = \delta Q - \delta W \tag{1.1}$$

其中，δQ 表示热量；δW 表示系统做功；ΔE 是系统内能的变化量。在国际单位制中，三者的单位都是焦耳（J）。

在热力学第一定律中，进入热力学系统的热量为正，流出系统的热量为负；热力学系统对外界做功为正，外界对热力学系统做功为负；热力学系统内能增加为正，降低为负。热力学第一定律表示对于任何热力过程，系统中存储能量的增加等于进入系统的能量减去离开系统的能量。

如果热力学系统与外部环境既没有物质交换，也没有热量交换，则称为绝热系统。绝热系统中热力学第一定律的表达式为

$$\Delta E = -\delta W \tag{1.2}$$

一般传热过程中，热力学系统与环境没有物质交换，只有热量交换。如果热力学系统与外部环境既有物质交换，也有能量交换，则称为传质传热系统。

热力学第一定律表明了热力学系统中内能、热量和功这 3 个物理量之间的关系，但是没有说明热量传递的方向。德国物理学家克劳修斯（Clausius）指出热量不能自发地从低温物体流向高温物体，只能自发地从高温物体流向低温物体，该结论指明了自然过程中热量传递的方向，被称为热力学第二定律。热力学第二定律具有多种表述方式。热力学将传热过程分为可逆（reversible）过程和不可逆（irreversible）过程。如果一个热力学系统从初始状态经过某一路径到达一个终止状态，并且能够沿着相同路径从终止状态返回初始状态，则该传热过程称为可逆的。如果一个热力学系统从初始状态经过某一路径到达一个终止状态，但不能沿着相同路径从终止状态返回初始状态，则该传热过程称为不可逆的。Clausius 引入了熵的概念描述热力学系统的初始状态和终止状态之间的差异。热力学第二定律可以表述为热力学过程中熵的变化，即

$$S_2 - S_1 \geqslant 0 \tag{1.3}$$

其中，S_1 和 S_2 分别表示热力学系统在初始状态和终止状态的熵。一个热力学过程中，如果 S_1 和 S_2 相等，则该过程是可逆的；如果 S_1 小于 S_2，则该过程是不可逆的。

式（1.3）说明在可逆过程中孤立热力学系统的总熵保持不变；在不可逆过程中孤立

热力学系统的总熵是增加的，这个规律叫作熵增加原理。因此，热力学第二定律指出在自然界中任何的热力学过程都不可能自动地复原，要使系统从终态回到初态必须借助外界的作用。

热力学第二定律明确了传热过程的可能方向和达到平衡的必要条件，以及不可逆性对过程性能的影响。所谓方向性和不可逆性，是指在各种过程中热力学系统总是从不平衡状态朝着平衡状态的方向进行。当热力学系统达到平衡状态后，一切变化也就停止了。自然过程是不可逆的，已经达到平衡状态的热力学系统不会重新自发地变为不平衡状态。例如，两个温度相等已经取得了热平衡的物体，不会自发地使得一个物体温度升高而另一个物体温度降低。因此，从本质上说，热力学系统趋于平衡就是自然过程的方向。

1.1.2 热量传递方式

当热力学系统与外部环境或者系统内部存在温差时，热力学系统处于热不平衡状态，一定会造成热量传递。虽然热力学可以计算出热力学系统的两个热平衡状态之间的能量（热量）差异，但是不能计算分析两个平衡状态之间的变化过程。例如，热力学不能计算热力学系统从一个热力学状态达到另一个热力学状态所需的时间，也不能计算出某一个时刻热力学系统的非平衡状态。

传热学是研究热量传递（过程）规律的学科，可以计算热力学系统状态变化的历程。热量传递有导热、对流和热辐射这 3 种基本方式。物体各部分之间不发生相对位移时，依靠分子、原子及自由电子等微观粒子的振动和碰撞而产生的热量传递现象称为导热或热传导。例如，物体内部存在温差时，热量从高温部分传递到低温部分；两个直接接触的物体（固体）间存在温差时，热量从高温物体传递到低温物体，都是典型的导热现象。对于平壁一维稳态导热，它的导热热流量 Q 用式（1.4）计算，式中 A 为导热物体的表面积（m^2），k 为导热系数[W/（m·K）]，δ 为导热物体的厚度（m），t_1 和 t_2 为导热物体两侧的温度（K）。平壁导热的导热密度 q 用式（1.5）计算。

$$Q = Ak(t_1 - t_2)/\delta \tag{1.4}$$

$$q = k(t_1 - t_2)/\delta \tag{1.5}$$

通过流体运动把热量由某处传递到另外一处的现象，称为对流传热。对流传热分为自然对流传热（natural convection）和强制对流传热（forced convection）两类。在对流传热过程中，如果流体运动是由自身热力学状态的不平衡引起的，则称为自然对流传热；如果流体运动是由外力引起的，则称为强制对流传热。工程上常遇到的不是单纯对流传热方式，而是流体流过另一固体表面时对流传热和导热相互结合的热量传递过程，称为对流换热。对流换热的基本计算可以用式（1.6）和式（1.7），其中，h 为对流换热系数[W/（m^2·K）]，t_s 和 t_f 分别为固体壁面温度和流体温度（K）。

$$Q = Ah(t_s - t_f) \tag{1.6}$$

$$q = h(t_s - t_f) \tag{1.7}$$

物体通过电磁波传递能量的方式称为辐射。物体会因多种原因发出辐射能，其中因热的原因发出热辐射能的现象称为热辐射。自然界中各物体都不停地向空间发出热辐射能，热量辐射和吸收是物体间进行热量传递的主要方式之一，即辐射换热。当物体与周围的环境达到热平衡时，辐射换热量等于零；但这是动态平衡，辐射与吸收过程仍不停地进行，辐射热量与吸收热量在数量上相等。根据斯特藩–玻尔兹曼定律，物体辐射热量（或辐射力）的计算公式为

$$E = \varepsilon\sigma T^4 \tag{1.8}$$

其中，E 为物体的辐射力[W/m²]；ε 为物体的辐射率（或黑度，小于 1 的数）；σ 为斯特藩–玻尔兹曼常数（或辐射常数），$\sigma = 5.67\times10^{-8}$ W/（m²·K⁴）；T 为黑体的热力学温度（K）。

　　导热和对流传热这两种热量传递方式必须通过介质才能实现，而热辐射可以在没有中间介质的真空中传递热量，这是热辐射区别于导热和对流传热的重要特点之一。当两个物体被真空隔开时，如太阳与月球之间，就不会发生导热和对流传热现象；但是太阳可以热辐射的方式将热量传给月球。热辐射过程中不仅产生能量的转移，而且还伴随着能量形式的转化。热辐射过程中，能量首先从热能转变为电磁波能，然后在吸收过程中又从电磁波能转换为热能。这是热辐射区别于导热和对流传热的另一个特点。

1.2　固体传热基本方程

　　物理学将物质分为气体、液体和固体 3 种形态，传热过程可以发生在任何形态的物质中。由于许多工程设计（或分析）问题的核心是金属或者非金属固体材料中的热传递现象，因此固体材料中的传热分析占据了主导地位。这里主要探讨固体中的导热现象，即固体传热，其他传热方式可作为边界条件进行处理；后续章节中"固体"和"物体"等在概念上等同于"热力学系统"。

1.2.1　傅里叶方程

　　固体传热方式主要为热传导，研究表明如果在物体内存在温度梯度，则能量就会由高温区向低温区转移。许多学者对热传导机理进行了研究，认为当物体两端存在温度差时热量就像流体一样在物体内部流动，形成热量流（简称热流）。如同水流和电流，在单位时间内通过物体某一截面（或者表面）的热量称为热流量；单位时间内通过单位截面积（或者表面积）的流量称为热流量密度（强度），简称热流密度。物理实验表明，单位时间内通过物体单位截面积（或者表面积）的热流量（热流密度）大小正比于该截面（或表面）的法向温度梯度值，但是热流方向与法向温度梯度方向相反，即

$$q_n = -k_n\frac{\partial T}{\partial n} \tag{1.9}$$

　　式（1.9）也称为傅里叶方程，其中，q_n 是物体截面（或者表面）法线方向的热流量密度（或热流密度），其单位为瓦/平方米（W/m²）；$\dfrac{\partial T}{\partial n}$ 是物体表面法线方向的温度梯度，其单位为开尔文/米（K/m）；常数 k_n 称为材料法线方向的导热系数或热传导率（简称热导率，也称导热率，是表示材料热传导能力大小的物理量），其单位为瓦/（米·开尔文）[W/（m·K）]。

傅里叶方程中的负号表示热传导过程服从热力学第二定律，热量从高温区域流向低温区域。通常在笛卡儿直角坐标系中研究热力学系统的状态变化，由傅里叶方程（1.9）可得到 x、y、z 这 3 个坐标轴方向的热流密度：

$$q_x = -k_x \frac{\partial T}{\partial x}; q_y = -k_y \frac{\partial T}{\partial y}; q_z = -k_z \frac{\partial T}{\partial z} \tag{1.10}$$

式（1.10）中，(q_x, q_y, q_z) 表示 x、y、z 这 3 个坐标轴方向的热流密度；(k_x, k_y, k_z) 表示物体在 x、y、z 这 3 个坐标轴方向的导热系数。

导热系数是固体材料的固有性质（物性）。严格意义上，材料导热系数是与温度相关的，工程实践中为了简化计算，学者们在温度变化不大的条件下，忽略温度对导热系数的影响。理论上，固体材料中每一点在 3 个坐标轴方向的导热系数是不同的，即材料是各向异性的。如果物体中同一点在 3 个坐标轴方向的导热系数是相同的，则材料是各向同性的。如果材料中每点的导热系数不相同，即导热系数是每点位置坐标的函数，则该物体称为异构（heterogeneous）材料。如果材料中每点的导热系数相同，则该物体称为同构（homogeneous）材料。对于同构材料，物体中各点的导热系数都相同，但是每点可能存在 3 个不同方向的导热系数。对于各向异性的异构材料，导热系数不仅在各点不同，而且在每点 3 个坐标轴方向上也不同，即

$$\begin{cases} k_x(x,y,z) \neq k_y(x,y,z) \neq k_z(x,y,z) \\ k_x(x_i,y_i,z_i) \neq k_x(x_j,y_j,z_j) \\ k_y(x_i,y_i,z_i) \neq k_y(x_j,y_j,z_j) \\ k_z(x_i,y_i,z_i) \neq k_z(x_j,y_j,z_j) \end{cases} \tag{1.11}$$

但是，工程技术领域中的大多数材料（特别是金属材料）是各向同性的同构材料，即导热系数在每一点的 3 个坐标轴方向上是相等的，而且不随位置发生变化，即

$$k_x(x,y,z) = k_y(x,y,z) = k_z(x,y,z) = k \tag{1.12}$$

其中，k 为常数，称为材料的导热系数或者热导率。

将式（1.12）代入式（1.10），各向同性同构材料的热传导方程可表示为

$$q_x = -k \frac{\partial T}{\partial x}; q_y = -k \frac{\partial T}{\partial y}; q_z = -k \frac{\partial T}{\partial z} \tag{1.13}$$

1.2.2 导热控制方程

在连续介质物理系统研究中，通常采用系统状态变量建立偏微分方程（partial differential equation，PDE）来描述质量守恒、动量守恒和能量守恒定律，因为物理系统必须遵守这些守恒规律，所以采用 PDE "管理" 和 "控制" 这些物理系统的行为。因此，这些 PDE 模型被称为相关物理系统的控制方程（governing equation）。在传热学中，热传导控制方程是根据热力学第一定律推导得到的能量守恒方程。通过分析（利用图 1-1 的直角坐标系下导热微元体推导出来，具体见文献[1]），在三维笛卡儿直角坐标系中瞬态温度场变量 $T(x, y, z, t)$ 应满足的控制方程（直角坐标系下固体的导热控制方程）如式（1.14）所示。

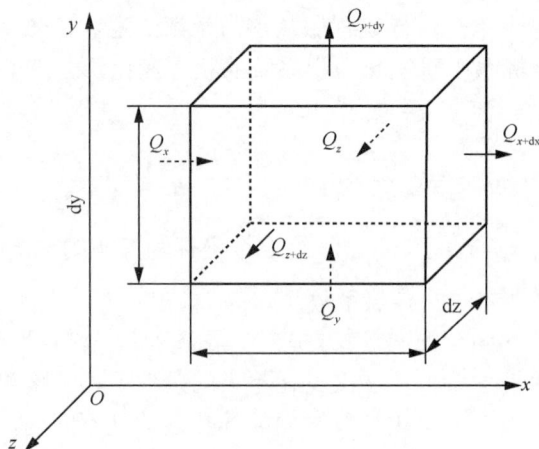

图 1-1　导热微元体

$$\rho c_p \frac{\partial T}{\partial t} = k\frac{\partial^2 T}{\partial x^2} + k\frac{\partial^2 T}{\partial y^2} + k\frac{\partial^2 T}{\partial z^2} + q_v \tag{1.14}$$

其中，q_v 为单位时间内材料内部单位体积中产生的热量，称为内热源密度，其单位为瓦/立方米（W/m^3）；ρ 为材料密度，其单位为千克/立方米（kg/m^3）；c_p 为材料的比定压热容，即单位体积材料在确定压力下产生单位温度变化所需热量，其单位为焦耳/（开尔文·立方米）[J/（K·m^3）]；$\rho c_p \dfrac{\partial T}{\partial t}$ 表示内能的变化量。

内热源表明材料内部由某种物理或化学过程产生的热量，如电子元件中由电阻效应产生的热量。内热源 q_v 可以是几何位置的函数，也可以是一个常量，在本书中，未加特别注明之处都将内热源作为常量。

很多工程问题需要在极坐标系和球坐标系下研究或者分析传热过程，采用基本的坐标系变换方法就可以将直角坐标系下的导热控制方程变换为极坐标系或者球坐标系下的导热控制方程。

极坐标系下导热控制方程为

$$\rho c_p \frac{\partial T}{\partial t} = k\frac{\partial^2 T}{\partial r^2} + k\frac{1}{r}\frac{\partial T}{\partial r} + k\frac{1}{r^2}\frac{\partial^2 T}{\partial \theta^2} + k\frac{\partial^2 T}{\partial z^2} + q_v \tag{1.15}$$

球坐标系下导热控制方程为

$$\rho c_p \frac{\partial T}{\partial t} = k\frac{1}{r}\frac{\partial^2 (rT)}{\partial r^2} + k\frac{1}{r^2 \sin\theta}\frac{\partial}{\partial \theta}\left(\sin\theta\frac{\partial T}{\partial \theta}\right) + k\frac{1}{r^2 \sin^2\theta}\frac{\partial^2 T}{\partial \varphi^2} + q_v \tag{1.16}$$

如果温度场不随时间发生变化，则称为稳态传热过程。此时温度对时间的偏导数为零，因此式（1.14）～式（1.16）中左边为零。例如，直角坐标系下稳态导热控制方程变化为

$$k\frac{\partial^2 T}{\partial x^2} + k\frac{\partial^2 T}{\partial y^2} + k\frac{\partial^2 T}{\partial z^2} + q_v = 0 \tag{1.17}$$

在工程技术领域，三维空间中物体的导热模型在一定的条件下往往被简化为二维甚至一维空间的导热模型。如果物体在某一个坐标轴（为了简便假设为 z 轴）方向没有热量传递，

即温度场对 z 轴的偏导数为零，则此时物体中的导热过程就可以简化为二维空间的导热过程。

在直角坐标系下，由三维空间的导热控制方程得到二维平面导热控制方程，即

$$\rho c_p \frac{\partial T}{\partial t} = k \frac{\partial^2 T}{\partial x^2} + k \frac{\partial^2 T}{\partial y^2} + q_v \tag{1.18}$$

假设物体内部不产生热量，即没有内热源项，则二维平面导热控制方程（1.18）等同于

$$\rho c_p \frac{\partial T}{\partial t} = k \frac{\partial^2 T}{\partial x^2} + k \frac{\partial^2 T}{\partial y^2} \tag{1.19}$$

假设物体内部不产生热量并且温度不随时间变化（稳态温度场），则二维平面导热控制方程（1.18）等同于

$$\frac{\partial^2 T}{\partial x^2} + \frac{\partial^2 T}{\partial y^2} = 0 \tag{1.20}$$

如果进一步假设物体在两个坐标轴方向没有热量传递，则三维物体的传热过程就可以被简化为一维传热过程。在直角坐标系下，由二维空间的导热控制方程（1.18）可以得到一维空间导热控制方程

$$\rho c_p \frac{\partial T}{\partial t} = k \frac{\partial^2 T}{\partial x^2} + q_v \tag{1.21}$$

由式（1.21）知，一维稳态导热控制方程可退化为一个二阶常微分方程

$$k \frac{\mathrm{d}^2 T}{\mathrm{d} x^2} + q_v = 0 \tag{1.22}$$

一维稳态导热过程具有理论通解

$$T = -\frac{q_v}{2k} x^2 + c_0 x + c_1 \tag{1.23}$$

为了求得式（1.23）的确定解，需要补充其他条件才能计算其中的两个系数 c_0 和 c_1。

1.3 二阶偏微分方程

1.3.1 二阶偏微分方程的分类

在数学形式上，导热控制方程式（1.14）～式（1.19）是二阶偏微分方程（second-order partial differential equation）。在工程技术领域，二阶偏微分方程占据了主导地位，许多物理系统的控制方程都是二阶偏微分方程，故这里简单介绍二阶偏微分方程的基本性质。

假设函数 u 是 n 维实数空间的一个标量函数，则关于函数 u 的二阶偏微分方程通式为

$$\sum_{i=1}^{n}\sum_{j=1}^{n} a_{ij} \frac{\partial^2 u}{\partial x_i \partial x_j} + \sum_{i=1}^{n} b_i \frac{\partial u}{\partial x_i} + cu + d = 0 \tag{1.24}$$

如果采用爱因斯坦求和约定，式（1.24）可以简写为

$$a_{ij}\frac{\partial^2 u}{\partial x_i \partial x_j} + b_i \frac{\partial u}{\partial x_i} + cu + d = 0 \tag{1.25}$$

在式（1.24）或者式（1.25）中，如果 $d=0$，则称方程为齐次（homogenous）方程；否则称为非齐次（non-homogenous）方程。在偏微分方程中，如果函数 u 及其偏导数项的系数中不包括函数 u（或偏导数），则称为线性偏微分方程；在偏微分方程中，如果函数 u 及其偏导数项的系数中包括函数 u（或偏导数），则称为非线性偏微分方程。

如果实数空间的维数等于 2（只有两个自变量），则函数 u 的二阶偏微分方程通式简化为

$$A\frac{\partial^2 u}{\partial x^2} + B\frac{\partial^2 u}{\partial x \partial y} + C\frac{\partial^2 u}{\partial y^2} + D\frac{\partial u}{\partial x} + E\frac{\partial u}{\partial y} + Fu + G = 0 \tag{1.26}$$

1.2.2 节介绍的导热控制方程都是线性偏微分方程。导热控制方程中，如果考虑导热系数随温度的变化，则导热控制方程变化为非线性偏微分方程。例如，在导热系数随温度变化但变化率较小的情况下，二维导热控制方程就变为非线性形式，即

$$\rho c_p \frac{\partial T}{\partial t} = k(T)\frac{\partial^2 T}{\partial x^2} + k(T)\frac{\partial^2 T}{\partial y^2} + q_v \tag{1.27}$$

对于二阶线性偏微分方程，通常分为椭圆型、抛物线型和双曲线型 3 种类型。偏微分方程（1.26）的类型是由式中二阶偏导数项的系数所决定的。如果 $B^2 - 4AC < 0$，则偏微分方程（1.26）是椭圆型（elliptic）。椭圆型偏微分方程描述与时间无关的物理过程，如稳态传热过程。椭圆型偏微分方程中不包含时间变量，仅包含空间变量。从另一个角度，椭圆型偏微分方程描述与时间相关的物理过程当时间趋于无穷大时的极限状态。

如果 $B^2 - 4AC = 0$，则式（1.26）所示的偏微分方程是抛物线型（parabolic）偏微分方程。抛物线型偏微分方程描述与时间相关的"传播（propagation）"过程，如瞬态传热过程。抛物线型偏微分方程中不仅包含空间变量，还包含时间变量（通常为一阶时间偏导数）。在空间域上，抛物线型偏微分方程一般是椭圆型偏微分方程。因此，抛物线型偏微分方程描述一个由无数的"中间平衡状态（椭圆型）"构成的物理过程，并且当时间趋于无穷大时，抛物线型偏微分方程的解无限趋近于相应的椭圆型偏微分方程的解。

如果 $B^2 - 4AC > 0$，则式（1.26）所示的偏微分方程是双曲线型（hyperbolic）偏微分方程。双曲线型偏微分方程也描述与时间相关的"传播（propagation）"过程，如波动过程。双曲线型偏微分方程中不仅包含空间变量，而且包含时间变量（一般为二阶时间偏导数）。在空间域上，双曲线型偏微分方程一般也是椭圆型偏微分方程。双曲线型偏微分方程描述"椭圆型平衡状态"像波一样传播的物理过程。

因此，式（1.20）所示的稳态导热控制方程是椭圆型二阶偏微分方程。如果偏微分方程中自变量数目大于 2，则需要分别对两个自变量组合来判断偏微分方程的类型。瞬态导热控制方程对于任意两个空间坐标都是椭圆型二阶偏微分方程，但是对于时间和任意一个空间坐标则是抛物线型二阶偏微分方程。在物理系统中，科学家们一般以时间变量为主要参考变量，因此，瞬态导热控制方程被称为抛物线型二阶偏微分方程。

二阶偏微分方程的类型是其固有的性质，不随坐标系改变发生变化。即在某个坐标系下，如果一个二阶偏微分方程是椭圆型（抛物线型或者双曲线型），则在另外的坐标系下，它仍然是椭圆型（抛物线型或者双曲线型），具体证明可参考文献[1]。

1.3.2 定解条件

根据高等数学知识，一个数学函数的积分原函数是一组函数簇，称为积分问题的通解（general solution）。例如，没有内热源的一维稳态导热控制方程的通解为

$$T(x) = c_0 x + c_1 \tag{1.28}$$

由于式（1.28）包含了两个未知系数，因此需要给定温度函数在两个点的值，才能得到一维温度场函数的特定解（particular solution），也称为定解。假设已知温度场在两个端点的温度值为 $T(0) = 20, T(5) = 40$，将这两点的温度值代入式（1.28），就可以得到一维温度场的定解为 $T(x) = 4x + 20$。

这种给定物理场在边界点上值，称为物理问题定解的边界条件（boundary condition）。椭圆型偏微分方程只需给定边界条件就可以获得定解，因此被称为边值问题（boundary value problem）。对于包含时间变量的通解函数（如瞬态传热问题），还需要知道某一时刻的全部函数值，才能确定问题的定解。例如，传热分析问题中，一般给定物体在初始时刻的温度分布，这也称为初始条件（initial condition）。对于双曲线型偏微分方程，初始条件不仅包括函数的初始值，还包括函数一阶偏导数的初始值。

在偏微分方程计算领域，为了得到一个数学问题的定解，必须预先给定边界条件和初始条件。因此，以抛物线型或双曲线型偏微分方程描述的物理问题在数学上通常称为连续初始边（界）值问题（initial boundary value problem），边界条件和初始条件称为该问题的定解条件。

通常将连续初始边值问题的边界条件分为三类，分别称为 Dirichlet 条件、Neumann 条件和 Robin 条件。连续初始边值问题的三类边界条件具体描述方式如下。

Dirichlet 条件的数学形式为

$$u(x, y, z)\big|_{\partial\Omega} = f(x, y, z) \tag{1.29}$$

其中，$u(z, y, z)$ 为连续初始边值问题的解；$\partial\Omega$ 为问题定义域边界；$f(x, y, z)$ 为已知函数或者常数。

Neumann 条件的数学形式为

$$\left.\frac{\partial u(x, y, z)}{\partial n}\right|_{\partial\Omega} = f(x, y, z) \tag{1.30}$$

其中，各项的含义与 Dirichlet 条件中各项的含义相同，Neumann 条件表示解函数在定义域边界上的法向梯度为已知函数或者常量。

Robin 条件的数学形式为

$$\left.\frac{\partial u(x, y, z)}{\partial n}\right|_{\partial\Omega} + ku(x, y, z)\big|_{\partial\Omega} = f(x, y, z) \tag{1.31}$$

其中，各项的含义与 Dirichlet 条件中各项的含义相同，Robin 条件为 Dirichlet 条件和 Neumann 条件的组合，也称为混合边界条件。

Dirichlet 条件和 Neumann 条件是 Robin 条件的特例。令 Robin 条件中的系数 $k=0$，则得到 Neumann 条件；令 $k \to \infty$，则得到 Dirichlet 条件。

边界条件实质上描述了"系统"与外部环境在分界处的物质和能量传递；只有清楚地描述和分析环境对系统的影响才能确定系统的具体状态（定解）。初始条件相当于某一个物理过程开始时系统的初始状态，即一个物理过程的起点状态。

1.4　传热问题的定解条件

偏微分方程的边界条件，即 Dirichlet 条件、Neumann 条件和 Robin 条件，在各科学领域的表现形式和物理含义是完全不相同的。在传热学中，有四类典型的边界条件表现形式。

1.4.1　第一类边界条件

第一类边界条件是指物体边界上的温度函数为已知，在三维直角坐标系中

$$T\,|_{\partial\Omega} = f(x,y,z,t) \tag{1.32}$$

其中，$f(x,y,z,t)$ 为已知的数学函数或者常数。第一类传热边界条件就是 Dirichlet 条件在传热学中的具体表现形式。第一类边界条件表示物体边界温度被强制维持在一条已知的随时间变化的曲线上或者固定曲线上，物体边界甚至可能保持一个恒定的温度。

1.4.2　第二类边界条件

第二类边界条件是指系统边界上的热流密度已知，根据式（1.9）可表示为

$$q_{\text{flux}}\,|_{\partial\Omega} = -k\frac{\partial T}{\partial n}\bigg|_{\partial\Omega} = f(x,y,z,t) \tag{1.33}$$

其中，q_{flux} 为边界上外法线方向的热流密度；$f(x,y,z,t)$ 为已知的数学函数或者常数。第二类热边界条件实质是 Neumann 条件在传热学中的具体表现形式。第二类热边界条件表示物体边界上流出（入）的热流密度是已知的函数，或者为一常数。注意，热流密度 q_{flux} 与边界 $\partial\Omega$ 外法线方向相同，即热量从物体向外流出时取正值，相反热量流入物体时则取负值。

1.4.3　第三类边界条件

第三类边界条件描述物体与环境的对流换热现象，即流体流动通过物体表面实现热量交换，又称为对流换热边界条件。第三类边界条件的数学方程为

$$-k\frac{\partial T}{\partial n}\bigg|_{\partial\Omega} = h(T - T_{\text{f}}) \tag{1.34}$$

其中，T 为固体温度；T_{f} 为流体介质的温度；h 为换热系数，单位为瓦/（平方米·开尔文）[W/（$\text{m}^2\cdot\text{K}$）]。

第三类换热边界条件表明固体边界热流密度与固体和流体之间的温度差成正比，实质上是 Robin 条件的一种表现形式。一般情况下，流体温度和换热系数设置为常数，特殊情况下可以是温度、时间与位置的某种函数。换热系数与流体物性、流动速度、流体和固体之间的温差等因素相关，多数情况下需要采用实验方法测定。需注意的是，式（1.34）表示热量从固体向外流出传递到流体中；当热量从流体介质流入固体时此公式仍然正确。

1.4.4　热辐射边界条件

传导和对流都要通过介质进行传递，但是电磁波辐射机理不同，热辐射能可以在完全真空中传递。热力学的研究表明：理想的辐射体（黑体）向外发射能量的速率与它的绝对温度的 4 次方成正比。一个物体向另一个物体发送热辐射能的同时，也接收另一个物体的热辐射能。所以，在一个物体通过热辐射与另一个物体进行热量交换时，其边界热流密度可用式（1.35）计算，即

$$-k\frac{\partial T}{\partial n}\bigg|_{\partial\Omega} = F_\epsilon F_{\mathrm{G}}\sigma(T^4 - T_{\mathrm{R}}^4) \tag{1.35}$$

其中，T 为物体的边界温度；T_{R} 为环境温度（或其他物体的温度）；σ 为比例常数，称为斯特藩–玻尔兹曼常数；F_ϵ 为辐射率函数；F_{G} 为几何"视角系数"（view factor）函数，这两个函数与结构的几何形式是密切相关的。

热辐射边界条件实质上仍然是 Robin 条件的一种表现形式。

1.4.5　初始条件

初始条件描述热力学系统初始时刻的状态，是瞬态传热过程分析的基础，其表达式为

$$\begin{cases} T\big|_{t=0} = \varphi(x,y,z) \\ \dfrac{\partial T}{\partial t}\bigg|_{t=0} = \phi(x,y,z) \end{cases} \quad \forall(x,y,z)\in\Omega \tag{1.36}$$

其中，Ω 为系统定义域；$\varphi(x,y,z)$ 与 $\phi(x,y,z)$ 是已知函数（随位置坐标而变化）或者常量。在工程技术领域，一般的瞬态传热分析过程多假设系统的初始温度为常量（如环境温度）。

1.5　有限元法简介

通常情况下，偏微分方程形式的物理系统控制方程（如导热控制方程）只有特殊情形才存在解析解。对于简单的偏微分方程，可采用变量分离和拉普拉斯变换等方法进行解析求解。但是，目前大多数偏微分方程仍然不能采用解析方式求解，只能采用数值计算方法在离散点上"逼近"求解。

偏微分方程离散化的方式不同，形成了许多不同的数值解法。有限差分法（finite difference method，FDM）、有限体积方法（finite volume method，FVM）或者控制体积方法（control volume method，CVM）以及有限元法（finite element method，FEM）是工程技术领域广泛应用的偏微分方程数值计算方法。

有限元法是应用最多的偏微分方程数值计算方法，广泛应用于固体力学中的结构变形分析和传热学中的温度场分析，并且逐渐应用于流场分析。有限元法可以很好地适应不规则几何区域，一般情况下可获得高精度数值解。

1.5.1　有限元方法

首先，有限元法将连续的系统全局定义域分解为一组"有限数目"离散的子定义域，这些子定义域称为单元。单元可以具有多种几何形状，因此能更好地逼近几何形状复杂的系统定义域（特别是边界区域）。

其次，有限元法在局部子定义域上（每一个单元内）构造一个近似函数，也称为实验函数（trial function），代替全局定义域上待求的物理场函数。有限元法在单元内若干节点上选择未知的物理场函数值来构造一个插值函数作为实验函数。这样，未知的物理场函数在各个节点上的数值就成为离散化物理系统的未知量（自由度），从而使一个连续的无限自由度问题变成一个离散的有限自由度问题。

最后，有限元方法通过积分形式将全部单元内的实验函数转化为代数方程组。针对具体的物理问题，有限元法可以采用变分法（variational method）、虚功原理（virtual work principle）和加权余量法（weighted residual method）等方法建立单元的代数方程。变分法建立实验函数的泛函，然后采用变分求驻值（stationarity）方法建立有限单元模型。变分法的数学推导过程清晰完备，物理意义上体现了系统内总能量最小的原则。变分法的困难在于寻找物理场函数的泛函，不是所有的物理场函数都能建立相应的泛函。

虚功原理体现了外力与内力平衡的原则，即处于平衡状态的力学系统中针对任何虚位移全部外力做功等于全部内力做功。虚功原理方法主要应用于固体力学和结构力学分析领域。

加权余量法认为每个单元内的实验函数与真实的物理场函数之间必然存在误差，在全部单元内将两个函数差进行加权积分，通过令全局积分加权余量为零建立有限元模型。加权余量法不需要寻找物理场函数的泛函，所以其适用范围更广，数理分析过程也更为简单，实用意义已经超过变分法。

1.5.2　加权余量法

本节采用加权余量法推导平面热传导问题的有限元模型。根据式（1.18）得到平面热传导控制方程的微分形式为

$$D[T(x,y,t)] = k\frac{\partial^2 T}{\partial x^2} + k\frac{\partial^2 T}{\partial y^2} + q_v - \rho c_p \frac{\partial T}{\partial t} = 0 \qquad \forall (x,y) \in \Omega \qquad (1.37)$$

其中，$T(x,y,t)$ 是全局定义域 Ω 上未知的温度场函数，因不能采用解析方式获得全局温度场函数，故采用数值计算方法构造实验函数

$$\tilde{T}(x,y,t) = T_1(t)\varphi_1(x,y) + T_2(t)\varphi_2(x,y) + \cdots + T_n(t)\varphi_n(x,y) \qquad \forall (x,y) \in \Omega \qquad (1.38)$$

来近似地代替真实的温度场函数 $T(x,y,t)$。

式（1.38）中，$\varphi_i(x,y)$ 为已知的基函数；$T_i(t)$ 为待求温度场函数在若干节点的数值。在数学形式上，实验函数就是基函数的线性组合。式（1.38）表明与时间相关的瞬态传热过程可以近似分解为两部分：只与几何域相关的基函数、只与时间域相关的节点温度。

由于实验函数不可能在全局定义域的每一点上都等于未知的温度场函数 $T(x,y,t)$，加权余量法令实验函数在定义域上的积分余量为零，即

$$R = \int_{\Omega} D[\tilde{T}(x,y,t)]\mathrm{d}\Omega = \int_{\Omega}\left(k\frac{\partial^2 \tilde{T}}{\partial x^2} + k\frac{\partial^2 \tilde{T}}{\partial y^2} + q_v - \rho c_p \frac{\partial \tilde{T}}{\partial t}\right)\mathrm{d}\Omega = 0 \qquad (1.39)$$

其中，R 表示热传导微分控制方程的积分余量。这样，式（1.39）就构成了一个以一组几何点的温度值 $(T_1, T_2, \cdots, T_n)$ 为未知量的线性代数方程。由于实验函数 $\tilde{T}(x,y,t)$ 包含 n 个未知参数 $(T_1, T_2, \cdots, T_n)$，因此需要构造 n 个线性独立的代数方程。为此，采用加权余量法选择 n 个加权函数构造加权的积分余量，获得 n 个线性独立的加权代数方程：

$$R_l = \int_\Omega w_l D[\tilde{T}(x,y,t)] \mathrm{d}\Omega = 0 \qquad l = 1, 2, \cdots, n \tag{1.40}$$

其中，$w_l = w_l(x,y)$ 为已知的加权函数；R_l 表示热传导控制方程采用 w_l 权函数时的加权积分余量。

由式（1.40）可以得到

$$R_l = \iint_\Omega w_l \left(k\frac{\partial^2 \tilde{T}}{\partial x^2} + k\frac{\partial^2 \tilde{T}}{\partial y^2} + q_v - \rho c_p \frac{\partial \tilde{T}}{\partial t} \right) \mathrm{d}x\mathrm{d}y = 0 \qquad l = 1, 2, \cdots, n \tag{1.41}$$

采用分部积分方法，将式（1.41）变化为

$$R_l = \iint_\Omega \left\{ k \left[\frac{\partial}{\partial x}\left(w_l \frac{\partial \tilde{T}}{\partial x} \right) + \frac{\partial}{\partial y}\left(w_l \frac{\partial \tilde{T}}{\partial y} \right) - \left(\frac{\partial w_l}{\partial x}\frac{\partial \tilde{T}}{\partial x} + \frac{\partial w_l}{\partial y}\frac{\partial \tilde{T}}{\partial y} \right) \right] \right\} \mathrm{d}x\mathrm{d}y +$$
$$\iint_\Omega w_l \left(q_v - \rho c_p \frac{\partial \tilde{T}}{\partial t} \right) \mathrm{d}x\mathrm{d}y = 0 \qquad l = 1, 2, \cdots, n \tag{1.42}$$

在微积分学中，面积积分可以通过格林公式转换为线积分，即

$$\iint_\Omega \left(\frac{\partial Y}{\partial x} - \frac{\partial X}{\partial y} \right) \mathrm{d}x\mathrm{d}y = \oint_{\partial\Omega} (X\mathrm{d}x + Y\mathrm{d}y) \tag{1.43}$$

根据格林公式，式（1.42）的第一项可表示为

$$\iint_\Omega k\left[\frac{\partial}{\partial x}\left(w_l \frac{\partial \tilde{T}}{\partial x} \right) + \frac{\partial}{\partial y}\left(w_l \frac{\partial \tilde{T}}{\partial y} \right) \right] \mathrm{d}x\mathrm{d}y = \oint_{\partial\Omega} w_l \left(\frac{\partial \tilde{T}}{\partial x}\mathrm{d}y - \frac{\partial \tilde{T}}{\partial y}\mathrm{d}x \right) = \oint_{\partial\Omega} kw_l \frac{\partial \tilde{T}}{\partial n}\mathrm{d}s \tag{1.44}$$

将式（1.44）代入式（1.42）中，平面温度场加权余量变换为

$$R_l = \iint_\Omega \left[k\left(\frac{\partial w_l}{\partial x}\frac{\partial \tilde{T}}{\partial x} + \frac{\partial w_l}{\partial y}\frac{\partial \tilde{T}}{\partial y} \right) - w_l \left(q_v - \rho c_p \frac{\partial \tilde{T}}{\partial t} \right) \right] \mathrm{d}x\mathrm{d}y - \oint_{\partial\Omega} kw_l \frac{\partial \tilde{T}}{\partial n}\mathrm{d}s = 0 \quad l = 1, 2, \cdots, n \tag{1.45}$$

式（1.45）对于平面传热系统的全局定义域成立。但是，有限元法并不是在全局定义域上构造一个全局实验函数来计算全局加权余量，而是在每个单元（子定义域）上构造一个局部实验函数来计算局部加权余量，并且累加全部局部加权余量得到全局加权余量。在每个单元上，实验函数的未知参数选择为单元节点的温度值，未知参数的数量等于单元节点数量。

$$\tilde{T}(x,y,t) = T_1(t)\varphi_1(x,y) + T_2(t)\varphi_2(x,y) + \cdots + T_n(t)\varphi_n(x,y) \qquad (x,y) \in e \tag{1.46}$$

这样，定义域离散化后，在每个单元上都可以得到一个加权积分余量

$$R_l^e = \iint_e \left[k \left(\frac{\partial w_l}{\partial x} \frac{\partial \tilde{T}}{\partial x} + \frac{\partial w_l}{\partial y} \frac{\partial \tilde{T}}{\partial y} \right) - w_l \left(q_v - \rho c_p \frac{\partial \tilde{T}}{\partial t} \right) \right] \mathrm{d}x\mathrm{d}y - \oint_{\partial e} k w_l \frac{\partial \tilde{T}}{\partial n} \mathrm{d}s = 0 \qquad (1.47)$$

$$l = 1, 2, \cdots, n$$

其中，e 为单元子域；∂e 为单元边界。令式（1.42）中权函数的数量 n 等于单元节点数目，就可以得到 n 个加权余量。

在加权余量法中，权函数直接影响最终代数方程组的形式和计算精度。已经出现多种加权函数的构造方法，其中迦辽金加权函数方法得到广泛认可。迦辽金法采用实验函数对待求参数（节点温度）的导数构造加权函数，即

$$w_l = \frac{\partial \tilde{T}}{\partial T_l} = \varphi_l(x, y) \qquad l = 1, 2, \cdots, n \qquad (1.48)$$

因此，迦辽金加权余量方法构造的有限元模型的具体形式取决于单元的基函数形式。在后续内容中将介绍各种类型单元中基函数（形函数）的构造方法，并且进一步推导相应的有限元模型。注意，R_l^e 表示在单元 e 内关于节点 l 的加权积分余量，它一般情况下不等于零；有限元法假设在全部单元内关于同一节点的加权余量和为零，即

$$\sum_{e \in \Omega} R_l^e = 0 \qquad l = 1, 2, \cdots, N \qquad (1.49)$$

其中，加权余量的下标 l 表示节点在网格中的全局编号；N 为全部网格节点数量。因此，式（1.49）构成了 N 个代数方程，联立求解可以得到全部网格节点在某一时刻（或者时间步）的温度值。

有限元法等各类数值计算方法采用近似的实验函数代替精确的物理场函数，即有限元模型中的物理场函数永远是近似的实验函数。因此，为了书写方便，在后续内容直接将实验函数 $\tilde{T}(x, y, t)$ 表示为 $T(x, y, t)$。

1.6　平面传热分析的 3 节点三角形单元

对于二维物理（传热）系统的几何定义域，有限元法通常采用三角形网格来划分。三角形单元对复杂几何轮廓有较强的适应能力，很容易通过增加三角形网格数量来精确地逼近（拟合）复杂的几何边界。因此，三角形网格在二维有限元分析中得到广泛应用。各种有限元软件都将三角形网格作为基本的单元形式，很多文献也主要以三角形单元为基础介绍有限元法。

1.6.1　单元插值函数

1. 三角形单元插值函数

如图 1-2 所示，典型的三角形网格选择 3 个顶点作为物理场（温度场）函数的插值节点，因此称为 3 节点三角形单元。3 节点三角形单元一般采用 i、j 和 k，以逆时针方向顺序标识 3 个顶点。

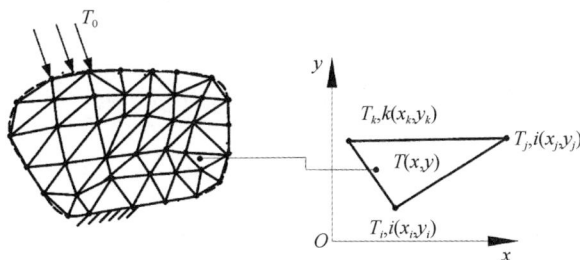

图 1-2 3 节点三角形单元

有限元法在三角形单元（包括其他类型单元）中一般采用多项式函数构造近似的实验函数。因为多项式实验函数是通过节点函数值插值方式得到，所以单元的实验函数通常称为物理场插值函数。在传热分析中，单元的实验函数称为温度场插值函数；在结构分析中，实验函数则称为单元的位移插值函数或者位移模式。

单元温度场插值函数的阶数由选择的插值点数目决定，在 3 节点三角形单元中，只能选择 3 个节点的温度值，因此单元温度场插值函数只能是一次多项式，即

$$T = a_1 + a_2 x + a_3 y \tag{1.50}$$

其中，T 表示单元域内任意一点 (x, y) 的温度；a_1、a_2、a_3 为待定系数。为了确定温度场插值函数的待定系数，将 3 个节点的温度值 T_i、T_j、T_k 及坐标代入式（1.50），可得

$$\begin{cases} T_i = a_1 + a_2 x_i + a_3 y_i \\ T_j = a_1 + a_2 x_j + a_3 y_j \\ T_k = a_1 + a_2 x_k + a_3 y_k \end{cases} \tag{1.51}$$

根据上述线性方程组，可以进一步求出插值函数的系数

$$\begin{bmatrix} a_1 \\ a_2 \\ a_3 \end{bmatrix} = \frac{1}{2A} \begin{bmatrix} a_i & a_j & a_k \\ b_i & b_j & b_k \\ c_i & c_j & c_k \end{bmatrix} \begin{bmatrix} T_i \\ T_j \\ T_k \end{bmatrix} \tag{1.52}$$

其中，

$$\begin{cases} a_i = x_j y_k - x_k y_j & b_i = y_j - y_k & c_i = x_k - x_j \\ a_j = x_k y_i - x_i y_k & b_j = y_k - y_i & c_j = x_i - x_k \\ a_k = x_i y_j - x_j y_i & b_k = y_i - y_j & c_k = x_j - x_i \end{cases} \tag{1.53}$$

式（1.52）中，A 为三角形 ijk 的面积，其计算式为

$$A = \frac{1}{2} \begin{vmatrix} 1 & x_i & y_i \\ 1 & x_j & y_j \\ 1 & x_k & y_k \end{vmatrix} = \frac{1}{2}(b_i c_j - b_j c_i) \tag{1.54}$$

由式（1.53）可以得到

$$\sum_{l=i,j,k} a_l = 2A; \quad \sum_{l=i,j,k} b_l = 0; \quad \sum_{l=i,j,k} c_l = 0 \tag{1.55}$$

将式（1.52）代入式（1.50），得到单元内温度插值函数，即

$$T = \frac{1}{2A}[(a_i + b_i x + c_i y)T_i + (a_j + b_j x + c_j y)T_j + (a_k + b_k x + c_k y)T_k] \tag{1.56}$$

令

$$\begin{cases} N_i = \dfrac{1}{2A}(a_i + b_i x + c_i y) \\[2mm] N_j = \dfrac{1}{2A}(a_j + b_j x + c_j y) \\[2mm] N_k = \dfrac{1}{2A}(a_k + b_k x + c_k y) \end{cases} \tag{1.57}$$

则 3 节点三角形单元的温度场插值函数可以写作

$$T = N_i T_i + N_j T_j + N_k T_k \tag{1.58}$$

其中，N_i、N_j 和 N_k 就是实验函数的基函数，称为三角形单元顶点的形状函数（简称形函数）。

2. 三角形单元形函数性质

从式（1.58）可以看出，三角形单元任何一点的温度值都是 3 个节点温度值的线性组合，单元形函数反映了 3 个节点温度值对单元任一点温度的影响程度，即单元形函数是一种比例系数（函数）。根据形函数的定义，可以得到形函数的以下性质：

$$\sum_{l=i,j,k} N_l = 1 \tag{1.59}$$

以及

$$\begin{cases} N_i(x_i, y_i) = 1 & N_i(x_j, y_j) = 0 & N_i(x_k, y_k) = 0 \\ N_j(x_i, y_i) = 0 & N_j(x_j, y_j) = 1 & N_j(x_k, y_k) = 0 \\ N_k(x_i, y_i) = 0 & N_k(x_j, y_j) = 0 & N_k(x_k, y_k) = 1 \end{cases} \tag{1.60}$$

上述三角形单元形函数性质具有明确的几何意义。如图 1-3 所示，连接三角形单元中任一点 $p(x,y)$ 与 3 个顶点形成 3 个子三角形。随后分别标记 3 个子三角形 $\triangle pjk$ 面积为 A_i，$\triangle pki$ 面积为 A_j，以及 $\triangle pij$ 面积为 A_k；并且标记三角形单元 $\triangle ijk$ 的面积为 A。

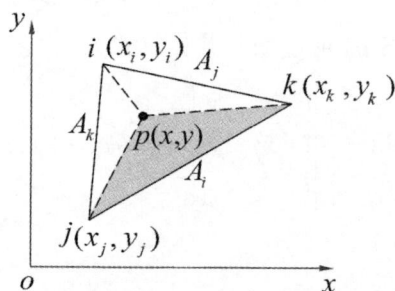

图 1-3　三角形面积坐标

令

$$U_i = \frac{A_i}{A} \qquad U_j = \frac{A_j}{A} \qquad U_k = \frac{A_k}{A} \qquad (1.61)$$

U_i、U_j 和 U_k 称为一个点在三角形单元内的面积坐标,可以决定一个点在三角形中的位置。因为 3 个子三角形的面积之和为原三角形单元的面积,所以

$$U_i + U_j + U_k = 1 \qquad (1.62)$$

3 个子三角形的面积可以表示为

$$\begin{cases} A_i = \dfrac{1}{2}(a_i + b_i x + c_i y) \\ A_j = \dfrac{1}{2}(a_j + b_j x + c_j y) \\ A_k = \dfrac{1}{2}(a_k + b_k x + c_k y) \end{cases} \qquad (1.63)$$

因此,面积坐标就是三角形顶点的形函数,即

$$U_i = \frac{A_i}{A} = N_i \qquad U_j = \frac{A_j}{A} = N_j \qquad U_k = \frac{A_k}{A} = N_k \qquad (1.64)$$

有限元法采用面积坐标可以推导得到三角形上的函数积分的解析表达式,有利于单元刚度矩阵和载荷向量的计算。

3. 单元边上的插值函数

式(1.58)所示的温度场插值函数适用于整个单元区域,其在一条单元边上退化为更简单的线性插值关系。如图 1-4 所示,单元边界 jk 上任一点的温度 T 应该与 T_i 无关,是 T_j 和 T_k 的线性组合,即

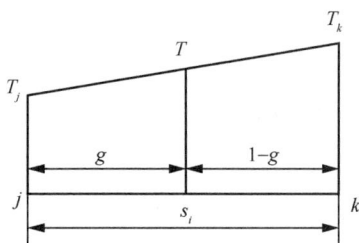

图 1-4 三角形单元边上温度场插值示意

$$T = (1 - g)T_j + gT_k \qquad 0 \leqslant g \leqslant 1 \qquad (1.65)$$

其中,参数变量 $g = 0$ 对应于节点 j, $g = 1$ 对应于节点 k。

三角形单元边 jk 的长度为

$$s_i = \sqrt{(x_j - x_k)^2 + (y_j - y_k)^2} = \sqrt{b_i^2 + c_i^2} \qquad (1.66)$$

单元边长变量 s 与参数变量 g 之间可建立如下关系式:

$$s = s_i g \qquad (1.67)$$

其微分关系为

$$\mathrm{d}s = s_i \mathrm{d}g \tag{1.68}$$

1.6.2 内部单元加权余量模型

在有限元法中，如果一个三角形单元的三条边都没有处于系统全局定义域的边界上，即三角形的 3 条边分别是另外 3 个三角形的单元边，则称此三角形为内部单元。反之，如果一个三角形单元中有一条或者两条边位于系统全局定义域边界上，则称此三角形为边界单元。

如果 $\triangle ijk$ 为内部单元，则对于式（1.47）所示的加权余量积分式，其边界线积分项中的法向温度梯度必然与相邻单元的法向温度梯度大小相等且方向相反，在全部单元加权余量相加时，两个相邻单元在同一条边上的线积分项相互抵消。因此，建立内部单元的加权余量模型时，有限元法不必计算式（1.47）中的线积分项。有限元法只需在边界单元的边界边上计算线积分项，而且边界单元的非边界边上也不必计算线积分项。

在内部三角形单元中，采用迦辽金权函数

$$w_l = \frac{\partial T}{\partial T_l} = N_l \qquad l = i, j, k \tag{1.69}$$

根据积分需要，权函数对坐标求偏导数得到

$$\begin{cases} \dfrac{\partial w_l}{\partial x} = \dfrac{b_l}{2A} & l = i, j, k \\[3mm] \dfrac{\partial w_l}{\partial y} = \dfrac{c_l}{2A} & l = i, j, k \end{cases} \tag{1.70}$$

温度插值函数对空间坐标的偏导数为

$$\begin{cases} \dfrac{\partial T}{\partial x} = \dfrac{1}{2A}(b_i T_i + b_j T_j + b_k T_k) \\[3mm] \dfrac{\partial T}{\partial y} = \dfrac{1}{2A}(c_i T_i + c_j T_j + c_k T_k) \end{cases} \tag{1.71}$$

同理，温度插值函数对时间坐标的偏导数为

$$\frac{\partial T}{\partial t} = \sum_{l=i,j,k} N_l \frac{\partial T_l}{\partial t} \tag{1.72}$$

将式（1.69）～式（1.72）代入式（1.47）得到

$$R_l^e = \iint_e \frac{k}{4A^2}[b_l(b_i T_i + b_j T_j + b_k T_k) + c_l(c_i T_i + c_j T_j + c_k T_k)]\mathrm{d}x\mathrm{d}y$$
$$+ \iint_e \left[N_l \rho c_p \left(N_i \frac{\partial T_i}{\partial t} + N_j \frac{\partial T_j}{\partial t} + N_k \frac{\partial T_k}{\partial t} \right) - N_l q_v \right]\mathrm{d}x\mathrm{d}y \qquad l = i, j, k \tag{1.73}$$

进一步整理得到

$$R_l^e = \frac{k}{4A^2} \iint_e [(b_l b_i + c_l c_i)T_i + (b_l b_j + c_l c_j)T_j + (b_l b_k + c_l c_k)T_k]\mathrm{d}x\mathrm{d}y$$
$$+ \rho c_P \iint_e \left(N_l N_i \frac{\partial T_i}{\partial t} + N_l N_j \frac{\partial T_j}{\partial t} + N_l N_k \frac{\partial T_k}{\partial t} \right)\mathrm{d}x\mathrm{d}y - \iint_e N_l q_v \mathrm{d}x\mathrm{d}y \qquad l = i, j, k \tag{1.74}$$

将 3 个加权函数 w_i、w_j 及 w_k 的加权积分余量合并写作矩阵形式为

$$\begin{bmatrix} R_i^e \\ R_j^e \\ R_k^e \end{bmatrix} = \begin{bmatrix} k_{ii} & k_{ij} & k_{ik} \\ k_{ji} & k_{jj} & k_{jk} \\ k_{ki} & k_{kj} & k_{kk} \end{bmatrix} \begin{bmatrix} T_i \\ T_j \\ T_k \end{bmatrix} + \begin{bmatrix} c_{ii} & c_{ij} & c_{ik} \\ c_{ji} & c_{jj} & c_{jk} \\ c_{ki} & c_{kj} & c_{kk} \end{bmatrix} \begin{bmatrix} \dfrac{\partial T_i}{\partial t} \\ \dfrac{\partial T_j}{\partial t} \\ \dfrac{\partial T_k}{\partial t} \end{bmatrix} - \begin{bmatrix} p_i \\ p_j \\ p_k \end{bmatrix} \quad (1.75)$$

式（1.75）也可以简写为

$$\boldsymbol{R}^e = \boldsymbol{K}^e \boldsymbol{T}^e + \boldsymbol{C}^e \left\{ \frac{\partial T}{\partial t} \right\}^e - \boldsymbol{P}^e \quad (1.76)$$

其中，$\boldsymbol{K}^e = [k_{mn}]$ 称为单元温度刚度矩阵，是一个对称矩阵，其元素计算公式为

$$k_{mn} = \frac{k}{4A^2} \iint_e (b_m b_n + c_m c_n) \mathrm{d}x \mathrm{d}y = \frac{k}{4A^2} (b_m b_n + c_m c_n) \qquad m,n = i,j,k \quad (1.77)$$

$\boldsymbol{C}^e = [c_{mn}]$ 称为单元的热容矩阵，也是一个对称矩阵，每个元素的计算公式为

$$\begin{cases} c_{ll} = \rho c_p \iint_e N_l N_l \mathrm{d}x \mathrm{d}y = \dfrac{\rho c_p A}{6} & l = i,j,k \\ c_{mn} = \rho c_p \iint_e N_m N_n \mathrm{d}x \mathrm{d}y = \dfrac{\rho c_p A}{12} & m,n = i,j,k \cap m \neq n \end{cases} \quad (1.78)$$

$\boldsymbol{P}^e$ 为内热源产生的单元节点温度载荷列向量，其元素计算公式为

$$p_l = \iint_e N_l q_v \mathrm{d}x \mathrm{d}y = \frac{A}{3} q_v \qquad l = i,j,k \quad (1.79)$$

$\left\{ \dfrac{\partial T}{\partial t} \right\}^e = \left\{ \dfrac{\partial T_i}{\partial t} \quad \dfrac{\partial T_j}{\partial t} \quad \dfrac{\partial T_k}{\partial t} \right\}^{\mathrm{T}}$ 是单元节点温度关于时间的导数的列向量。

1.6.3 边界条件计算方法

有限元法采用式（1.76）～式（1.79）建立边界单元的加权余量模型，然后需附加计算边界单元的线积分项，使之满足边界条件。注意并非边界单元的 3 条边都是边界边，一个三角形单元至多有两条边为边界边。通常，有限元软件系统可以在网格划分时采用网格细化方法使得一个三角形单元只有一条边界边，因此，下面只讨论三角形单元的一条边为边界边的情况。

假设三角形单元的一条边 jk 为边界边，由式（1.65）所示的边界温度插值函数表达式，可得边界上的迦辽金权函数为

$$w_i = \frac{\partial T}{\partial T_i} = 0 \qquad w_j = \frac{\partial T}{\partial T_j} = 1 - g \qquad w_k = \frac{\partial T}{\partial T_k} = g \quad (1.80)$$

1. 第一类边界条件计算方法

根据式（1.32），第一类边界条件表示相应边界段上的温度为已知常数或者可以由已知函

数计算得到确定值。假设一个边界单元中 jk 边位于第一类边界段上，则有限元法将该单元的边界节点温度设置为给定值

$$T_j = \overline{T_j} \qquad T_k = \overline{T_k} \tag{1.81}$$

其中，$\overline{T_j}$ 和 $\overline{T_k}$ 分别为已知的 j 与 k 节点温度值，通常两者相等。

2. 第二类边界条件计算方法

第二类边界条件表示相应边界段上的热流密度为已知常数或者可以由已知函数计算得到确定值。假设一个边界单元中 jk 边位于第二类边界段上，将第二类边界条件（1.33）和边界边上的迦辽金权函数（1.80）代入加权余量（1.47）的线积分项中，可得三角形边界单元由热流密度产生的节点载荷

$$\begin{cases} \Delta p_{i,\mathrm{II}} = \int_{jk} w_i k \dfrac{\partial T}{\partial n} \mathrm{d}s = -\int_{jk} q_{\mathrm{flux}} w_i \mathrm{d}s = 0 \\ \Delta p_{j,\mathrm{II}} = \int_{jk} w_j k \dfrac{\partial T}{\partial n} \mathrm{d}s = -\int_0^1 (1-g) q_{\mathrm{flux}} s_i \mathrm{d}g = -\dfrac{1}{2} q_{\mathrm{flux}} s_i \\ \Delta p_{k,\mathrm{II}} = \int_{jk} w_k k \dfrac{\partial T}{\partial n} \mathrm{d}s = -\int_0^1 g q_{\mathrm{flux}} s_i \mathrm{d}g = -\dfrac{1}{2} q_{\mathrm{flux}} s_i \end{cases} \tag{1.82}$$

其中，q_{flux} 表示边界热流密度（常量）；s_i 表示边界边的长度。

由式（1.82）可知，线积分项对边界单元的温度刚度矩阵没有影响，边界单元只需在内部单元节点的温度载荷列向量的基础上，增加由边界热流密度产生的节点载荷。

3. 第三类边界条件计算方法

假设一个边界单元中 jk 边位于第三类边界段上，将第三类边界条件（1.34）和边界边上的迦辽金权函数（1.80）代入加权余量（1.47）的线积分项中，可得

$$\begin{cases} \int_{jk} w_i k \dfrac{\partial T}{\partial n} \mathrm{d}s = \int_{jk} w_i h(T - T_{\mathrm{f}}) \mathrm{d}s = 0 \\ \int_{jk} w_j k \dfrac{\partial T}{\partial n} \mathrm{d}s = \int_0^1 (1-g) h[(1-g)T_j + gT_k - T_{\mathrm{f}}] s_i \mathrm{d}g = hs_i \left(\dfrac{1}{3}T_j + \dfrac{1}{6}T_k - \dfrac{1}{2}T_{\mathrm{f}} \right) \\ \int_{jk} w_k k \dfrac{\partial T}{\partial n} \mathrm{d}s = \int_0^1 g h[(1-g)T_j + gT_k - T_{\mathrm{f}}] s_i \mathrm{d}g = hs_i \left(\dfrac{1}{6}T_j + \dfrac{1}{3}T_k - \dfrac{1}{2}T_{\mathrm{f}} \right) \end{cases} \tag{1.83}$$

其中，h 表示对流换热系数（常量）；T_{f} 表示流体温度（常量）；s_i 表示边界边的长度。

在对流换热边界条件下，线积分项中出现了节点温度项，因此对边界单元的温度刚度矩阵有影响。边界单元的温度刚度矩阵需要在内部单元的温度刚度矩阵的基础上增加以下元素的变化：

$$\begin{cases} \Delta k_{jj} = \dfrac{hs_i}{3} \\ \Delta k_{kk} = \dfrac{hs_i}{3} \\ \Delta k_{jk} = \Delta k_{kj} = \dfrac{hs_i}{6} \end{cases} \tag{1.84}$$

同时边界单元需在内部单元节点的温度载荷列向量的基础上，增加由对流换热产生的节点载荷

$$
\begin{cases}
\Delta p_{i,\mathrm{III}} = 0 \\[2mm]
\Delta p_{j,\mathrm{III}} = \dfrac{hs_i}{2} T_{\mathrm{f}} \\[2mm]
\Delta p_{k,\mathrm{III}} = \dfrac{hs_i}{2} T_{\mathrm{f}}
\end{cases}
\tag{1.85}
$$

4. 热辐射边界条件计算方法

假设一个边界单元中 jk 边位于热辐射边界段上，将热辐射边界条件（1.35）和边界边上的迦辽金权函数（1.80）代入加权余量（1.47）的线积分项中，可得

$$
\begin{cases}
\int_{jk} w_i F_{\in} F_{\mathrm{G}} \sigma (T^4 - T_{\mathrm{R}}^4)\mathrm{d}s = 0 \\[2mm]
\int_{jk} w_j F_{\in} F_{\mathrm{G}} \sigma (T^4 - T_{\mathrm{R}}^4)\mathrm{d}s = F_{\in} F_{\mathrm{G}} \sigma s_i \left(\dfrac{1}{6} T_j^4 + \dfrac{2}{15} T_j^3 T_k + \dfrac{1}{10} T_j^2 T_k^2 + \dfrac{1}{15} T_j T_k^3 + \dfrac{1}{30} T_k^4 - \dfrac{1}{2} T_{\mathrm{R}}^4 \right) \\[2mm]
\int_{jk} w_k F_{\in} F_{\mathrm{G}} \sigma (T^4 - T_{\mathrm{R}}^4)\mathrm{d}s = F_{\in} F_{\mathrm{G}} \sigma s_i \left(\dfrac{1}{30} T_j^4 + \dfrac{1}{15} T_j^3 T_k + \dfrac{1}{10} T_j^2 T_k^2 + \dfrac{2}{15} T_j T_k^3 + \dfrac{1}{6} T_k^4 - \dfrac{1}{2} T_{\mathrm{R}}^4 \right)
\end{cases}
\tag{1.86}
$$

在热辐射边界条件下，线积分项中出现了节点温度项，因此对边界单元的温度刚度矩阵有影响。边界单元的温度刚度矩阵需要在内部单元的温度刚度矩阵基础上增加以下元素的变化：

$$
\begin{cases}
\Delta k_{jj} = F_{\in} F_{\mathrm{G}} \sigma s_i \left(\dfrac{1}{6} T_j^3 + \dfrac{1}{10} T_j^2 T_k + \dfrac{1}{15} T_j T_k^2 + \dfrac{1}{30} T_k^3 \right) \\[2mm]
\Delta k_{kk} = F_{\in} F_{\mathrm{G}} \sigma s_i \left(\dfrac{1}{30} T_j^3 T_k + \dfrac{1}{15} T_j^2 T_k + \dfrac{1}{10} T_j T_k^2 + \dfrac{1}{6} T_k^3 \right) \\[2mm]
\Delta k_{jk} = \dfrac{1}{30} F_{\in} F_{\mathrm{G}} \sigma s_i \left(T_j^3 + T_j^2 T_k + T_j T_k^2 + T_k^3 \right) \\[2mm]
\Delta k_{kj} = \dfrac{1}{30} F_{\in} F_{\mathrm{G}} \sigma s_i \left(T_j^3 + T_j^2 T_k + T_j T_k^2 + T_k^3 \right)
\end{cases}
\tag{1.87}
$$

据式（1.87）可知，热辐射边界使得有限元模型演变为非线性代数方程，因此计算比较复杂。一般来讲，非线性代数方程组求解需要采用给定初始值并迭代计算的方法。在瞬态温度场分析过程中，如果时间步足够小，则可以采用 t_{n-1} 时刻的温度值计算 t_n 时刻温度刚度矩阵。

边界单元需在内部单元节点的温度载荷列向量（1.79）的基础上，增加因热辐射产生的节点载荷

$$
\begin{cases}
\Delta p_{i,\mathrm{rad}} = 0 \\[2mm]
\Delta p_{j,\mathrm{rad}} = \dfrac{1}{2} F_{\in} F_{\mathrm{G}} \sigma s_i T_{\mathrm{R}}^4 \\[2mm]
\Delta p_{k,\mathrm{rad}} = \dfrac{1}{2} F_{\in} F_{\mathrm{G}} \sigma s_i T_{\mathrm{R}}^4
\end{cases}
\tag{1.88}
$$

1.7　平面传热分析的 4 节点四边形单元

1.7.1　任意 4 节点四边形单元

如图 1-5 所示，典型的 4 节点四边形单元选择 4 个顶点为插值节点，并且以逆时针方向将节点编码为 i、j、k 和 l；单元内部温度场采用双线性多项式（bilinear polynomial）插值函数，即

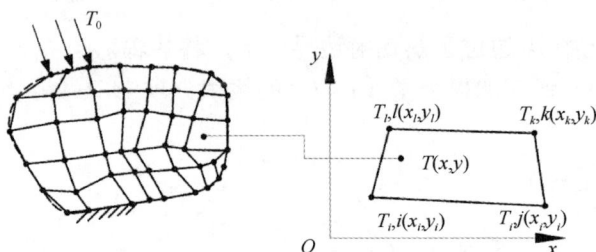

图 1-5　任意形状的 4 节点四边形单元

$$T = a_1 + a_2 x + a_3 y + a_4 xy \tag{1.89}$$

其中，a_1、a_2、a_3 和 a_4 为待定系数。

式（1.89）被称为双线性多项式函数，这是因为如果其中一个变量固定，则变成另一个变量的线性函数，这样可以得到两个线性函数；另外，式（1.89）可以表示为两个线性函数的乘积形式。根据 1.6 节的知识，可以得到 4 节点四边形单元的加权余量模型如下。

$$\begin{bmatrix} R_i^e \\ R_j^e \\ R_k^e \\ R_l^e \end{bmatrix} = \begin{bmatrix} k_{ii} & k_{ij} & k_{ik} & k_{il} \\ k_{ji} & k_{jj} & k_{jk} & k_{jl} \\ k_{ki} & k_{kj} & k_{kk} & k_{kl} \\ k_{li} & k_{lj} & k_{lk} & k_{ll} \end{bmatrix} \begin{bmatrix} T_i \\ T_j \\ T_k \\ T_l \end{bmatrix} + \begin{bmatrix} c_{ii} & c_{ij} & c_{ik} & c_{il} \\ c_{ji} & c_{jj} & c_{jk} & c_{jl} \\ c_{ki} & c_{kj} & c_{kk} & c_{kl} \\ c_{li} & c_{lj} & c_{lk} & c_{ll} \end{bmatrix} \begin{bmatrix} \dfrac{\partial T_i}{\partial t} \\ \dfrac{\partial T_j}{\partial t} \\ \dfrac{\partial T_k}{\partial t} \\ \dfrac{\partial T_l}{\partial t} \end{bmatrix} - \begin{bmatrix} p_i \\ p_j \\ p_k \\ p_l \end{bmatrix} \tag{1.90}$$

其中，单元温度刚度矩阵元素为

$$k_{mn} = k \iint_e \left(\frac{\partial N_m}{\partial x} \frac{\partial N_n}{\partial x} + \frac{\partial N_m}{\partial y} \frac{\partial N_n}{\partial y} \right) \mathrm{d}x \mathrm{d}y \qquad m, n = i, j, k, l \tag{1.91}$$

单元热容矩阵元素为

$$c_{mn} = \rho c_p \iint_e N_m N_n \mathrm{d}x \mathrm{d}y \qquad m, n = i, j, k, l \tag{1.92}$$

由内热源产生的单元温度载荷列向量为

$$p_m = q_v \iint_e N_m \mathrm{d}x \mathrm{d}y \qquad m = i, j, k, l \tag{1.93}$$

任意 4 节点四边形单元中温度插值函数的系数计算十分困难，而且刚度矩阵、热容矩阵及载荷向量表达式中有些积分项无法得到解析的原函数。所以，有限元法不直接计算任意形状的四边形单元模型，而是采用等参映射方法间接计算四边形单元模型。

1.7.2 等参单元映射方法

物理系统（传热系统）所在的几何空间称为物理空间，其坐标系称为全局坐标系；理想的正方形所在的几何空间称为参数空间，其坐标系称为局部坐标系。如图 1-6 所示，坐标变换方法将参数空间 $\xi O \eta$ 坐标系中的规则正方形单元映射到物理空间 xOy 坐标系下的任意四边形单元。参数空间中几何形状向物理空间中几何形状的映射函数可表示为

$$\begin{cases} x = x(\xi, \eta) \\ y = y(\xi, \eta) \end{cases} \tag{1.94}$$

通过映射，在物理空间中一个函数的面积积分可以转化为参数空间中的面积积分，如下式所示。

$$\iint f(x, y) \mathrm{d}x \mathrm{d}y = \iint f(x(\xi, \eta), y(\xi, \eta)) |J| \mathrm{d}\xi \mathrm{d}\eta \tag{1.95}$$

其中，$|J|$ 为雅可比矩阵的行列式，雅可比矩阵为

$$J = \begin{bmatrix} \dfrac{\partial x}{\partial \xi} & \dfrac{\partial y}{\partial \xi} \\ \dfrac{\partial x}{\partial \eta} & \dfrac{\partial y}{\partial \eta} \end{bmatrix} \tag{1.96}$$

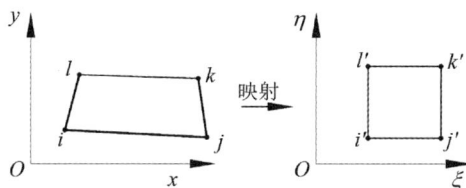

图 1-6 任意四边形单元与正方形单元之间的映射

在参数空间向物理空间映射过程中，有限元法在两类四边形单元的顶点之间建立一一映射关系。假设参数空间中正方形单元与物理空间的四边形单元的顶点标号都为 i、j、k、l，则等（节点）参数映射函数为

$$\begin{cases} x_m = x(\xi_m, \eta_m) \\ y_m = y(\xi_m, \eta_m) \end{cases} \quad m = i, j, k, l \tag{1.97}$$

虽然映射函数式（1.97）可以采用多种形式的插值函数，但是工程实践中一般采用多项式插值函数。因为参数空间中的正方形和物理空间中的任意四边形都只有 4 个节点，所以参数空间向物理空间的几何坐标映射函数采用双线性插值函数，即

$$\begin{cases} x = a_1 + a_2 \xi + a_3 \eta + a_4 \xi \eta \\ y = b_1 + b_2 \xi + b_3 \eta + b_4 \xi \eta \end{cases} \tag{1.98}$$

对于物理空间中不同的四边形单元，具体的双线性函数的插值系数是不同的。将物理空间中一个四边形单元 4 个节点的全局坐标值代入式（1.98），就可以得到参数空间标准正方形到该四边形单元的映射函数（系数）。

注意，等参映射方法仅仅保证物理空间四边形单元顶点与参数空间正方形顶点之间的一一映射，并不能保证任意形状四边形单元与正方形单元中每个几何点映射的一致性。另外，具体的等参数映射函数与参数空间正方形的尺寸和位置有关。接下来在参数空间中选择两种正方形 $[0,1]\times[0,1]$ 和 $[-1,1]\times[-1,1]$ 作为参考正方形单元，分别推导坐标映射函数和温度插值函数。

1.7.3　正方形 $[0,1]\times[0,1]$ 的等参映射函数

1. 几何坐标映射函数

如图 1-7 所示，在参数空间中选择参考正方形为一个 $[0,1]\times[0,1]$ 正方形，即参数空间中正方形顶点的坐标分别为 $i(0,0)$、$j(1,0)$、$k(1,1)$ 和 $l(0,1)$。将物理空间中任意四边形单元顶点的全局坐标和参数空间中正方形顶点的局部坐标值代入式（1.98），就可以求出参数空间正方形到物理空间任意四边形的映射函数中的待定系数，如式（1.99）所示。

$$\begin{cases} a_1 = x_i \\ a_2 = -x_i + x_j \\ a_3 = -x_i + x_l \\ a_4 = x_i - x_j + x_k - x_l \end{cases} \qquad \begin{cases} b_1 = y_i \\ b_2 = -y_i + y_j \\ b_3 = -y_i + y_l \\ b_4 = y_i - y_j + y_k - y_l \end{cases} \qquad (1.99)$$

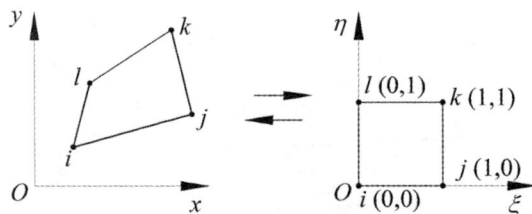

图 1-7　参数空间与物理空间之间的四边形等参映射

将式（1.99）代入式（1.98），得到参数空间中正方形到物理空间中任意四边形的映射函数，即

$$\begin{cases} x = x_i + (-x_i + x_j)\xi + (-x_i + x_l)\eta + (x_i - x_j + x_k - x_l)\xi\eta \\ y = y_i + (-y_i + y_j)\xi + (-y_i + y_l)\eta + (y_i - y_j + y_k - y_l)\xi\eta \end{cases} \qquad (1.100)$$

有限元法一般将参数空间标准正方形向物理空间任意四边形的映射函数写成节点形函数的组合形式，即

$$\begin{cases} x = N_i(\xi,\eta)x_i + N_j(\xi,\eta)x_j + N_k(\xi,\eta)x_k + N_l(\xi,\eta)x_l \\ y = N_i(\xi,\eta)y_i + N_j(\xi,\eta)y_j + N_k(\xi,\eta)y_k + N_l(\xi,\eta)y_l \end{cases} \qquad (1.101)$$

其中，局部坐标向全局坐标映射中的节点形函数可表示为

$$
\begin{cases}
N_i(\xi,\eta) = 1 - \xi - \eta + \xi\eta \\
N_j(\xi,\eta) = \xi(1-\eta) \\
N_k(\xi,\eta) = \xi\eta \\
N_l(\xi,\eta) = \eta(1-\xi)
\end{cases}
\tag{1.102}
$$

2．温度场插值函数

在参数空间中，正方形单元的温度场插值函数同样采用双线性插值函数，即

$$
T = c_1 + c_2\xi + c_3\eta + c_4\xi\eta \tag{1.103}
$$

将正方形 4 个节点坐标和节点温度值代入式（1.103），可得到温度场插值函数的待定系数，即

$$
\begin{cases}
c_1 = T_i \\
c_2 = -T_i + T_j \\
c_3 = -T_i + T_l \\
c_4 = T_i - T_j + T_k - T_l
\end{cases}
\tag{1.104}
$$

因此，参数空间中正方形单元温度场插值函数同样可以变换为节点形函数组合形式，即

$$
T = N_i(\xi,\eta)T_i + N_j(\xi,\eta)T_j + N_k(\xi,\eta)T_k + N_l(\xi,\eta)T_l \tag{1.105}
$$

其中，正方形单元温度场插值函数的节点形函数与几何映射函数中节点形函数完全相同。

1.7.4　正方形 $[-1,1]\times[-1,1]$ 的等参映射函数

1．几何坐标映射函数

如图 1-8 所示，在参数空间中选择另一种 $[-1,1]\times[-1,1]$ 正方形，即参数空间中正方形顶点的坐标分别为 $i(-1,-1)$、$j(1,-1)$、$k(1,1)$ 和 $l(-1,1)$。同理，将物理空间任意四边形单元顶点的全局坐标和参数空间正方形顶点的局部坐标值代入式（1.98），可以求出其中的待定系数。同样，可以将参数空间中 $[-1,1]\times[-1,1]$ 正方形向物理空间中四边形的几何映射函数写成式（1.101）的形式，其中正方形节点形函数为

$$
\begin{cases}
N_i(\xi,\eta) = \dfrac{(1-\xi)(1-\eta)}{4} \\[2mm]
N_j(\xi,\eta) = \dfrac{(1+\xi)(1-\eta)}{4} \\[2mm]
N_k(\xi,\eta) = \dfrac{(1+\xi)(1+\eta)}{4} \\[2mm]
N_l(\xi,\eta) = \dfrac{(1-\xi)(1+\eta)}{4}
\end{cases}
\tag{1.106}
$$

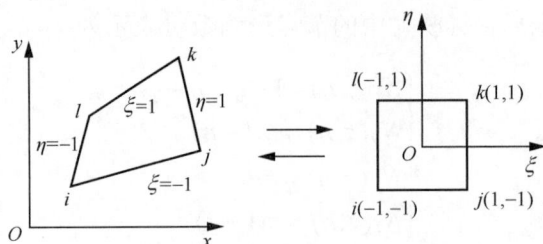

图 1-8　参数空间与物理空间之间的四边形等参映射

2．温度场插值函数

在参数空间中，正方形单元$[-1,1]\times[-1,1]$的温度场插值函数同样采用式（1.103）形式的双线性插值函数。代入正方形 4 个节点坐标和节点温度值，可计算出温度场插值函数中的系数。同样，将温度场插值函数写成节点形函数的组合形式，温度场插值函数的节点形函数与几何映射函数中节点形函数完全相同。

可以验证上面推导的 4 节点正方形单元的节点形函数满足节点形函数的基本性质，即

$$\begin{cases} N_m(\xi_n, \eta_n) = \delta_{mn} \\ N_i(\xi,\eta) + N_j(\xi,\eta) + N_k(\xi,\eta) + N_l(\xi,\eta) = 1 \end{cases} \tag{1.107}$$

1.7.5　平面传热分析的等参单元模型

在物理空间的四边形单元上计算平面传热模型时，首先需要计算温度场的梯度函数。然而，式（1.103）所示的温度函数定义在局部坐标系内，因此它对全局坐标系(x,y)不存在显式函数关系，采用链式求导方法可得

$$\begin{cases} \dfrac{\partial T}{\partial x} = \dfrac{\partial T}{\partial \xi}\dfrac{\partial \xi}{\partial x} + \dfrac{\partial T}{\partial \eta}\dfrac{\partial \eta}{\partial x} \\ \dfrac{\partial T}{\partial y} = \dfrac{\partial T}{\partial \xi}\dfrac{\partial \xi}{\partial y} + \dfrac{\partial T}{\partial \eta}\dfrac{\partial \eta}{\partial y} \end{cases} \tag{1.108}$$

由于没有坐标系(ξ,η)对坐标系(x,y)的显式关系，用式（1.108）无法直接进行计算，只能采取逆运算方式。根据链式求导法则，可以得到

$$\begin{cases} \dfrac{\partial T}{\partial \xi} = \dfrac{\partial T}{\partial x}\dfrac{\partial x}{\partial \xi} + \dfrac{\partial T}{\partial y}\dfrac{\partial y}{\partial \xi} \\ \dfrac{\partial T}{\partial \eta} = \dfrac{\partial T}{\partial x}\dfrac{\partial x}{\partial \eta} + \dfrac{\partial T}{\partial y}\dfrac{\partial y}{\partial \eta} \end{cases} \tag{1.109}$$

将式（1.109）写成矩阵形式，即

$$\begin{bmatrix} \dfrac{\partial T}{\partial \xi} \\ \dfrac{\partial T}{\partial \eta} \end{bmatrix} = \begin{bmatrix} \dfrac{\partial x}{\partial \xi} & \dfrac{\partial y}{\partial \xi} \\ \dfrac{\partial x}{\partial \eta} & \dfrac{\partial y}{\partial \eta} \end{bmatrix} \begin{bmatrix} \dfrac{\partial T}{\partial x} \\ \dfrac{\partial T}{\partial y} \end{bmatrix} = \boldsymbol{J} \begin{bmatrix} \dfrac{\partial T}{\partial x} \\ \dfrac{\partial T}{\partial y} \end{bmatrix} \tag{1.110}$$

其中，雅可比矩阵 $\boldsymbol{J}$ 的计算公式为

$$\boldsymbol{J} = \begin{bmatrix} J_{11} & J_{12} \\ J_{21} & J_{22} \end{bmatrix} = \begin{bmatrix} \dfrac{\partial x}{\partial \xi} & \dfrac{\partial y}{\partial \xi} \\ \dfrac{\partial x}{\partial \eta} & \dfrac{\partial y}{\partial \eta} \end{bmatrix} = \begin{bmatrix} \displaystyle\sum_{m=i,j,k,l} \dfrac{\partial N_m}{\partial \xi} x_m & \displaystyle\sum_{m=i,j,k,l} \dfrac{\partial N_m}{\partial \xi} y_m \\ \displaystyle\sum_{m=i,j,k,l} \dfrac{\partial N_m}{\partial \eta} x_m & \displaystyle\sum_{m=i,j,k,l} \dfrac{\partial N_m}{\partial \eta} y_m \end{bmatrix} \tag{1.111}$$

$[0,1] \times [0,1]$ 正方形单元向任意四边形单元映射的雅可比矩阵为

$$\boldsymbol{J} = \begin{bmatrix} -1+\eta & 1-\eta & \eta & -\eta \\ -1+\xi & -\xi & \xi & 1-\xi \end{bmatrix} \begin{bmatrix} x_i & y_m \\ x_j & y_m \\ x_k & y_m \\ x_l & y_m \end{bmatrix} \tag{1.112}$$

$[-1,1] \times [-1,1]$ 正方形单元向任意四边形单元映射的雅可比矩阵为

$$\boldsymbol{J} = \begin{bmatrix} -1+\eta & 1-\eta & 1+\eta & -1-\eta \\ -1+\xi & -1-\xi & 1+\xi & 1-\xi \end{bmatrix} \begin{bmatrix} x_i & y_m \\ x_j & y_m \\ x_k & y_m \\ x_l & y_m \end{bmatrix} \tag{1.113}$$

由式（1.110）可得

$$\begin{bmatrix} \dfrac{\partial T}{\partial x} \\ \dfrac{\partial T}{\partial y} \end{bmatrix} = \boldsymbol{J}^{-1} \begin{bmatrix} \dfrac{\partial T}{\partial \xi} \\ \dfrac{\partial T}{\partial \eta} \end{bmatrix} = \boldsymbol{J}^{-1} \begin{bmatrix} \displaystyle\sum_{m=i,j,k,l} \dfrac{\partial N_m}{\partial \xi} T_m \\ \displaystyle\sum_{m=i,j,k,l} \dfrac{\partial N_m}{\partial \eta} T_m \end{bmatrix} \tag{1.114}$$

为了计算雅可比矩阵的逆矩阵，先计算雅可比矩阵行列式，即

$$|\boldsymbol{J}| = \sum_{m=i,j,k,l} \frac{\partial N_m}{\partial \xi} x_m \cdot \sum_{m=i,j,k,l} \frac{\partial N_m}{\partial \eta} y_m - \sum_{m=i,j,k,l} \frac{\partial N_m}{\partial \xi} y_m \cdot \sum_{m=i,j,k,l} \frac{\partial N_m}{\partial \eta} x_m \tag{1.115}$$

根据矩阵求逆方法，雅可比矩阵的逆矩阵为

$$\boldsymbol{J}^{-1} = \frac{1}{|\boldsymbol{J}|} \boldsymbol{J}^* \tag{1.116}$$

其中，$\boldsymbol{J}^*$ 称为雅可比矩阵的伴随矩阵，按照以下方式计算：

$$\boldsymbol{J}^* = \begin{bmatrix} J_{11}^* & J_{12}^* \\ J_{21}^* & J_{22}^* \end{bmatrix} = \begin{bmatrix} J_{22} & -J_{12} \\ -J_{21} & J_{11} \end{bmatrix} = \begin{bmatrix} \displaystyle\sum_{m=i,j,k,l} \dfrac{\partial N_m}{\partial \eta} y_m & -\displaystyle\sum_{m=i,j,k,l} \dfrac{\partial N_m}{\partial \xi} y_m \\ -\displaystyle\sum_{m=i,j,k,l} \dfrac{\partial N_m}{\partial \eta} x_m & \displaystyle\sum_{m=i,j,k,l} \dfrac{\partial N_m}{\partial \xi} x_m \end{bmatrix} \tag{1.117}$$

同理，迦辽金权函数取为

$$w_m = \frac{\partial T}{\partial T_m} = N_m(\xi, \eta) \qquad m = i,j,k,l \tag{1.118}$$

迦辽金加权系数对全局坐标(x,y)的偏导数为

$$\begin{bmatrix} \dfrac{\partial w_m}{\partial x} \\[2mm] \dfrac{\partial w_m}{\partial y} \end{bmatrix} = \begin{bmatrix} \dfrac{\partial N_m(\xi,\eta)}{\partial x} \\[2mm] \dfrac{\partial N_m(\xi,\eta)}{\partial y} \end{bmatrix} = \boldsymbol{J}^{-1} \begin{bmatrix} \dfrac{\partial N_m(\xi,\eta)}{\partial \xi} \\[2mm] \dfrac{\partial N_m(\xi,\eta)}{\partial \eta} \end{bmatrix} \qquad m = i,j,k,l \qquad (1.119)$$

为了书写方便，在后续章节中节点形函数 $N_m(\xi,\eta)$ 简记为 N_m。

有限元法将物理空间中任意四边形单元温度刚度矩阵元素对全局坐标函数的计算方式转化为在参数空间中正方形单元对局部坐标的计算方式，即

$$\begin{aligned} k_{mn} &= k \iint_e \left(\frac{\partial N_m}{\partial x}\frac{\partial N_n}{\partial x} + \frac{\partial N_m}{\partial y}\frac{\partial N_n}{\partial y} \right) \mathrm{d}x\mathrm{d}y \\ &= k \int_a^b \int_a^b \frac{1}{|\boldsymbol{J}|} \left(J_{11}^* \frac{\partial N_m}{\partial \xi} + J_{12}^* \frac{\partial N_m}{\partial \eta} \right) \left(J_{11}^* \frac{\partial N_n}{\partial \xi} + J_{12}^* \frac{\partial N_n}{\partial \eta} \right) \mathrm{d}\xi\mathrm{d}\eta + \\ &\quad k \int_a^b \int_a^b \frac{1}{|\boldsymbol{J}|} \left(J_{21}^* \frac{\partial N_m}{\partial \xi} + J_{22}^* \frac{\partial N_m}{\partial \eta} \right) \left(J_{21}^* \frac{\partial N_n}{\partial \xi} + J_{22}^* \frac{\partial N_n}{\partial \eta} \right) \mathrm{d}\xi\mathrm{d}\eta \end{aligned} \qquad (1.120)$$

$$m,n = i,j,k,l$$

参数空间中的积分上下限分别为正方形的坐标变化范围，对于 $[0,1]\times[0,1]$ 正方形，$a=0$，$b=1$；对于 $[-1,1]\times[-1,1]$ 正方形，则 $a=-1$，$b=1$。

物理空间中任意四边形单元热容矩阵元素也可以在参数空间的正方形单元中进行计算，即

$$c_{mn} = \rho c_p \iint_e N_m N_n \mathrm{d}x\mathrm{d}y = \rho c_p \int_a^b \int_a^b N_m N_n |\boldsymbol{J}| \mathrm{d}\xi\mathrm{d}\eta \qquad m,n = i,j,k,l \qquad (1.121)$$

物理空间中任意四边形单元中内热源产生的节点载荷也在参数空间中进行计算，即

$$p_m = q_v \iint_e N_m \mathrm{d}x\mathrm{d}y = q_v \int_a^b \int_a^b N_m |\boldsymbol{J}| \mathrm{d}\xi\mathrm{d}\eta \qquad m = i,j,k,l \qquad (1.122)$$

二维参数空间中，任意函数的面积积分可以采用下面的数值积分方式进行计算：

$$\int_a^b \int_a^b f(x,y)\mathrm{d}x\mathrm{d}y \approx \sum_{i=1}^n \sum_{j=1}^n w_i w_j f(x_i,y_j) \qquad (1.123)$$

1.7.6　边界条件计算方法

4 节点四边形单元同 3 节点三角形单元一样，每条边只有两个节点。因此，4 节点四边形边界条件的计算方式与 3 节点三角形边界条件计算方式相同（具体见 1.6.3 节）。

1.8　流动传热基础

许多传热现象与流体流动相关，如对流传热，这里简单介绍流体流动所遵循的物理定律，它们是建立流体运动基本方程组的依据。这些定律主要包括质量守恒定律、动量守恒定律、能量守恒定律、热力学第二定律，加上状态方程、本构方程。在实际计算时，还要考虑不同的流态，如层流与湍流。

1.8.1 基本控制方程

1. 质量守恒方程（连续性方程）

在流场中，流体通过控制面 A_1 流入控制体，同时会通过另一部分控制面 A_2 流出控制体，在这期间控制体内部的流体质量也会发生变化。按照质量守恒定律，流入的质量与流出的质量之差，应该等于控制体内部流体质量的增量，由此可导出如下的流体流动连续性方程。

$$\frac{\partial \rho}{\partial t} + \nabla \cdot (\rho \boldsymbol{u}) = 0 \tag{1.124}$$

其中，ρ 表示密度；$\boldsymbol{u}$ 表示速度矢量。该式根据不同情况有不同形式，如对于不可压缩流体，该式可简化为 $\rho \nabla \cdot \boldsymbol{u} = 0$。

2. 动量守恒方程（运动方程）

动量守恒是流体运动时应遵循的另一个普遍定律，描述为：在一个给定的流体系统中，其动量的时间变化率等于作用于其上的外力总和，其数学表达式即为动量守恒方程，也称为运动方程，或 N–S 方程，其微分形式表达为

$$\rho \frac{\partial \boldsymbol{u}}{\partial t} + \rho (\boldsymbol{u} \cdot \nabla) \boldsymbol{u} = \nabla \cdot [-p \boldsymbol{I} + \boldsymbol{K}] + \boldsymbol{F} \tag{1.125}$$

其中，p 是压力；$\boldsymbol{I}$ 是单位矩阵；$\boldsymbol{K}$ 为黏性应力张量；$\boldsymbol{F}$ 是体积力矢量。

动量守恒方程在实际应用中有许多表达形式，需要根据实际计算情况来选择使用。

3. 能量守恒方程

将热力学第一定律应用于流体运动中，得到如下的能量守恒方程（或流体的传热方程）。

$$\rho C_p \left(\frac{\partial T}{\partial t} + \boldsymbol{u} \cdot \nabla T \right) + \nabla \cdot (\boldsymbol{q} + \boldsymbol{q}_r) = -\alpha_p T \left(\frac{\partial p}{\partial t} + \boldsymbol{u} \cdot \nabla p \right) + \boldsymbol{\tau} : \nabla \boldsymbol{u} + Q \tag{1.126}$$

其中，C_p 是恒定应力下的比热容；ρ 表示密度；$\boldsymbol{u}$ 为平移运动速度；T 是绝对温度；$\boldsymbol{q}$ 是传导热通量；$\boldsymbol{q}_r$ 为辐射热通量；α_p 是热膨胀系数，$\alpha_p = \frac{1}{\rho} \frac{\partial \rho}{\partial T}$；$p$ 是压力；$\boldsymbol{\tau}$ 是黏性应力张量，包含黏性耗散以外的热源。

流动传热控制方程组的未知量主要有 $\boldsymbol{u}$、p、T，与方程数目相对，方程组封闭。但动量守恒方程中的惯性力项和能量守恒方程中的对流项是非线性的，并且动量微分方程和能量微分方程通常需要耦合求解，故直接求解是相当困难的。

1.8.2 湍流模型

湍流是自然界广泛存在的流动现象，湍流流动的核心特征是其在物理上近乎于无穷多的尺度和数学上强烈的非线性，这使得学者们无论是通过理论分析、实验研究还是计算机模拟来彻底认识湍流都非常困难，因此研究湍流机理，建立相应的模式，并进行适当的模拟仍是解决湍流问题的重要途径。COMSOL Multiphysics（以下简称 COMSOL）提供的湍流模型包括代数 yPlus 模型、L-VEL 模型、Spalart-Allmaras 模型、标准 $k\text{-}\varepsilon$ 模型、可实现的（realizable）$k\text{-}\varepsilon$ 模型、低雷诺数 $k\text{-}\varepsilon$ 模型、$k\text{-}\omega$ 模型、SST 模型和 $v^2\text{-}f$ 模型等。

选取湍流模型时，需要考虑的因素包括流体是否可压、针对特定问题的习惯解法、精度的要求、计算机的计算能力、时间的限制。COMSOL 还有壁面函数、自动壁面处理、湍流模型间自动切换等方式和方法帮助用户解决湍流求解问题。

1. Spalart-Allmaras 模型

Spalart-Allmaras 模型增加了一个额外的无衰减运动学涡流黏度变量。它是一个低雷诺数模型，可求解实体壁之内的整个流场。这个模型最初针对空气动力学应用而开发，其优势在于相对稳健，分辨率要求不高，内存需求小，具有良好的收敛性，不使用壁面函数便可精确计算力（升力与曳力）、流量（传热与传质）。该模型不能精确计算包含剪切流、分离流或衰减湍流的流场。

2. L-VEL 和代数 yPlus 模型

L-VEL 和代数 yPlus 湍流模型仅基于局部流速和与最近壁面的距离来计算湍流黏度，它们不求解附加变量。这两种模型的鲁棒性好，且计算强度低。虽然它们是精度较低的模型，但对内部流动却有很好的近似，尤其是在电子冷却应用中。

3. 标准 k-ε 模型

标准 k-ε 模型求解了两个变量：湍流动能 k 和湍流动能耗散率 ε。本模型使用了壁面函数，但壁附近的解不够精确。标准 k-ε 模型具有稳定、很好的收敛速率和相对较低的内存要求，在工业领域应用广泛。标准 k-ε 模型可以在壁附近使用较粗的网格，对于复杂几何形状外部流动问题的求解效果很好，如标准 k-ε 模型可用于求解钝体周围的气流。但它不能精确地计算流动或射流中的逆压梯度和强曲率的流场。

标准 k-ε 模型的湍流动能 k 和耗散率 ε 的方程为

$$\rho\frac{\partial k}{\partial t}+\rho\boldsymbol{u}\cdot\nabla k=\nabla\cdot\left[\left(\mu+\frac{\mu_T}{\sigma_k}\right)\nabla k\right]+P_k-\rho\varepsilon \tag{1.127}$$

$$\rho\frac{\partial\varepsilon}{\partial t}+\rho\boldsymbol{u}\cdot\nabla\varepsilon=\nabla\cdot\left[\left(\mu+\frac{\mu_T}{\sigma_\varepsilon}\right)\nabla\varepsilon\right]+C_{\varepsilon1}\frac{\varepsilon}{k}P_k-C_{\varepsilon2}\rho\frac{\varepsilon^2}{k} \tag{1.128}$$

其中，μ_T 为湍流黏度，$\mu_T=\rho C_\mu\dfrac{k^2}{\varepsilon}$；常数 $C_\mu=0.09$，$C_{\varepsilon1}=1.44$，$C_{\varepsilon2}=1.92$，$\sigma_k=1.0$，$\sigma_\varepsilon=1.3$；P_k 为产生项，其表达式为

$$P_k=\mu_T\left(\nabla\boldsymbol{u}:(\nabla\boldsymbol{u}+(\nabla\boldsymbol{u})^{\mathrm{T}})-\frac{2}{3}(\nabla\cdot\boldsymbol{u})^2\right)-\frac{2}{3}\rho k\nabla\cdot\boldsymbol{u} \tag{1.129}$$

4. 可实现的 k-ε 模型

可实现的 k-ε 模型与标准 k-ε 模型相比，有两个主要不同点：其一，可实现的 k-ε 模型为湍流黏性增加了一个公式；其二，为耗散率增加了新的传输方程，该方程来源于为层流速度波动而作的精确方程。除强旋流过程无法精确预测外，其他流动都可以使用此模型来模拟，包括有旋均匀剪切流、自由流（射流和混合层流动）、腔道流动和边界层流动。

5. k-ω 模型

k-ω 模型通过两个输运方程求解 k 与 ω。对于有界壁面和低雷诺数的可压缩性和剪切流动，该模型能取得较好的模拟效果，尤其适合处理圆柱绕流、放射状喷射、混合流动等问题，它包含转捩、自由剪切和压缩性选项。

6. SST 模型

SST 模型结合了自由流中的 k-ε 模型和近壁的 k-ω 模型。它是一个低雷诺数模型，在工业应用中是一个"万能"模型。在对分辨率的要求方面，该模型与 k-ω 模型和低雷诺数 k-ε 模型相似，但消除了 k-ω 模型和 k-ε 模型表现出的一些弱点。

7. 低雷诺数 k-ε 模型

低雷诺数 k-ε 模型类似于标准 k-ε 模型，但没有使用壁面函数。它求解了每个位置的流动，是对标准 k-ε 模型的合理补充，拥有和后者一样的优势，但通常要求网格更加密集；它的低雷诺数属性不仅表现在壁面上，而且在各处都发挥作用，使湍流衰减。该模型有两种常用的方法：一种方法是首先使用标准 k-ε 模型计算出一个良好的初始条件，然后用它求解低雷诺数 k-ε 模型；另一种方法是使用自动壁面处理功能，首先利用粗化的边界层网格来获取壁面函数，然后对所需壁面处的边界层进行细化，进而获得低雷诺数 k-ε 模型。

低雷诺数 k-ε 模型可以计算升力和曳力，而且热通量的建模精度远远大于标准 k-ε 模型。在许多情况中，它表现出了卓越的预测分离和黏附的能力。

8. v^2-f 模型

在接近壁面边界的地方，平行方向上的速度脉动通常会远远大于垂直于壁面的方向，速度脉动被认为是各向异性的。在远离壁面的地方，所有方向的脉动大小均相同，速度脉动变为各向同性。

除了使用两个分别描述湍流动能 k 和耗散率 ε 的方程，v^2-f 湍流模型还使用两个新方程来描述湍流边界层中湍流强度的各向异性：第一个方程描述了垂直于流线的湍流速度脉动的传递；第二个方程解释了非局部效应，例如由壁面引起的、垂直和平行方向之间的湍流动能的再分配阻尼。

9. 大涡模拟

大涡模拟（large eddy simulation，LES）用于解析较大的三维非定常湍流涡，而小涡流的影响则通过近似方法表示。这项技术与边界层网格划分一起使用时，可以精确描述瞬态流场以及边界上的精确通量和力。COMSOL 中提供的 LES 模型包括"基于残差的变分多尺度"（RBVM）、"基于残差的黏性变分多尺度"（RBVMWV）和 Smagorinsky 模型。

1.8.3　流动初始条件和边界条件

在流体动力学计算中，初始条件和边界条件的正确设置是关键的一步。COMSOL 软件提供了现成的各种类型的边界条件。

1．初始条件

初始条件是计算初始给定的参数，即 $t=t_0$ 时给出各未知量的函数分布。初始条件需要根据实际情况设置。当流体运动定常时，无初始条件问题。

2．边界条件

边界条件是流体力学方程组在求解域的边界上流体物理量应满足的条件。例如，流体被固壁所限，流体就不应有穿过固壁的速度分量；在水面边界上，大气压强认为是常数（一般在距离不大的范围内可如此）；在流体与外界无热传导的边界上，流体与边界之间无温差等。虽然各种具体问题不同，但边界条件一般要保持恰当：①保持在物理上是正确的；②要在数学上不多不少，刚好能用来确定微分方程中的积分常数，而不是矛盾的或随意性的。

1.8.4　流动方程有限元求解思路

流动方程的有限元求解方法与前面传热有限元分析类似，所不同的是速度与压力的插值函数不一样。这里以牛顿流体流动的有限元分析为例，介绍流动方程的有限元求解思路。

对于图 1-9 所示的带有小入口与出口的矩形区域（尺度为$100\text{mm} \times 40\text{mm}$）内牛顿流体的流动问题，进行有限元求解，已知流体黏度为$10\text{Pa} \cdot \text{s}$，密度为$1100\text{kg/m}^3$，入口给定压力$1000\text{Pa}$，出口敞开。

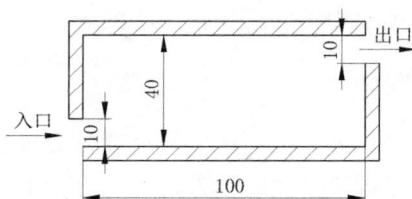

图 1-9　带有小入口和出口的矩形流动区域

1．数学方程

考虑惯性项影响的 N-S 方程组（包含连续性方程与运动方程）表示如下。
连续性方程的表达式为

$$\frac{\partial u}{\partial x} + \frac{\partial v}{\partial y} = 0 \tag{1.130}$$

运动方程的表达式为

$$\begin{cases} \rho\left(u\dfrac{\partial u}{\partial x} + v\dfrac{\partial u}{\partial y}\right) + \dfrac{\partial p}{\partial x} - \left(\dfrac{\partial \tau_{xx}}{\partial x} + \dfrac{\partial \tau_{xy}}{\partial y}\right) = 0 \\[3mm] \rho\left(u\dfrac{\partial v}{\partial x} + v\dfrac{\partial v}{\partial y}\right) + \dfrac{\partial p}{\partial y} - \left(\dfrac{\partial \tau_{yx}}{\partial x} + \dfrac{\partial \tau_{yy}}{\partial y}\right) = 0 \end{cases} \tag{1.131}$$

其中，ρ 为流体密度。切应力的计算公式为

$$\begin{pmatrix} \tau_{xx} & \tau_{xy} \\ \tau_{yx} & \tau_{yy} \end{pmatrix} = \mu \begin{pmatrix} 2\dfrac{\partial u}{\partial x} & \dfrac{\partial u}{\partial y} + \dfrac{\partial v}{\partial x} \\ \dfrac{\partial v}{\partial x} + \dfrac{\partial u}{\partial y} & 2\dfrac{\partial v}{\partial y} \end{pmatrix} \tag{1.132}$$

将式（1.132）代入式（1.131），得到

$$\begin{cases} \rho\left(u\dfrac{\partial u}{\partial x} + v\dfrac{\partial u}{\partial y} \right) + \dfrac{\partial p}{\partial x} - \mu\left(2\dfrac{\partial}{\partial x}\left(\dfrac{\partial u}{\partial x} \right) + \dfrac{\partial}{\partial y}\left(\dfrac{\partial u}{\partial y} + \dfrac{\partial v}{\partial x} \right) \right) = 0 \\ \rho\left(u\dfrac{\partial v}{\partial x} + v\dfrac{\partial v}{\partial y} \right) + \dfrac{\partial p}{\partial y} - \mu\left(\dfrac{\partial}{\partial x}\left(\dfrac{\partial v}{\partial x} + \dfrac{\partial u}{\partial y} \right) + 2\dfrac{\partial}{\partial y}\left(\dfrac{\partial v}{\partial y} \right) \right) = 0 \end{cases} \tag{1.133}$$

边界条件包括速度和压力两种。入口给定压力，出口敞开，即给定法向压力边界条件：

$$p_n\left.\right|_{\Gamma=\text{inlet}} = 1000 ; \quad p_n\left.\right|_{\Gamma=\text{outlet}} = 0 \tag{1.134a}$$

在壁面无滑移假设的情况下，速度边界条件为

$$u\left.\right|_{\Gamma=\text{wall}} = 0 ; \quad v\left.\right|_{\Gamma=\text{wall}} = 0 \tag{1.134b}$$

2．有限元求解

（1）计算区域的离散。采用四边形网格对计算区域进行离散。速度单元采用四边形二次单元（9 节点），压力单元采用四边形线性单元（4 节点）。x 方向单元数量为 12，y 方向单元数量为 12。离散后单元总数为 144，速度单元节点总数为 625，压力单元节点总数为 169。底部和右侧下部壁面组成了边界 1，右侧上部开口处为边界 2，顶部和左侧上部组成了边界 3，左侧下部开口处为边界 4，如图 1-10 所示。

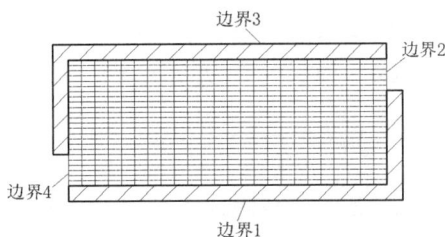

图 1-10　网格及边界图

（2）插值函数及其相关计算。确定离散单元类型后，单元内任意一点的速度和压力可分别表示为

$$u = \sum_{i=1}^{9} u_i \varPhi_i = \boldsymbol{\Phi}^{\mathrm{T}} \cdot \boldsymbol{u}_I^e , \quad v = \sum_{i=1}^{9} v_i \varPhi_i = \boldsymbol{\Phi}^{\mathrm{T}} \cdot \boldsymbol{v}_I^e \tag{1.135}$$

$$p = \sum_{i=1}^{4} p_i \varPsi_i = \boldsymbol{\Psi}^{\mathrm{T}} \cdot \boldsymbol{p}_I^e \tag{1.136}$$

其中，插值函数 $\varPhi_i$ 和 $\varPsi_i$ 的表达式为

$$\begin{cases} \varPhi_1 = \dfrac{\xi\eta(\xi-1)(\eta-1)}{4} \\[2mm] \varPhi_2 = \dfrac{\eta(1-\xi^2)(\eta-1)}{2} \\[2mm] \varPhi_3 = \dfrac{\xi\eta(\xi+1)(\eta-1)}{4} \\[2mm] \varPhi_4 = \dfrac{\xi(\xi-1)(1-\eta^2)}{2} \\[2mm] \varPhi_5 = (1-\xi^2)(1-\eta^2) \\[2mm] \varPhi_6 = \dfrac{\xi(\xi+1)(1-\eta^2)}{2} \\[2mm] \varPhi_7 = \dfrac{\xi\eta(\xi-1)(\eta+1)}{4} \\[2mm] \varPhi_8 = \dfrac{\eta(1-\xi^2)(\eta+1)}{2} \\[2mm] \varPhi_9 = \dfrac{\xi\eta(\xi+1)(\eta+1)}{4} \end{cases} \tag{1.137}$$

$$\begin{cases} \varPsi_1 = \dfrac{(1-\xi)(1-\eta)}{4} \\[2mm] \varPsi_2 = \dfrac{(1+\xi)(1-\eta)}{4} \\[2mm] \varPsi_3 = \dfrac{(1+\xi)(1+\eta)}{4} \\[2mm] \varPsi_4 = \dfrac{(1-\xi)(1+\eta)}{4} \end{cases} \tag{1.138}$$

（3）加权余量方程。这里的加权余量方程是指连续性方程的加权余量方程和运动方程的加权余量方程。其中，连续性方程的加权余量方程为

$$\iint\limits_{\Omega} \varPsi \left(\frac{\partial u}{\partial x} + \frac{\partial v}{\partial y} \right) \mathrm{d}x\mathrm{d}y = 0 \tag{1.139}$$

运动方程的加权余量方程采用迦辽金有限元方法，权函数等于插值函数。将式（1.133）与权函数相乘，并在计算区域内积分，得到

$$\begin{cases} \iint\limits_{\Omega} \varPhi \left\{ \rho\left(u\dfrac{\partial u}{\partial x} + v\dfrac{\partial u}{\partial y} \right) + \dfrac{\partial p}{\partial x} - \mu\left[2\dfrac{\partial}{\partial x}\left(\dfrac{\partial u}{\partial x} \right) + \dfrac{\partial}{\partial y}\left(\dfrac{\partial u}{\partial y} + \dfrac{\partial v}{\partial x} \right) \right] \right\} \mathrm{d}x\mathrm{d}y = 0 \\[4mm] \iint\limits_{\Omega} \varPhi \left\{ \rho\left(u\dfrac{\partial v}{\partial x} + v\dfrac{\partial v}{\partial y} \right) + \dfrac{\partial p}{\partial y} - \mu\left[\dfrac{\partial}{\partial x}\left(\dfrac{\partial v}{\partial x} + \dfrac{\partial u}{\partial y} \right) + 2\dfrac{\partial}{\partial y}\left(\dfrac{\partial v}{\partial y} \right) \right] \right\} \mathrm{d}x\mathrm{d}y = 0 \end{cases} \tag{1.140}$$

将惯性项中的密度提出后，得到惯性项展开方程，即

$$\iint\limits_{\Omega} \varPhi\left[\rho\left(u\frac{\partial u}{\partial x} + v\frac{\partial u}{\partial y} \right) \right] \mathrm{d}x\mathrm{d}y = \rho\iint\limits_{\Omega} \varPhi u\frac{\partial u}{\partial x} \mathrm{d}x\mathrm{d}y + \rho\iint\limits_{\Omega} \varPhi v\frac{\partial u}{\partial y} \mathrm{d}x\mathrm{d}y \tag{1.141}$$

（4）单元方程的建立。这里的单元方程是指连续性方程的单元方程和运动方程的单元方程。将连续性方程的加权余量方程的积分区域由总体区域转变为单元区域，并将式（1.135）

代入，得到连续性方程的单元方程：

$$B_1^e \boldsymbol{u}_I^e + B_2^e \boldsymbol{v}_I^e = 0 \tag{1.142a}$$

其中，

$$\begin{cases} B_1^e = \iint\limits_{\Omega^e} \boldsymbol{\varPsi}\left(\dfrac{\partial \boldsymbol{\varPhi}^{\mathrm{T}}}{\partial x}\right) \mathrm{d}x\mathrm{d}y = \int_{-1}^{1}\int_{-1}^{1}\left[\boldsymbol{\varPsi}\left(\dfrac{\partial \boldsymbol{\varPhi}^{\mathrm{T}}}{\partial x}\right)\right]|\boldsymbol{J}|\mathrm{d}\xi\mathrm{d}\eta \\[4mm] B_2^e = \iint\limits_{\Omega^e} \boldsymbol{\varPsi}\left(\dfrac{\partial \boldsymbol{\varPhi}^{\mathrm{T}}}{\partial y}\right) \mathrm{d}x\mathrm{d}y = \int_{-1}^{1}\int_{-1}^{1}\left[\boldsymbol{\varPsi}\left(\dfrac{\partial \boldsymbol{\varPhi}^{\mathrm{T}}}{\partial y}\right)\right]|\boldsymbol{J}|\mathrm{d}\xi\mathrm{d}\eta \end{cases} \tag{1.142b}$$

将式（1.140）的积分区域由总体区域转变为单元区域，并将式（1.135）和式（1.136）代入运动方程各项，得到运动方程的单元方程：

$$\begin{cases} D_{11}^e \boldsymbol{u}_I^e + D_{12}^e \boldsymbol{v}_I^e - C_1^e \boldsymbol{p}_I^e = -F_1^e \\ D_{21}^e \boldsymbol{u}_I^e + D_{22}^e \boldsymbol{v}_I^e - C_2^e \boldsymbol{p}_I^e = -F_2^e \end{cases} \tag{1.143a}$$

其中，各项表达式如下：

$$D_{11}^e = 2\mu\iint\limits_{\Omega^e} \frac{\partial \boldsymbol{\varPhi}}{\partial x}\frac{\partial \boldsymbol{\varPhi}^{\mathrm{T}}}{\partial x}\mathrm{d}x\mathrm{d}y + \mu\iint\limits_{\Omega^e} \frac{\partial \boldsymbol{\varPhi}}{\partial y}\frac{\partial \boldsymbol{\varPhi}^{\mathrm{T}}}{\partial y}\mathrm{d}x\mathrm{d}y$$

$$D_{12}^e = \mu\iint\limits_{\Omega^e} \frac{\partial \boldsymbol{\varPhi}}{\partial x}\frac{\partial \boldsymbol{\varPhi}^{\mathrm{T}}}{\partial y}\mathrm{d}x\mathrm{d}y$$

$$D_{21}^e = \mu\iint\limits_{\Omega^e} \frac{\partial \boldsymbol{\varPhi}}{\partial y}\frac{\partial \boldsymbol{\varPhi}^{\mathrm{T}}}{\partial x}\mathrm{d}x\mathrm{d}y$$

$$D_{22}^e = 2\mu\iint\limits_{\Omega^e} \frac{\partial \boldsymbol{\varPhi}}{\partial y}\frac{\partial \boldsymbol{\varPhi}^{\mathrm{T}}}{\partial y}\mathrm{d}x\mathrm{d}y + \mu\iint\limits_{\Omega^e} \frac{\partial \boldsymbol{\varPhi}}{\partial x}\frac{\partial \boldsymbol{\varPhi}^{\mathrm{T}}}{\partial x}\mathrm{d}x\mathrm{d}y \tag{1.143b}$$

$$C_1^e = \iint\limits_{\Omega^e} \frac{\partial \boldsymbol{\varPhi}}{\partial x}\boldsymbol{\varPsi}^{\mathrm{T}}\mathrm{d}x\mathrm{d}y$$

$$C_2^e = \iint\limits_{\Omega^e} \frac{\partial \boldsymbol{\varPhi}}{\partial y}\boldsymbol{\varPsi}^{\mathrm{T}}\mathrm{d}x\mathrm{d}y$$

$$F_1^e = \int\limits_{\Gamma^e} (\boldsymbol{\varPhi}\boldsymbol{\varPsi}^{\mathrm{T}}\boldsymbol{p}_I^e)\cos\theta_x\mathrm{d}\Gamma$$

$$F_2^e = \int\limits_{\Gamma^e} (\boldsymbol{\varPhi}\boldsymbol{\varPsi}^{\mathrm{T}}\boldsymbol{p}_I^e)\cos\theta_y\mathrm{d}\Gamma$$

惯性项计算中，需要已知流体密度。惯性项离散方法可以采用速度项提出法，即

$$\begin{cases} \iint\limits_{\Omega^e} \boldsymbol{\varPhi}\left[\rho\left(u\dfrac{\partial u}{\partial x}\right)\right]\mathrm{d}x\mathrm{d}y = \rho\iint\limits_{\Omega^e}\left(\boldsymbol{\varPhi}\dfrac{\partial \boldsymbol{\varPhi}^{\mathrm{T}}}{\partial x}\boldsymbol{\varPhi}\right)\mathrm{d}x\mathrm{d}y\boldsymbol{u}_I^{e^{\mathrm{T}}}\boldsymbol{u}_I^e = G_1^e\boldsymbol{u}_I^{e^{\mathrm{T}}}\boldsymbol{u}_I^e \\[4mm] \iint\limits_{\Omega^e} \boldsymbol{\varPhi}\left[\rho\left(v\dfrac{\partial u}{\partial y}\right)\right]\mathrm{d}x\mathrm{d}y = \rho\iint\limits_{\Omega^e}\left(\boldsymbol{\varPhi}\dfrac{\partial \boldsymbol{\varPhi}^{\mathrm{T}}}{\partial y}\boldsymbol{\varPhi}\right)\mathrm{d}x\mathrm{d}y\boldsymbol{u}_I^{e^{\mathrm{T}}}\boldsymbol{v}_I^e = G_2^e\boldsymbol{u}_I^{e^{\mathrm{T}}}\boldsymbol{v}_I^e \end{cases}$$

$$\begin{cases} \iint\limits_{\Omega^e} \boldsymbol{\Phi}\left[\rho\left(u\dfrac{\partial v}{\partial x}\right)\right]\mathrm{d}x\mathrm{d}y = \rho\iint\limits_{\Omega^e}\left(\boldsymbol{\Phi}\dfrac{\partial \boldsymbol{\Phi}^{\mathrm{T}}}{\partial x}\boldsymbol{\Phi}\right)\mathrm{d}x\mathrm{d}y\boldsymbol{v}_I^{e^{\mathrm{T}}}\boldsymbol{u}_I^e = G_1^e\boldsymbol{v}_I^{e^{\mathrm{T}}}\boldsymbol{u}_I^e \\[4mm] \iint\limits_{\Omega^e} \boldsymbol{\Phi}\left[\rho\left(v\dfrac{\partial v}{\partial y}\right)\right]\mathrm{d}x\mathrm{d}y = \rho\iint\limits_{\Omega^e}\left(\boldsymbol{\Phi}\dfrac{\partial \boldsymbol{\Phi}^{\mathrm{T}}}{\partial y}\boldsymbol{\Phi}\right)\mathrm{d}x\mathrm{d}y\boldsymbol{v}_I^{e^{\mathrm{T}}}\boldsymbol{v}_I^e = G_2^e\boldsymbol{v}_I^{e^{\mathrm{T}}}\boldsymbol{v}_I^e \end{cases} \tag{1.144}$$

其中，

$$\begin{cases} G_1^e = \rho\iint\limits_{\Omega^e}\left(\boldsymbol{\Phi}\dfrac{\partial \boldsymbol{\Phi}^{\mathrm{T}}}{\partial x}\boldsymbol{\Phi}\right)\mathrm{d}x\mathrm{d}y \\[4mm] G_2^e = \rho\iint\limits_{\Omega^e}\left(\boldsymbol{\Phi}\dfrac{\partial \boldsymbol{\Phi}^{\mathrm{T}}}{\partial y}\boldsymbol{\Phi}\right)\mathrm{d}x\mathrm{d}y \end{cases} \tag{1.145}$$

对应单元的方程表示为

$$\begin{cases} G_1^e\boldsymbol{u}_I^{e^{\mathrm{T}}}\boldsymbol{u}_I^e + G_2^e\boldsymbol{u}_I^{e^{\mathrm{T}}}\boldsymbol{v}_I^e + D_{11}^e\boldsymbol{u}_I^e + D_{12}^e\boldsymbol{v}_I^e - C_1^e\boldsymbol{p}_I^e = -F_1^e \\[2mm] G_1^e\boldsymbol{v}_I^{e^{\mathrm{T}}}\boldsymbol{u}_I^e + G_2^e\boldsymbol{v}_I^{e^{\mathrm{T}}}\boldsymbol{v}_I^e + D_{21}^e\boldsymbol{u}_I^e + D_{22}^e\boldsymbol{v}_I^e - C_2^e\boldsymbol{p}_I^e = -F_2^e \end{cases} \tag{1.146}$$

（5）总体方程的组合。根据单元方程子块组合总体方程子块的相关内容，对单元方程进行组合，可得到总体方程。连续性方程的总体方程表示为

$$B_1 u + B_2 v = 0 \tag{1.147}$$

运动方程的总体方程表示为

$$\begin{cases} \left(G_1 u^{\mathrm{T}} + D_{11}\right)u + \left(G_2 u^{\mathrm{T}} + D_{12}\right)v - C_1 p = -F_1 \\[2mm] \left(G_1 v^{\mathrm{T}} + D_{21}\right)u + \left(G_2 v^{\mathrm{T}} + D_{22}\right)v - C_2 p = -F_2 \end{cases} \tag{1.148}$$

总体方程的矩阵形式为

$$\begin{pmatrix} G_1 u^{\mathrm{T}} + D_{11} & G_2 u^{\mathrm{T}} + D_{12} & -C_1 \\ G_1 v^{\mathrm{T}} + D_{21} & G_2 v^{\mathrm{T}} + D_{22} & -C_2 \\ B_1 & B_2 & 0 \end{pmatrix}\begin{pmatrix} u \\ v \\ p \end{pmatrix} = \begin{pmatrix} -F_1 \\ -F_2 \\ 0 \end{pmatrix} \tag{1.149}$$

上述方程组是非线性方程组，可以采用牛顿-拉弗森（Newton-Raphson）迭代法或线性化交替迭代法求解，详细请见参考文献[2]。

1.9　耦合传热基础

工程实践中有许多耦合传热问题，如热固耦合、相变传热、蒸发与冷凝、多孔介质传热、电磁传热（含电阻热、感应加热、微波加热）等。

1.9.1　热固耦合

固态传热问题通常涉及热固耦合，既要研究传热问题以确定温度场，又要研究固体受热膨胀引发的热应力问题。热固耦合有直接耦合与顺序耦合两种方式，直接耦合是将温度场与

应力场（变形场）完全耦合，顺序耦合是先计算温度场，然后将其作为载荷耦合入应力场的研究中。在大多数情况下，传热问题所确定的温度将直接影响固体的热应力，而应力场对温度场影响不大，故多采用顺序耦合（单向耦合）作为热固耦合问题的分析方法。对于温度引起的热应力，主要体现在固体物理方程的变化（如热膨胀引起的应变量），下面以线弹性材料为例，说明固体物理方程（或本构方程）的变化。

对于线弹性材料的某物体，其内部存在温差分布 $\Delta T(x, y, z)$，在温差的作用下，该物体会产生热膨胀，其热膨胀量为 $\alpha_T \cdot \Delta T(x, y, z)$，$\alpha_T$ 为热膨胀系数，则该物体的物理方程由于增加了热膨胀量（正向的温度应变）而变为式（1.150）。

$$\begin{cases} \varepsilon_{xx} = \dfrac{1}{E}[\sigma_{xx} - \mu(\sigma_{yy} + \sigma_{zz})] + \alpha_T \cdot \Delta T \\[2mm] \varepsilon_{yy} = \dfrac{1}{E}[\sigma_{yy} - \mu(\sigma_{xx} + \sigma_{zz})] + \alpha_T \cdot \Delta T \\[2mm] \varepsilon_{zz} = \dfrac{1}{E}[\sigma_{zz} - \mu(\sigma_{yy} + \sigma_{xx})] + \alpha_T \cdot \Delta T \\[2mm] \gamma_{xy} = \dfrac{1}{G}\tau_{xy}; \gamma_{yz} = \dfrac{1}{G}\tau_{yz}; \gamma_{zx} = \dfrac{1}{G}\tau_{zx} \end{cases} \tag{1.150}$$

其中，ε_{ii} 和 σ_{ii} 分别为正应变和正应力，γ_{ij} 和 τ_{ij} 分别为切应变和切应力，E、μ 和 G 分别为弹性模量、泊松比和剪切模量。

1.9.2 相变传热

自然界中的物质按聚集态分为固、液、气三相，相变是物质在外部参数（如温度、压力、磁场等）连续变化下，从一种相突然变为另外一种相，如冰变成水或水变成蒸汽等。物体相变会释放或吸收热量。

1. 相变过程的傅里叶方程

相变过程的傅里叶方程可表示为

$$\rho C \frac{\partial T}{\partial t} = \lambda \left(\frac{\partial^2 T}{\partial x^2} + \frac{\partial^2 T}{\partial y^2} + \frac{\partial^2 T}{\partial z^2} \right) + \frac{\partial L}{\partial t} \tag{1.151}$$

其中，T 为温度；t 为时间；x、y、z 为空间坐标；ρ 为密度；C 为比热容；λ 为导热系数；L 为潜热。

式（1.151）的左侧是相对于该温度变化的热量；等号右侧第一项为热流过程中由流入微元体和流出微元体的差造成的热量增量（堆积）；第二项为单位体积单位时间内凝固时释放的潜热或熔化时吸收的潜热，可视其为特殊的热源。

2. 潜热处理

根据热力学知识，焓和比热容密切相关，而潜热是纯相变导致的热焓变化量，故在利用有限元等方法求解相变过程热平衡方程时，一般按等效热容方式处理。在 COMSOL 中也是按这种方式处理，通过捕捉相变界面各相分数，按等效热容考虑相变潜热。

图 1-11 为两相相变过程，即相变温度、相变温度间隔示意。其中，T_{pc} 为相变转变温度；

ΔT 为相变温度间隔，实际相变温度区间为 $T_{\mathrm{pc}} - \Delta T/2$ 到 $T_{\mathrm{pc}} + \Delta T/2$；$\theta_1$、$\theta_2$ 分别为两相分数，若将 θ_1 定义为 θ，则 $\theta_2 = 1 - \theta$。

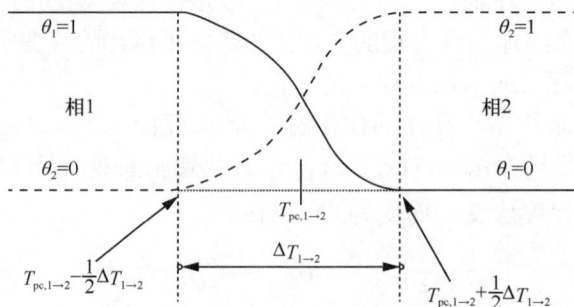

图 1-11　相变温度、相变温度间隔示意

等效密度与等效热焓的表达式为

$$\rho = \theta\rho_1 + (1-\theta)\rho_2 \tag{1.152}$$

$$H = \frac{1}{\rho}[\theta\rho_1 H_1 + (1-\theta)\rho_2 H_2] \tag{1.153}$$

其中，ρ_1、ρ_2 分别为两相密度；H_1、H_2 分别为两相基于参考温度的焓。

比热容的表达式为

$$C_p = \frac{1}{\rho}[\theta\rho_1 C_{p,1} + (1-\theta)\rho_2 C_{p,2}] + (H_2 - H_1)\frac{\mathrm{d}\alpha_{\mathrm{m}}}{\mathrm{d}T} \tag{1.154}$$

其中，$C_{p,1}$、$C_{p,2}$ 分别为两相比热容；$\alpha_{\mathrm{m}} = \dfrac{\theta_2\rho_2 - \theta_1\rho_1}{2\rho}$，表示质量分数，反映相变进程。

将式（1.154）等号右侧拆分成两项，并将其分别定义为

$$C_{\mathrm{eq}} = \frac{1}{\rho}[\theta\rho_1 C_{p,1} + (1-\theta)\rho_2 C_{p,2}] \tag{1.155}$$

$$C_L(T) = (H_2 - H_1)\frac{\mathrm{d}\alpha_{\mathrm{m}}}{\mathrm{d}T} \tag{1.156}$$

式（1.155）表示对两相（如固液）比热容进行等效加和，式（1.156）表示相变潜热对等效比热容的贡献，潜热为 $L = H_2 - H_1$，故有

$$C_L(T) = L\frac{\mathrm{d}\alpha_{\mathrm{m}}}{\mathrm{d}T} \tag{1.157}$$

在相变温度区间内公式（1.157）闭环（该式在相变温度区间内的积分为 L），在等效算法中能量始终守恒。

实际分析中，在相变界面处，物质的等效热容、等效导热系数、等效密度的表达式为

$$C_p = \frac{1}{\rho}[\theta\rho_1 C_{p,1} + (1-\theta)\rho_2 C_{p,2}] + (H_2 - H_1)\frac{\mathrm{d}\alpha_{\mathrm{m}}}{\mathrm{d}T} \tag{1.158}$$

$$k = \theta\lambda_1 + (1-\theta)\lambda_2 \tag{1.159}$$

$$\rho = \theta\rho_1 + (1-\theta)\rho_2 \tag{1.160}$$

其中，λ_1、λ_2 分别为两相的导热系数。对于未发生相变区域，仍然采用单相材料参数进行计算。

1.9.3　蒸发与冷却

模拟液体（例如水）的蒸发冷却过程，需要考虑 3 个效应：周围空气的湍流、所有域中的传热、空气中液体的输送。

1．湍流

在 COMSOL 中使用"湍流，低雷诺数 k-ε"接口模拟气流，同时要在输运方程中正确考虑湍流效应。使用低雷诺数 k-ε 湍流模型，湍流变量在整个域中求解，因此输运方程的输入值需要准确。设速度场和压力场与空气温度和湿度无关，在此设定下预先计算湍流场，然后将其用作传热和物质输运方程的输入。由于液面上蒸发引起的质量贡献很小，因此在此边界上使用壁（无滑移）条件来计算气流。

2．传热

容器和液体中的传热仅通过传导进行，湿空气中的传导方式主要是对流传热，且需要湍流场，材料属性由湿空气理论决定。

蒸发过程中，除周围的对流和传导冷却外，还会从液面释放潜热，引起液体冷却，这个额外的热通量取决于蒸发的液体量。潜热源的表达式为

$$q_{evap} = L_v g_{evap} \tag{1.161}$$

其中，L_v 为蒸发潜热，单位为 J/kg；g_{evap} 为蒸发通量。

3．气体中液体输送

为了获得蒸发到空气中的确切液体量（水量），使用"空气中的水分输送"接口。初始相对湿度为 20%。水表面发生蒸发，蒸发通量的表达式为

$$g_{evap} = K(c_{sat} - c_v)M_v \tag{1.162}$$

其中，K 为蒸发率；M_v 为水蒸气摩尔质量；c_v 为水蒸气浓度；c_{sat} 为饱和浓度，其计算公式为

$$c_{sat} = \frac{p_{sat}}{R_g T} \tag{1.163}$$

输运方程再次使用湍流场作为输入。扩散系数中还必须考虑湍流的影响，即将下式湍流扩散系统添加到扩散张量中。

$$D_T = \frac{v_T}{S_{c_T}} I \tag{1.164}$$

其中，v_T 为湍流运动黏度；S_{c_T} 为湍流施密特数；I 为单位矩阵。

1.9.4　多孔介质传热

多孔材料存在大量孔隙可以容纳流体，称为多孔介质，在机械、航空航天、环境、冶金、

电子、建筑等多个领域有广泛应用。多孔介质在传热中发挥着重要作用，通常要分析多孔介质的热性能。

以注入比多孔介质温度高得多的流体为例，多孔介质的温度 T_s 和流体的温度 T_f 最初不相同，随着时间变化逐渐达到平衡。在许多应用中，$T_s = T_f$ 假设成立，称其为（局部）热平衡，而在某些应用中 $T_s = T_f$ 的假设不成立，称为（局部）热非平衡，"局部"是指温度逐点比较。

1．热平衡下的热传递

在局部热平衡假设下，描述整个多孔介质内平均温度只需一个方程。根据能量守恒以及应用混合规则，热传递方程式可以表达为

$$(\rho C_p)_{\text{eff}} \frac{\partial T}{\partial t} + \rho_f C_{p,f} \boldsymbol{u} \cdot \nabla T + \nabla \cdot (-k_{\text{eff}} \nabla T) = Q \tag{1.165}$$

流体和多孔介质的热特性有效体积热容和有效导热率计算公式为

$$(\rho C_p)_{\text{eff}} = \theta_s \rho_s C_{p,s} + \theta_f \rho_f C_{p,f} \tag{1.166}$$

$$k_{\text{eff}} = \theta_s k_s + \theta_f k_f \tag{1.167}$$

其中，f、s 分别代表流体和固体；k、ρ 分别为导热系数和密度；C_p 为恒压下的热容；θ 为体积分数。假定多孔介质为完全饱和的，孔隙率对应于流体的体积分数。

在 COMSOL 中，热平衡下的多孔介质传热场可以通过传热模块的多孔介质传热选项添加。

2．热非平衡下的热传递

局部热平衡有时无法达到，尤其是快速的非等温流动，在较短时间尺度或强烈依赖于其他影响（如相变）的情况下，固体和流体温度之间的差异可能很大。此时等式 $T_s = T_f$ 并不完全有效，必须分别考虑各相的能量平衡，并且以显式考虑两相之间的热交换，这是通过两个温度模型完成的。局部热非平衡方法求解了两个温度场，并通过热源将它们耦合。

$$\theta_s \rho_s C_{p,s} \frac{\partial T_s}{\partial t} + \nabla \cdot (-\theta_s k_s \nabla T_s) = q_{\text{sf}} (T_f - T_s) \tag{1.168}$$

$$\theta_f \rho_f C_{p,f} \frac{\partial T_f}{\partial t} + \rho_f C_{p,f} \boldsymbol{u} \cdot \nabla T_f + \nabla \cdot (-\theta_f k_f \nabla T_f) = q_{\text{sf}} (T_s - T_f) \tag{1.169}$$

固体与流体之间的热交换由 $q_{\text{sf}} (T_f - T_s)$ 决定，其中 q_{sf} 是间隙热传递系数，其取决于相的热性质及多孔介质的结构（接触的表面积）。

在 COMSOL 中，热非平衡下的多孔介质传热场可以通过多物理场中的局部热非平衡选项添加。

另外，涉及多孔介质的应用还有地下水传热、裂隙流和多孔弹性等问题，可阅读文献[21]。

1.9.5　电磁传热

电气设备的性能与温度相关，在电磁数值分析中往往会遇到电磁传热问题，包含热量的输入，避免因电磁损耗产热等。这里主要介绍 COMSOL 系统内置的典型电磁热源的多场耦合接口的基础理论，包含焦耳热、感应加热和微波加热等。

1. 焦耳热

电流在流经电阻时，载流导体中能够产生热量，电能转化为热能的过程称为焦耳热（或电阻加热、欧姆加热）。在使用 COMSOL 进行焦耳热分析时，焦耳热多物理场接口耦合了固体传热和电流接口，包含了传导电流和介电损耗所产生的热量。

焦耳热接口模拟电阻装置，产生的主要是电阻热，将 $Q_e = Q_{rh}$ 添加为热源时：

$$\rho C_p \boldsymbol{u} \cdot \nabla T = \nabla \cdot (k \nabla T) + Q_e \tag{1.170}$$

在频域中：

$$Q_{rh} = \frac{1}{2} \operatorname{Re}(\boldsymbol{J} \cdot \boldsymbol{E}^*) \tag{1.171}$$

在时域中：

$$Q_{rh} = \boldsymbol{J} \cdot \boldsymbol{E} \tag{1.172}$$

在频域中采用电导率 σ 和复数相对介电常数 ε_r'' 表示材料的损耗。

$$\boldsymbol{J} = \sigma \boldsymbol{E} \tag{1.173}$$
$$\boldsymbol{D} = \varepsilon_0 \varepsilon_r \boldsymbol{E} = \varepsilon_0 (\varepsilon_r' - \mathrm{j}\varepsilon_r'') \boldsymbol{E} \tag{1.174}$$

以电加热板为例，电加热板由沉积在玻璃板上的电阻层组成，玻璃板下面是待加热的反应流体，当电路施加电压时，电阻内部就会产生焦耳热，然后将热量传递到流体中，装置产生的热量由电阻层决定。

在电加热板模拟中，利用固体传热和多层壳中的电流耦合对电加热板进行作用。在 COMSOL 系统中，使用焦耳热物理场时，需要添加"多层壳中的电流"和"固体传热"接口。薄层内产生的单位面积热耗率 q_{prod}（单位为 W/m^2）计算公式为

$$q_{prod} = \mathrm{d}Q_{DC} \tag{1.175}$$

其中，$Q_{DC} = \boldsymbol{J} \cdot \boldsymbol{E} = \sigma |\nabla_t V|^2$ 为功率密度，产生的热量在玻璃板表面表现为向内热通量。

2. 感应加热

感应加热是利用电磁感应的方法使被加热的材料内部产生涡流，依靠这些涡流的能量实现加热，通常用于金属加工、热处理、焊接与熔化等场合。感应加热系统主要由感应线圈、交流电源和工件组成，线圈与电源相连，电源为线圈提供交变电流，流过线圈的交变电流产生一个交变磁场，该磁场使工件产生涡流来加热。这是一种非接触的加热方式，加热产生的热量集中在工件内部，再作用于工件，加热效率很高。

在 COMSOL 中使用感应加热接口对交流线圈中的铁磁体芯建模时，需耦合固体传热与磁场接口，主要考虑了由于感应电流和磁损耗产生的热量，将 $Q_e = Q_{rh} + Q_{ml}$ 添加为热源项。

在频域中：

$$Q_{rh} = \frac{1}{2} \operatorname{Re}(\boldsymbol{J} \cdot \boldsymbol{E}^*) \tag{1.176}$$

$$Q_{ml} = \frac{1}{2} \operatorname{Re}(\mathrm{i}\omega \boldsymbol{B} \cdot \boldsymbol{H}^*) \tag{1.177}$$

在时域中，$Q_{rh} = \boldsymbol{J} \cdot \boldsymbol{E}$，而 Q_{ml} 与磁滞模型有关；在频域中，用电导率 σ 表示材料的电阻损耗，并对 $\boldsymbol{B}$ 和 $\boldsymbol{H}$ 的关系进行线性化处理，用复磁导率 μ_r'' 表示材料的磁损耗：

$$J = \sigma E \tag{1.178}$$
$$B = \mu_0 \mu_r H = \mu_0 (\mu_r' - \mathrm{j}\mu_r'')H \tag{1.179}$$

3．微波加热

微波加热是涉及电磁波和传热的多物理现象，任何暴露在电磁辐射中的材料都会被加热。物质在微波场中所产生的热量大小与物质种类及其介电特性有很大关系，即微波对物质有选择性加热的特性。

在 COMSOL 中，微波加热多物理场接口耦合了"生物传热"与"电磁波，频域"接口，它考虑了高频状态下由电阻、电介质和磁损耗产生的热量。例如，使用微波加热接口对治疗肿瘤进行模拟时，也是将 $Q_e = Q_{rh} + Q_{ml}$ 添加为热源项。在频域中，Q_{rh}、Q_{ml} 的表达式分别与式（1.176）和式（1.177）相同。

1.10　有限元法分析过程

应用有限元法分析工程实际问题的一般过程如图 1-12 所示，通常分为 3 个阶段，即前处理（preprocessing）、分析（analysis）和后处理（post processing）。

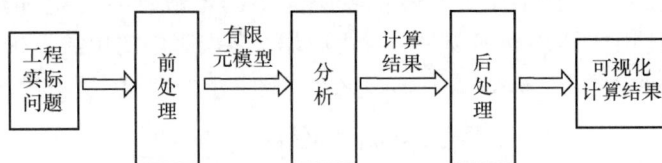

图 1-12　应用有限元法分析工程问题的一般过程

有限元分析的第一阶段是把工程实际问题转化为可供计算机分析的有限元模型。有限元模型的合理性、正确性将直接影响计算分析结果与工程实际之间的差距。这一过程称为有限元分析的前处理过程，通常称为有限元建模过程。显然，有限元建模是应用有限元法解决工程问题的关键。有限元建模主要包括三方面的内容：一是要构造计算对象的几何模型（确定所求问题的类型，建立分析对象的力学模型）；二是要划分有限元网格（包括单元类型的选择，网格的布局）；三是要生成有限元分析的输入数据（主要包括材料与边界条件数据）。建立一个符合工程要求的力学模型，不是一件轻而易举的事情，不仅要有宽广的力学知识和工程背景知识，还取决于有限元计算经验的积累和对分析对象了解的深入程度。

有限元分析过程主要是建立各类问题的有限元方程，并求解这些方程。通过单元分析、整体分析、载荷移置、引入约束即可得到有限元方程，这是有限元分析的核心内容。而对所建立的有限元方程，选择合适的方法求解，也是有限元理论中要重点讨论的内容。

后处理主要包括计算结果的加工处理、计算结果的可视化（图形显示）、计算结果的打印。它把有限元分析得到的数据转换为工程师直接需要的信息，如温度分布状况、流动情况、结构变形状态等，从而帮助工程师快速地评价和校核设计方案。

对于需要系统学习有限元理论的初学者，必须全面掌握上述内容。而对仅使用有限元软件解决工程实际问题的技术人员，其主要工作体现在前处理与后处理两个阶段，但对分析过程也应大致了解。因为有限元软件只是提供一个数值分析的黑箱，如果没有有限元理论的基本知识，面对软件中的许多选择或参数确定就会感到束手无策、无所适从，甚至会使数值分析结果完全偏离工程实际，得到错误结论。

1.11　单元插值函数的选取与收敛性分析

有限元法的分析过程依赖于假定的单元插值函数，为了得到满意的解答，必须使假定的单元插值函数尽可能逼近计算域物理量的真实分布。如果假定的单元插值函数（对于弹性力学问题是位移函数）与物理量的真实分布完全一致，有限元解便是精确解。一般找不到（或很难找到）真实物理量分布情况，所以只能得到近似解答。

单元插值函数一般采用包含若干待定参数的多项式作为近似函数，称为插值多项式。有限项多项式选取的原则应考虑以下几点。

（1）待定参数是由节点场变量确定的，因此待定参数的个数应与单元的自由度数相同。

（2）插值函数在单元内要保持连续，应提供单元间的连续性，包含离散单元每一个节点所有自由度都是连续的。

（3）多项式的选取应由低阶到高阶，尽量选取完整性阶数高的多项式以提高单元精度（称为单元的完备性）。若由于项数限制不能选取完整多项式，选取的多项式应尽可能具有坐标的对称性（称为几何不变性）。对于弹性力学问题，插值函数（多项式）应考虑刚体位移和单元内的常应变状态；插值函数在相邻单元的公共边界上必须协调。

有限元法是一种数值方法，因此应考虑该方法的收敛性问题。有限元法的收敛性是指当网格逐渐加密时，有限元解答的序列收敛到精确解；当单元尺寸固定时，每个单元的自由度数越多，有限元的解答就越趋近于精确解。

有限元法在解决由扩散驱动的传递问题时比较稳定，但处理以对流为主的传递问题时，往往会发生数值不稳定性，即解的振荡现象。以典型的对流扩散传递方程为例，即

$$\frac{\partial C}{\partial t} + \nabla \cdot (-D\nabla C) + \boldsymbol{\beta} \cdot \nabla C = F \tag{1.180}$$

其中，$\boldsymbol{\beta}$ 为对流速度；D 为扩散系数；F 为源项。研究发现，对于具有一阶形状函数的均匀网格，当 Peclet 数 Pe 超过 1 时，会发生数值不稳定：

$$Pe = \frac{|\boldsymbol{\beta}|h}{2D} \tag{1.181}$$

其中，h 为单元尺寸。

Peclet 数与对流和扩散效应有关，大的对流或小的扩散都会导致 Peclet 数大于 1，同时单元大小也起着重要作用。单元（网格）分辨率越高，Peclet 数越小，故对于每个非零扩散项，存在一个单元分辨率，使整个计算域中的 Peclet 数小于 1。但这样的单元计算很昂贵，甚至不可行。稳定方法允许在更粗的网格上进行模拟，从而大大减轻了计算负荷。在 COMSOL 中，所有传递接口，如传热、流体流动或物质传递，都会自动使用稳定性工具。

1.12　机器学习与传热分析

作为人工智能的一个分支，机器学习是一个涉及概率论、统计学、凸分析和其他学科知识的跨领域学科。机器学习使用一些特定算法从历史数据中学习，构建预测模型，无须显式的物理模型对未知结果做出预测，侧重于从数据中获取信息。它可以解决一些高度非线性的问题，而无须很多人为的干预。通常机器学习方法分为监督学习和无监督学习，分类和回归属于前者，聚类属于后者，两种类别之间最大的差异是：监督学习方法的训练数据由输入和相应的预期输出组成，而无监督学习方法中的训练数据没有预期输出。回归场合中常用的机器学习方法包括线性回归、支持向量回归、最小二乘回归等。决策树、支持向量机和朴素贝叶斯是用于分类目的的主流机器学习算法；此外，神经网络和极限学习机可用于分类和回归。机器学习在很多领域得到应用，如产品加工监测、计算机视觉、智能医疗服务、智能交通、数据挖掘、智能制造、数值分析和专家系统等方面。

一些学者利用机器学习方法分析传热问题，如刘耀东等以兰州黄河桥为工程背景，使用具有复杂映射功能的人工神经网络研究混凝土桥梁结构温度场分布，根据温度场的影响因素数据采用三层前向 BP 网络建立温度场的求解算法，从而得到温度场的形成过程和分布规律。Yue 等采用深度学习的方法建立结构温度与温度变形之间的映射关系模型，利用长短期记忆网络（long short-term memory，LSTM）和卷积神经网络的优势检测桥梁结构异常变形。王得道等采用卷积神经网络分析外界环境因素对结构温度的影响，之后采用长短期记忆网络对结构温度进行预测。Zhang 等建立了一个同时预测超临界 H_2O 和 CO 的壁面温度和努塞尔数 Nu 的通用 AN 模型，对 Nu 进行预测。Amardee 等基于超临界水在垂直上升管道中换热的 CFD 模拟数据，利用 AN 对 Nu 进行预测，平均绝对百分比误差（mean absolute percentage error，MAPE）达到 1.46%。Ma 等在低热流密度工况下，建立了超临界水传热系数预测的反向传播神经网络（back propagation neural network，BPNN）模型，R_2 为 0.971。Sun 等使用遗传算法优化的反向传播神经网络（genetic algorithm optimization of back propagation，GA-BP）的初始参数，建立了 GA-BP 模型，对管内超临界 CO 流动传热的 T_w 进行预测，均方根误差（root mean square error，RMSE）达到 1.03 ℃，R_2 达到 0.99。Pesteei 等人采用数据处理组法（group method of data handling，GMDH）模型预测了雷诺数 $Re<2500$ 条件下垂直管内超临界 CO 的局部换热特性，RMSE=25.643 kW/（$m^2\cdot K$），R_2=0.984。李浩哲等利用可解释机器学习进行了超临界流体传热特性预测与分析。张昂利用机器学习研究泉州湾高铁斜拉桥的桥塔温度与大气温度、太阳辐射强度、风速等环境因素的关系。刘成结合计算流体力学数据集，建立机器学习预测模型，并对高热流密度元器件散热器的热阻和压降进行了优化。王爱军利用支持向量机（机器学习的一种）对不同结构的轴承体在不同工况下所需的冷却水流量进行了预测，为轴承体结构设计和冷却策略提供了参考。吴哲建立了神经网络模型，实现了热-流耦合模型的实时求解，在测试集上的评价准确率达 97.6%，并减少了训练数据量。吴浩等采用机器学习分析了高温气冷堆球床辐射传热问题。刘天赐将深度学习技术应用在对流传热分析中，解决了特征提取问题，提升了机器学习识别准确率与模型泛化能力。Qurrat Ul Ain 等采用神经网络辅助研究了星形封闭内的混合纳米流动的强化传热问题。Seyedalborz Manavi 等采用带

参数化物理信息的机器学习方法求解干燥过程的传热传质问题。Darioush Jalili 等利用融入物理信息的神经网络（physics-informed neural network，PINN）分析了两相液膜沸腾传热问题。洪亮等分别基于 k 近邻、决策树和 AdaBoost 机器学习算法预测燃料棒包壳外表面和燃料芯块中心温度。刘振海等采用机器学习方法构建了燃料棒温度分布的代理模型，快速预测燃料棒不同时刻的温度分布。从这些研究看到，机器学习方法能够为复杂的换热行为和传热特性提供更为准确的预测。

1.12.1　机器学习与传热有限元分析

1．机器学习与传热有限元分析的重叠

机器学习与传热有限元分析确实存在重叠，主要体现在以下几个方面。

（1）数据驱动的特性：传热有限元在进行模型设置时需要大量的实验数据和材料特性，而这些数据可以通过机器学习进行处理和分析，并优化模型参数。

（2）模型逼近：在一些高维和复杂的物理问题中，传热有限元模型可能计算代价高昂，而机器学习算法能够在某些情况下提供更快的近似解。通过训练数据学习，机器学习模型可以快速预测出与物理模型相似的结果。

（3）不确定性分析：传热有限元分析在处理材料属性和加载条件方面存在一些不确定性，机器学习可以通过概率模型（如贝叶斯方法）有效地处理这些不确定性，提高分析的可靠性。

2．机器学习与传热有限元分析的互补

尽管机器学习和传热有限元分析在某些方面存在重叠，但各自具有的优势使得它们能够在实际应用中互为补充。

（1）增强物理模型：机器学习可以帮助强化和修正传热有限元模型，基于已有的传热有限元结果，训练机器学习模型，能使其更好地捕捉复杂的物理现象。

（2）优化设计过程：将机器学习与传热有限元分析结合，能够加速设计优化过程。通过使用机器学习方法快速评估设计方案，结合传热有限元方法进行精确分析，能够有效缩短设计周期，尤其是传热参数优化与传热结构拓扑优化方面，可以利用机器学习协助寻求最优解。

（3）实时反馈与学习：在实际工程应用中，机器学习可以利用传热有限元分析的实时结果进行在线学习，及时调整模型和参数，提高系统的响应能力和适应性。

总之，在有限元的预处理、计算和后处理阶段，机器学习展现出了良好的适用性。在预处理阶段，机器学习算法如决策树和支持向量机（SVM）可以帮助进行自动化几何建模和网格划分。在计算阶段，人工神经网络（ANN）等深度学习工具可以通过处理复杂的非线性关系，大幅提高系统求解的速度与精度。在后处理阶段，机器学习方法能够帮助分析和解读结果，优化设计方案。

3．未来发展方向

随着计算机科学和数据科学的不断发展，机器学习与传热有限元分析的结合将会变得越来越紧密。未来的发展方向可能包括以下几个。

（1）深度学习与模型简化：使用深度学习技术简化和加速复杂传热有限元模型的求解过

程，实现实时模拟。

（2）数据融合与智能优化：将来自不同源的数据（如传感器数据、历史实验数据）与机器学习结合，实现更深入的智能优化设计。

（3）物理信息学习：物理信息机器学习（physics-informed machine learning，PIML）技术将物理规律嵌入机器学习过程，可以提高预测结果的可信度，目前 PIML 已经在传热分析中进行应用。

1.12.2　利用机器学习方法进行传热分析的思路

机器学习方法应用在传热分析方面有两大类思路，具体如下。

（1）直接植入实际问题的物理信息机器学习程序来求解传热分析问题。例如，利用 PINN 进行传热分析，先定义传热问题及物理模型；接着构建 PINN 模型结构，确定输入与输出物理量，设置多个隐藏层，每层使用激活函数（如 tanh、sigmoid、ReLU 等），某个 PINN 模型示例如图 1-13 所示；再定义损失函数，包含数据误差项和物理信息误差项，将偏微分方程、初始条件、边界条件嵌入神经网络的损失函数中；接着利用数据进行神经网络训练，使用梯度下降或其他优化算法对网络权重进行调整，并通过最小化损失函数，使神经网络的输出满足给定的偏微分方程和条件；最后对训练好的模型进行验证与测试，确保模型在训练集以外的数据上也能做出准确、符合传热规律的预测。

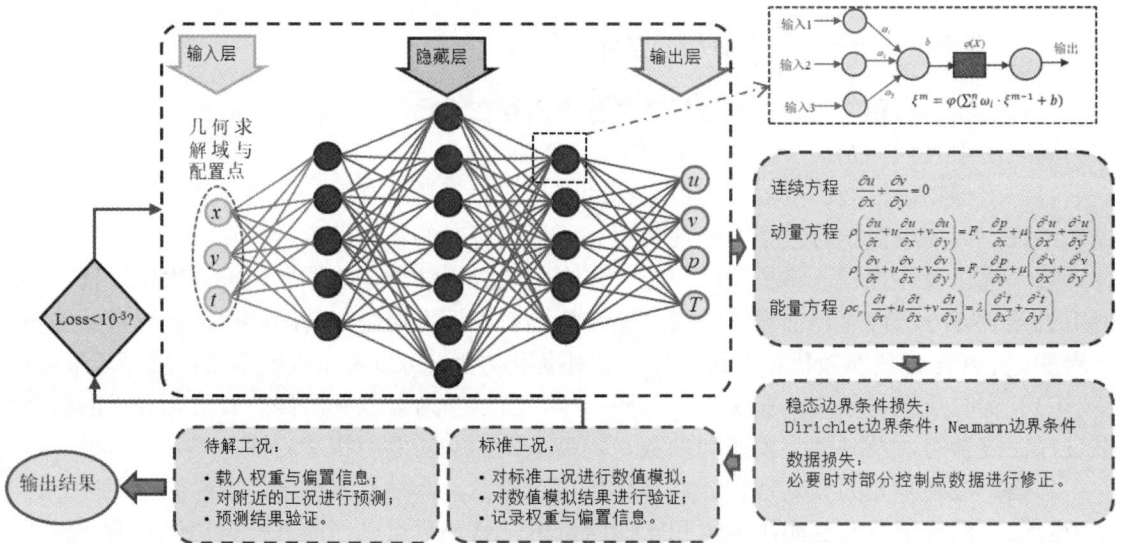

图 1-13　PINN 模型示例

（2）将机器学习方法与有限元方法融合来进行传热分析，以大幅提升传热分析效率与降低分析成本。机器学习方法与有限元方法融合的方式较多，其中一种是：利用有限元分析生成大量的训练数据，再导入机器学习算法（如深度神经网络、支持向量机等）中进行训练，生成代理模型，代理模型（输入与输出的近似函数）可以快速实现输入与输出的映射。

COMSOL 系统中的代理模型训练，是将机器学习方法与有限元方法有效融合，用来便捷地建立输入数据与输出数据之间复杂的非线性映射关系，即用代理模型替换复杂的有限元模型，降低计算成本和缩短分析时间，具体在 6.4.1 节中详细叙述。

第 2 章 COMSOL 基本操作

产品设计或科学研究中时常涉及传热分析，传热分析能够为产品或工程的热管理系统设计、冷却系统设计提供数据支撑。采用数值模拟方法可以不受实验条件的影响快速得到全方位的产品或工程传热信息。COMSOL 作为数值模拟的重要工具，能够进行各种不同类型的传热分析，满足用户多样化的传热模拟的需求。本章主要介绍 COMSOL 的基本操作。

2.1 COMSOL 主界面

在 COMSOL 中，COMSOL Desktop 提供了功能强大的建模环境，可供用户创建、分析以及可视化模型和 App。用户在软件中可以根据需要定制主界面，例如，对窗口进行大小调整、移动和分离等操作。当关闭软件时，COMSOL 会自动保存用户对窗口布局的操作，在下次打开软件时，仍会根据上次的修改进行显示。若要恢复默认的窗口布局，单击"重置桌面"按钮即可。

在本节中，以 COMSOL 模型库中的圆柱体传热教程模型为例，简要介绍 COMSOL 的主界面（见图 2-1）。

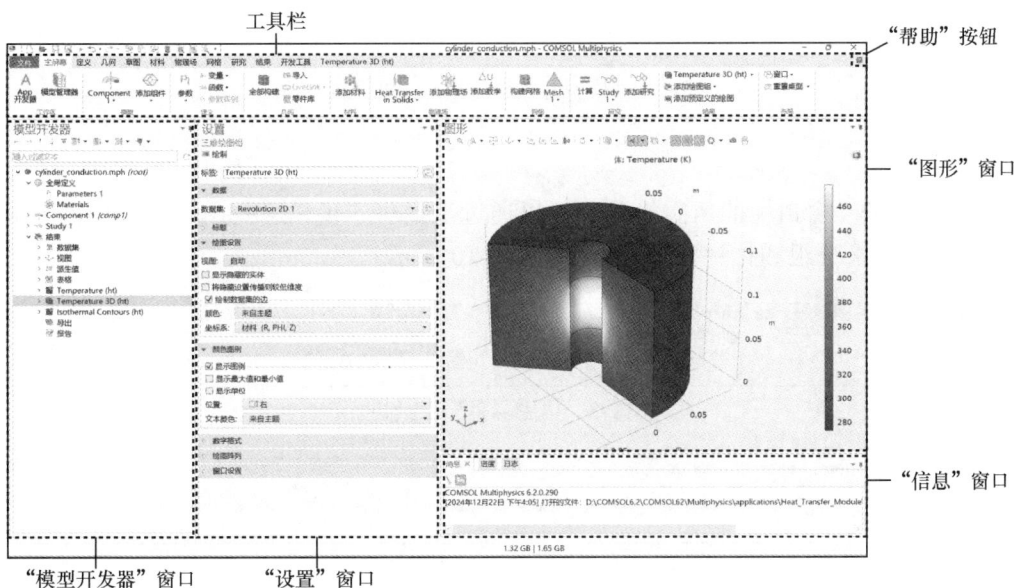

图 2-1 COMSOL 主界面

1. "模型开发器" 窗口

"模型开发器"窗口中提供的功能和操作可以用来构建、求解模型和显示结果。模型树显示了模型数据结构的概览，可用于控制建模序列。用户可以通过右击建模序列中的任意节点，访问上下文相关的选项，以建立模型、创建定义、构建几何、添加材料、定义物理场、划分网格、计算求解，还可以对结果进行后处理，如图 2-2 所示。

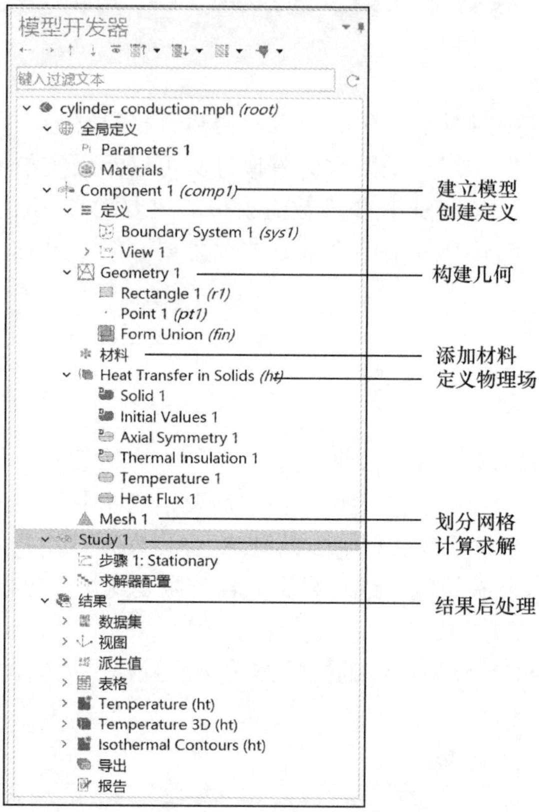

图 2-2　"模型开发器"窗口（模型树）

2．工具栏

"模型开发器"窗口中的所有操作都可以通过工具栏实现，这些操作在工具栏中根据每个主要建模步骤来分组和排序，如图 2-3～图 2-10 所示。

图 2-3　"主屏幕"工具栏

图 2-4　"定义"工具栏

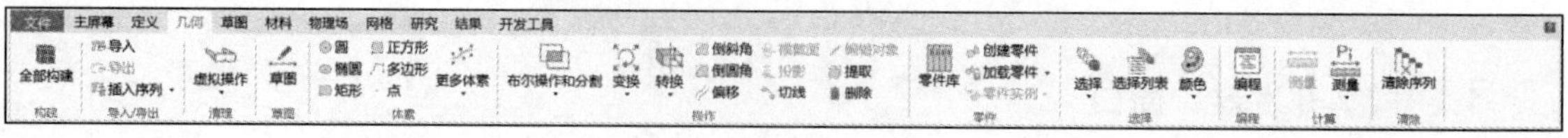

图 2-5　"几何"工具栏

图 2-6 "材料"工具栏

图 2-7 "物理场"工具栏

图 2-8 "网格"工具栏

图 2-9 "研究"工具栏

图 2-10 "结果"工具栏

除了上述工具栏,还有"草图""开发工具"等工具栏,如图 2-11 所示。

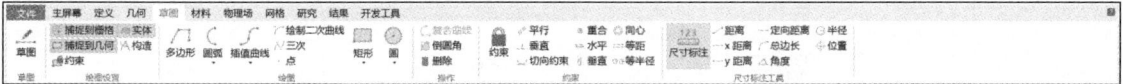

(a)"草图"工具栏

(b)"开发工具"工具栏

图 2-11 "草图"与"开发工具"工具栏

3."设置"窗口

用户在模型树中选择任何节点,都可以在右侧的"设置"窗口中查看其关联设置。"设置"窗口会根据模型树中当前选中的节点更新,此窗口也是进行仿真设置的主窗口,例如,创建几何、设置材料的属性或者物理场边界条件。

4."图形"窗口

最右侧的"图形"窗口用于显示几何、网格以及结果的交互式图像。可执行的操作包括旋转、平移、缩放等。"图形"窗口工具栏中的按钮则根据模型的空间维度以及模型树中当前选定的节点来更新。

模型树当前节点为"网格"时,"图形"窗口的显示如图 2-12 所示。

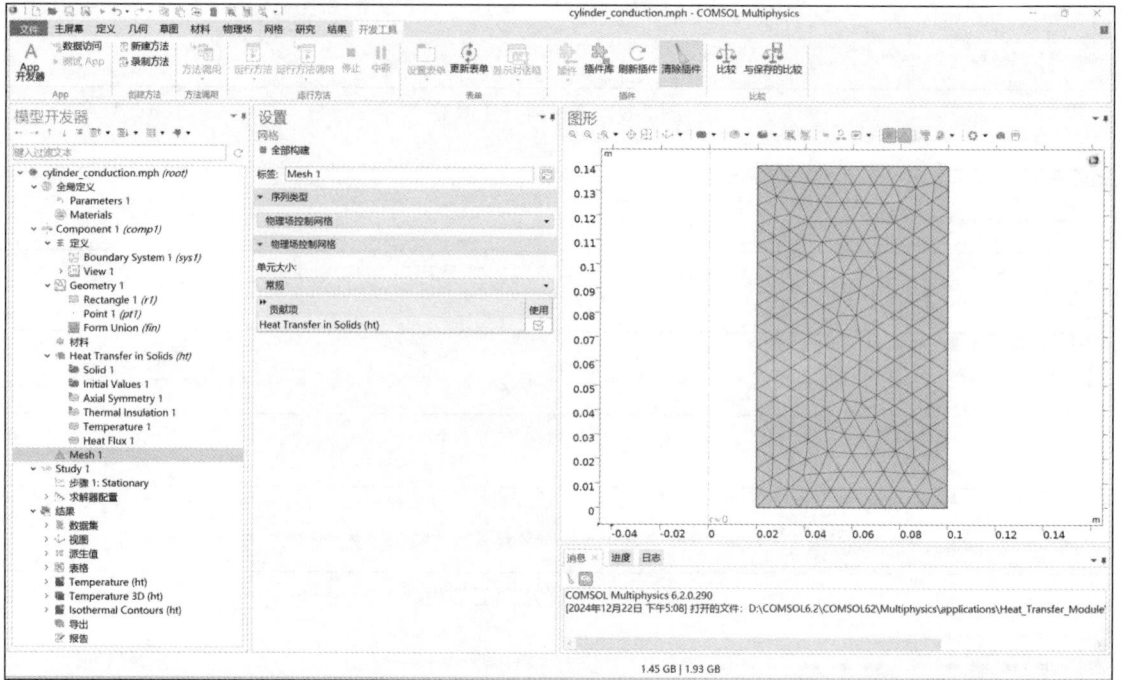

图 2-12　节点为"网格"时的"图形"窗口

模型树当前节点为"Temperature 3D(ht)"时，"图形"窗口的显示如图 2-13 所示。请注意观察"图形"窗口的子工具栏选项的变化，当选中模型树结果中的面线结果时，上面的主工具栏也会发生变化。

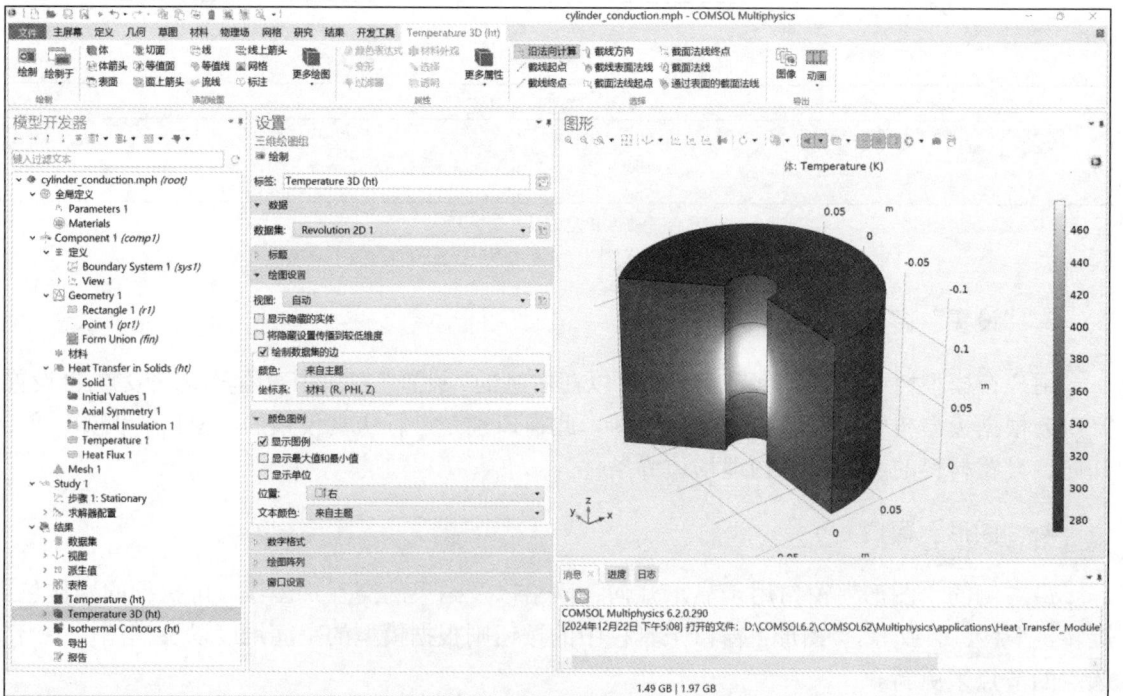

图 2-13　节点为"温度 3D"时的"图形"窗口

5."信息"窗口

"图形"窗口下方是"信息"窗口。"消息/进度/日志"窗口用于显示重要的模型信息，如警告消息、解算时间和进度、求解日志，并视情况显示结果表。

6.主界面中的其他布局

在 COMSOL 中进行解算或者执行其他操作时，主界面的右下角会出现一个进度条，用于表明当前正在执行的操作或者计算的状态。

在 COMSOL 主界面的右上角有一个"帮助"按钮，单击该按钮可以打开"帮助"窗口，也可以按 F1 键进行访问，其中提供了有关窗口和模型树节点的帮助文本，所显示的信息取决于模型树中当前选定的节点。

创建好模型后，可基于自己的模型开发一个 App，并可与其他用户共享。单击"App 开发器"按钮，打开"App 开发器"窗口，如图 2-14 所示。用户可以在 COMSOL 主界面和"App 开发器"窗口之间进行切换。

图 2-14 "App 开发器"窗口

2.2 COMSOL 传热分析流程

2.2.1 常规分析流程

COMSOL 常规分析流程涉及的概念包括参数、函数、变量、几何、材料、网格、求解器、后处理等。这些概念在后续的仿真过程中均有涉及，用户可以在模型树或相关节点处对其加以设置和定义。常规分析流程如图 2-15 所示。

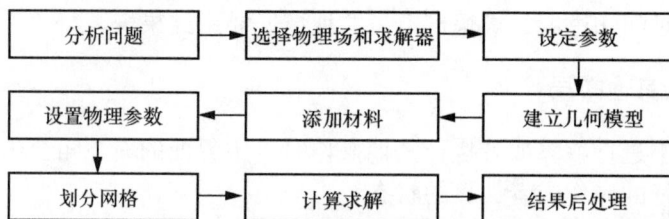

图 2-15　常规分析流程

具体步骤如下。

（1）分析问题。针对要分析的问题，构思所需要仿真的模型，初步列出所需要的偏微分方程组，写出已知的参数和必要的边界条件。

（2）选择物理场和求解器。打开 COMSOL，主要依据上述列出的偏微分方程组来选择合适的物理场和求解器。

（3）设定参数。设定计算中所需的参数，即模型中已知的参数。

（4）建立几何模型。利用"几何"工具栏和鼠标画出几何模型或从外部导入几何模型。

（5）添加材料。通过"模型开发器"窗口中的"材料"节点，选择从库添加材料或自定义材料。

（6）设置物理参数。设定求解域的边界条件和各物理参数。

求解域是有限元法中的数学力学提法，即所要仿真的区域。所要仿真的区域又分成不同的子区域，子区域也是求解域的一部分。设定求解域时，可以对每个子区域分别给定不同的物理参数。

（7）划分网格。几何建模完成后，需要进行网格的划分，网格划分是否适当对于计算结果有着关键的影响。网格划分越密，计算量越增大；网格划分越疏，计算精度越差。选择好合适的网格大小是仿真高效求解的关键。

（8）计算求解。通过"研究"工具栏进行相关计算设置后，单击"计算"按钮，即可进行计算求解。

（9）结果后处理。结果后处理就是利用计算所得到的基本物理量来产生分析所需的其他相关物理变量。COMSOL 的后处理功能非常丰富，可生成一维的点、线趋势图，二维或三维的表面云图、流线图、箭头趋势图，甚至具有粒子追踪等高阶功能，并可以根据用户需要导出数据。

2.2.2　案例解析

1. 问题描述

一根截面边长为 5 mm、长 200 mm 的铝型材（见图 2-16）在加热到 360 ℃时挤压成型，之后放在 28 ℃的空气中，试分析该铝型材降温到 40 ℃以下大概花费多长的时间。

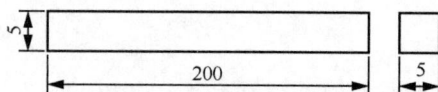

图 2-16　铝型材几何模型

2．选择物理场

打开 COMSOL 软件，在"新建"窗口中，单击"模型向导"，在"选择空间维度"窗口中选择"三维"，如图 2-17 所示。

图 2-17 初始选择

在"选择物理场"窗口，可以查看物理场列表，依次选择"传热"→"固体传热"，单击"添加"按钮，如图 2-18 所示。

3．选择求解器

单击"研究"按钮，在"选择研究"窗口中，依次选择"一般研究"→"瞬态"，单击"完成"按钮，如图 2-19 所示。

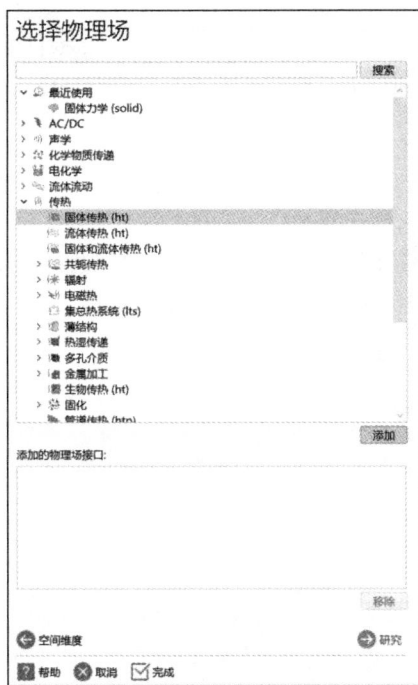

图 2-18 选择物理场

图 2-19 选择求解器

4．参数设置

参数设置可手动输入或从文件加载。如图 2-20 所示，在"模型开发器"窗口的"全局定义"节点下，单击"参数 1"，在"参数"设置窗口中，定位到"参数"栏，输入如表 2-1 所示的参数值。

此参数设置是方便后续的参数化建模，用户可以更改表中的表达式数值，以改变模型的几何尺寸，来进行自定义仿真分析。值得注意的是，参数设置不仅可用于几何参数，也可用于其他物理量。

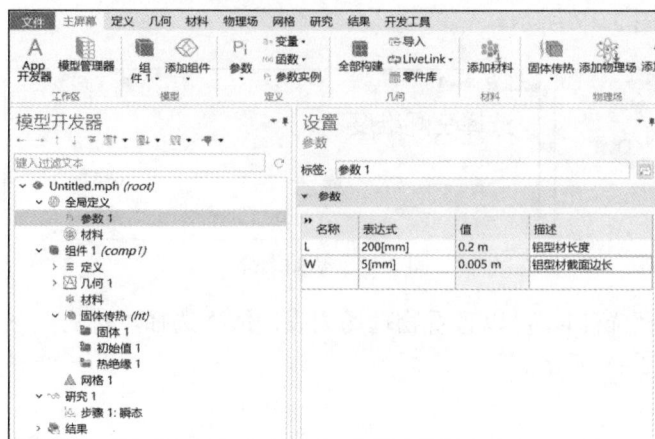

图 2-20　参数设置

表 2-1　参数值

名称	表达式	值	描述
L	200[mm]	0.2m	铝型材长度
W	5[mm]	0.005m	铝型材截面边长

5．建立几何模型

选择"几何"工具栏，单击"长方体"按钮，在"长方体"设置窗口中，定位到"大小和形状"栏，在"深度"文本框内输入"L"，在"宽度"与"高度"文本框内输入"W"，单击"构建选定对象"按钮。几何模型设置界面与铝型材模型如图 2-21 所示。

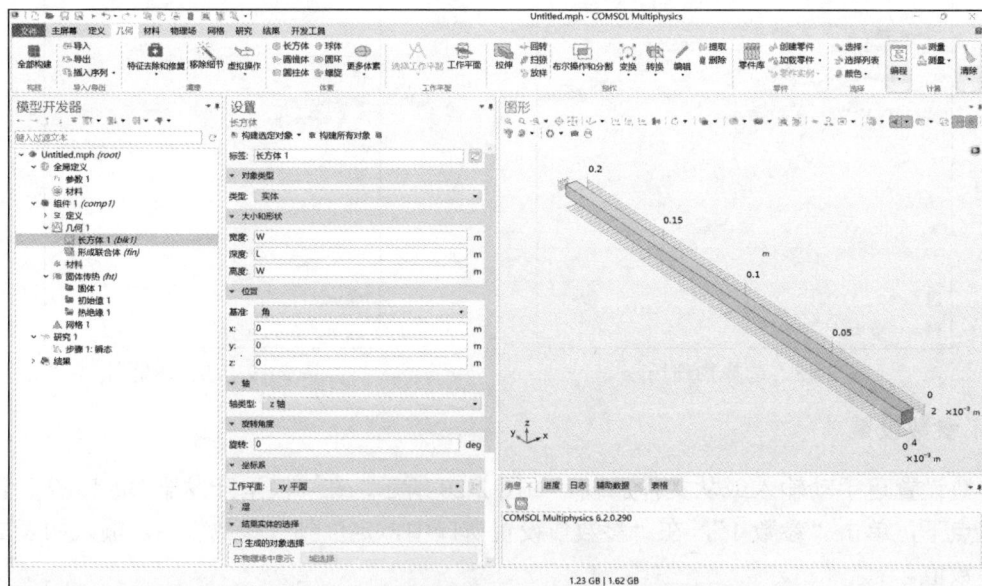

图 2-21　几何模型设置界面与铝型材模型

6. 添加材料

在"模型开发器"窗口中，右击"材料"，选择"空材料"，打开"材料"设置窗口，在"标签"文本框中输入"铝"；定位到"材料属性明细"栏，在"导热系数"对应的"值"文本框内输入"236"，在"密度"对应的"值"文本框内输入"2702"，在"恒压热容"对应的"值"文本框内输入"896"，如图 2-22 所示。

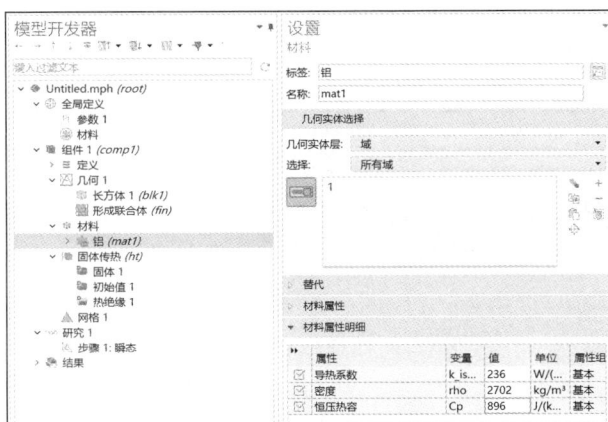

图 2-22　材料属性设置

7. 物理场设置

（1）初始值。在"模型开发器"窗口中，单击"固体传热"，选择"初始值 1"。在"初始值"设置窗口中，定位到"温度"文本框，输入"360[degC]"，如图 2-23 所示。

图 2-23　初始温度设置

（2）热通量。在"物理场"工具栏中，单击"边界"按钮，选择"热通量"，如图 2-24（a）所示。在"热通量"设置窗口中，定位到"边界选择"栏，在"图形"窗口中选择边界 1～边界 6；定位到"热通量"栏，从"通量类型"列表中选择"对流热通量"，"传热系数"保持"用户定义"选项，之后在"传热系数"文本框内输入"8"；"外部温度"保持"用户定义"选项，在其文本框内输入"28[degC]"，如图 2-24（b）所示。

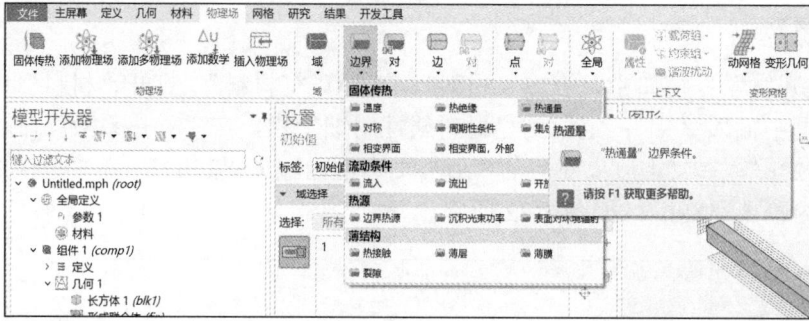
（a）

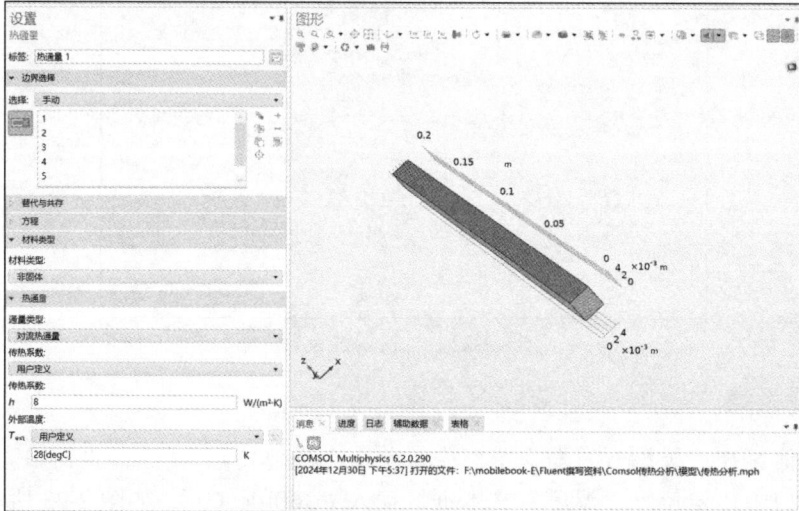
（b）

图 2-24　热通量设置

8．划分网格

在"网格"工具栏中，单击"映射"按钮，在"映射"设置窗口中，定位到"边界选择"栏，在"几何实体层"列表中选择"边界"，在"图形"窗口选中端面 2，单击"构建选定对象"按钮，如图 2-25 所示。

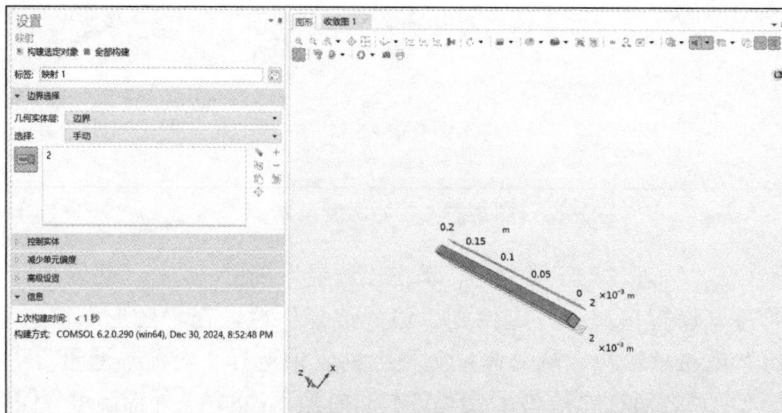

图 2-25　映射设置

在"模型开发器"窗口中，单击"网格"节点下的"大小"。在"大小"设置窗口中，选择"定制"，在"最大单元大小"文本框内输入"0.002"，在"最小单元大小"文本框内输入"0.001"，单击"全部构建"按钮，如图 2-26 所示。

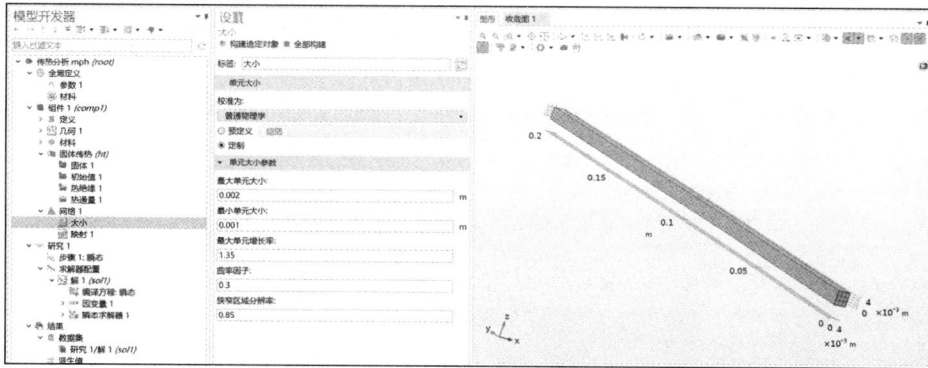

图 2-26 大小设置

在"网格"工具栏中，单击"扫掠"按钮，打开"扫掠"设置窗口。对于本例这种规则实体，其扫掠选项可保持默认，单击"全部构建"按钮，完成网格划分，如图 2-27 所示。

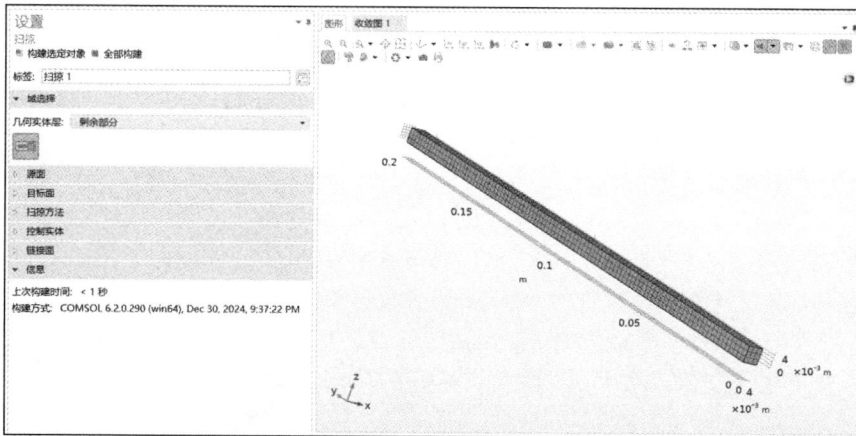

图 2-27 扫掠设置

9．求解器设定

单击"模型开发器"窗口中的"研究"节点，再单击"步骤 1：瞬态"子节点。在"瞬态"设置窗口中，定位到"输出时步"文本框，修改输出时步为"range(0,5,2000)"，如图 2-28 所示。保存文件后，单击"计算"按钮。

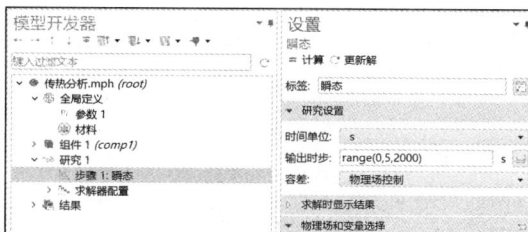

图 2-28 瞬态设置

10．结果后处理

（1）温度分布。系统默认绘制的是温度分布图，1500 s 的铝型材表面的温度分布如图 2-29 所示。可在"数据"栏的"时间"列表中选择不同的时刻后，再单击上面的"绘制"按钮，显示该时刻的温度分布。也可通过"结果"工具栏中的"动画"工具，生成温度分布随时间变化的动画，其设置如图 2-30 所示。

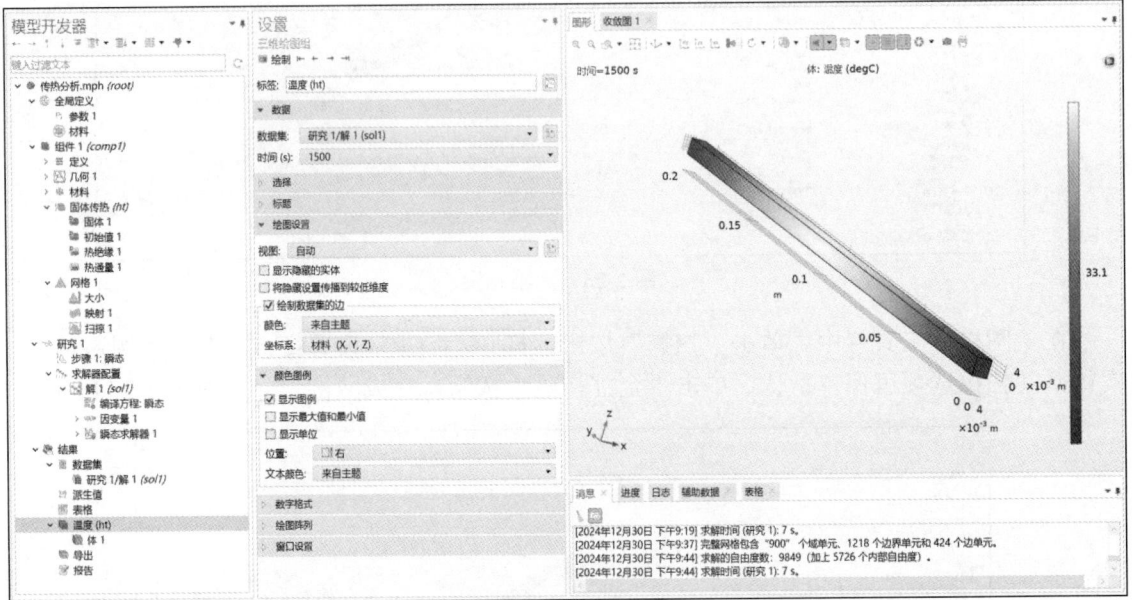

图 2-29　温度分布

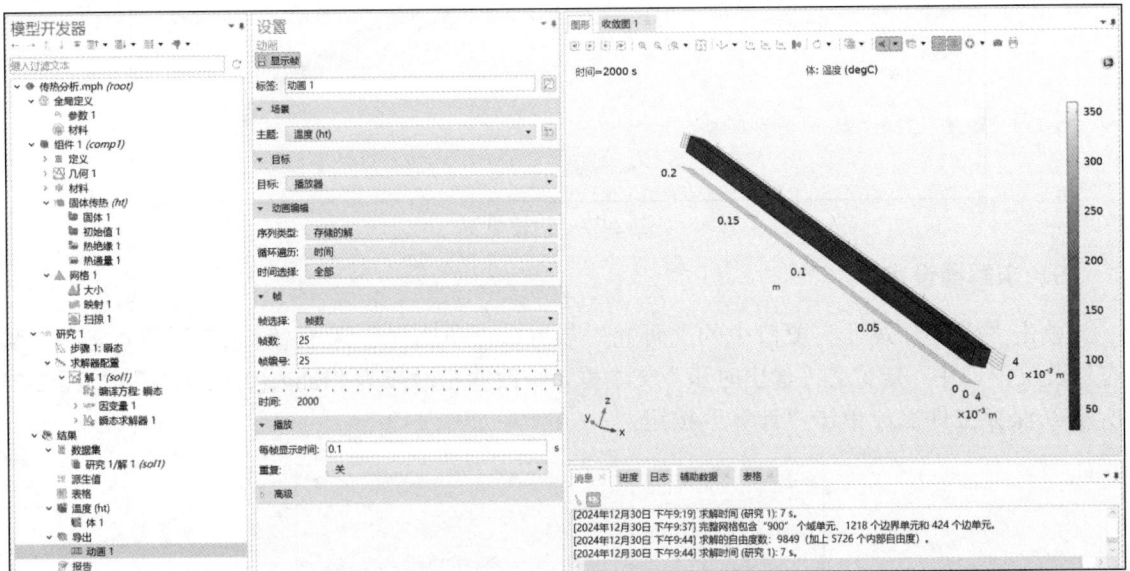

图 2-30　温度分布动画设置

（2）指定点的温度曲线图。在"结果"工具栏中，单击"三维截点"按钮。在"三维截点"设置窗口中，定位到"点数据"栏，"定义方法"保持默认（坐标），在"X"文本框中输入"0.0025"，在"Y"文本框中输入"0",在"Z"文本框中输入"0.0025",单击"绘制"按钮,设置铝型材底面的中心点作为后续参照点,如图 2-31 所示,还可以设置其他点作为后续参照点。

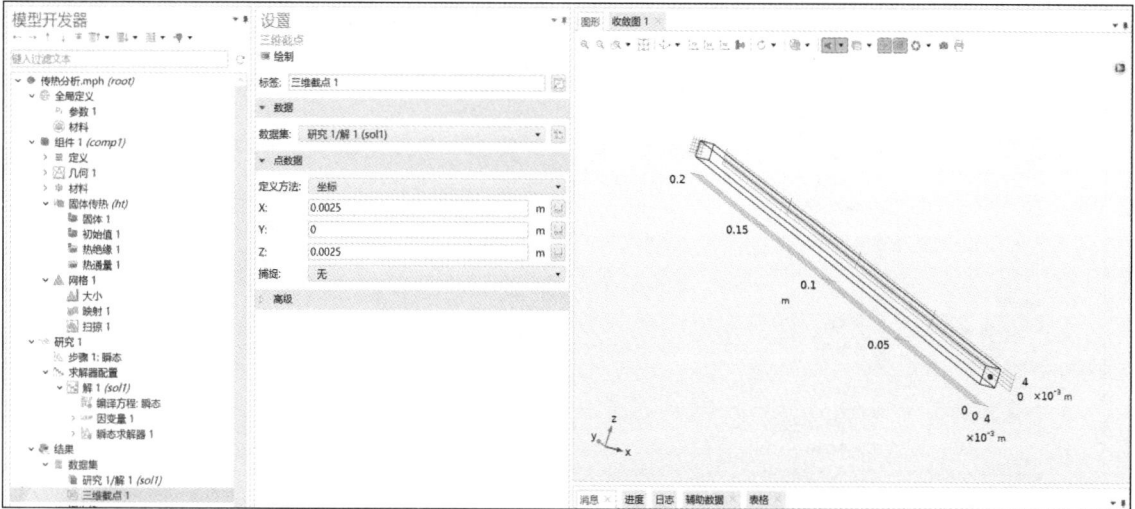

图 2-31 三维截点设置

在"结果"工具栏中,单击"一维绘图组"按钮,选择"一维绘图组"。在"一维绘图组"设置窗口中,定位到"绘图设置"栏,在"X 轴标签"文本框内输入"时间(s)",在"Y 轴标签"文本框内输入"温度(℃)"。在"模型开发器"窗口中,右击"一维绘图组 1"节点,选择"点结果图",打开"点结果图"设置窗口,在"数据集"列表中选择"三维截点 1",将 y 轴数据的单位改为"degC",单击"绘制"按钮,如图 2-32 所示。

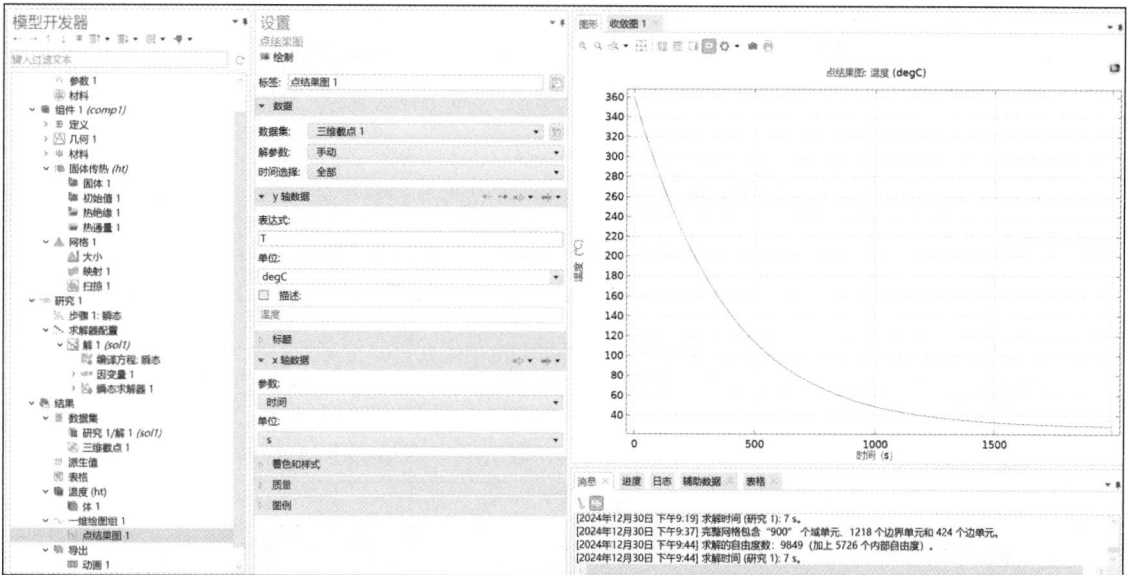

图 2-32 点 1 的温度随时间变化图

在"图形"窗口的温度随时间变化的曲线中,移动光标的位置,可以看到温度降到 40 ℃以下大概需要 1205 s,如图 2-33 所示。

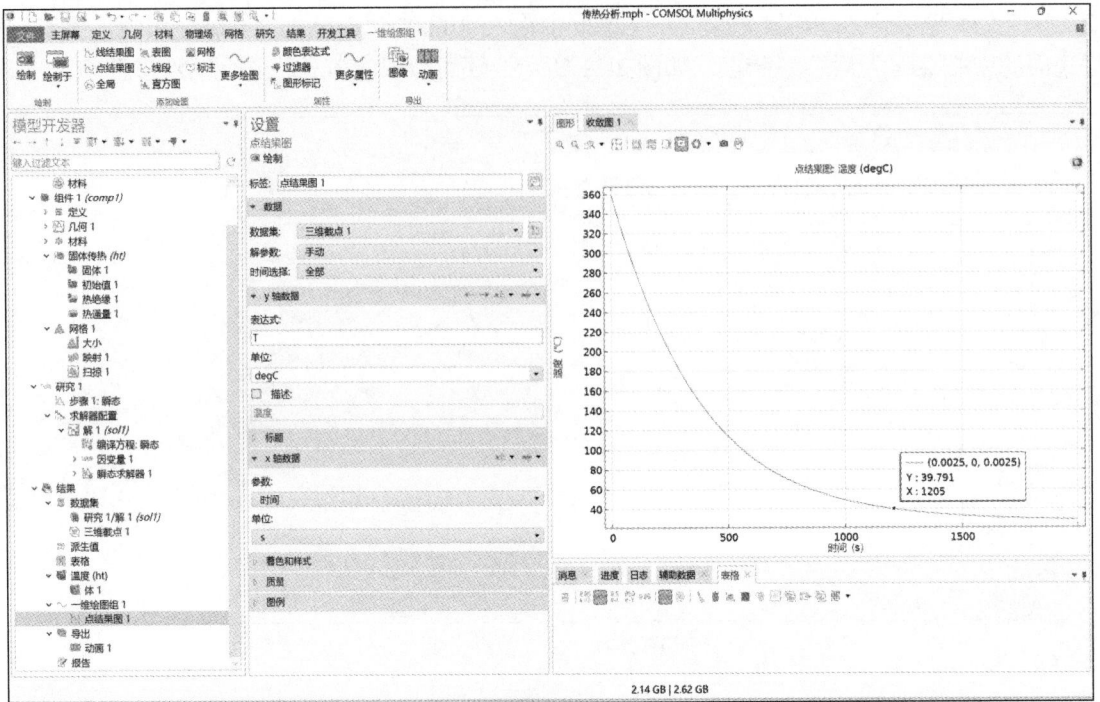

图 2-33　点 1 的温度降到 40 ℃以下所花费的时间

2.3　内置的常数、变量与函数

在使用 COMSOL 时，常常要用到一些物理量。大多数情况下，用户可以通过使用手册或互联网搜索出这些物理量对应的名称和数值，然后在参量中定义物理量。COMSOL 本身自带这些参数，为方便用户了解并在软件设置中能清晰运用参数，本节将介绍 COMSOL 中常见的常数、变量和函数。

COMSOL 的内置常数如表 2-2 所示。

表 2-2　　　　　　　　　　　　COMSOL 的内置常数

名称	描述	值
eps	双精度浮点数、机器精度	$2^{-52}(\sim 2.2204\times10^{-16})$
i、j	虚数单位	$i, sqrt(-1)$
Inf,inf	无穷大，∞	一个大于能被计算机处理的值
NaN，nan	非数字值	未定义或不能表示出来的值，如 0/0
pi	π	3.141592653589793
g_const	重力加速度	9.80665[m/s^2]
G_const	万有引力常数	6.67384e−11[m^3/(kg*s^2)]
N_A_const	阿伏伽德罗常数	6.02214129e23[1/mol]
K_B_const	玻尔兹曼常数	1.3806488e−23[J/K]

名称	描述	值
Z0_const	真空特性阻抗	376.73031346177066[ohm]
me_const	电子质量	9.10938291e－31[kg]
e_const	元电荷	1.602176565e－19[C]
F_const	法拉第常数	96485.3365[C／mol]
alpha_const	精细结构常数	7.2973525698e－3
V_m_const	标准状态下气体体积	2.2413968e－2[m^3／mol]
mn_const	中子质量	1.674927351e－27[kg]
mu0_const	真空磁导率	4*pi*1e－7[H／m]
epsilon0_const	真空介电常数	8.854187817000001e－12[F/m]
h_const	普朗克常量	6.62606957e－34[J*s]
hbar_const	普朗克常量除以 2π	1.05457172533629e－34[J*s]
mp_const	质子质量	1.672621777e－27[kg]
c-const	真空中的光速	299792458[m/s]
sigma_const	斯特藩-玻尔兹曼常量	5.670373e－8[W/(m^2*K^4)]
R_const	通用电气常数	8.3144621[J／(mol*K)]
b_const	维恩位移定律常数	2.8977721e－3[m*K]

COMSOL 中有一些常用变量，如表 2-3 所示，这些变量可供用户直接使用。

表 2-3   常用变量

名称	描述	类型
t	时间	标量
freq	频率	标量
lambda	特征值	标量
phase	相位角	标量
h	网格单元的大小	字段
meshtype	网格单元类型索引	字段
meshelement	网格单元的数量	字段
dvol	体积比例因子变量	字段
qual	网格质量，介于 0（质量差）和 1（质量完美）之间	字段
x,y,z	笛卡儿空间坐标	字段
r,phi,z	柱状空间坐标	字段
u,T,etc.	因变量	字段

在 COMSOL 中有一些常用函数，如表 2-4 所示，这些函数可供用户写具体的公式。

表 2-4　　　　　　　　　　　　　　　　常用函数

名称	描述	示例
abs	绝对值	abs(x)
acos	反余弦	acos(x)
acosh	反双曲余弦	acosh(x)
acot	反余切	acot(x)
acoth	反双曲余切	acoth(x)
acsc	反余割	acsc(x)
acsch	反双曲余割	acsch(x)
arg	相位角	arg(x)
asec	反正割	asec(x)
asech	反双曲正割	asech(x)
asin	反正弦	asin(x)
asinh	反双曲正弦	asinh(x)
atan	反正切	atan(x)
atan2	四象限反正切	atan2(y,x)
atanh	反双曲正切	atanh(x)
besselj	第一类贝塞尔函数	besselj(a,x)
bessely	第二类贝塞尔函数	bessely(a,x)
besseli	第一类修正贝塞尔函数	besseli(a,x)
besselk	第二类修正贝塞尔函数	besselk(a,x)
ceil	向上取整	ceil(x)
conj	共轭复数	conj(x)
cos	余弦	cos(x)
cosh	双曲余弦	cosh(x)
cot	余切	cot(x)
coth	双曲余切	coth(x)
csc	余割	csc(x)
csch	双曲余割	csch(x)
erf	误差函数	erf(x)
exp	指数	exp(x)
floor	向下取整	floor(x)
gamma	伽马函数	gamma(x)
imag	虚部	imag(u)
log	自然对数	log(x)
log10	以 10 为底的对数	log10(x)
log2	以 2 为底的对数	log2(x)

名称	描述	类型
max	两个参数中的最大值	max(*a*,*b*)
min	两个参数中的最小值	min(*a*,*b*)
mod	模数运算子	mod(*a*,*b*)
psi	Psi 函数及其衍生函数	psi(*x*,*k*)
range	创建等差数列	range(*a*,step,*b*)
real	实数部分	real(*u*)
round	舍入为最接近的整数	round(*x*)
sec	正割	sec(*x*)
sech	双曲正割	sech(*x*)
sign	符号函数	sign(*u*)
sin	正弦	sin(*x*)
sinh	双曲正弦	sinh(*x*)
sqrt	平方根	sqrt(*x*)
tan	正切	tan(*x*)
tanh	双曲正切	tanh(*x*)

2.4 自定义参数、变量、函数和材料

1. 自定义参数

单击"模型开发器"窗口下的"全局定义"的"参数"节点,在"参数"设置窗口中,用户可以输入自定义的参数名称、表达式(包含单位)、数值和描述,如图 2-34 所示。注意,参数、函数、变量等有全局和局部之分,全局的作用范围要大一些,局部的作用范围只限于该组件内。

图 2-34 自定义参数

2. 自定义变量

右击"模型开发器"窗口下的"全局定义"节点,并选择"变量"(见图 2-35),在右方

的"变量"设置窗口中，用户可以自定义需要的变量名称和表达式，如图 2-36 所示。

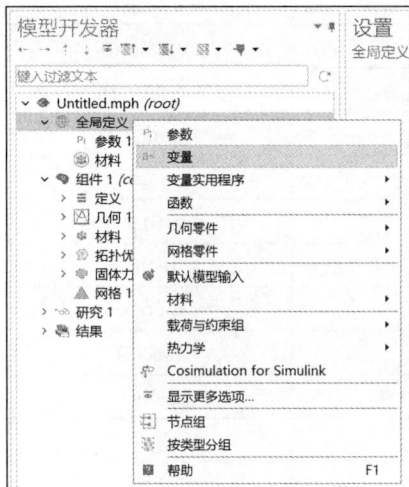

图 2-35　选择"变量"

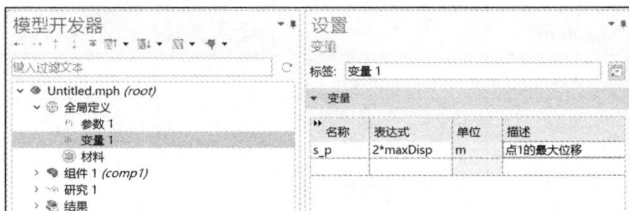

图 2-36　自定义变量

3．自定义函数

右击"模型开发器"窗口中的"全局定义"节点，选择"函数"菜单，可以看到其中有多种函数可选，如图 2-37 所示。

例如，我们选择"矩形波"函数，将弹出"矩形波"设置窗口，在"下限"文本框内输入"−0.25"，"上限"文本框内输入"0.5"，"基线"文本框内输入"1"，"大小"文本框内输入"1"；单击"平滑处理"栏，在"过渡区大小"文本框中输入"0.08"，设置平滑间隔的宽度，保留默认的连续导数阶数为 2，如图 2-38 所示。在"矩形波"设置窗口中，单击"绘制"按钮，得到矩形波函数图形，如图 2-39 所示。

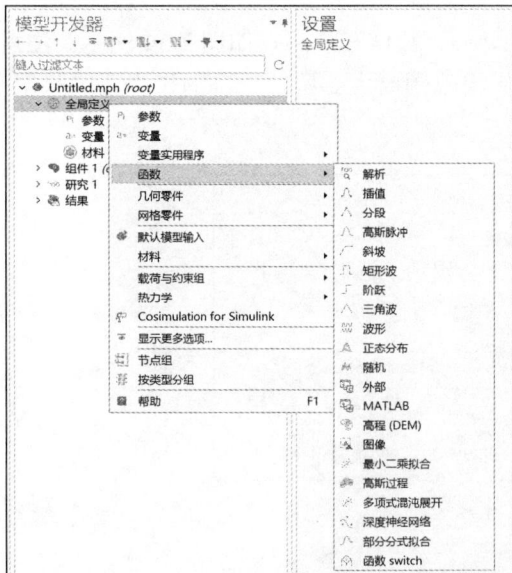

图 2-37　"函数"菜单

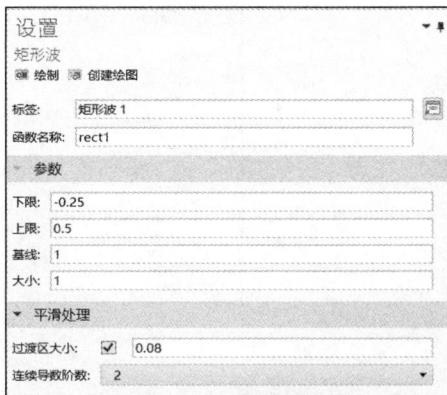

图 2-38　矩形波函数设置

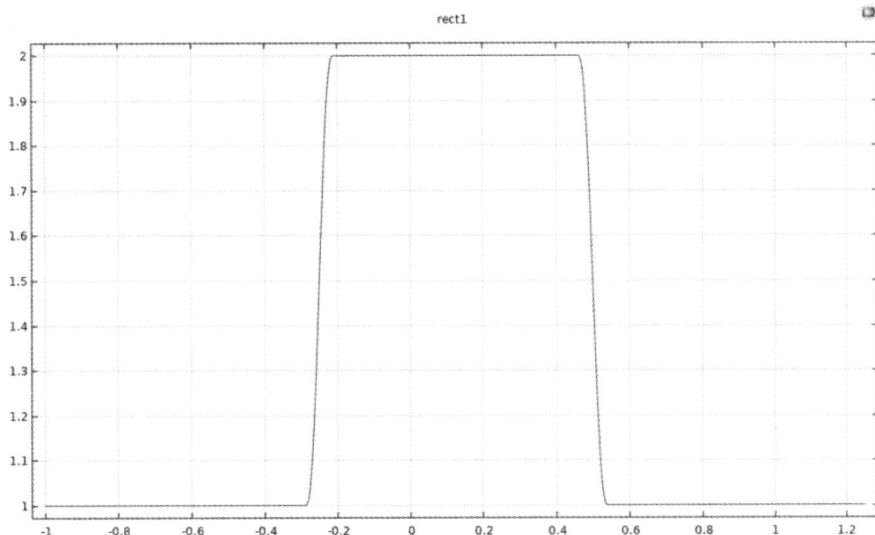

图 2-39 矩形波函数图形

用户还可以添加注释和重命名函数，使得函数的信息更为具体。右击模型树中的"矩形波"节点，并在弹出的快捷菜单中选择"属性"命令，如图 2-40 所示。在"属性"窗口中，可以输入用户需要的信息，如作者、版本和注释，如图 2-41 所示。

图 2-40 选择"属性"命令

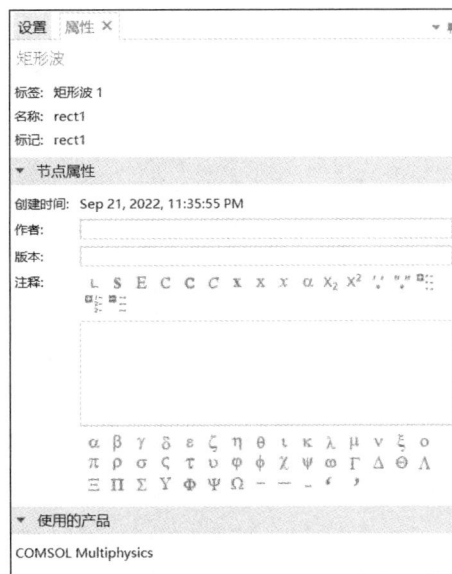

图 2-41 "属性"窗口

4. 自定义材料

在"材料"节点中，用户可以定义自己需要的材料，并将其保存在材料库中，还可以为现有的材料添加材料属性。用户也可以使用 Excel 来加载电子表格，并定义材料属性的插值函数。COMSOL"材料库"插件中有 2500 多种材料以及上万个与温度相关的属性函数。此外，许多附加的产品都包含与其应用领域相关的材料库。

右击"模型开发器"窗口中的"全局定义"节点，选择"材料"菜单，可以看到其中提供了多种添加材料的方式，如图 2-42 所示。单击"从库中添加材料"，弹出"添加材料"窗口，其中有应用于各种物理学研究的材料，如图 2-43 所示。双击"内置材料"下的"Iron"，打开"材料"设置窗口，在"材料属性明细"栏中，可以根据需要定义 Iron 各方面的属性参数，如图 2-44 所示。

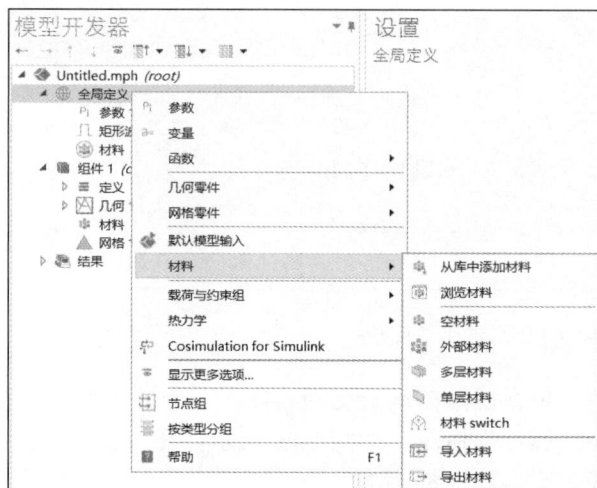

图 2-42　"材料"菜单

图 2-43　"添加材料"窗口

图 2-44　定义材料属性

用户也可以添加空材料，之后在其设置窗口内定义相关的属性，如密度、泊松比和弹性模量等。

2.5　COMSOL 自定义参量的常见错误

在 COMSOL 中，标量表达式是指定义在当前几何层中可以访问的表达式变量。标量变量是诸多应用模式中所使用的与几何结构和材料属性完全相独立的变量。例如，电磁模块中有角频率、真空介电系数、真空磁导率等变量，声学模块中有频率、压力参考值等变量。

需要注意的是，标量表达式需要由用户自己进行定义，而标量变量则是程序预定义的变量。通常标量变量已有默认值，用户可根据自己的实际情况加以修正。在求解器参数对话框中可以设定参数化求解器，参数名可以与标量表达式或标量变量相同，计算时程序自动地用参数化求解器中的参数代替这些变量。

在参数定义时，容易出现单位错误的问题。当用户输入参数或者变量的单位不正确时，该表达式下面会显示黄色波浪线，当鼠标指针移到此位置时，会显示相关问题的提示，如图 2-45 所示。

图 2-45　单位错误

在定义中添加解析函数后，输入函数表达式时应注意量纲问题，即单位是否一致的问题。该问题看似虽小，但在后续的求解过程中很关键。

例如，需要自定义一个初始温度参数 T_0，表达式为 30[degC]，即 303.15K。现在要在物理场边界条件中让某一边界的温度随时间变化，每秒上升 0.6K。错误的表达式为 T_0+0.6*t，正确的表达式为 T_0+0.6*t[K/s]。因为 T_0 的单位为温度单位 K，0.6*t 的单位为时间单位 s，所以要对量纲进行统一。前者为 K，不需要对其进行变化；后者 s 与 K/s 相乘，量纲也变为 K，即可实现量纲的统一。

当出现语法错误时，表达式下面会显示红色波浪线，并且会弹出"错误"对话框，如图 2-46 所示。

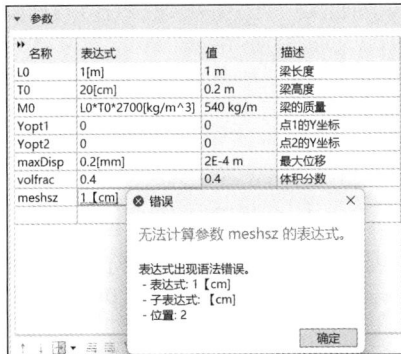

图 2-46　语法错误

当用户添加的材料没有选择域时，组件下面的"材料"节点就会出现红色感叹号标志。单击"材料"节点，在"材料"设置窗口中会显示哪些域选择过，哪些域还没有被选择，如图 2-47 所示。

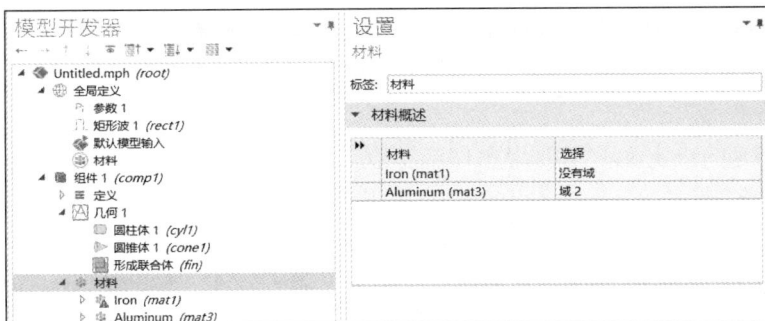

图 2-47　材料域未被选择

当定义变量时，如果输入循环变量，例如 a=a+3，就会出现如图 2-48 所示的错误指示。如果变量相互表示，也会被视为错误。例如，已经设置 k=k_s+(k_I-k_s)*B_T，再设置 B_T=(k-k_s)/(k_I-k_s)的话，就会出现错误，因为 k 和 B_T 相互表示了。

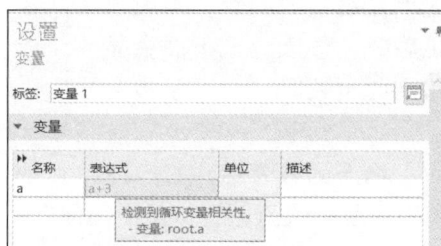

图 2-48　循环变量错误提示

2.6　COMSOL 错误处理的技巧

COMSOL 具有高效的计算性能和独特的多物理场全耦合分析能力，可以保证数值仿真具有较高的精确性，广泛应用于各个学科领域。但是，由于多个物理场耦合问题的复杂性，很多用户在建模中会碰到各种各样的错误，如何快速找出并分析、排除模型中的错误，以及如何快速实现收敛就成为用户迫切需要了解的内容。

2.6.1　错误定位与查找思路

通常报错信息分成可定位错误和无法定位错误两类。计算未开始直接给出具体的某变量未定义，某变量在计算中出现除零错误或试图计算负数开方，协调初始值失败，使用分离求解器出现某分离步中变量缺失，还有一些网格报错、材料报错，这些错误有明显的错误信息，都属于可定位错误。在计算一段时间后，达到最大迭代次数未收敛，最后一个步长未收敛，精确计算边界通量失败等，这些都属于无法定位错误。

对于可定位错误，报错信息中会给出具体的出错信息。材料方面的常见错误，例如，在模块中对应的材料位置选择了"来自材料"选项，而没有给相应的域或边界设定材料。网格方面的常见错误，例如，某网格没有划分，或网格划分重复，或边界层网格没有划分等。这样的错误比较明显，只需要修改相应的设置即可。

如果是变量未定义，可能来自于用户定义的变量，比如变量的作用域有错误。在组件中定义的变量只能此组件中使用。使用组件中的原始变量去定义新的变量时，要注意作用域问题，比如在全局中定义一个变量，当需要使用组件下面某个模块中的变量时，必须给出这个变量所在的组件名称。

还有一些莫名的未定义，需要用户仔细检查。每个变量都有全部的限定名，这个全部的限定名是"组件名.模块名.变量名"这样的格式。用户在修改错误的过程中往往会有某种不当操作，使得求解器在编译方程的过程中所使用的变量名和模块中定义的变量名不同，由此造成错误。修改方法是使用查找功能，搜索这个变量，或者在模块的方程视图中查找并修改。还有一种情况是，在计算一段时间后，出现某变量未定义，这在很大程度上是因为初始条件不适当造成的，这就要修改初值。

2.6.2 常见错误处理思路

（1）除零错误和试图计算负数的开方等问题。对于此类问题，必须找到对应的变量，在结果中画出图像，查看是否有值。此外，需要找到计算这个变量的所有值，特别是分母、开方内等位置的变量，看看它们是否等于 0 以及是否小于 0。造成这样错误的原因有很多，比如它们是在计算了几个时间步之后出现的，这往往是初始值或边界条件不适当造成的。如果它们是在刚计算还没有出现收敛图时就报错了，多半是因为它们的初始值就是 0。

（2）不收敛问题。对于此类问题，处理方式如下：①稳态计算过程中，如果模型非常好（指初边值条件和网格都非常适当），并不需要特别多的迭代次数即可收敛。如果收敛图上下振荡剧烈，或者增加到上千迭代次数后收敛曲线也很难下降，这时就需要检查初边值条件。对于振荡剧烈的模型，多半是初边值条件不适当，比如边界过约束，某位置梯度过大，边界条件与域初始值相差太大，动网格等特殊求解技术中参数设置不当，这时应该修正初边值条件，或修改对应设置。对于长时间不收敛问题，可增大一下容差，或者在模块中添加收敛项或稳定性条件。②对于瞬态计算，最困扰用户的是计算很久之后出现报错问题，除修改初边值条件和网格外，还可以考虑修改求解器。

（3）内存不足问题。对于此类问题，可以更换更大内存的计算机计算或简化物理问题。

（4）达到最大线性迭代次数问题。出现此类问题，说明初始值设置不合理或预条件器的选择不合适，可增加线性迭代次数的限制，或者选用更合适的预条件器，如果可能，可以改用直接线性方程组求解器。

（5）奇异矩阵问题。如果刚度矩阵是奇异矩阵，则求解器无法对其求逆，意味着系统是欠定的，需要检查是否完全指定了所有方程，以及边界条件是否合适。例如，在稳态模型中，需要在某个边界上设置狄利克雷（Dirichlet）条件。如果网格单元质量过低，也可能产生奇异矩阵，例如单元最小质量小于 0.005，就可能出现奇异矩阵的问题。另外要注意，通过弱约束等方式耦合的两个变量具有不同的单元阶次，而所有耦合变量均应使用相同的单元阶次。

（6）最后一个时间步不收敛问题。对于此类问题，可先使用稳态研究，为后面的瞬态研究提高初始值；还可以逐渐增加边界条件，或者使用具有平滑功能的内置阶跃函数加载边界。

（7）相对残差大于相对容差问题。对于此类问题，可尝试消除求解问题中的一些已知非线性，并使用参数化求解器缓慢增加激励；检查方程组和边界条件；检查问题是否具有稳态解；检查稳态计算是否具有唯一解；检查网格，不要出现较大梯度的网格变化。

（8）矩阵对角线上有零元素问题。对于此类问题，不能用 SOR（successive over-relaxation，逐次超松弛）和雅可比（对角标度）求解器/预条件器/平滑器，可改用 Vanka 预条件器/平滑器。

（9）传质场中的负浓度问题。对于此类问题，如果浓度出现非常小的负值，可能是数值噪声造成的，在不发生反应的情况下，对扩散/对流影响不大，可以忽略；如果有入口进入求解域，可以使用流入条件，并在流入设置中选择边界条件类型为通量，该类条件可以避免负振荡，并且还会加快反应流问题的求解速度；如果是空间或时间不连续造成的浓度负值，可以采用 COMSOL 内置的平滑阶跃函数平滑初始不连续性，以避免这个问题。

如果模型本来是可以计算的，但经过不断修改，发现怎么修改也不对，而且回不到原来的正常情况，那么可以直接重新打开这个程序，且选择不保存，即退回到正常状况；也可以直接删除求解器，重新设置求解器。

2.6.3　使用技巧总结

使用 COMSOL 获取预期的结果，最重要的是要理解模型，掌握如何设置初边值，如何加密网格，如何设置计算参数，在此基础上了解一些技巧有助于快速掌握软件使用。下述技巧使用需要基于：模型的边界条件正确、网格与初始值合适。

（1）学会查找方程视图中的变量。

（2）注意每个变量在不同作用域中所使用的名称不同。

（3）删除求解器，重新设置。

（4）修改容差，或增加稳定性条件（模块设置中有相应的位置）。

（5）将全耦合求解改成分离求解，注意求解变量的顺序，最好先求解单场，比如热流耦合先计算温度，热电耦合先计算电场。

（6）增大每个分离步的迭代次数，并降低其阻尼因子。

（7）建模都是从简到繁的过程，不要试图一次建立完整的模型。先建立最简单的模型，只要能计算就行；然后逐步添加更多的项，耦合更多的模块，添加更复杂的方程。而对于本可以运行的程序，最后怎么修改都无法运行，则需要删掉重做。

第3章 传热基础分析

传热基础分析是对热传导、对流等基本传热问题进行分析,通过传热基础分析,快速熟悉 COMSOL 传热分析的流程。本章主要介绍不同材质平板导热量分析、蒸汽管道的总散热量分析、建筑结构热桥分析、齿轮的渗碳与淬火分析、翅片的拓扑优化分析等案例。

3.1 不同材质平板导热量分析

本节通过一个具体案例来介绍不同材质平板导热量的分析方法。

3.1.1 问题描述

假设有一块厚度为 50 mm 的平板,其两侧表面温度分别维持在 300℃和 100℃,试求下列条件下通过单位截面积的导热量。

（1）材料为铜,导热系数为 375 W/（m·K）。

（2）材料为钢,导热系数为 36.4 W/（m·K）。

（3）材料为铬砖,导热系数为 2.32 W/（m·K）。

（4）材料为硅藻土,导热系数为 0.242 W/（m·K）。

3.1.2 建模思路及注意事项

本案例热量的传递仅涉及热传导,因此可用 COMSOL 内置的固体传热接口进行求解。根据题意,本案例为一维导热问题,可以采用稳态求解方法。在稳态求解过程中,热量的传递仅与导热系数有关,与密度和热容无关,因此本案例只给出了 4 种材料的导热系数,在 COMSOL 中进行物理性质参数设置的时候,密度和热容给任意正数即可。

本案例利用“材料扫描”方法分别计算每种材料的情况,避免重复建立模型。在 COMSOL 中类似的方法还有“参数扫描”“辅助扫描”等,这些方法可供用户在一个工程文件中计算多组参数或者工况,提高建模效率。

3.1.3 具体计算

具体计算涉及模型向导、几何构建、添加材料、边界条件设置、网格划分、计算求解、结果后处理、结果验证等内容。

1. 模型向导

打开 COMSOL 软件,单击“模型向导”,进入“选择空间维度”窗口;单击“一维”,进入“选择物理场”窗口;选择“传热”→“固体传热”,单击“添加”按钮,在“添加的物理场接口"列表框中会出现已添加的物理场；单击"研究"按钮，进入"选择研究"窗口；选择"一般研究"→"稳态"，单击"完成"按钮，进入 COMSOL 建模界面。

2．几何构建

在"几何"工具栏中单击"体素"→"线段间隔"，在"线段间隔"设置窗口中，定位到"线段间隔"栏，在"坐标(m)"文本框中输入"0"和"50[mm]"，然后单击"构建所有对象"按钮，如图 3-1 所示。

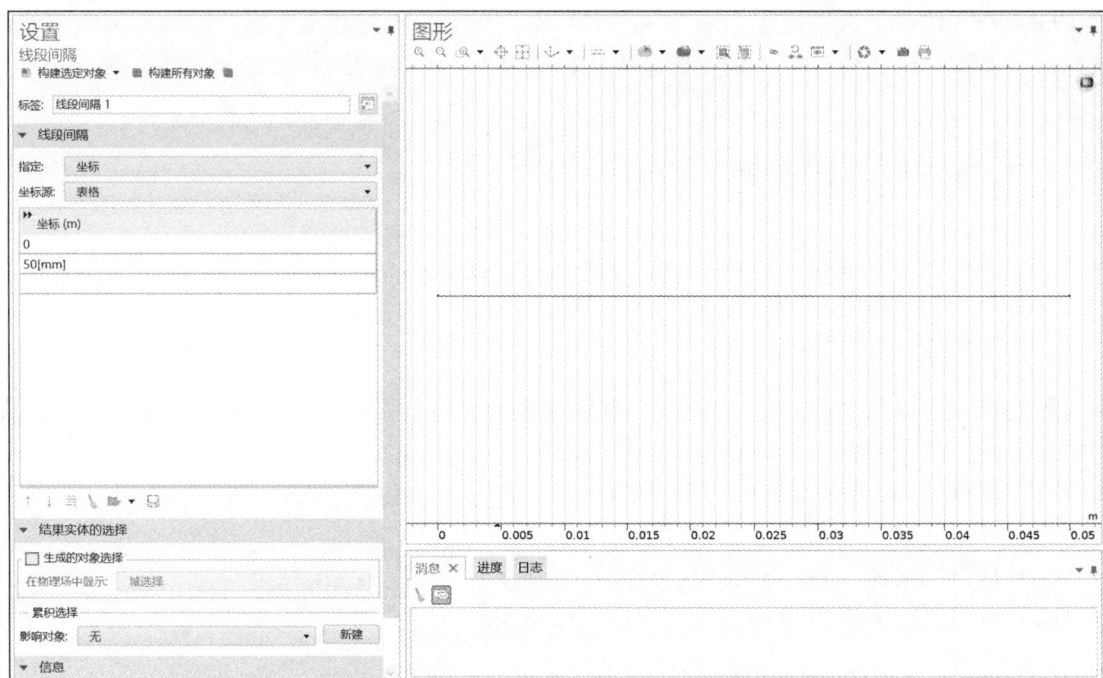

图 3-1　"线段间隔"几何构建

在"模型开发器"窗口中，单击"形成联合体(fin)"，在"形成联合体/装配"设置窗口中，单击"全部构建"按钮。随后在"图形"窗口中，单击"缩放到窗口大小"按钮⊞。

至此，"线段间隔"几何构建的操作已完成。

3．添加材料

（1）添加"材料 switch 1"。在"模型开发器"窗口的"组件 1(comp1)"节点下，右击"材料"，选择"更多材料"→"材料 switch"打开"材料 switch"设置窗口，其中的设置如图 3-2 所示。注意，"材料 switch1"用于求解器的材料扫描，可分别计算每种材料的情况，避免重复建立模型。

（2）添加"铜"。在"模型开发器"窗口的"组件 1(comp1)"→"材料"节点下，右击"材料 switch 1"，选择"空材料"，打开"材料"设置窗口，在"标签"文本框中输入"铜"；定位到"材料属性明细"栏，在"导热系数"文本框中输入"375"，在"密度"文本框中输入"1"，在"恒压热容"文本框中输入"1"，如图 3-3 所示。（注：前文提到，因本案例为固体传热，热量的传递仅与导热系数有关，与密度和热容无关，故密度与热容中设置任意正数即可）

图 3-2 添加"材料 switch 1"

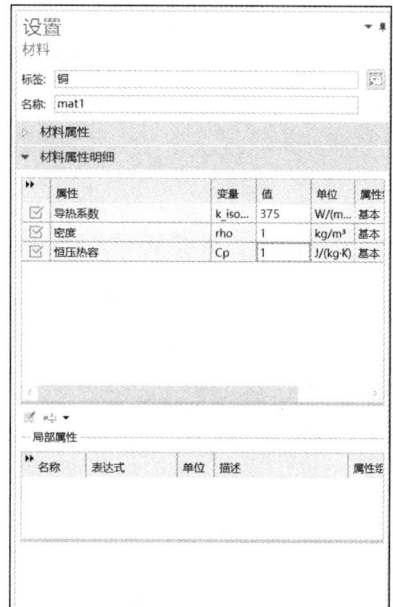

图 3-3 添加"铜"

（3）添加"钢"。在"模型开发器"窗口的"组件 1(comp1)"→"材料"节点下，右击"材料 switch 1"，选择"空材料"，打开"材料"设置窗口，在"标签"文本框中输入"钢"；定位到"材料属性明细"栏，在"导热系数"文本框中输入"36.4"，在"密度"文本框中输入"1"，在"恒压热容"文本框中输入"1"，如图 3-4 所示。

（4）添加"铬砖"。在"模型开发器"窗口的"组件 1(comp1)"→"材料"节点下，右击"材料 switch 1"，选择"空材料"，打开"材料"设置窗口，在"标签"文本框中输入"铬砖"；定位到"材料属性明细"栏，在"导热系数"文本框中输入"2.32"，在"密度"文本框中输入"1"，在"恒压热容"文本框中输入"1"，如图 3-5 所示。

图 3-4 添加"钢"

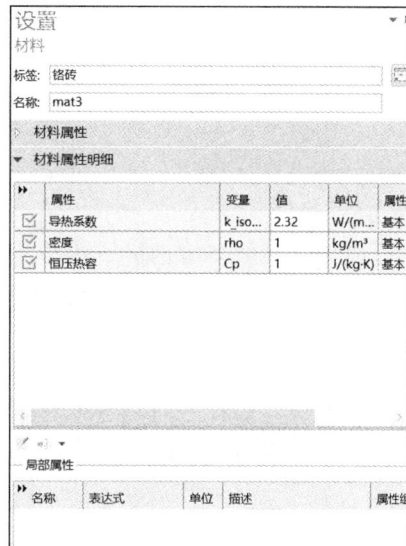

图 3-5 添加"铬砖"

（5）添加"硅藻土"。在"模型开发器"窗口的"组件 1(comp1)"→"材料"节点下，右击"材料 switch 1"，选择"空材料"，打开"材料"设置窗口，在"标签"文本框中输入"硅藻土"；定位到"材料属性明细"栏，在"导热系数"文本框中输入"0.242"，在"密度"文本框中输入"1"，在"恒压热容"文本框中输入"1"，如图 3-6 所示。

至此，材料添加操作已完成。

4．边界条件设置

（1）设置"温度 1"。在"物理场"工具栏中单击"边界"，然后选择"温度"。在"温度"设置窗口中，定位到"边界选择"栏，选择边界 1；定位到"温度"栏，在"T_0"文本框中输入"300[degC]"，如图 3-7 所示。

图 3-6　添加"硅藻土"

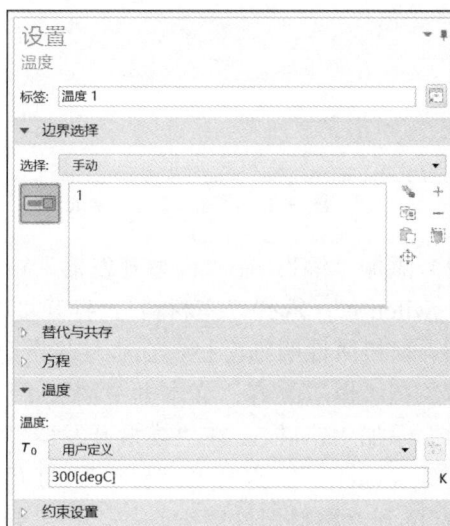

图 3-7　设置"温度 1"

（2）设置"温度 2"。在"物理场"工具栏中单击"边界"，然后选择"温度"。在"温度"设置窗口中，定位到"边界选择"栏，选择边界 2；定位到"温度"栏，在"T_0"文本框中输入"100[degC]"，如图 3-8 所示。

至此，边界条件设置操作已完成。

5．网格划分

在"模型开发器"窗口的"组件 1(comp1)"节点下，单击"网格 1"。在"网格"设置窗口中，单击"全部构建"按钮，即可完成网格划分。

6．计算

在"模型开发器"窗口的"组件 1(comp1)"节点下，右击"研究 1"，选择"材料扫描"。在"材料扫描"设置窗口中，定位到"研究设置"栏，单击"+"完成材料扫描设置，如图 3-9 所示。

在"模型开发器"窗口的"组件 1(comp1)"→"研究 1"节点下，单击"步骤 1：稳态"。在"稳态"设置窗口中，单击"计算"按钮，等待计算完成。

图 3-8　设置"温度 2"

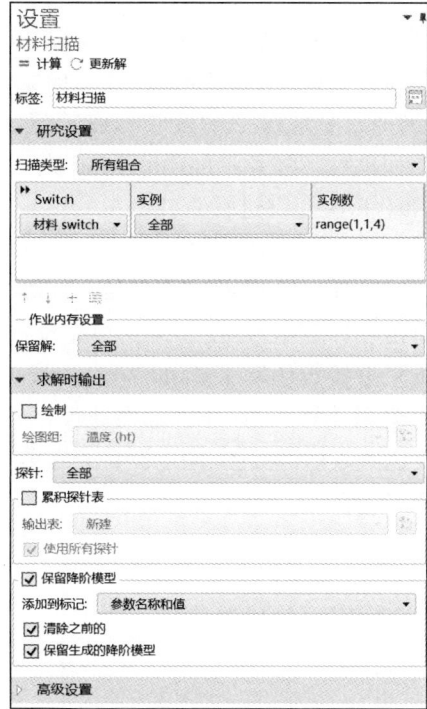

图 3-9　设置"材料扫描"

7．结果后处理

当 COMSOL 计算完成时，会在"模型开发器"窗口的"结果"节点下自动生成"温度 (K)"结果，其在"图形"窗口中的显示如图 3-10 所示。如需其他后处理结果，则需用户手动生成。

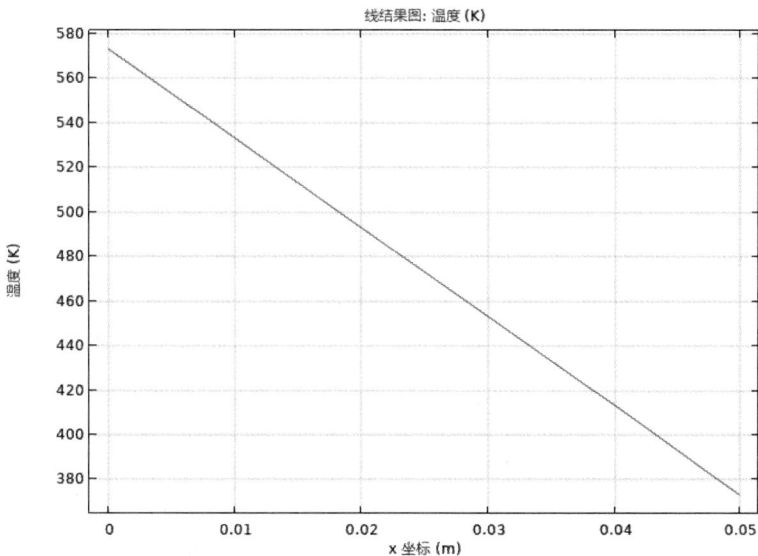

图 3-10　温度线结果图

（1）计算"导热量"。在"模型开发器"窗口的"组件 1(comp1)"节点下，右击"定义"，选择"非局部耦合"→"积分"。在"积分"设置窗口中，定位到"源选择"栏，从"几何实体层"列表中选择"边界 1"。在"模型开发器"窗口的"组件 1(comp1)"节点下，右击"定义"，选择"变量"。在"变量"设置窗口中，定位到"变量"栏，按图 3-11 设置变量的名称、表达式和单位。注意，ht.dfluxMag 为 COMSOL 的内置变量，用于求解传导热通量大小，可通过 Ctrl+F 快捷键进行查找。

在"模型开发器"窗口的"组件 1(comp1)"节点下，右击"研究 1"，选择"更新解"。注意，计算完成之后设置的变量，需要"更新解"才能被 COMSOL 识别。在"结果"工具栏中单击"计算组"，在"计算组"设置窗口中，定位到"数据"栏，从"数据集"列表中选择"研究 1/参数化解 1（sol）"。在"模型开发器"窗口的"结果"节点下，右击"计算组 1"，选择"全局计算"，打开"全局计算"设置窗口，在"标签"文本框中输入"导热量"；定位到"表达式"栏，按图 3-12 设置表达式。单击"计算"按钮，在"信息"窗口显示计算结果，如图 3-13 所示。

图 3-11　设置变量

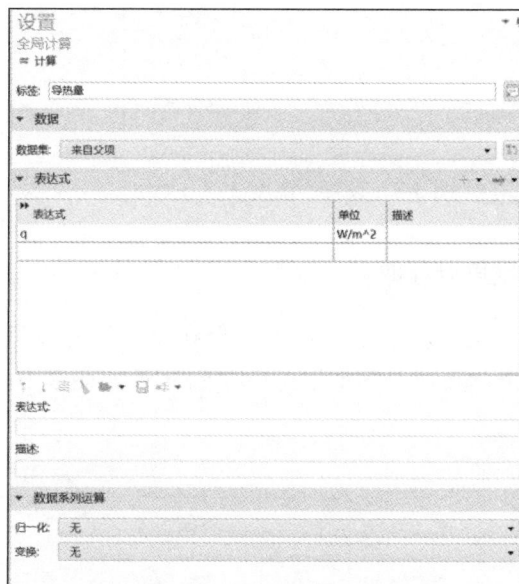

图 3-12　设置表达式

材料 switch 1 索引	q (W/m^2)
1.0000	1.5000E6
2.0000	1.4560E5
3.0000	9280.0
4.0000	968.0

图 3-13　导热量计算结果

（2）生成"导热量"折线图（注意，可以利用上一步骤"计算组"的结果来绘制相应的折线图）。在"结果"工具栏中单击"一维绘图组"，打开"一维绘图组"设置窗口，在"标签"文本框中输入"导热量"；定位到"轴"栏，勾选"y 轴对数刻度"复选框；定位到"栅格"栏，勾选"手动间距"复选框。在"模型开发器"窗口的"结果"节点下，右击"导热量"，选择"表图"。在"表图"设置窗口中，定位到"数据"栏，从"源"列表中选择"计算组"，单击"绘制"按钮，生成"导热量"折线图，如图 3-14 所示。

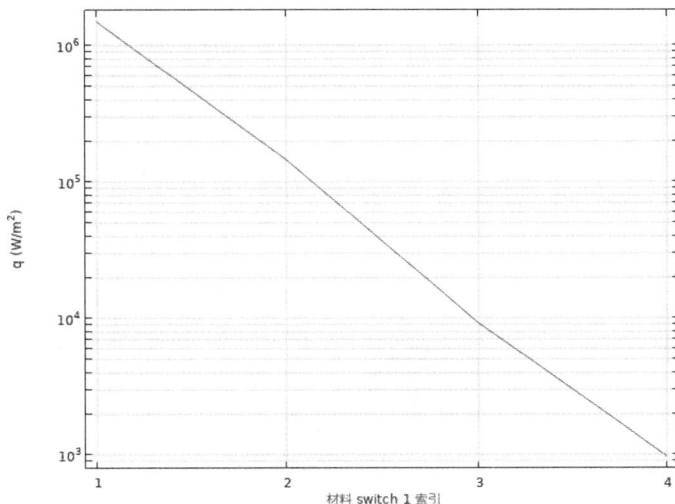

图 3-14 "导热量"折线图

（3）生成"二维温度云图"（注意，在 COMSOL 后处理中可以通过"拉伸"显示更高维度的结果，本案例可将"一维"进行拉伸，生成"二维"甚至是"三维"的结果）。在"模型开发器"窗口的"组件 1(comp1)"→"结果"节点下，右击"数据集"，选择"更多数据集"→"一维拉伸"。在"一维拉伸"设置窗口中，定位到"拉伸"栏，在"y 最大值"文本框中输入"0.1"。在"结果"工具栏中单击"二维绘图组"（注意，此时的"二维绘图组"会默认选择刚刚设置的"一维拉伸 1"的数据集），打开"二维绘图组"设置窗口，在"标签"文本框中输入"二维温度云图"。在"模型开发器"窗口的"结果"节点下，右击"二维温度云图"，选择"表面"。在"表面"设置窗口中，定位到"着色和样式"栏，单击"更改颜色表"，选择"HeatCameraLight"，单击"绘制"按钮，生成二维温度云图，如图 3-15 所示。

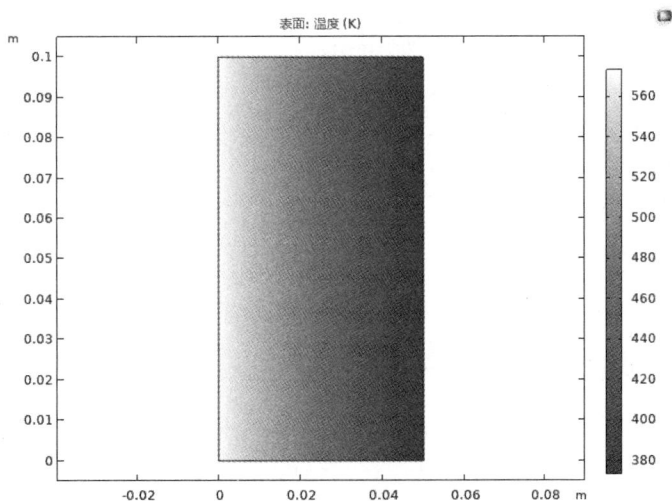

图 3-15 二维温度云图

（4）生成"三维温度云图"。在"模型开发器"窗口的"组件 1(comp1)"→"结果"节点下，右击"数据集"，选择"更多二维数据集"→"二维拉伸"。在"二维拉伸"设置窗口中，定位到"拉伸"栏，在"z 最大值"文本框中输入"0.1"。在"结果"工具栏中单击"三维绘图组"（注意，此时的"三维绘图组"会默认选择刚刚设置的"二维拉伸 2"的数据集），打开"三维绘图组"设置窗口，在"标签"文本框中输入"三维温度云图"。在"模型开发器"窗口的"结果"节点下，右击"三维温度云图"，选择"体"。在"体"设置窗口中，定位到"着色和样式"栏，单击"更改颜色表"，选择"ThermalLight"，单击"绘制"按钮，生成三维温度云图，如图 3-16 所示。

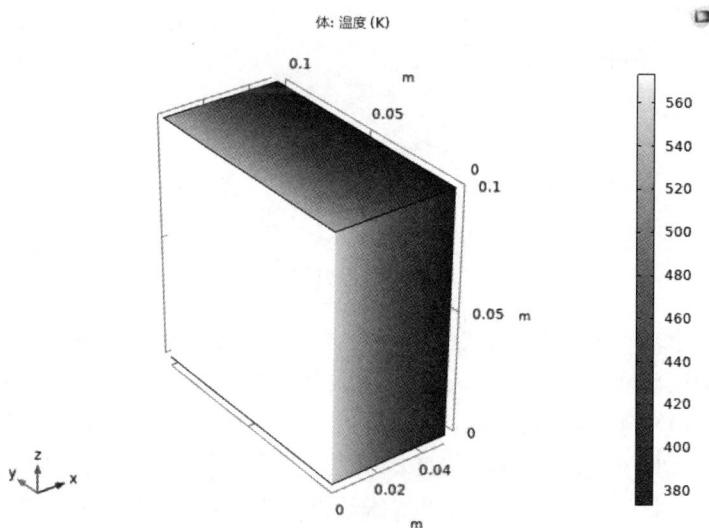

图 3-16　三维温度云图

8．结果验证

本案例的材料单位截面积的导热量也可通过傅里叶定律进行求解：

$$\psi = -\lambda A \frac{\mathrm{d}t}{\mathrm{d}x} \tag{3.1}$$

其中，ψ 为通过某一截面的导热量，λ 为导热率，A 为截面面积，负号表示热量的传递方向与温度升高的方向相反。

根据傅里叶定律，单位面积的导热量 q 可表示为

$$q = \frac{\psi}{A} = -\lambda \frac{\mathrm{d}t}{\mathrm{d}x} \tag{3.2}$$

对上式的 x 做 0 到 δ 的积分，可得

$$q \int_0^\delta \mathrm{d}x = -\lambda \int_{t_{\mathrm{w1}}}^{t_{\mathrm{w2}}} \frac{\mathrm{d}t}{\mathrm{d}x} \mathrm{d}x \tag{3.3}$$

所以

$$q = \frac{-\lambda \left(t_{w2} - t_{w1} \right)}{\delta} = \frac{\lambda \left(t_{w1} - t_{w2} \right)}{\delta} \tag{3.4}$$

其中，δ 为一维方向上的长度，t_{w2} 和 t_{w1} 为一维模型两端温度。

将已知数值代入公式，可求解得 $q_{铜}$ 为 1.5×10^6 W/m², $q_{钢}$ 为 1.456×10^5 W/m²、$q_{铬砖}$ 为 9.28×10^3 W/m²、$q_{硅藻土}$ 为 9.68×10^2 W/m²，与图 3-13 所示 COMSOL 计算的结果完全吻合。

3.2 蒸汽管道的总散热量分析

本节通过一个具体案例来介绍蒸汽管道总散热量的分析方法。

3.2.1 问题描述

如图 3-17 所示，在外径为 135 mm 的蒸汽管道外覆盖 30 mm 厚的保温层，保温层导热系数为 0.0651 W/（m·K），蒸汽管道外壁温度实测为 385℃。已知空气温度为 23℃，空气与保温层的自然对流换热系数为 3.42 W/（m²·K），保温层外表面发射率为 0.9，试求此管道每米长度管道的总散热量。

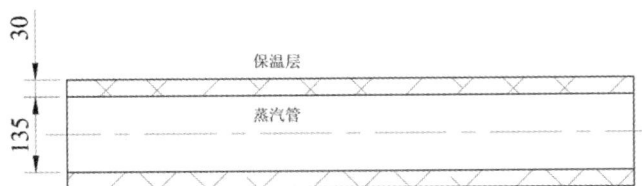

图 3-17　几何示意（单位：mm）

3.2.2 建模思路及注意事项

本案例管道的热量传递涉及热传导、辐射传热和自然对流传热 3 种方式，其中自然对流传热方式可以用"热通量"边界条件进行简化，辐射传热可以用"表面对环境辐射"边界条件进行简化，因此可用 COMSOL 内置的固体传热接口进行求解。管道为圆柱体，可在二维轴对称几何维度进行建模。根据题意，本案例模型可以采用稳态求解方法，在稳态求解过程中，热量的传递仅与导热系数有关，与密度和热容无关，在 COMSOL 中进行保温层物性参数设置时，密度和热容给任意正数即可。

3.2.3 具体计算

具体计算涉及模型向导、几何构建、添加材料、边界条件设置、网格划分、计算求解、结果后处理等内容。

1．模型向导

打开 COMSOL 软件，单击"模型向导"，进入"选择空间维度"窗口；单击"二维轴对称"，进入"选择物理场"窗口；选择"传热"→"固体传热"，单击"添加"按钮，在"添加的物理场接口"列表框中会出现已添加的物理场；单击"研究"按钮，进入"选择研究"窗口；选择"一般研究"→"稳态"，单击"完成"按钮，进入 COMSOL 建模界面。

2．几何构建

在"几何"工具栏中单击"矩形"，在"矩形"设置窗口中，定位到"大小和形状"栏，在"宽度"文本框中输入"30[mm]"；定位到"位置"栏，在"r"文本框中输入"135[mm]/2"，然后单击"构建所有对象"按钮，如图 3-18 所示。

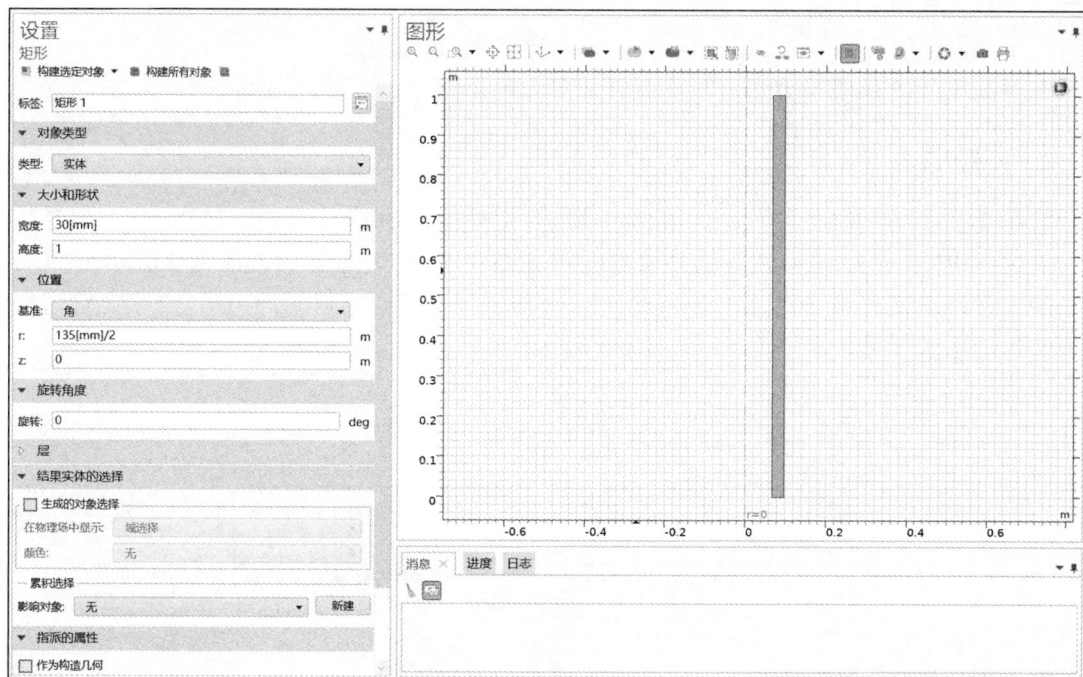

图 3-18　"矩形"几何构建

在"模型开发器"窗口中，单击"形成联合体(fin)"，在"形成联合体/装配"设置窗口中，单击"全部构建"按钮。随后在"图形"窗口中，单击"缩放到窗口大小"按钮⊞，至此完成"矩形"的几何构建。

3．添加材料

在"模型开发器"窗口的"组件 1(comp1)"节点下，右击"材料"，选择"空材料"，打开"材料"设置窗口，在"标签"文本框中输入"保温层"；定位到"材料属性明细"栏，在"导热系数"文本框中输入"0.0651"，在"密度"文本框中输入"1"，在"恒压热容"文本框中输入"1"，如图 3-19 所示。

至此，材料添加操作已完成。

4．边界条件设置

（1）设置"温度 1"。在"物理场"工具栏中单击"边界"，然后选择"温度"。在"温度"

设置窗口中，定位到"边界选择"栏，选择边界 1；定位到"温度"栏，在"T_0"文本框中输入"385[degC]"，如图 3-20 所示。

图 3-19 添加"保温层"

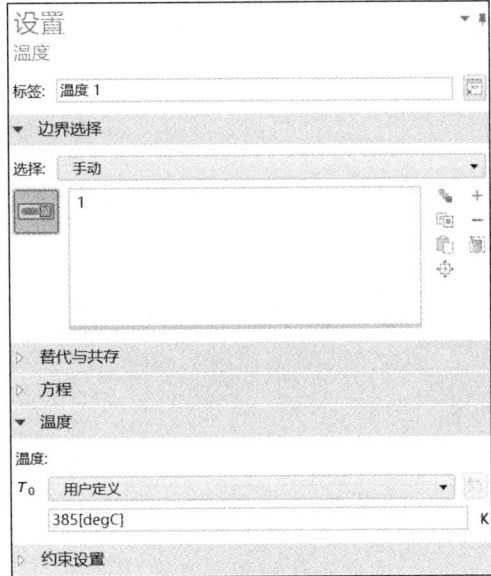

图 3-20 设置"温度 1"

（2）设置"热通量 1"。在"物理场"工具栏中单击"边界"，然后选择"热通量"。在"热通量"设置窗口中，定位到"边界选择"栏，选择边界 4；定位到"热通量"栏，从"通量类型"列表中选择"对流热通量"，在"h"文本框中输入"3.42"，在"T_{ext}"文本框中输入"23[degC]"，如图 3-21 所示。

（3）设置"表面对环境辐射 1"。在"物理场"工具栏中单击"边界"，然后选择"表面对环境辐射"。在"表面对环境辐射"设置窗口中，定位到"边界选择"栏，选择边界 4；定位到"表面对环境辐射"栏，从"表面发射率"列表中选择"用户定义"，在"ε"文本框中输入"0.9"，在"T_{amb}"文本框中输入"23[degC]"，如图 3-22 所示。

（4）设置"周期性条件 1"。在"物理场"工具栏中单击"边界"，然后选择"周期性条件"。在"周期性条件"设置窗口中，定位到"边界选择"栏，选择边界 2 和边界 3，如图 3-23 所示。注意，"周期性条件 1"用于处理管道足够长的情况。

图 3-21 设置"热通量 1"

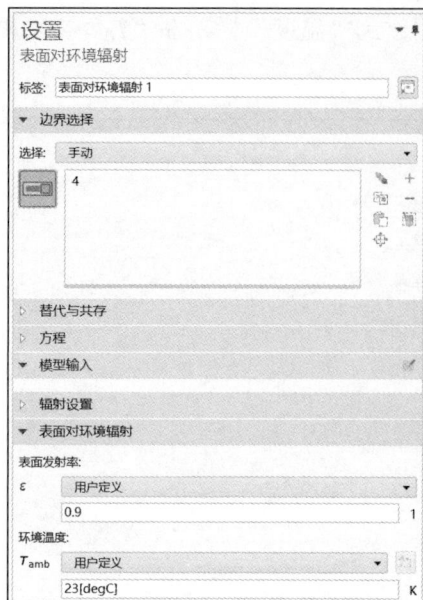

图 3-22　设置"表面对环境辐射 1"　　　　图 3-23　设置"周期性条件 1"

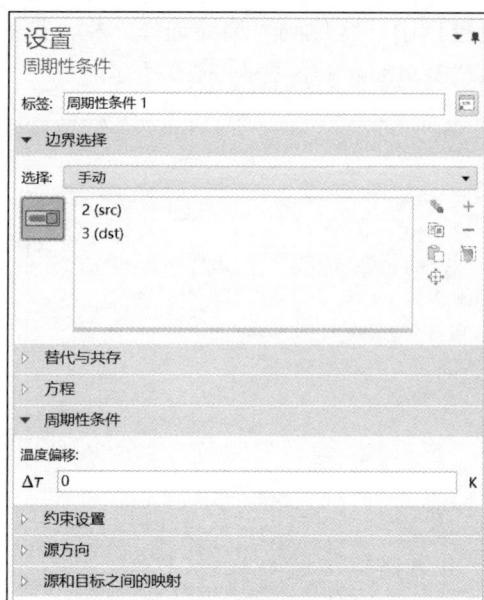

至此，边界条件设置操作已完成。

5．网格划分

在"模型开发器"窗口的"组件 1(comp1)"节点下，单击"网格 1"。在"网格"设置窗口中，定位到"物理场控制网格"栏，从"单元大小"列表中选择"极细"，单击"全部构建"按钮，如图 3-24 所示。

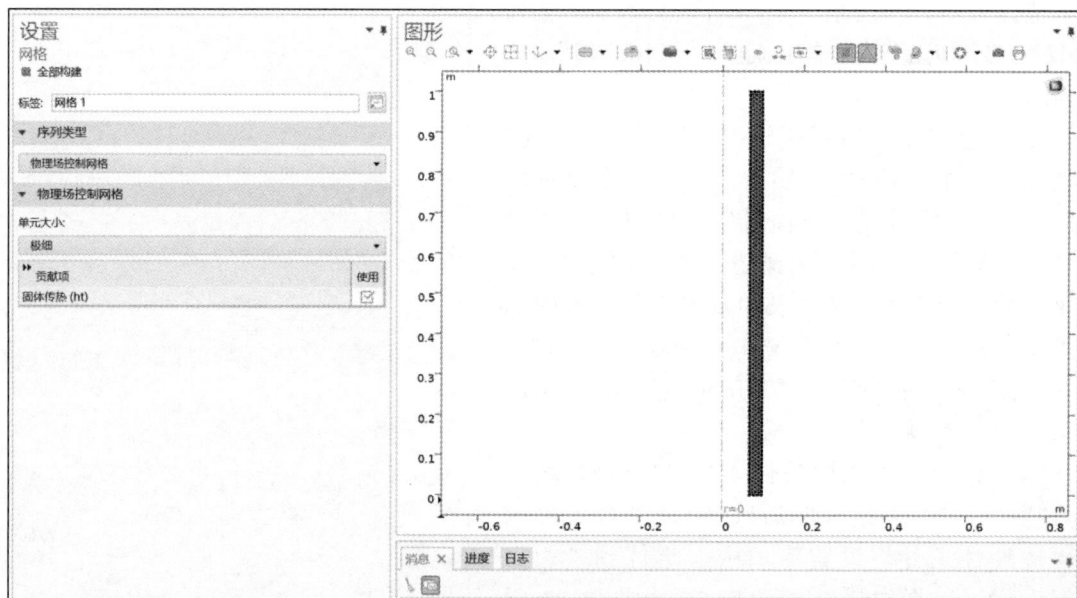

图 3-24　网格划分

在"模型开发器"窗口的"组件 1(comp1)"节点下，右击"网格 1"，选择"统计信息"，即可看到已划分网格的相关信息，如图 3-25 所示。

6．计算

在"模型开发器"窗口的"组件 1(comp1)"→"研究 1"节点下，单击"步骤 1：稳态"。在"稳态"设置窗口中，单击"计算"按钮，等待计算完成。

7．结果后处理

当 COMSOL 计算完成时，会在"模型开发器"窗口的"结果"节点下自动生成"温度(ht)"结果。如需其他后处理结果，则需用户手动生成。

（1）计算"每米长度管道总散热量"。在"结果"工具栏中单击"计算组"，在"模型开发器"窗口的"组件 1(comp1)"→"结果"节点下，右击"计算组 1"，选择"积分"→"线积分"，打开"线积分"设置窗口，在"标签"文本框中输入"每米长度管道总散热量"；定位到"选择"栏，选择边界 4；定位到"表达式"栏，在"表达式"文本框中输入"ht.ntflux"，如图 3-26 所示。注意，ht.ntflux 为 COMSOL 的内置变量，用于求解法向总热通量大小，可以按 Ctrl+F 快捷键进行查找。

图 3-25　网格相关信息

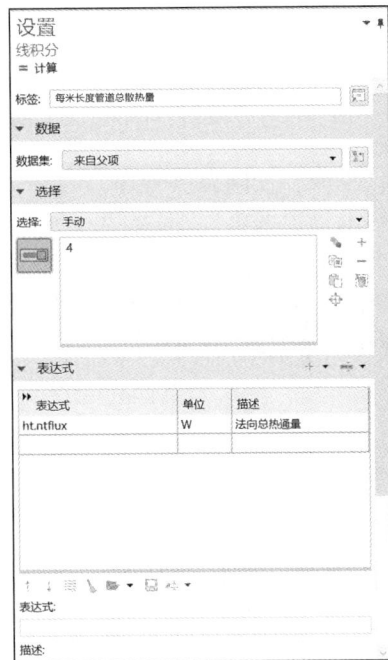

图 3-26　设置"线积分"

在"线积分"设置窗口中，单击"计算"按钮，即可在"信息"窗口看到计算结果，如图 3-27 所示。

（2）生成"三维温度云图"。在"模型开发器"窗口的"组件 1(comp1)"→"结果"节点下，右击"数据集"，选择"二维旋转"。在"结果"工具栏中单击"三维绘图组"，打开"三维绘图组"设置窗口，在"标签"文本框中输入"三

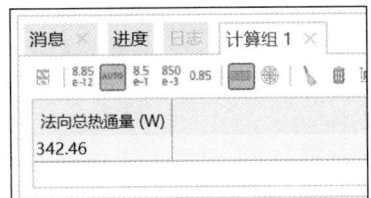

图 3-27　每米长度管道总散热量

维温度云图"。在"模型开发器"窗口的"结果"节点下，右击"三维温度云图"，选择"体"。在"体"设置窗口中，定位到"着色和样式"栏，单击"更改颜色表"，选择"HeatCameraLight"，单击"绘制"按钮，生成三维温度云图，如图 3-28 所示。

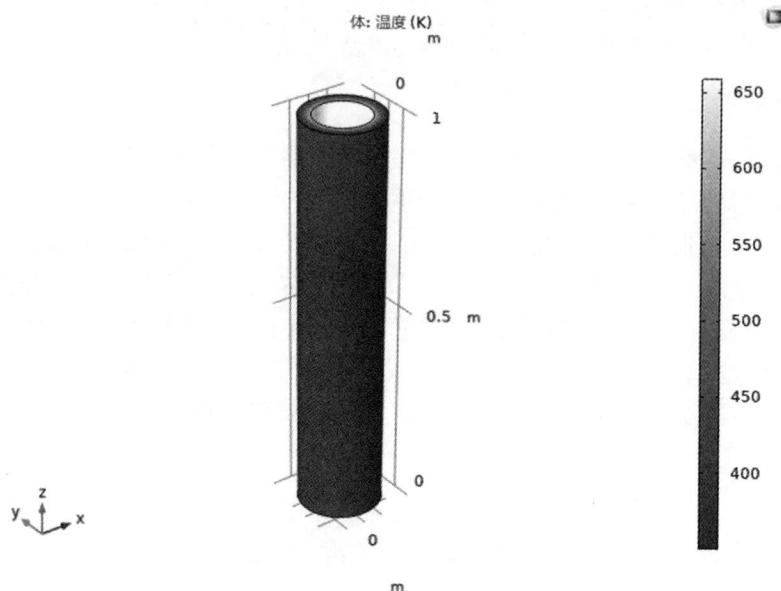

图 3-28　三维温度云图

（3）生成"径向温度分布"。在"模型开发器"窗口的"组件 1(comp1)"→"结果"节点下，右击"数据集"，选择"二维截线"。在"二维截线"设置窗口中，定位到"线数据"栏，在"点 1"对应的"R"和"Z"文本框中分别输入"67.5[mm]"和"0.5[m]"，在"点 2"对应的"R"和"Z"文本框中分别输入"97.5[mm]"和"0.5[m]"，单击"绘制"按钮，创建"二维截线"数据集，如图 3-29 所示。

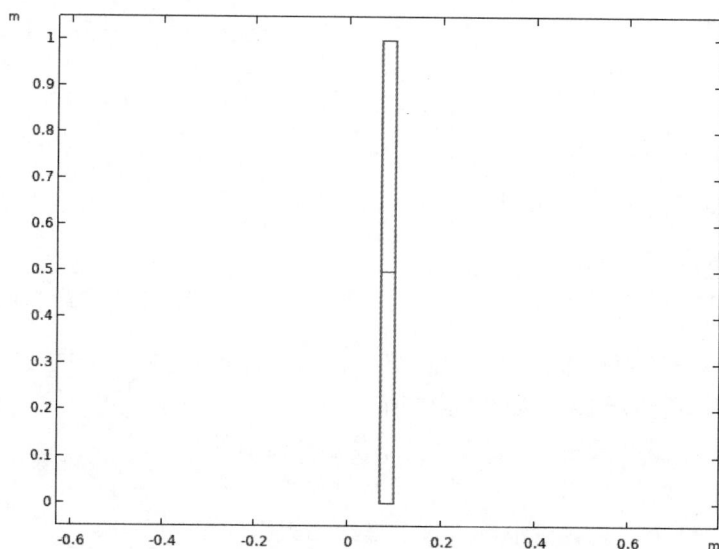

图 3-29　创建"二维截线"数据集

在"结果"工具栏中单击"一维绘图组",打开"一维绘图组"设置窗口,在"标签"文本框中输入"径向温度分布";定位到"数据"栏,从"数据集"列表中选择"二维截线 1"。在"模型开发器"窗口的"结果"节点下,右击"径向温度分布",选择"线结果",在"线结果"设置窗口中,单击"绘制"按钮,生成"径向温度分布",如图 3-30 所示。

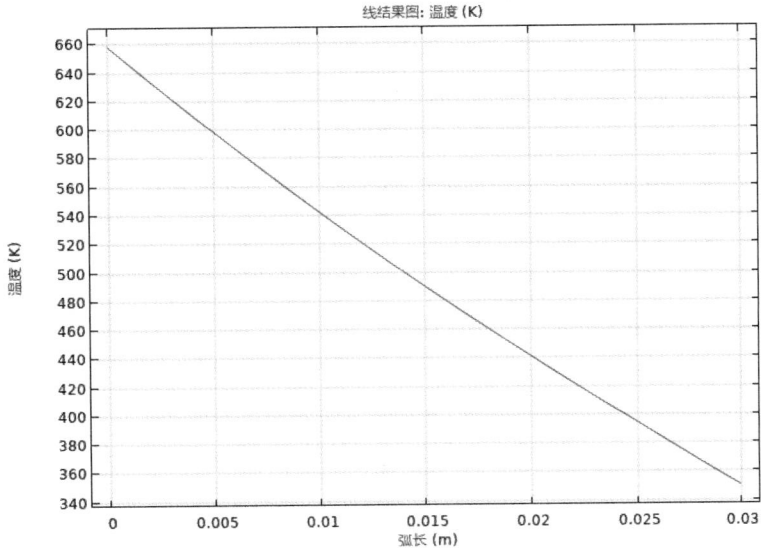

图 3-30 径向温度分布

(4)生成"轴向温度分布"。在"模型开发器"窗口的"组件 1(comp1)"→"结果"节点下,右击"数据集",选择"二维截线"。在"二维截线"设置窗口中,定位到"线数据"栏,在"点 1"对应的"R"和"Z"文本框中分别输入"82.5[mm]"和"0.5[m]",在"点 2"对应的"R"和"Z"文本框中分别输入"82.5[mm]"和"1[m]",单击"绘制"按钮,创建"二维截线"数据集,如图 3-31 所示。

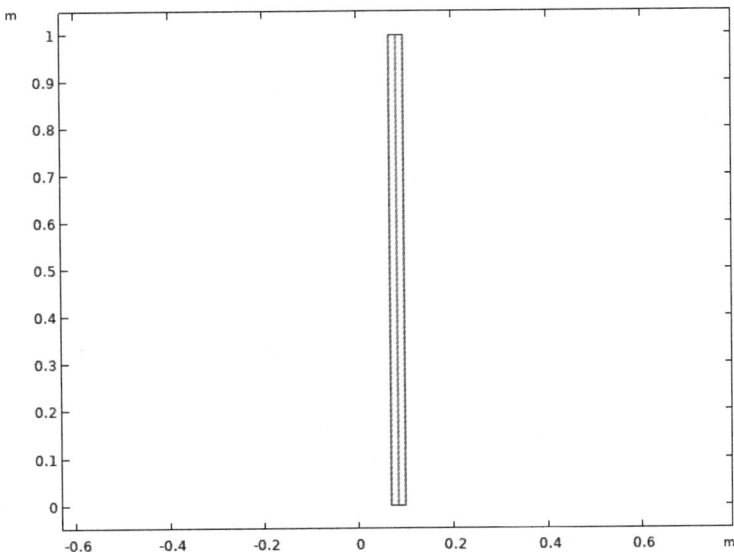

图 3-31 创建"二维截线"数据集

在"结果"工具栏中单击"一维绘图组",打开"一维绘图组"设置窗口,在"标签"文本框中输入"轴向温度分布";定位到"数据"栏,从"数据集"列表中选择"二维截线 2"。在"模型开发器"窗口的"结果"节点下,右击"轴向温度分布",选择"线结果",在"线结果"设置窗口中,单击"绘制"按钮,生成"轴向温度分布",如图 3-32 所示。从图中可以看到,在保温层两端的温度值出现了数值求解振荡,最高温度约为 490.17 K,对比平均温度 490.08 K,偏差约为 0.02%,完全可以忽略。注意,如需减小数值求解的振荡,可考虑进一步加密网格。

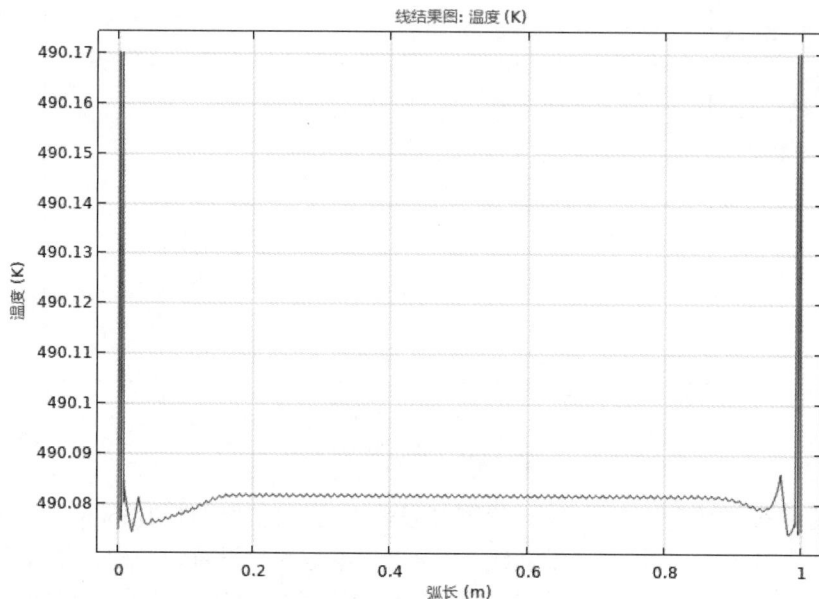

图 3-32　轴向温度分布

3.3　建筑结构热桥分析

本节通过一个具体案例来介绍建筑结构热桥的分析方法。

3.3.1　问题描述

热桥是指在建筑结构中,由于某些部位的导热性能较好,导致热量快速传递,从而形成热量流失的路径。这些部位通常是建筑构件的连接处,如墙体与门窗框、楼板与墙体、梁柱与墙体的连接处等。由于这些部位的热阻较小,它们在室内外温差的作用下,会造成热量的快速传递,导致室内热量流失,增加能耗,并且可能引起墙体内部结露、发霉等问题。在建筑节能设计中,减少热桥效应是提高建筑能效的重要措施之一。

本案例在三维几何维度下进行建模,几何模型从外部导入,几何示意如图 3-33 所示。本案例中的热桥由结构钢和混凝土组成,由于钢棒的导热性能高于混凝土,因此钢棒插入混凝土的位置形成了热桥。其中外表面假定与环境温度为 15 ℃的空气进行自然对流换热,内部与室温为 25 ℃的空气进行自然对流换热,对流换热系数均为 3 W/(m²·K)。

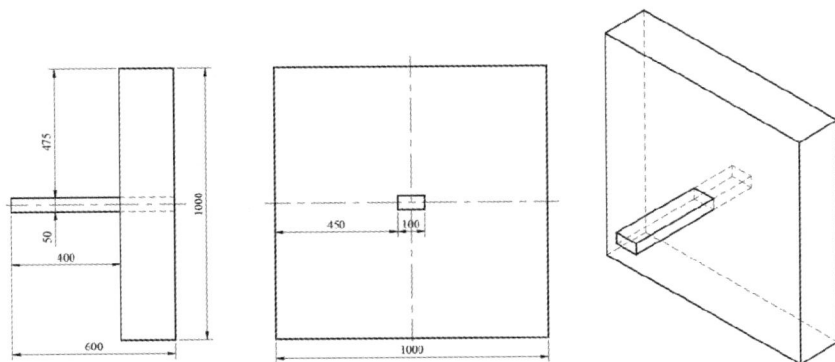

图 3-33 几何示意

3.3.2 建模思路及注意事项

本案例热桥的热传递主要考虑热传导和自然对流传热两种方式，其中自然对流传热方式用"热通量"边界条件进行简化，因此可用 COMSOL 内置的固体传热接口进行求解。几何模型为规整的方块结构，可考虑划分为结构化网格。由题意可知，本案例涉及稳态导热问题，可采用稳态求解方法。

3.3.3 具体计算

具体计算涉及模型向导、几何构建、添加材料、边界条件设置、网格划分、计算求解、结果后处理等内容。

1. 模型向导

打开 COMSOL 软件，单击"模型向导"，进入"选择空间维度"窗口；单击"三维"，进入"选择物理场"窗口；选择"传热"→"固体传热"，单击"添加"按钮，在"添加的物理场接口"列表框中会出现已添加的物理场；单击"研究"按钮，进入"选择研究"窗口；选择"一般研究"→"稳态"，单击"完成"按钮，进入 COMSOL 建模界面。

2. 几何构建

在"模型开发器"窗口的"组件 1(comp1)"节点下，右击"几何 1"，选择"导入"。在"导入"设置窗口中，定位到"导入"栏，单击"浏览"按钮，找到需要导入的几何模型"案例 3.3/建筑热桥几何.mphbin"，单击"构建所有对象"按钮，如图 3-34 所示。

在"模型开发器"窗口中，单击"形成联合体(fin)"，在"形成联合体/装配"设置窗口中，单击"全部构建"按钮。在"图形"窗口中，单击"缩放到窗口大小"按钮田。

3. 添加材料

（1）添加"Concrete"。在"模型开发器"窗口的"组件 1(comp1)"节点下，右击"材料"，选择"从库中添加材料"。在"添加材料"窗口中找到"内置材料"→"Concrete"，双击进行添加。在"材料"设置窗口中，定位到"几何实体选择"栏，选择域 2，如图 3-35 所示。

（2）添加"Structural steel"。在"模型开发器"窗口的"组件 1(comp1)"节点下，右击

"材料"，选择"从库中添加材料"。在"添加材料"窗口中找到"内置材料"→"Structural steel"，双击进行添加。在"材料"设置窗口中，定位到"几何实体选择"栏，选择域 1，如图 3-36 所示。

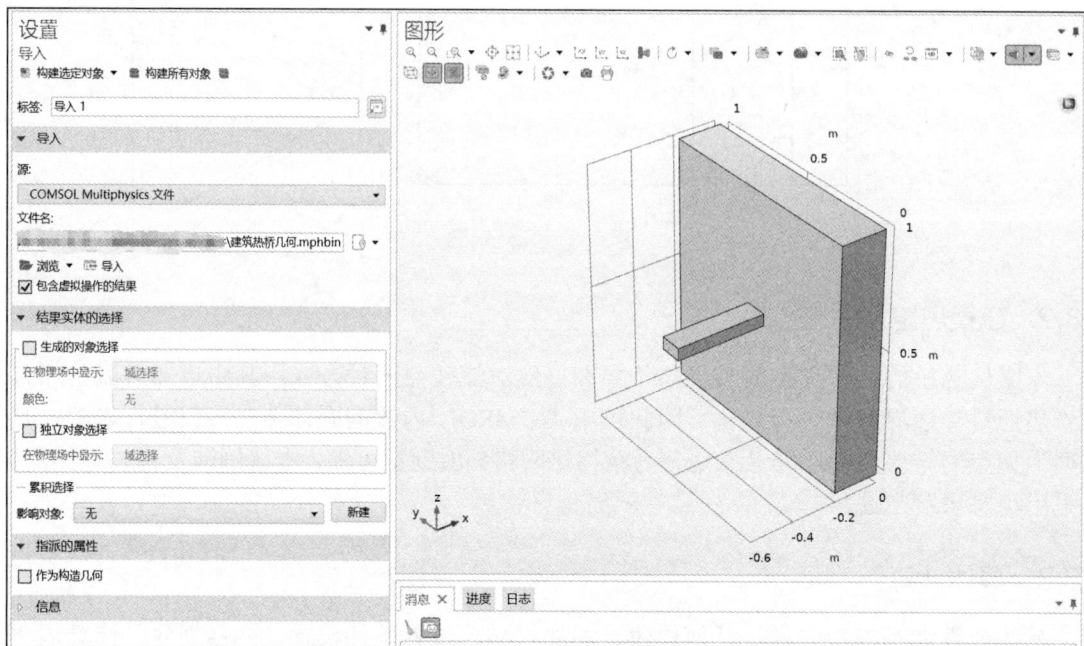

图 3-34　导入几何模型

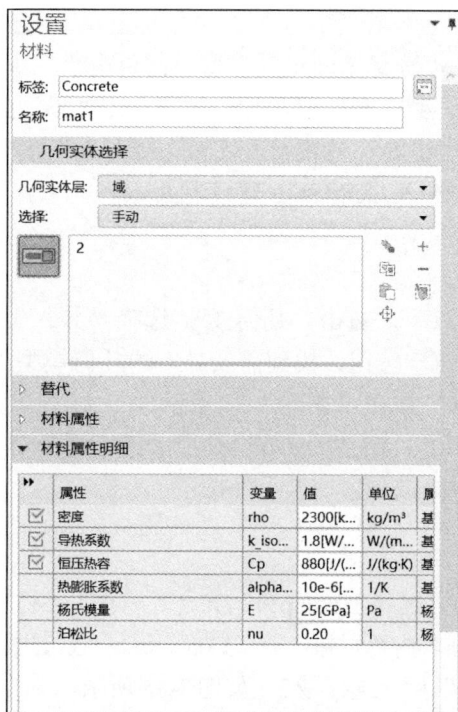

图 3-35　添加"Concrete"

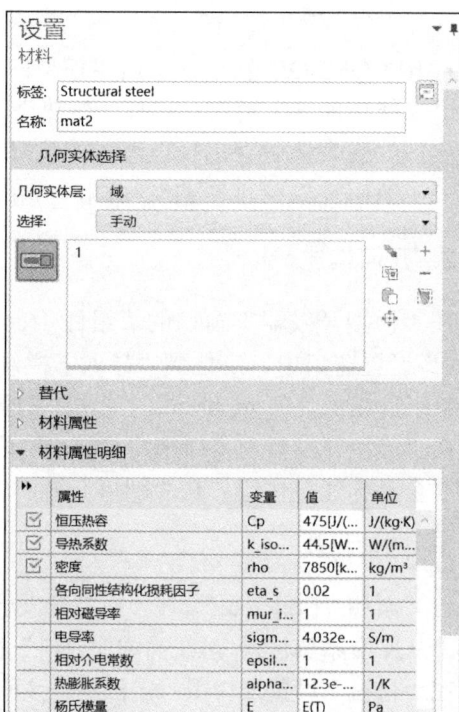

图 3-36　添加"Structural steel"

4. 边界条件设置

（1）设置"热通量1"。在"物理场"工具栏中单击"边界"，然后选择"热通量"。在"热通量"设置窗口中，定位到"边界选择"栏，选择边界15和边界16；定位到"热通量"栏，从"通量类型"列表中选择"对流热通量"，在"h"文本框中输入"3"，在"T_{ext}"文本框中输入"15[degC]"，如图3-37所示。

（2）设置"热通量2"。在"物理场"工具栏中单击"边界"，然后选择"热通量"。在"热通量"设置窗口中，定位到"边界选择"栏，选择边界1～6；定位到"热通量"栏，从"通量类型"列表中选择"对流热通量"，在"h"文本框中输入"3"，在"T_{ext}"文本框中输入"25[degC]"，如图3-38所示。

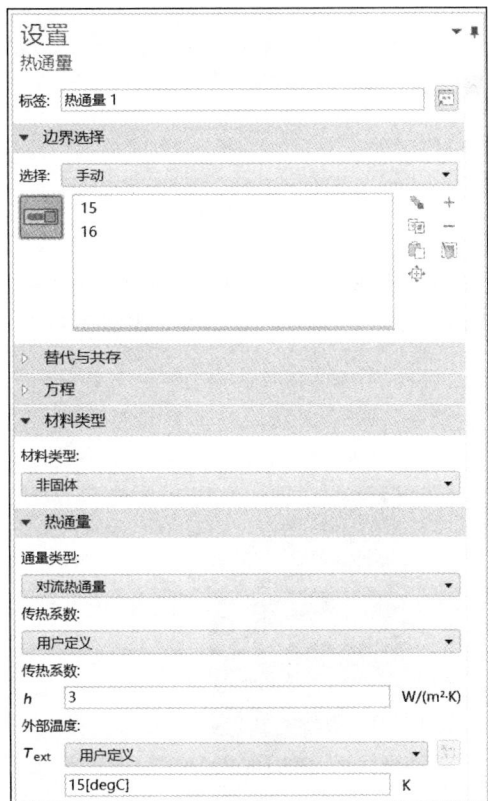

图3-37 设置"热通量1"

图3-38 设置"热通量2"

5. 网格划分

（1）设置"自由四边形网格1"。在"模型开发器"窗口的"组件1(comp1)"节点下，右击"网格1"，选择"更多生成器"→"自由四边形网格"。在"自由四边形网格"设置窗口中，定位到"边界选择"栏，选择边界15和边界16，如图3-39所示。

（2）设置"大小"。在"模型开发器"窗口的"组件1(comp1)"→"网格1"节点下，单击"大小"。在"大小"设置窗口中，定位到"单元大小参数"栏，在"最大单元大小"文本框中输入"0.025"，在"最小单元大小"文本框中输入"0.018"，如图3-40所示。

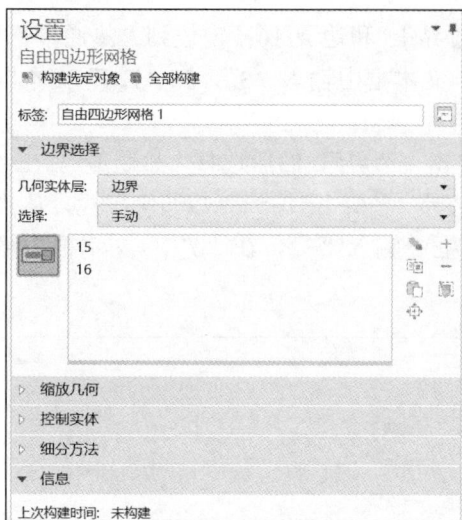

图 3-39　设置"自由四边形网格 1"

图 3-40　设置"大小"

（3）设置"扫掠 1"。在"模型开发器"窗口的"组件 1(comp1)"节点下，右击"网格 1"，选择"扫掠"。在"扫掠"设置窗口中，单击"全部构建"按钮，网格划分完成，如图 3-41 所示。

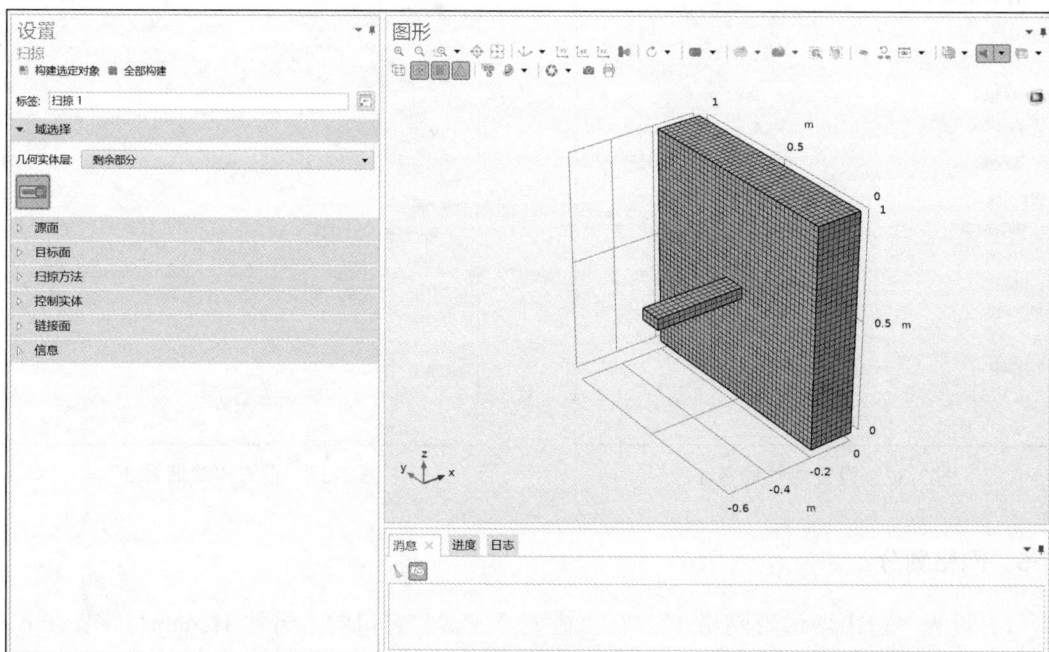

图 3-41　网格划分

6．计算

在"模型开发器"窗口的"组件 1(comp1)"→"研究 1"节点下，单击"步骤 1：稳态"。在"稳态"设置窗口中，单击"计算"按钮，等待计算完成。

7. 结果后处理

当 COMSOL 计算完成时，会在"模型开发器"窗口的"结果"节点下自动生成"温度(ht)"结果。如需其他后处理结果，则需用户手动生成。

（1）生成热通量云图。在"模型开发器"窗口的"组件 1(comp1)"→"结果"节点下，右击"数据集"，选择"表面"。在"表面"设置窗口中，定位到"边界选择"栏，选择边界 15 和边界 16。在"结果"工具栏中单击"二维绘图组"，打开"二维绘图组"设置窗口，在"标签"文本框中输入"热通量"；定位到"绘图设置"栏，取消"绘制数据集的边"复选框。在"模型开发器"窗口的"结果" 节点下，右击"热通量"，选择"表面"。在"表面"设置窗口中，定位到"表达式"栏，在"表达式"文本框中输入"−ht.q0"；定位到"着色和样式"栏，从"颜色表"列表中选择"WaveLight"。在"模型开发器"窗口的"结果"→"热通量"节点下，右击"表面 1"，选择"高度表达式"，生成热通量云图，如图 3-42 所示。从图中可以看到，插入钢棒的位置热通量最大，形成了热桥。

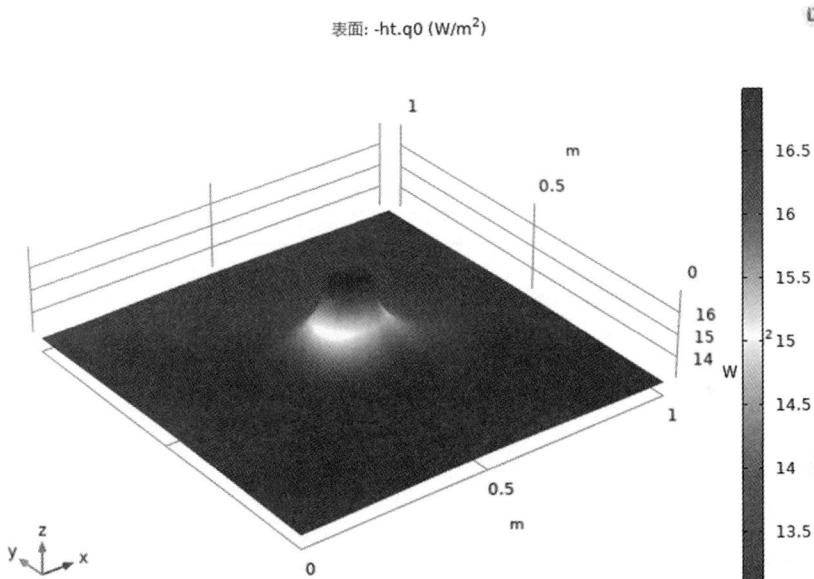

图 3-42　热通量云图

（2）生成"温度变化曲线"。在"模型开发器"窗口的"组件 1(comp1)"→"结果"节点下，右击"数据集"，选择"三维截线"。在"三维截线"设置窗口中，定位到"线数据"栏，在"点 1"对应的"X""Y""Z"文本框中分别输入"0""0.5""0.5"，在"点 2"对应的"X""Y""Z"文本框中分别输入"−0.6""0.5""0.5"，单击"绘制"按钮，创建"三维截线"数据集，如图 3-43 所示。

在"结果"工具栏中单击"一维绘图组"，打开"一维绘图组"设置窗口，在"标签"文本框中输入"温度变化曲线"；定位到"数据"栏，从"数据集"列表中选择"三维截线 1"。在"模型开发器"窗口的"结果"节点下，右击"温度变化曲线"，选择"线结果"。在"线结果"设置窗口中，单击"绘制"按钮，生成"温度变化曲线"，如图 3-44 所示。

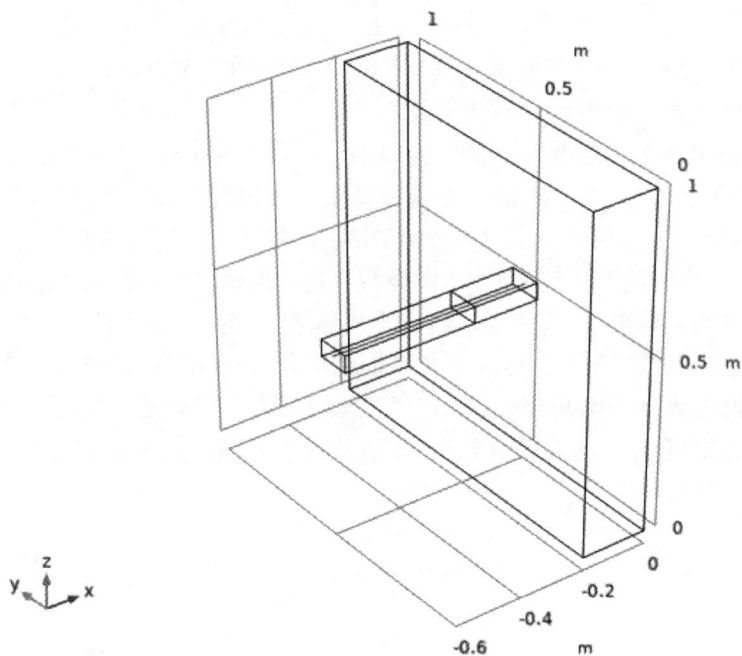

图 3-43　创建"三维截线"数据集

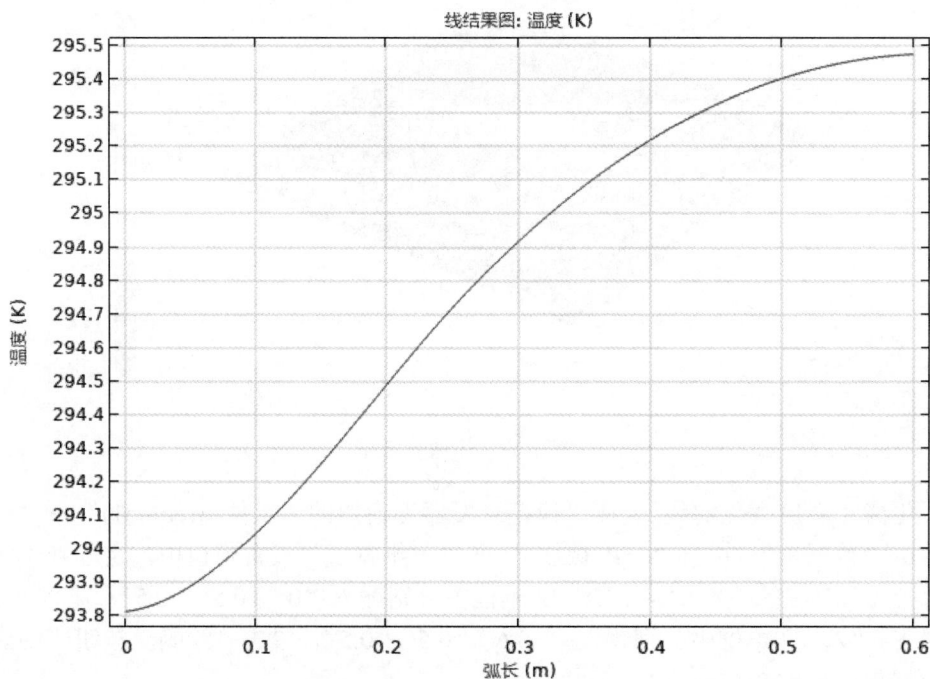

图 3-44　温度变化曲线

（3）生成"导热通量分布"。在"结果"工具栏中单击"三维绘图组"，打开"三维绘图组"设置窗口，在"标签"文本框中输入"导热通量分布"。在"模型开发器"窗口的"结果"节点下，右击"导热通量分布"，选择"体箭头"。在"体箭头"设置窗口中，定位到"箭头位置"下的"X 栅格点"栏，在"点数"文本框中输入"10"；定位到"Y 栅格点"栏，在"点数"文本框中输入"10"；定位到"Z 栅格点"栏，在"点数"文本框中输入"20"；定位到"着色和样式"栏，从"箭头长度"列表中选择"对数"。

在"模型开发器"窗口的"结果"→"导热通量分布"节点下，右击"体箭头 1"，选择"颜色表达式"。在"颜色表达式"设置窗口中，单击"绘制"按钮，生成"导热通量分布"，如图 3-45 所示。

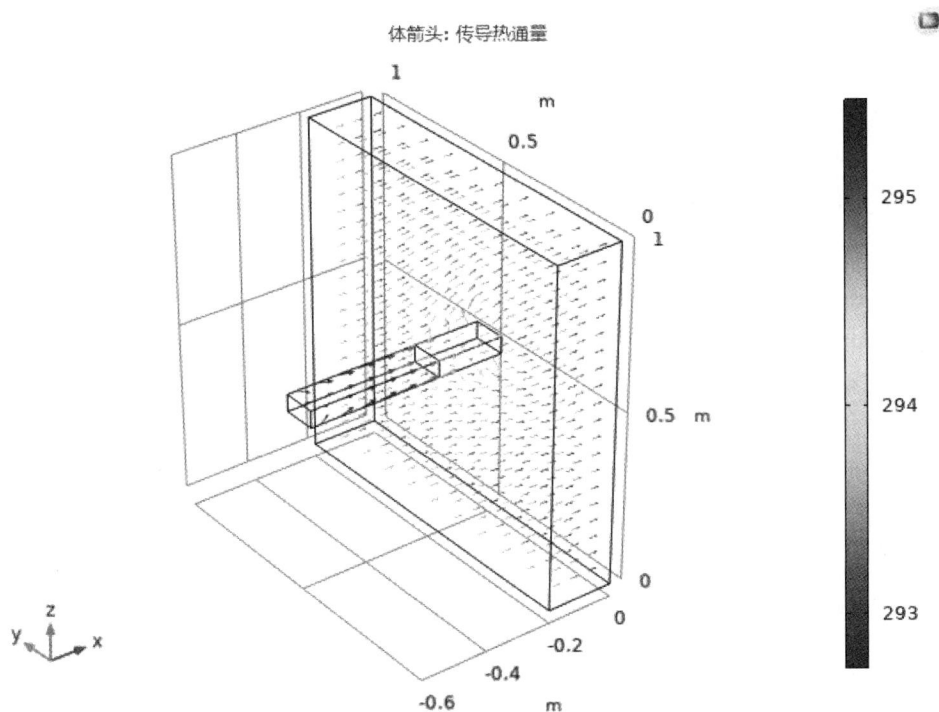

图 3-45 导热通量分布

3.4 齿轮的渗碳与淬火分析

本节通过一个具体案例来介绍齿轮的渗碳与淬火的分析方法。

3.4.1 问题描述

齿轮淬火是一种金属热处理工艺，淬火的过程通常是将齿轮加热，使其达到临界点温度或更高温度，然后迅速冷却，一般使用水或油作为冷却介质。这个过程使得齿轮表面形成硬化层，从而提高其硬度和耐磨性，而核心部分则保持韧性，确保整体强度和耐用性。淬火后的齿轮能够承受更大的负荷和更频繁的使用，而不会引起过度磨损或破裂。

本案例在三维几何维度下进行建模，几何模型从外部导入，几何示意如图 3-46 所示。齿轮先进行 12h 的渗碳，再进行 10min 的淬火。渗碳量的大小会影响马氏体的转换温度，进而会影响整个淬火过程。

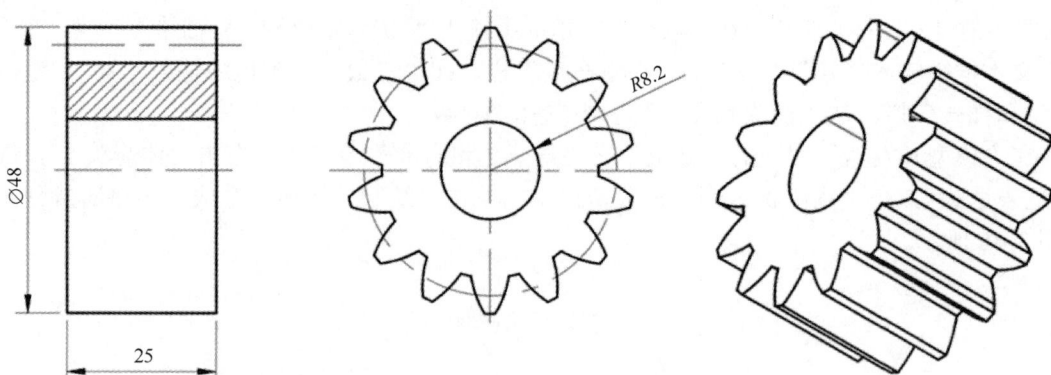

图 3-46　几何示意（单位：mm）

3.4.2　建模思路及注意事项

本案例涉及渗碳的过程，奥氏体的分解以及热量的传递，可用 COMSOL 内置的渗碳接口、奥氏体分解接口和固体传热接口进行求解。因为齿轮的几何为圆周对称结构，为了减小计算量，所以取 1/4 的几何模型进行仿真。在淬火过程中，着重考虑奥氏体与马氏体的转化过程。渗碳过程与淬火过程为递进关系，属于单向耦合，先渗碳再淬火，所以在本案例的模型中先用研究 1 求解渗碳过程，再用研究 2 求解淬火过程，研究 2 继承了研究 1 的结果。

3.4.3　具体计算

具体计算涉及模型向导、几何构建、求解渗碳过程、求解淬火过程、结果后处理等内容。

1．模型向导

打开 COMSOL 软件，单击"模型向导"，进入"选择空间维度"窗口；单击"三维"，进入"选择物理场"窗口；选择"传热"→"金属加工"→"渗碳(carb)"，单击"添加"按钮；选择"传热"→"金属加工"→"奥氏体分解(audc)"，单击"添加"按钮；选择"传热"→"固体传热"，单击"添加"按钮（在"添加的物理场接口"列表框中会出现已添加的物理场）；单击"研究"按钮，进入"选择研究"窗口；选择"一般研究"→"瞬态"，单击"完成"按钮，进入 COMSOL 建模界面。

2．几何构建

在"模型开发器"窗口的"组件 1(comp1)"节点下，右击"几何 1"，选择"导入"。在"导入"设置窗口中，定位到"导入"栏，单击"浏览"按钮，找到需要导入的几何模型"案例 3.4/齿轮几何.mphbin"，单击"构建所有对象"按钮，如图 3-47 所示。

在"模型开发器"窗口中，单击"形成联合体(fin)"，在"形成联合体/装配"设置窗口中，单击"全部构建"按钮。在"图形"窗口中，单击"缩放到窗口大小"按钮⊞，即可完成几何构建。

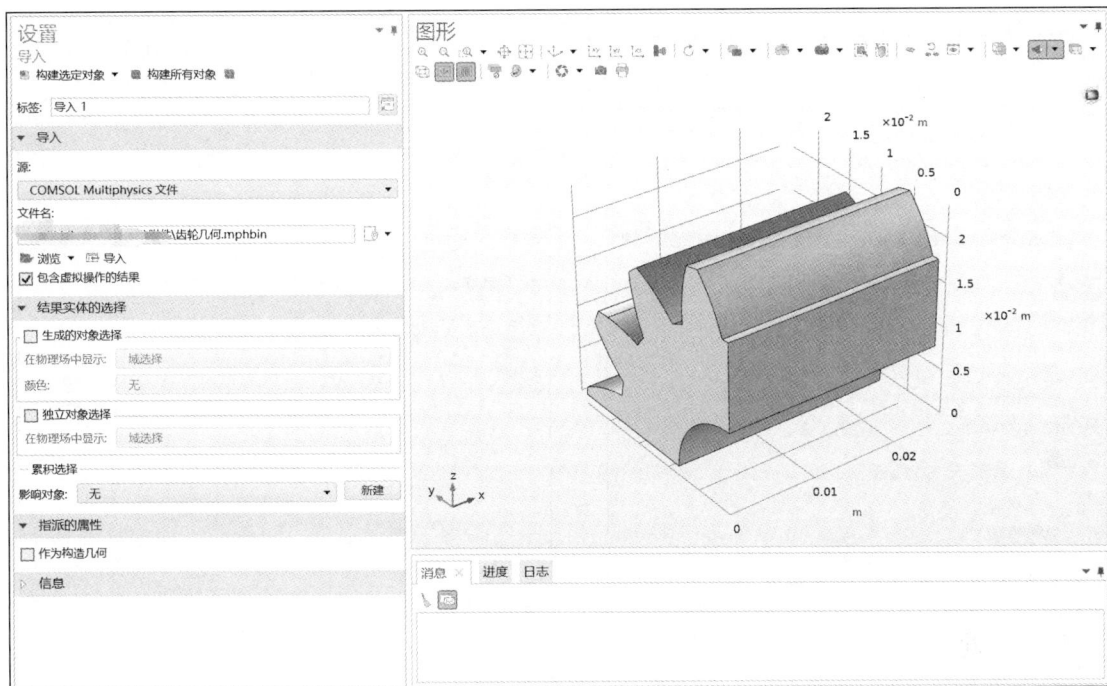

图 3-47　导入几何模型

3. 输入参数

在"模型开发器"窗口的"全局定义"节点下，单击"参数 1"。在"参数"设置窗口中，定位到"参数"栏，输入相应的参数，如图 3-48 所示。

4. 求解渗碳过程

1)"渗碳(carb)"边界条件设置

（1）设置"渗碳(carb)"。在"模型开发器"窗口的"组件 1(comp1)"节点下，单击"渗碳(carb)"。在"渗碳"设置窗口中，定位到"渗碳周期"栏，从"碳势模型"列表中选择"用户定义"，在"c_{pot}"文本框中输入"cenv"，如图 3-49 所示。

（2）设置"渗碳 1"。在"模型开发器"窗口的"组件 1(comp1)"→"渗碳(carb)"节点下，单击"渗碳 1"。在"渗碳"设置窗口中，定位到"碳扩散"栏，从"扩散系数"列表中选择"用户定义"，在"D"文本框中输入"Dc"，如图 3-50 所示。

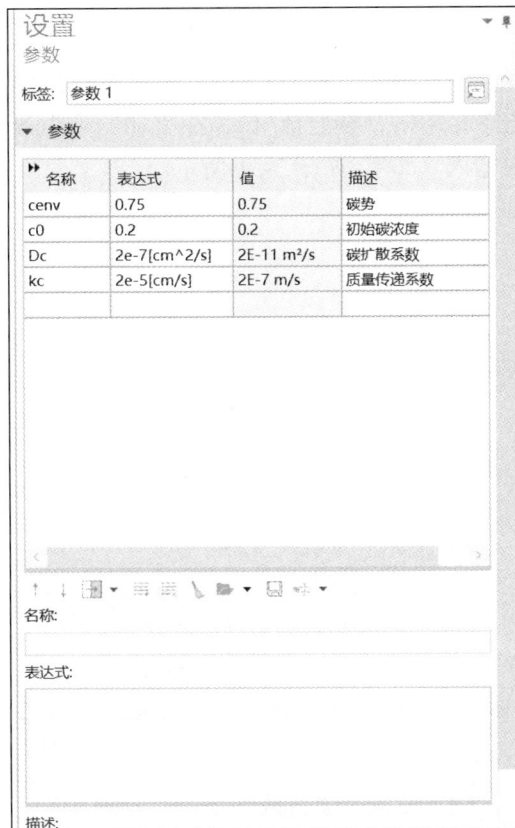

图 3-48　输入参数

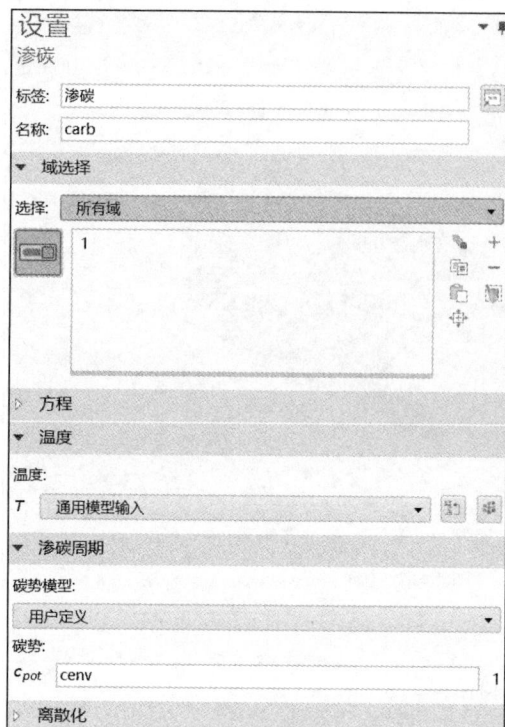

图 3-49　设置"渗碳(carb)"

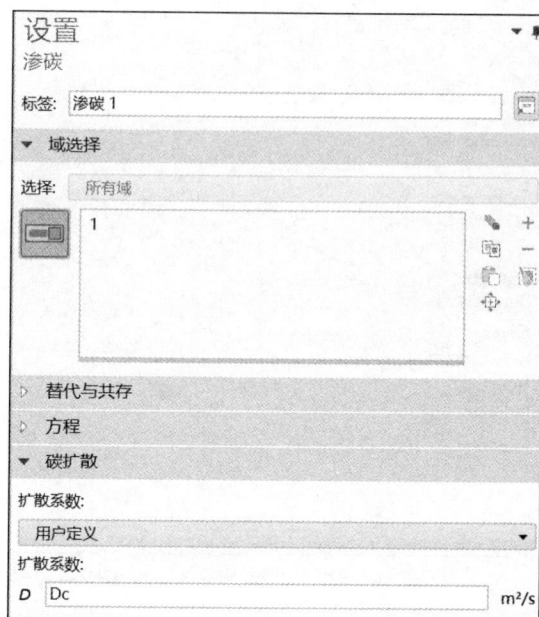

图 3-50　设置"渗碳 1"

（3）设置"初始值 1"。在"模型开发器"窗口的"组件 1(comp1)"→"渗碳(carb)"节点下，单击"初始值 1"。在"初始值"设置窗口中，定位到"初始值"栏，在"c"文本框中输入"c0"，如图 3-51 所示。

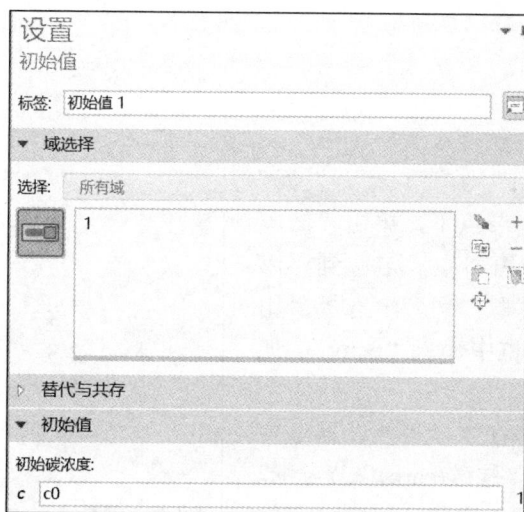

图 3-51　设置"初始值 1"

（4）设置"碳通量 1"。在"物理场"工具栏中单击"边界"，然后选择"碳通量"。在"碳通量"设置窗口中，定位到"边界选择"栏，选择边界 1、边界 3～8 和边界 10～21；定位到

"碳质量传递"栏,从"质量传递系数"列表中选择"用户定义",在"*b*"文本框中输入"kc",如图 3-52 所示。

至此,边界条件设置已完成。

2)网格划分

(1)设置"大小"。在"模型开发器"窗口的"组件 1 (comp1)"节点下,单击"网格 1"。在"网格"设置窗口中,定位到"序列类型"栏,从列表中选择"用户定义网格"。在"模型开发器"窗口的"组件 1(comp1)"→"网格 1"节点下,单击"大小"。在"大小"设置窗口中,定位到"单元大小"栏,从"预定义"列表中选择"更细",如图 3-53 所示。

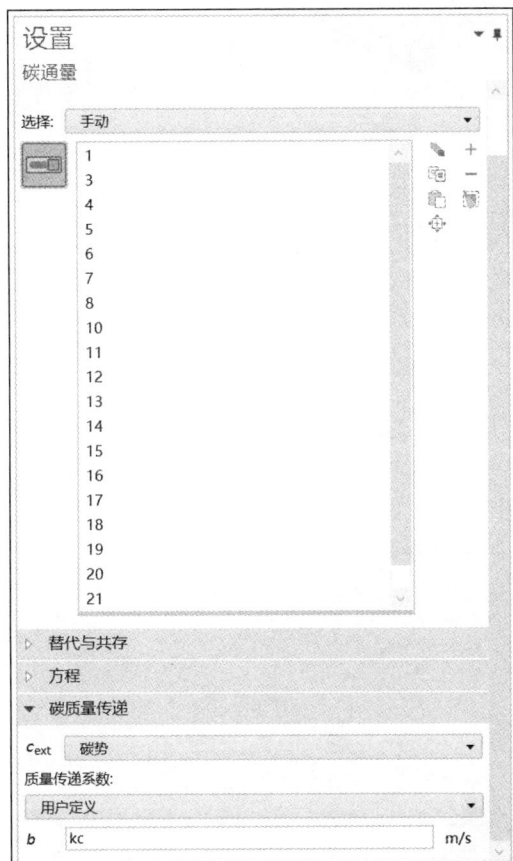

图 3-52 设置"碳通量 1"

图 3-53 设置"大小"

(2)设置"大小 1"。在"模型开发器"窗口的"组件 1(comp1)"→"网格 1"节点下,右击"自由四面体网格 1",选择"大小"。在"大小"设置窗口中,定位到"几何实体选择"栏,从"几何实体层"列表中选择"边界",选择边界 1、边界 3~8 和边界 10~21;定位到"单元大小"栏,从"预定义"列表中选择"极细",单击"全部构建"按钮,如图 3-54 所示,网格划分完成。注意,渗碳的过程在模型边界处发生,在模型的边界处加密网格有利于对渗碳过程的求解。

在"模型开发器"窗口的"组件 1(comp1)"节点下,右击"网格 1",选择"统计信息",显示已划分网格的相关信息,如图 3-55 所示。

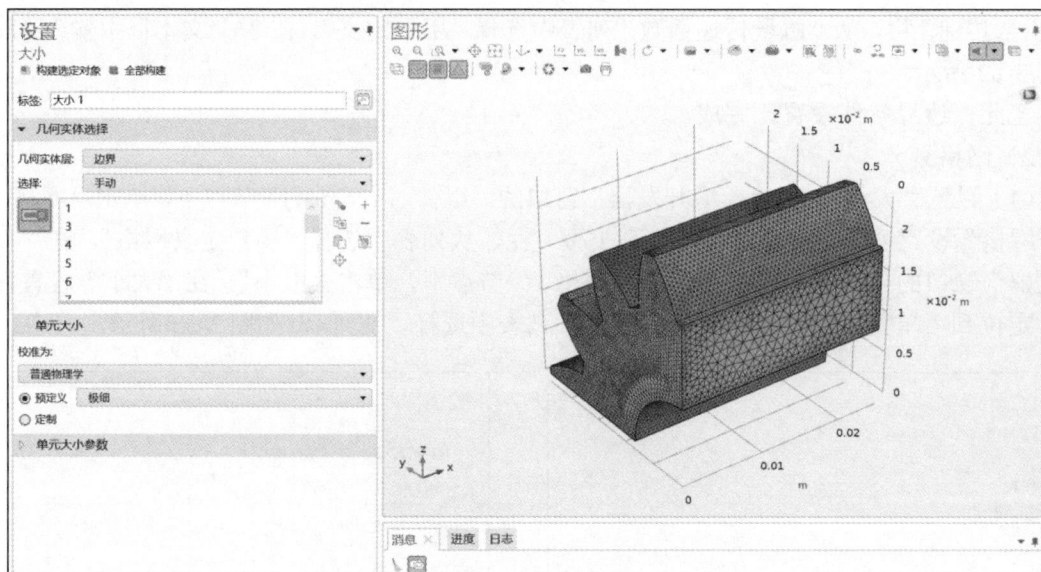

图 3-54　设置"大小 1"

图 3-55　网格相关信息

3）计算"渗碳(carb)"

（1）设置"研究 1"。在"模型开发器"窗口的"组件 1 (comp1)"节点下，单击"研究 1"，打开"研究"设置窗口，在"标签"文本框中输入"渗碳"，如图 3-56 所示。

（2）设置"步骤 1：瞬态"。在"模型开发器"窗口的"组件 1 (comp1)"→"渗碳"节点下，单击"步骤 1：瞬态"。在"瞬态"设置窗口中，定位到"研究设置"栏，从"时间单位"列表中选择"h"，在"输出时步"文本框中输入"range(0,0.1,12)"；定位到"物理场和变量选择"栏，清除"奥氏体分解(audc)"和"固体传热(ht)"复选框，如图 3-57 所示。单击"计算"按钮，等待计算完成。

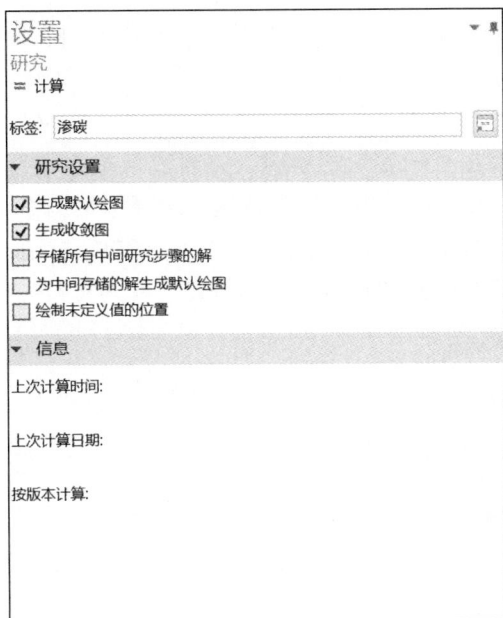

图 3-56 设置"研究 1"

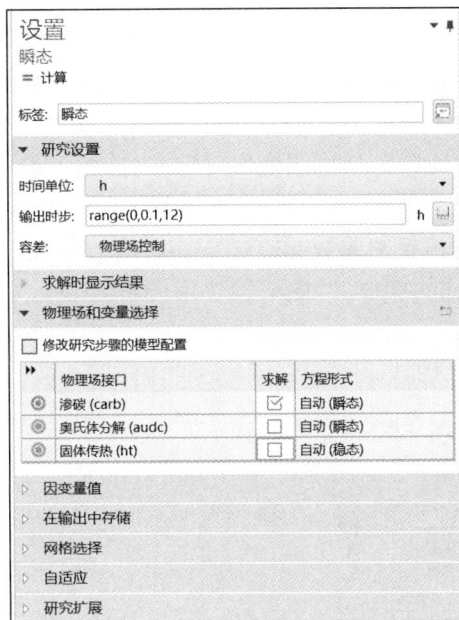

图 3-57 设置"步骤 1：瞬态"

5．求解淬火过程

1）"固体传热(ht)"边界条件设置

（1）设置"初始值 1"。在"模型开发器"窗口的"组件 1 (comp1)" → "固体传热(ht)"节点下，单击"初始值 1"。在"初始值"设置窗口中，定位到"初始值"栏，在"T"文本框中输入"900[degC]"，如图 3-58 所示。

（2）设置"对称 1"。在"物理场"工具栏中单击"边界"，然后选择"对称"。在"对称"设置窗口中，定位到"边界选择"栏，选择边界 2 和边界 9，如图 3-59 所示。

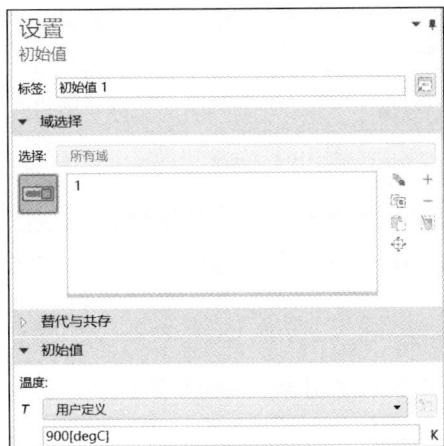

图 3-58 设置"初始值 1"

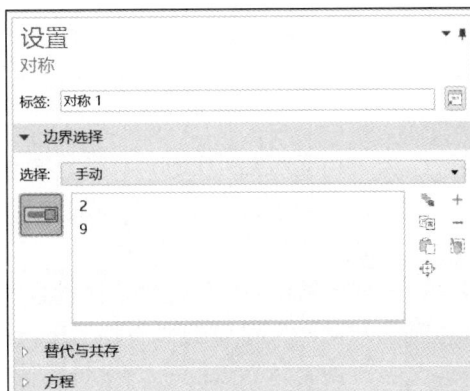

图 3-59 设置"对称 1"

（3）设置"热通量 1"。在"物理场"工具栏中单击"边界"，然后选择"热通量"。在"热通量"设置窗口中，定位到"边界选择"栏，选择边界 1、边界 3～8 和边界 10～21；定位到"热通量"栏，从"通量类型"列表中选择"对流热通量"，在"h"文本框中输入"htc(T)"，在"T_{ext}"文本框中输入"80[degC]"，如图 3-60 所示。注意，此时还未定义函数"htc"，所以会有黄色波浪线警告。

（4）定义"htc"。在"模型开发器"窗口的"组件 1(comp1)"节点下，右击"定义"，选择"函数"→"插值"，打开"插值"设置窗口，在"标签"栏中输入"对流换热系数"；定位到"定义"栏，在"函数名称"文本框中输入"htc"，单击"📂"按钮，选择"案例 3.4/附件/对流换热系数 htc.txt"；定位到"单位"栏，在"htc"文本框中输入"W/(m^2*K)"，在"t"文本框中输入"degC"，如图 3-61 所示。注意，此时"热通量 1"中的警告已变为正常。

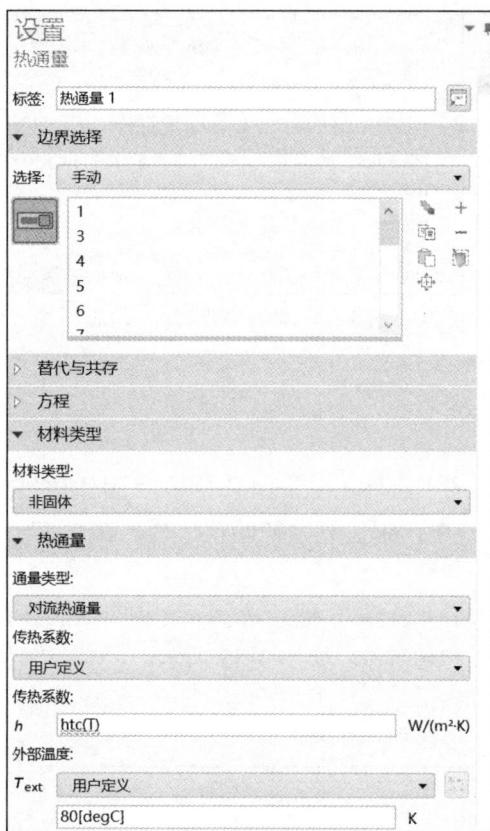

图 3-60　设置"热通量 1"　　　　　图 3-61　定义"htc"

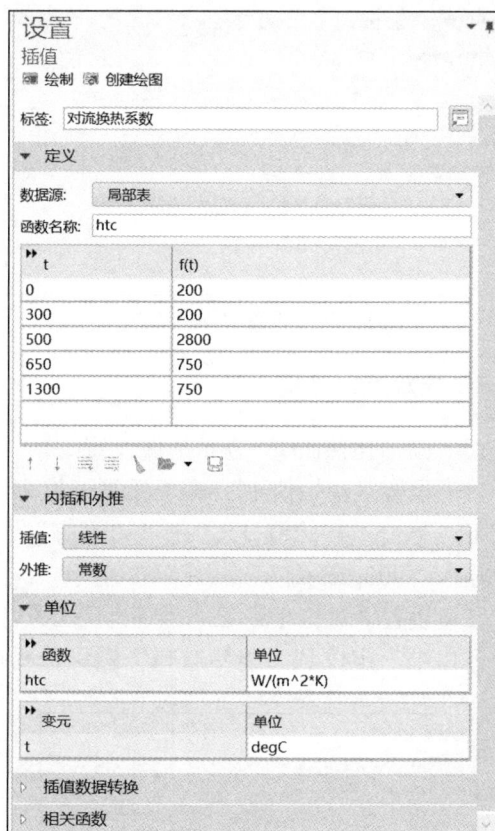

（5）添加"相变潜热 1(lht1)"。在"物理场"工具栏中单击"多物理场耦合"，然后选择"相变潜热"，在"模型开发器"窗口的"组件 1(comp1)"→"多物理场"节点下，"相变潜热 1(lht1)"被添加，如图 3-62 所示。

2）"奥氏体分解(audc)"边界条件设置

在"模型开发器"窗口的"组件 1(comp1)"→"奥氏体分解(audc)"节点下，按住 Ctrl 键并单击选中"铁素体""珠光体""贝氏体""奥氏体到铁素体""奥氏体到珠光体"和"奥氏体到贝氏体"，然后右击并选择"禁用"，禁用这些边界条件，如图 3-63 所示。

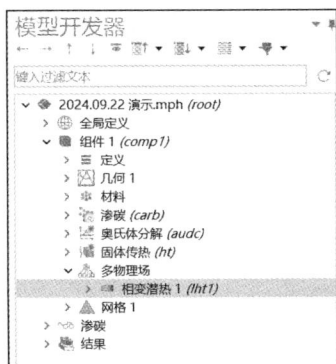

图 3-62 添加"相变潜热 1(lht1)"

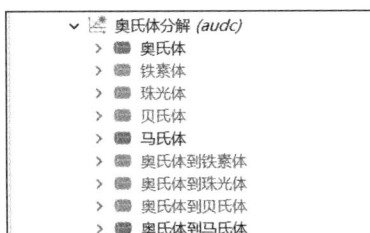

图 3-63 禁用相关边界条件

3）创建材料

（1）创建"复合材料(audcmat)"。在"模型开发器"窗口的"组件 1(comp1)"节点下，单击"奥氏体分解(audc)"。在"奥氏体分解"设置窗口中，定位到"材料属性"栏，单击该栏右上角的"创建复合材料"，如图 3-64（a）所示，在"模型开发器"窗口的"组件 1(comp1)"→"材料"节点下，"复合材料(audcmat)"已创建好了。图 3-64（b）所示为复合材料的设置窗口。

（a）

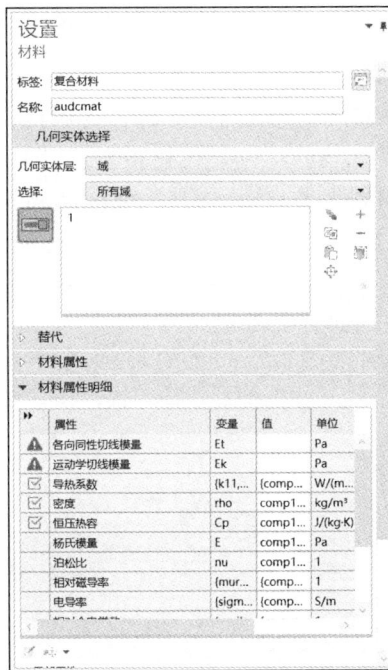

（b）

图 3-64 创建"复合材料(audcmat)"

（2）创建"奥氏体(audcphase1 mat)"。在"模型开发器"窗口的"组件 1(comp1)"→"奥氏体分解(audc)"节点下，单击"奥氏体"。在"金相"设置窗口中，定位到"相材料"栏，单击该栏右上角的"创建相材料"，如图 3-65（a）所示，在"模型开发器"窗口的"全局定义"→"材料"节点下，"奥氏体(audcphase1 mat)"已创建好了。图 3-65（b）所示为奥氏体的设置窗口。

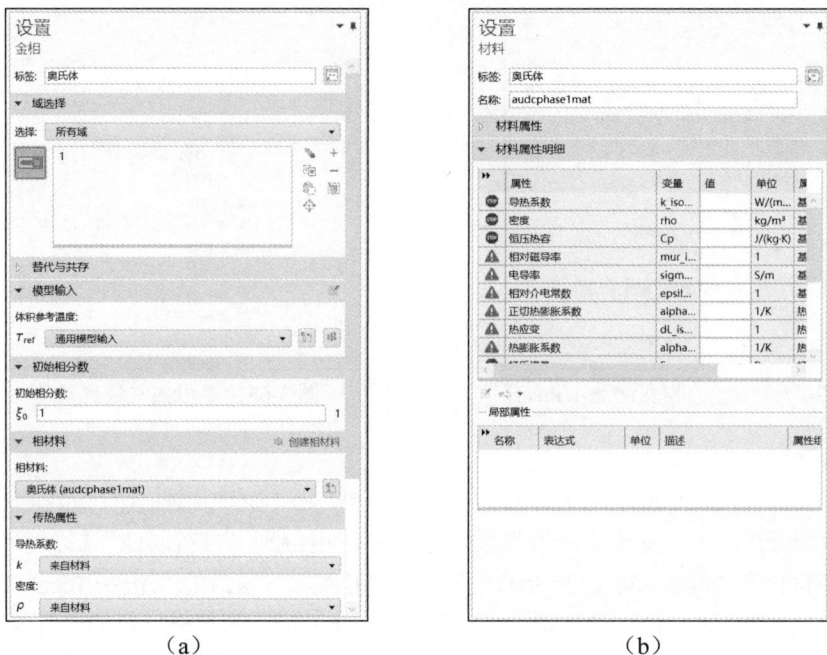

（a）　　　　　　　　　　　　　　（b）

图 3-65　创建"奥氏体(audcphase1mat)"

（3）创建"马氏体(audcphase5 mat)"。在"模型开发器"窗口的"组件 1(comp1)"→"奥氏体分解(audc)"节点下，单击"马氏体"。在"金相"设置窗口中，定位到"相材料"栏，单击该栏右上角的"创建相材料"，如图 3-66（a）所示，在"模型开发器"窗口的"全局定义"→"材料"节点下，"马氏体(audcphase5 mat)"已创建好了。图 3-66（b）所示为马氏体的设置窗口。

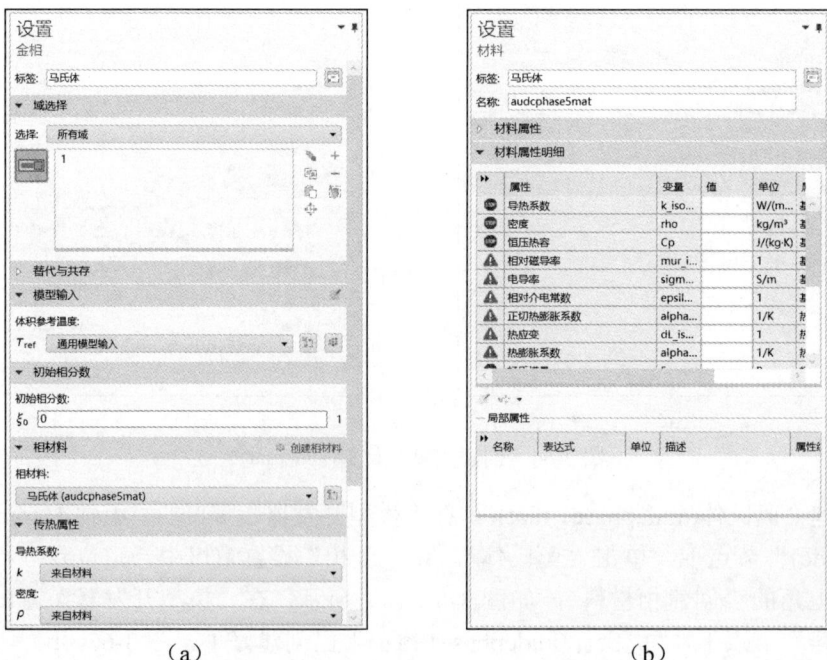

（a）　　　　　　　　　　　　　　（b）

图 3-66　创建"马氏体(audcphase5 mat)"

（4）设置"奥氏体到马氏体"。在"模型开发器"窗口的"组件 1(comp1)"→"奥氏体分解(audc)"节点下，单击"奥氏体到马氏体"。在"相变"设置窗口中，定位到"相变"栏，在"M_s"文本框中输入"Ms(carb.c)"，如图 3-67 所示。注意，此时还未定义函数"Ms"，所以会有黄色波浪线警告。

（5）定义"Ms"。在"模型开发器"窗口的"组件 1(comp1)"节点下，右击"定义"，选择"函数"→"解析"，打开"解析"设置窗口，在"标签"栏中输入"马氏体转换温度"，在"函数名称"文本框中输入"Ms"；定位到"定义"栏，在"表达式"文本框中输入"560-470*carb.c"，在"变元"文本框中输入"carb.c"；定位到"单位"栏，在"函数"文本框中输入"degC"，在"carb.c"文本框中输入"1"，如图 3-68 所示。注意，此时"奥氏体到马氏体"中的警告已变为正常，解析中的变元"carb.c"为"渗碳(carb)"中的碳浓度，目的是将转换温度与碳浓度进行耦合。

图 3-67 设置"奥氏体到马氏体"

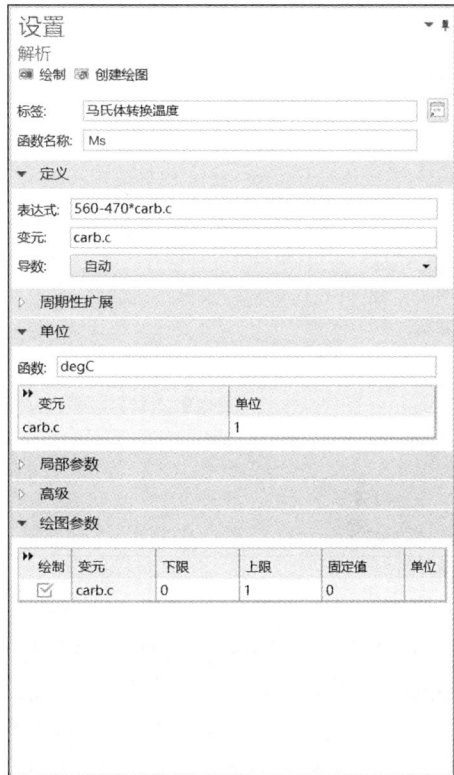

图 3-68 定义"Ms"

4）"奥氏体(audcphase1 mat)"材料设置

（1）定义"奥氏体导热系数"。在"模型开发器"窗口的"全局定义"→"材料"→"奥氏体(audcphase1 mat)"节点下，右击"基本(def)"，选择"函数"→"插值"，打开"插值"设置窗口，在"标签"文本框中输入"奥氏体导热系数"；定位到"定义"栏，在"函数名称"文本框中输入"k"，单击"📂"按钮，选择"案例 3.4/附件/奥氏体导热系数 k.txt"；定位到"单位"栏，在"k"文本框中输入"W/(m*K)"，在"t"文本框中输入"degC"，如图 3-69 所示。

（2）定义"奥氏体热容"。在"模型开发器"窗口的"全局定义"→"材料"→"奥氏体(audcphase1 mat)"节点下，右击"基本(def)"，选择"函数"→"插值"，打开"插值"设置窗口，在"标签"文本框中输入"奥氏体热容"；定位到"定义"栏，在"函数名称"文本框中输入"Cp"，单击"🖿"按钮，选择"案例 3.4/附件/奥氏体热容 Cp.txt"；定位到"单位"栏，在"Cp"文本框中输入"J/(kg*K)"，在"t"文本框中输入"degC"，如图 3-70 所示。

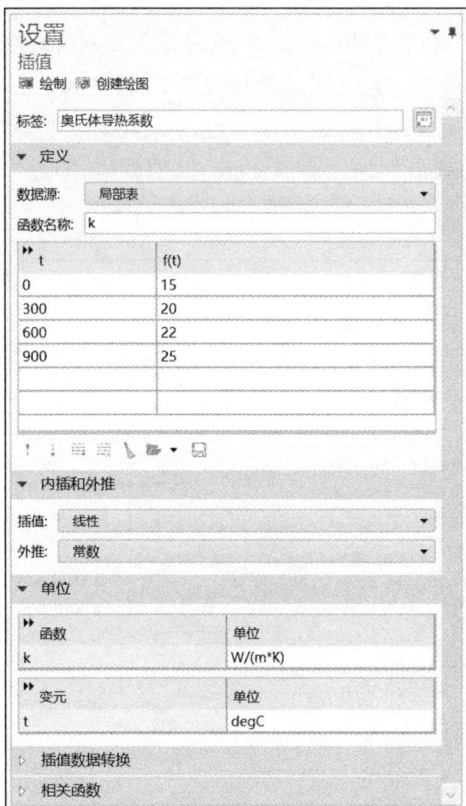

图 3-69　定义"奥氏体导热系数"　　　　　图 3-70　定义"奥氏体热容"

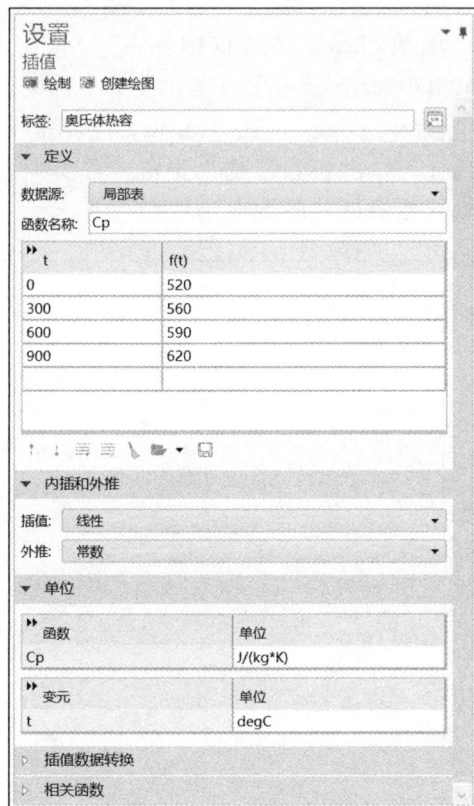

（3）设置"基本(def)"。在"模型开发器"窗口的"全局定义"→"材料"→"奥氏体(audcphase1 mat)"节点下，单击"基本(def)"。在"基本"设置窗口中，定位到"模型输入"栏，单击"＋"，选择"常规"→"温度"，单击"确认"按钮；定位到"输出属性"栏，在"导热系数"文本框中输入"k(T)"，在"密度"文本框中输入"7930"，在"恒压热容"文本框中输入"Cp(T)"，如图 3-71 所示。

5）"马氏体(audcphase5 mat)"材料设置

（1）定义"马氏体导热系数"。在"模型开发器"窗口的"全局定义"→"材料"→"马氏体(audcphase5 mat)"节点下，右击"基本(def)"，选择"函数"→"插值"，打开"插值"设置窗口，在"标签"文本框中输入"马氏体导热系数"；定位到"定义"栏，在"函数名称"文本框中输入"k"，单击"🖿"按钮，选择"案例 3.4/附件/马氏体导热系数 k.txt"；定位到"单位"栏，在"k"文本框中输入"W/(m*K)"，在"t"文本框中输入"degC"，如图 3-72 所示。

图 3-71 设置"基本（def）"

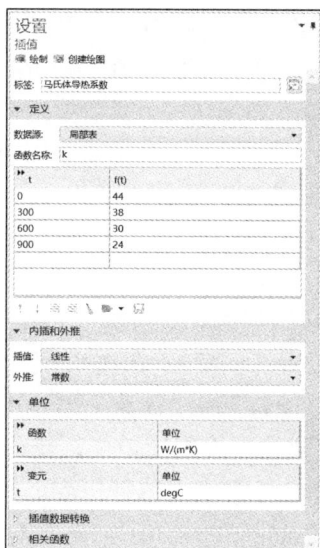

图 3-72 定义"马氏体导热系数"

（2）定义"马氏体热容"。在"模型开发器"窗口的"全局定义"→"材料"→"马氏体(audcphase5 mat)"节点下，右击"基本(def)"，选择"函数"→"插值"，打开"插值"设置窗口，在"标签"文本框中输入"马氏体热容"；定位到"定义"栏，在"函数名称"文本框中输入"Cp"，单击"📁"按钮，选择"马氏体热容 Cp.txt"；定位到"单位"栏，在"Cp"文本框中输入"J/(kg*K)"，在"t"文本框中输入"degC"，如图 3-73 所示。

（3）设置"基本(def)"。在"模型开发器"窗口的"全局定义"→"材料"→"马氏体(audcphase5 mat)"节点下，单击"基本(def)"。在"基本"设置窗口中，定位到"模型输入"栏，单击"＋"，选择"常规"→"温度"，单击"确认"按钮；定位到"输出属性"栏，在"导热系数"文本框中输入"k(T)"，在"密度"文本框中输入"7850"，在"恒压热容"文本框中输入"Cp(T)"，如图 3-74 所示。

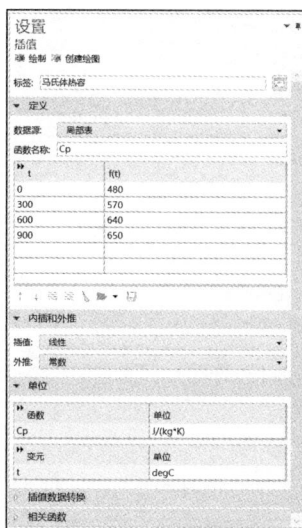

图 3-73 定义"马氏体热容"

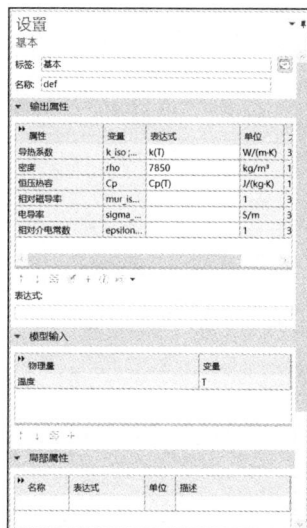

图 3-74 设置"基本（def）"

6）计算"固体换热(ht)"和"奥氏体分解(audc)"

（1）添加"研究 2"。在"研究"工具栏中，单击"添加研究"。在"添加研究"窗口中，双击"瞬态"，从图 3-75 可以看到，在"模型开发器"窗口的"组件 1(comp1)"节点下，"研究 2"已添加好了。

（2）设置"研究 2"：在"模型开发器"窗口的"组件 1(comp1)"节点下，单击"研究 2"，打开"研究"设置窗口，在"标签"文本框中输入"淬火"，如图 3-76 所示。

（3）设置"步骤 1：瞬态"。在"模型开发器"窗口的"组件 1(comp1)"→"淬火"节点下，单击"步骤 1：瞬态"。在"瞬态"设置窗口中，定位到"研究设置"栏，从"时间单位"列表中选择"min"，在"输出时步"文本

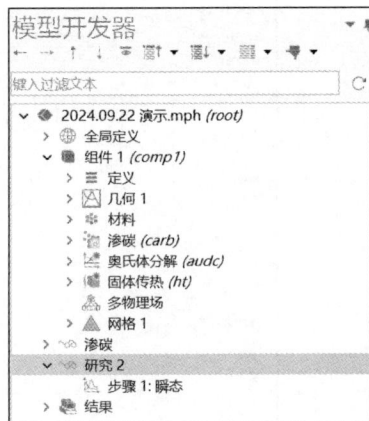

图 3-75　添加"研究 2"

框中输入"range(0,0.1,10)"，从"容差"列表中选择"用户控制"，在"相对容差"文本框中输入"0.001"；定位到"物理场和变量选择"栏，清除"渗碳(carb)"复选框；定位到"因变量值"下的"不求解变量的值"栏，从"设置"列表中选择"用户控制"，从"方法"列表中选择"解"，从"研究"列表中选择"渗碳，瞬态"，从"时间(h)"列表中选择"最后一个"，如图 3-77 所示。单击"计算"按钮，等待计算完成。注意，"因变量值"栏的设置目的是为了继承"渗碳"求解过程最后时刻的解。

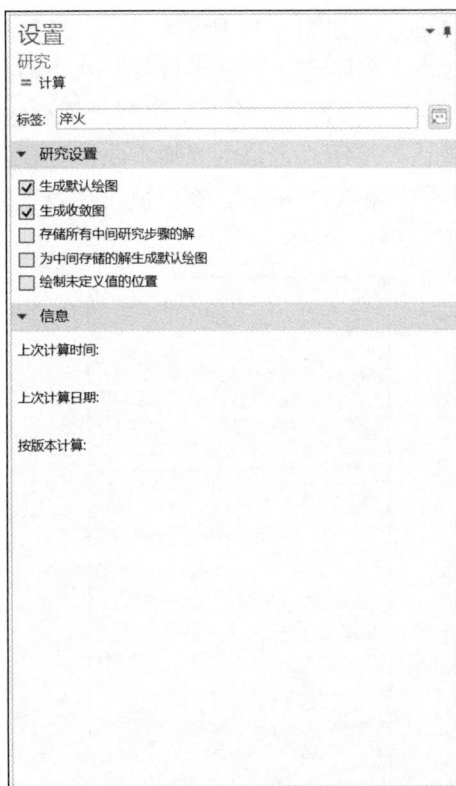

图 3-76　设置"研究 2"

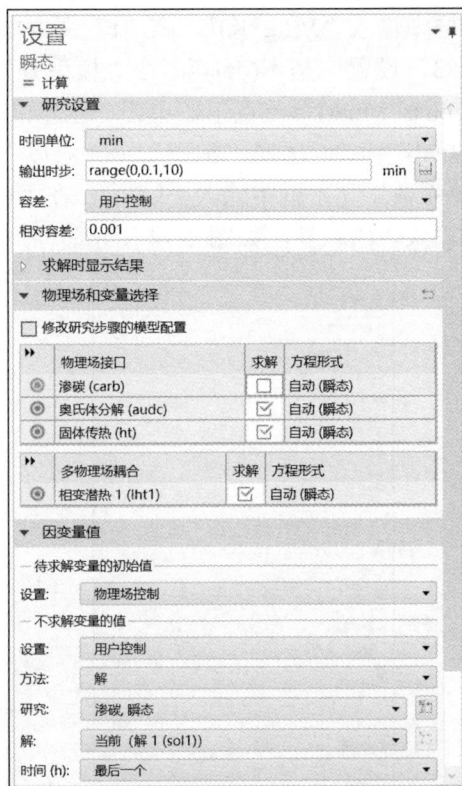

图 3-77　设置"步骤 1：瞬态"

6．结果后处理

当 COMSOL 计算完成时，"模型开发器"窗口的"结果"节点下会自动生成默认的绘图组，但是由于在计算时采用的是 1/4 的几何模型，因此绘图组默认显示的也是 1/4 的几何模型结果，用户可以手动设置展示完整的几何模型结果。

（1）调整"马氏体 (audc)"。在"模型开发器"窗口的"组件 1(comp1)"→"结果"节点下，右击"数据集"，选择"更多三维数据集"→"三维扇区"。在"三维扇区"设置窗口中，定位到"数据"栏，从"数据集"列表中选择"淬火/解 2(sol2)"；定位到"轴数据"栏，从"轴定义方法"列表中选择"点和方向"；定位到"方向"子栏，在"X"文本框中输入"1"，在"Z"文本框中输入"0"；定位到"对称"栏，在"扇区数"文本框中输入"4"，从"变换"列表中选择"旋转和反射"；定位到"反射面径向"子栏，在"X"文本框中输入"0"，在"Z"文本框中输入"1"，单击"绘制"按钮。在"模型开发器"窗口的"组件 1(comp1)"→"结果"节点下，单击"马氏体 (audc)"，在"三维绘图组"设置窗口中，定位到"数据"栏，从"数据集"列表中选择"三维扇区 1"，单击"绘制"按钮，调整后的"马氏体 (audc)"如图 3-78 所示。

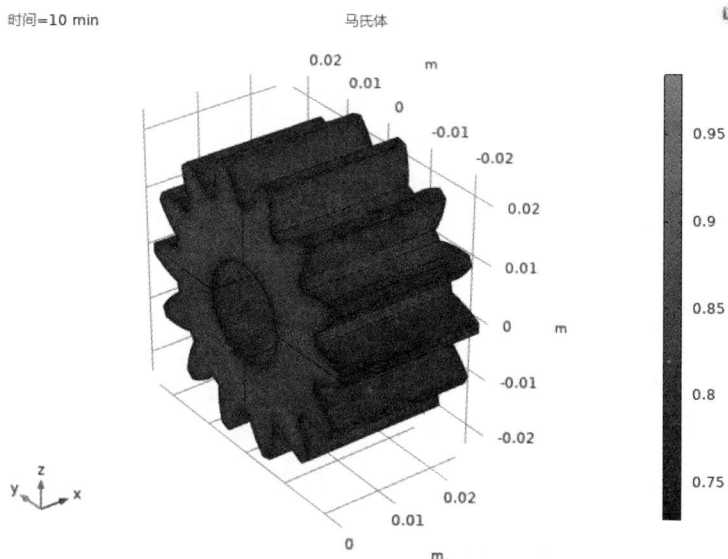

图 3-78　调整后的"马氏体 (audc)"

（2）生成"中心截面马氏体"。在"模型开发器"窗口的"组件 1(comp1)"→"结果"节点下，右击"数据集"，选择"截面"。在"截面"设置窗口中，定位到"数据"栏，从"数据集"列表中选择"三维扇区 1"；定位到"平面数据"栏，在"X 坐标"文本框中输入"0.0125"。在"结果"工具栏中单击"二维绘图组"（注意，此时的"二维绘图组"会默认选择刚刚设置的"截面 1"的数据集），打开"二维绘图组"设置窗口，在"标签"文本框中输入"中心截面马氏体"。在"模型开发器"窗口的"结果"节点下，右击"中心截面马氏体"，选择"表面"。在"表面"设置窗口中，定位到"表达式"栏，在"表达式"文本框中输入"audc.phase5.xi"；定位到"着色和样式"栏，从"着色方式"列表中选择"渐变"，单击"绘制"按钮，生成的"中心截面马氏体"如图 3-79 所示。

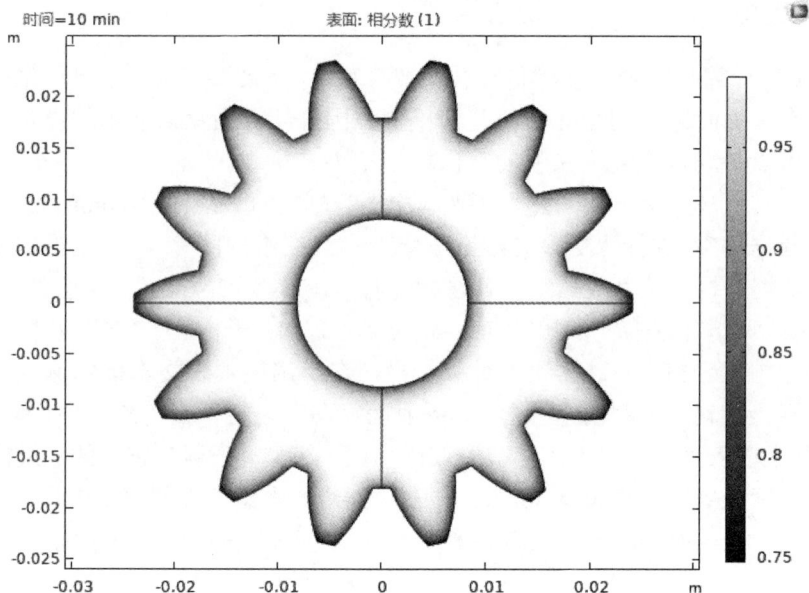

图 3-79　中心截面马氏体

（3）生成"中心线马氏体分布"。在"模型开发器"窗口的"组件 1(comp1)"→"结果"节点下，右击"数据集"，选择"三维截线"。在"三维截线"设置窗口中，定位到"数据"栏，从"数据集"列表中选择"淬火/解 2(sol2)"；定位到"线数据"栏，在"点 1"对应的"X""Y""Z"文本框中分别输入"0.0125""0.0082""0"，在"点 2"对应的"X""Y""Z"文本框中分别输入"0.0125""0.024""0"，单击"绘制"按钮，创建"三维截线"数据集，如图 3-80 所示。

在"结果"工具栏中单击"一维绘图组"，打开"一维绘图组"设置窗口，在"标签"文本框中输入"中心线马氏体分布"；定位到"数据"栏，从"数据集"列表中选择"三维截线 1"，从"时步(min)"列表中选择"内插"，在对应的文本框中输入"0 0.5 1 2 4 8 10"；定位到"图例"栏，从"布局"列表中选择"图轴区域外"，从"位置"列表中选择"底"，在"行数"文本框中输入"2"。在"模型开发器"窗口的"结果"节点下，右击"中心线马氏体分布"，选择"线结果"。

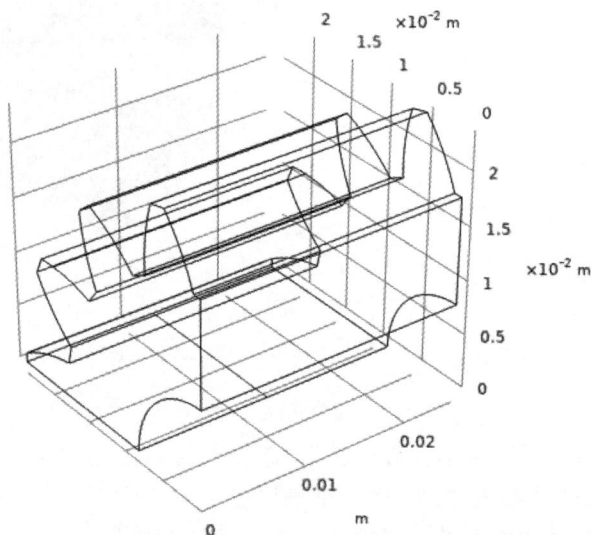

图 3-80　创建"三维截线"数据集

在"线结果"设置窗口中，定位到"y 轴数据"栏，在"表达式"文本框中输入"audc.phase5.xi"；定位到"着色和样式"栏，从"线"列表中选择"循环"，从"宽度"列表中选择"2"；定位到"图例"栏，勾选"显示图例"复选框，单击"绘制"按钮，生成"中心线马氏体分布"，如图 3-81 所示。

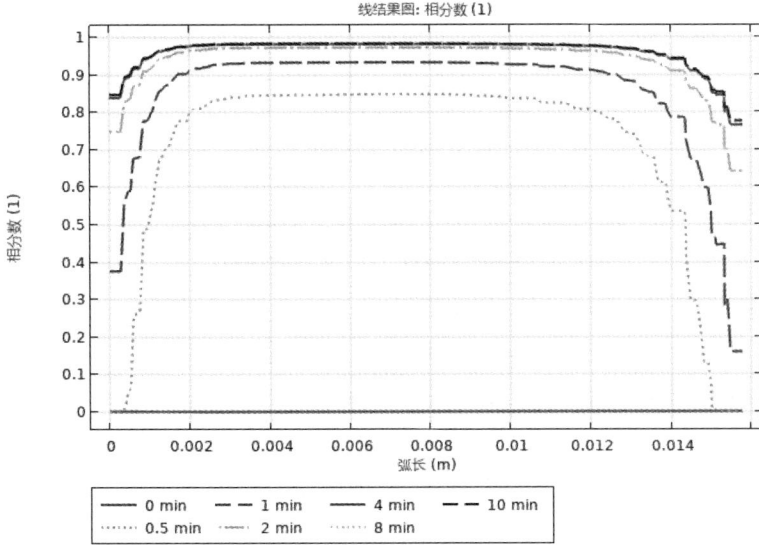

图 3-81　中心线马氏体分布

（4）生成"中心线温度分布"。在"结果"工具栏中单击"一维绘图组"，打开"一维绘图组"设置窗口，在"标签"文本框中输入"中心线温度分布"；定位到"数据"栏，从"数据集"列表中选择"三维截线 1"，从"时步(min)"列表中选择"内插"，在对应的文本框中输入"0 0.5 1 2 4 8 10"；定位到"图例"栏，从"布局"列表中选择"图轴区域外"，从"位置"列表中选择"底"，在"行数"文本框中输入"2"。在"模型开发器"窗口的"结果"节点下，右击"中心线温度分布"，选择"线结果"。在"线结果"设置窗口中，定位到"着色和样式"栏，从"线"列表中选择"循环"，从"宽度"列表中选择"2"；定位到"图例"栏，勾选"显示图例"复选框，单击"绘制"按钮，生成"中心线温度分布"，如图 3-82 所示。

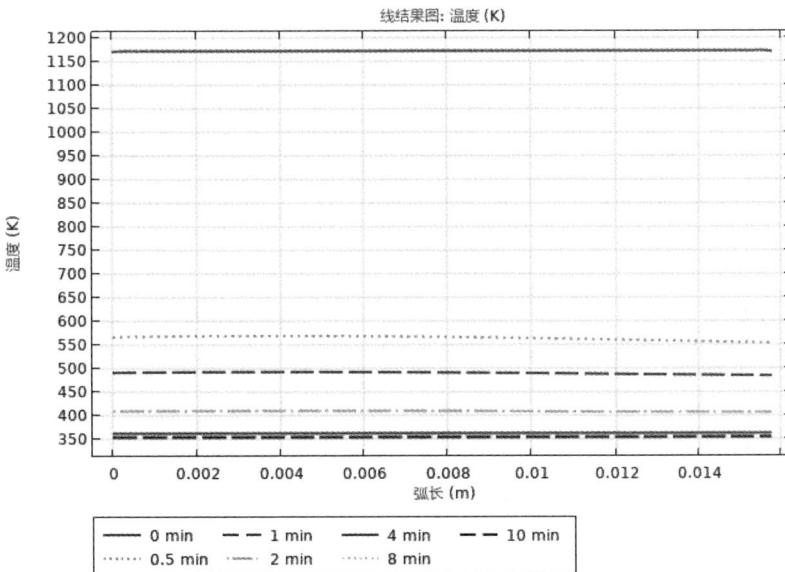

图 3-82　中心线温度分布

3.5　翅片的拓扑优化分析

本节通过一个具体案例来介绍翅片的拓扑优化的分析方法。

3.5.1　问题描述

蓄热装置是一种用于存储热能的设备，能够在热能供应充足时吸收并储存热量，并在需要时释放这些热量，以满足供暖、制冷或其他需求。快速蓄热能力在蓄热装置设计中至关重要，因为它直接影响到装置的响应速度和热能利用效率。一个具有快速蓄热特性的装置可以在短时间内存储大量热能，这使得它能够更好地适应热能供应的波动和不确定性。

本案例对一种圆柱形蓄热装置的翅片进行拓扑优化，以期加强其蓄热效率。其几何示意如图 3-83 所示（单位：mm）。其中，圆柱形蓄热装置的外径为 120 mm、内径为 60 mm，假设在内壁恒温 80 ℃、外壁恒温 25 ℃的工况下，对其翅片进行拓扑优化，拓扑优化的目标函数为温度最大化，翅片的材料为铜。

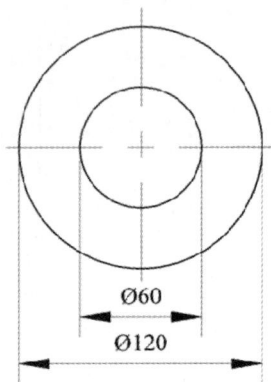

图 3-83　几何示意

3.5.2　建模思路及注意事项

本案例的模型涉及热传导和翅片的拓扑优化，可用 COMSOL 内置的固体传热接口和拓扑优化接口进行求解。由题意可知，本案例为二维稳态问题，由于几何存在对称性，为减少计算量，因此采用一半的二维几何进行仿真。

在 COMSOL 中利用的是变密度法来处理拓扑优化问题，本案例的模型采用 SIMP 插值类型，在 SIMP 插值中其密度变量 dtopo1.theta_p 默认的最小值为 0.001。在本案例的模型中，若 dtopo1.theta_p 等于 1，则认为材料是铜，导热系数为 400W/(m·K)；若 dtopo1.theta_p 等于 0.001，则认为材料是空域，导热系数为 0.4W/(m·K)。

3.5.3　具体计算

具体计算涉及模型向导、几何构建、添加材料、定义变量、边界条件设置、网格划分、计算求解、结果后处理等内容。

1．模型向导

打开 COMSOL 软件，单击"模型向导"，进入"选择空间维度"窗口；单击"二维"，进入"选择物理场"窗口；选择"传热"→"固体传热"，单击"添加"按钮；选择"数学"→"优化和灵敏度"→"拓扑优化"，单击"添加"按钮，在"添加的物理场接口"列表框中会出现已添加的物理场；单击"研究"按钮，进入"选择研究"窗口；选择"一般研究"→"稳态"，单击"完成"按钮，进入 COMSOL 建模界面。

2．几何构建

（1）在"模型开发器"窗口的"组件 1(comp1)"节点下，单击"几何 1"。在"几何"设置窗口中，定位到"单位"栏，从"长度单位"列表中选择"mm"。

（2）构建"圆 1"。在"几何"工具栏中单击"圆"，在"圆"设置窗口中，定位到"大小和形状"栏，在"半径"文本框中输入"60"，在"扇形角"文本框中输入"180"；定位到"旋转角度"栏，在"旋转"文本框中输入"-90"；单击"构建所有对象"按钮，如图 3-84 所示。

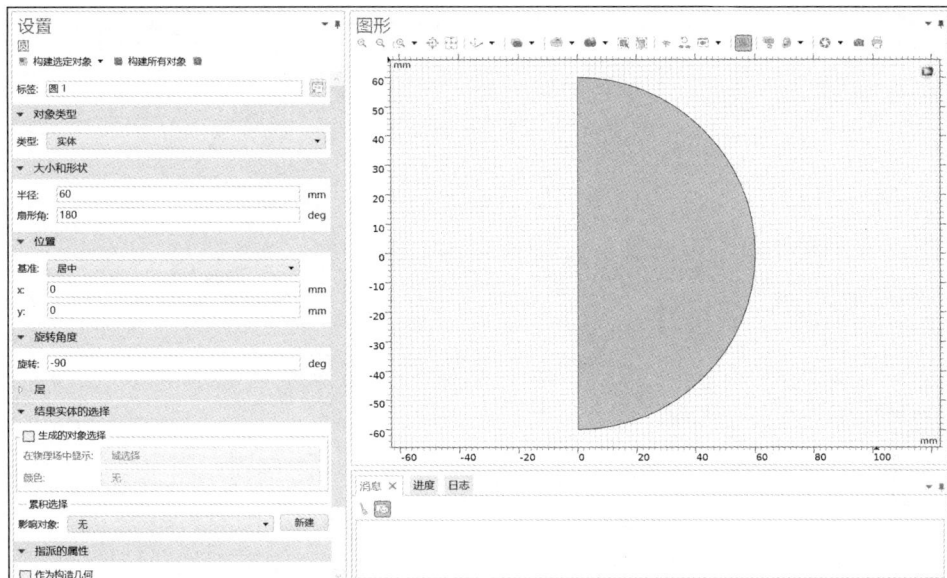

图 3-84　"圆 1"几何构建

（3）构建"圆 2"。在"几何"工具栏中单击"圆"，在"圆"设置窗口中，定位到"大小和形状"栏，在"半径"文本框中输入"30"，在"扇形角"文本框中输入"180"；定位到"旋转角度"栏，在"旋转"文本框中输入"-90"；单击"构建所有对象"按钮，如图 3-85 所示。

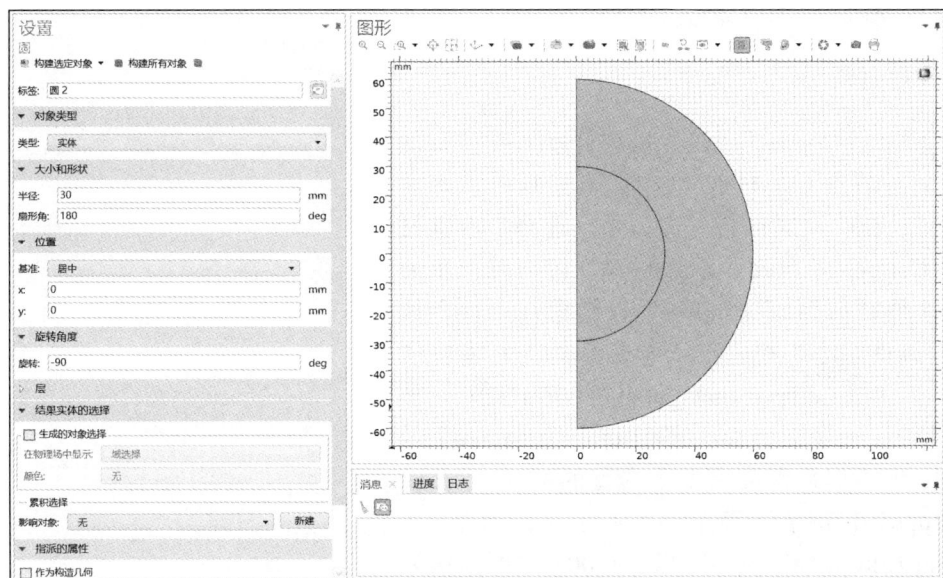

图 3-85　"圆 2"几何构建

（4）构建"差集 1"。在"几何"工具栏中，单击"布尔操作和分割"→"差集"，在"差集"设置窗口中，定位到"差集"栏，在"要添加的对象"选择框中，添加"c1"，在"要减去的对象"选择框中，添加"c2"，单击"构建所有对象"按钮，如图 3-86 所示。

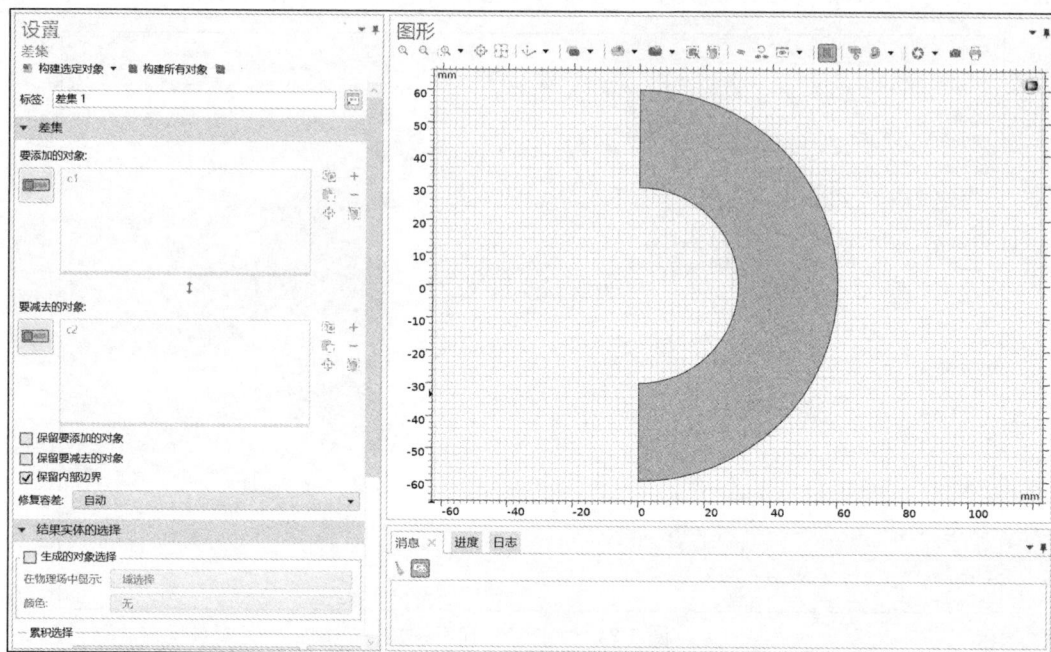

图 3-86　"差集 1"几何构建

（5）在"模型开发器"窗口中，单击"形成联合体 (fin)"，在"形成联合体/装配"设置窗口中，单击"全部构建"按钮。在"图形"窗口中单击"缩放到窗口大小"按钮⊞，即可完成几何构建。

3．添加材料

（1）添加"Copper"。在"模型开发器"窗口的"全局定义"节点下，右击"材料"，选择"从库中添加材料"。在"添加材料"窗口中，选择"内置材料"→"Copper"，单击"添加材料"窗口左上角的"添加到全局材料"。在"材料"设置窗口中，定位到"材料属性明细"栏，在"导热系数"文本框中输入"root.comp1.dtopo1.theta_p*400[W/(m*K)]"，如图 3-87 所示。注意，"root.comp1.dtopo1.theta_p"是 COMSOL 拓扑优化密度模型中内置的变量，"root.comp1.dtopo1.theta_p"等于 1 时可以认为是铜，"root.comp1.dtopo1.theta_p"等于 0.001 时可以认为是空域。

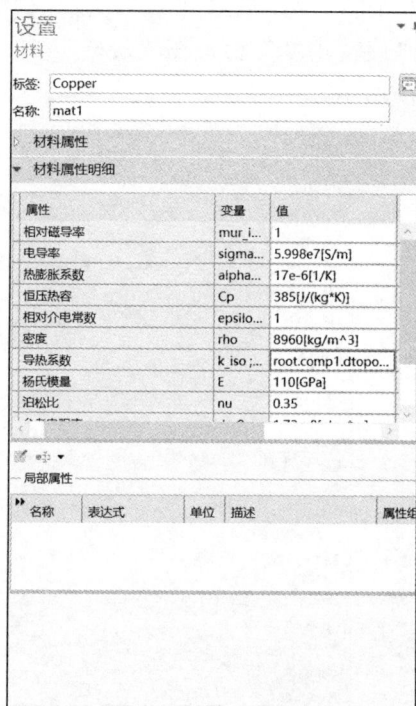

图 3-87　添加"Copper"

（2）添加"拓扑链接1"。在"模型开发器"窗口的"组件1(comp1)"节点下，右击"材料"，选择"更多材料"→"拓扑链接"。在"拓扑链接"设置窗口中，定位到"链接设置"栏，从"拓扑源"列表中选择"密度模型1(dtopo1)"，如图3-88所示。

4．定义变量

（1）添加"平均值1"。在"模型开发器"窗口的"组件1(comp1)"节点下，右击"定义"，选择"非局部耦合"→"平均值"。在"平均值"设置窗口中，定位到"源选择"栏，选择"域"1，如图3-89所示。

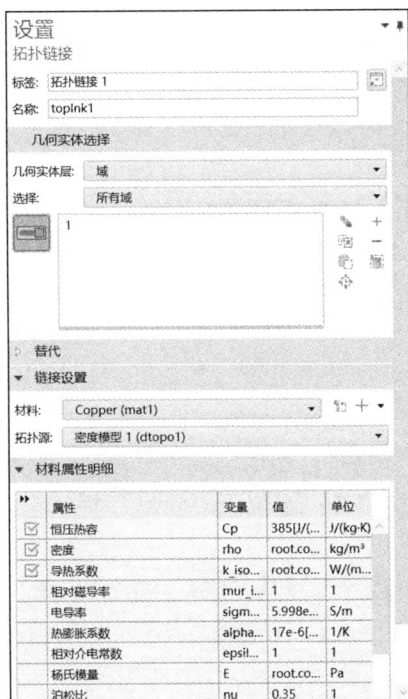

图3-88 添加"拓扑链接1"

图3-89 添加"平均值 1"

（2）定义变量。在"模型开发器"窗口的"组件1(comp1)"节点下，右击"定义"，选择"变量"。在"变量"设置窗口中，定位到"变量"栏，按图3-90所示定义变量（Ta，表达式为 aveop1(T)）。

5．边界条件设置

1）拓扑优化

在"模型开发器"窗口的"组件1 (comp1)"→"拓扑优化"节点下，单击"密度模型1(dtopo1)"。在"密度模型"设置窗口中，定位到"过滤"栏，从"R_{min}"列表中选择"用户定义"，在相应的文本框中输入"1[mm]*2"；定位到"投影"栏，从"投影类型"列表中选择"双曲正切投影"，在"β"文本框中输入"16"，如图3-91所示。注意，1 mm 为网格划分的最大尺寸，通过控制过滤半径为最大网格尺寸的2倍来控制拓扑优化结构的特征尺寸大小。

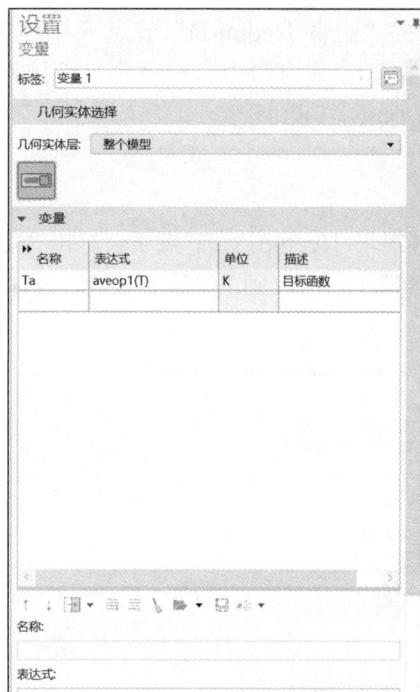

图 3-90　定义变量

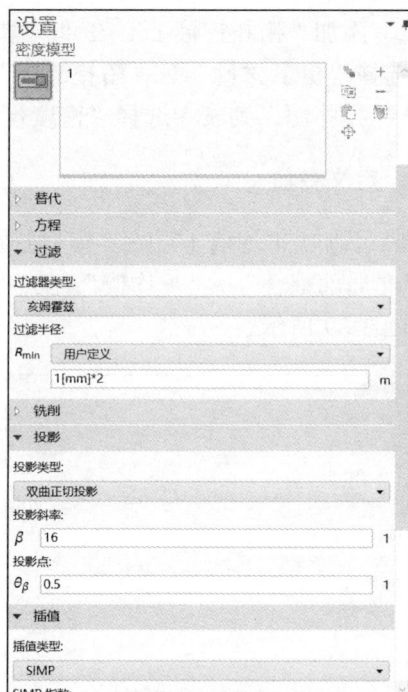

图 3-91　设置"密度模型 1(dtopo1)"

2）"固体传热(ht)"边界条件设置

（1）设置"温度 1"。在"物理场"工具栏中单击"边界"，然后选择"温度"。在"温度"设置窗口中，定位到"边界选择"栏，选择边界 4 和边界 5；定位到"温度"栏，在"T_0"文本框中输入"80[degC]"，如图 3-92 所示。

（2）设置"温度 2"。在"物理场"工具栏中单击"边界"，然后选择"温度"。在"温度"设置窗口中，定位到"边界选择"栏，选择边界 3 和边界 6；定位到"温度"栏，在"T_0"文本框中输入"25[degC]"，如图 3-93 所示。

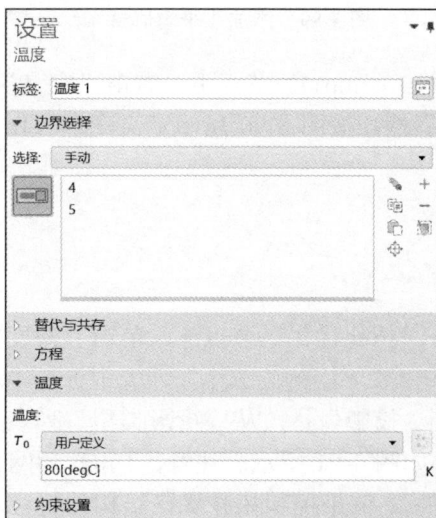

图 3-92　设置"温度 1"

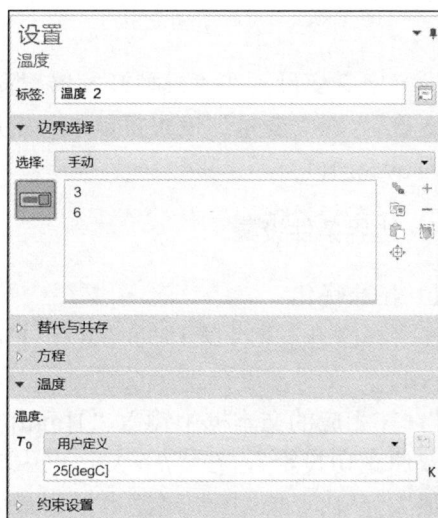

图 3-93　设置"温度 2"

（3）设置"对称 1"。在"物理场"工具栏中单击"边界"，然后选择"对称"。在"对称"设置窗口中，定位到"边界选择"栏，选择边界 1 和边界 2，如图 3-94 所示。

6．网格划分

（1）添加"映射 1"。在"模型开发器"窗口的"组件 1 (comp1)"节点下，右击"网格1"，选择"映射"，其设置窗口如图 3-95 所示。

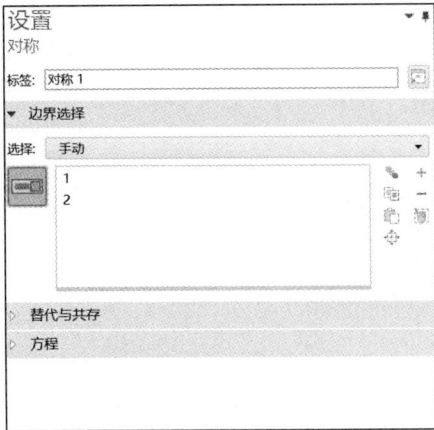

图 3-94　设置"对称 1"　　　　图 3-95　添加"映射 1"

（2）设置"大小"。在"模型开发器"窗口的"组件 1 (comp1)"→"网格 1"节点下，单击"大小"。在"大小"设置窗口中，定位到"单元大小参数"栏，在"最大单元大小"文本框中输入"1"，单击"全部构建"按钮，网格划分完成，如图 3-96 所示。

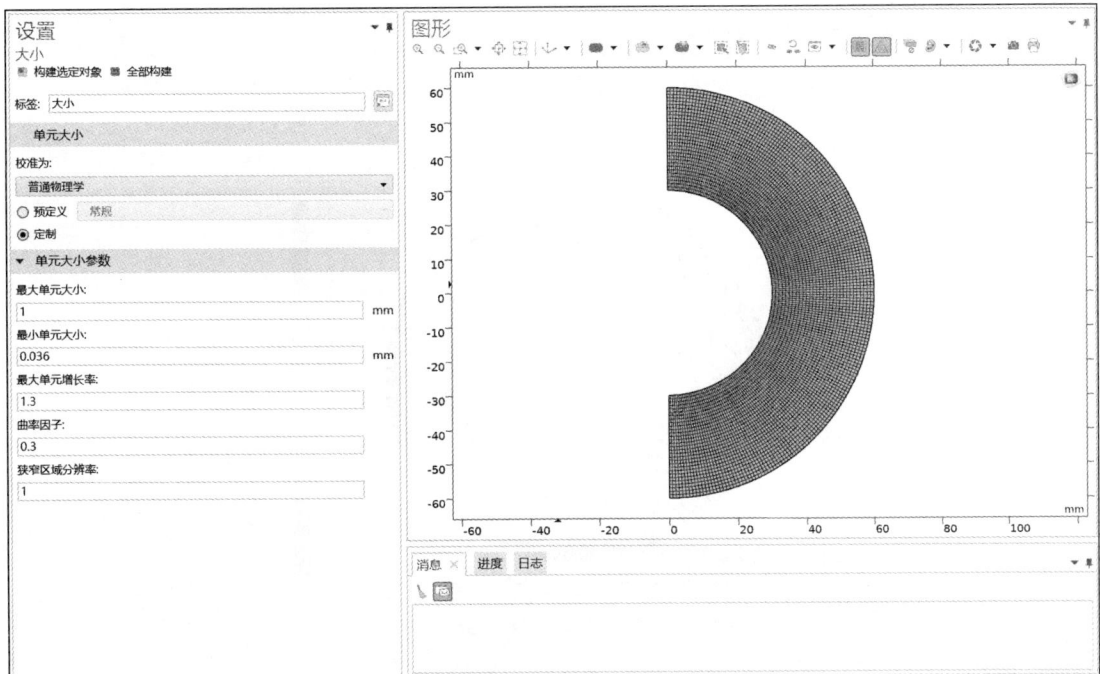

图 3-96　网格划分

7. 计算

在"模型开发器"窗口的"组件 1 (comp1)"节点下，右击"研究 1"，选择"优化"→"拓扑优化"。在"拓扑优化"设置窗口中，定位到"优化求解器"栏，在"优化容差"文本框中输入"1e-9"；定位到"目标函数"栏，在"表达式"文本框中输入"comp1.Ta"，从"类型"列表中选择"最大化"；定位到"约束"栏，在"表达式"文本框中输入"comp1.dtopo1.theta_avg"，在"上界"文本框中输入"0.1"，如图 3-97 所示。单击"计算"按钮，等待计算完成。

注意，"优化容差"设置为 1e-9，目的是让拓扑优化求解器能迭代足够的次数；"comp1.dtopo1.theta_avg"是COMSOL 拓扑优化密度模型中的内置变量，表示材料体积分数。

8. 结果后处理

当 COMSOL 计算完成时，"温度(ht)""拓扑优化"

图 3-97　添加"拓扑优化"

等结果会在"模型开发器"窗口的"结果"节点下自动生成。如需其他后处理结果，则需用户手动生成。

（1）调整"输出材料体积因子"。在"模型开发器"窗口的"组件 1(comp1)"→"结果"节点下，右击"数据集"，选择"更多二维数据集"→"二维镜像"。在"模型开发器"窗口的"组件 1(comp1)"→"结果"→"拓扑优化"节点下，单击"输出材料体积因子"，在"二维绘图组"设置窗口中，定位到"数据"栏，从"数据集"列表中选择"二维镜像 1"，单击"绘制"按钮，即可看到完整几何的"输出材料体积因子"，如图 3-98 所示。

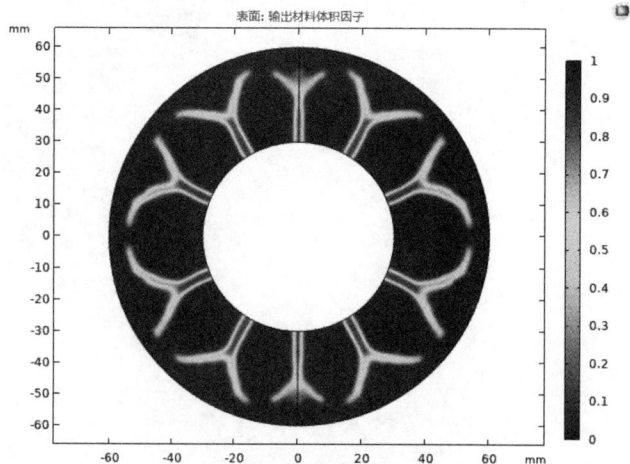

图 3-98　调整"输出材料体积因子"

（2）调整"阈值"。在"模型开发器"窗口的"组件 1(comp1)"→"结果"节点下，右

击"数据集",选择"更多二维数据集"→"二维镜像"。在"二维镜像"设置窗口中,定位到"数据"栏,从"数据集"列表中选择"过滤器"。在"模型开发器"窗口的"组件1(comp1)"→"结果"→"拓扑优化"节点下,单击"阈值",在"二维绘图组"设置窗口中,定位到"数据"栏,从"数据集"列表中选择"二维镜像2"。在"模型开发器"窗口的"组件1(comp1)"→"结果"→"拓扑优化"节点下,右击"阈值",选择"线"。在"线"设置窗口中,定位到"数据"栏,从"数据集"列表中选择"二维镜像1";定位到"表达式"栏,在"表达式"文本框中输入"1";定位到"着色和样式"栏,从"着色方式"列表中选择"均匀",从"颜色"列表中选择"黑色"。在"模型开发器"窗口的"组件1(comp1)"→"结果"→"拓扑优化"→"阈值"节点下,右击"线1",单击"选择"。在"选择"设置窗口中,定位到"选择"栏,选择边界3~6,单击"绘制"按钮,即可从图3-99看到完整几何的"阈值"。

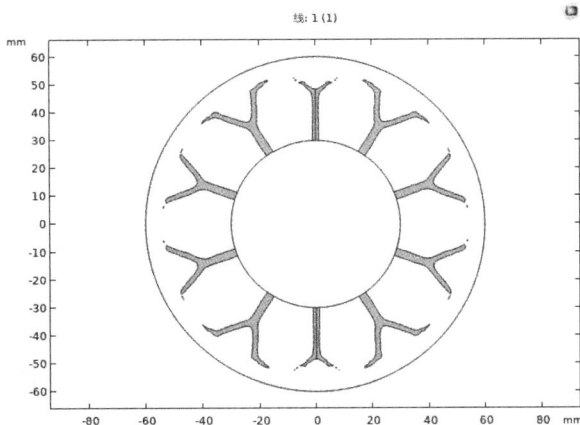

图 3-99 调整"阈值"

(3)生成"目标"折线图(注意,可以利用拓扑优化求解器生成的"目标 探针表1"来生成折线图)。在"结果"工具栏中单击"一维绘图组",打开"一维绘图组"设置窗口,在"标签"文本框中输入"目标"。在"模型开发器"窗口的"结果"节点下,右击"目标",选择"表图",单击"绘制"按钮,生成"目标"折线图,如图3-100所示。

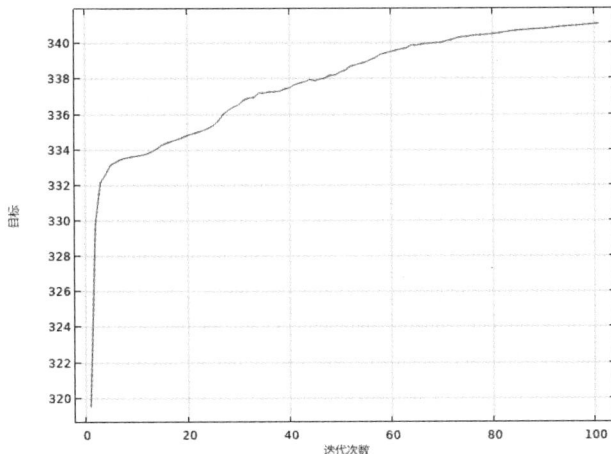

图 3-100 "目标"折线图

第4章 耦合传热分析

工程实践的传热分析是多种传热行为融合在一起，故需要进行耦合传热分析，如热流耦合、热固耦合等。COMSOL 系统的优势在于多物理场直接耦合，进行耦合传热分析相对容易，但要特别注意物理场的设置、解法的选择等问题。本章主要介绍热流耦合问题的分析案例。

4.1 热水壶加热过程分析

本节通过一个具体案例来介绍如何分析热水壶加热过程。

4.1.1 问题描述

热水壶通过内置的电热元件将电能转换为热能，当用户倒入水并启动热水壶后，热能迅速传递给热水壶内的水，使其温度上升直至沸腾。同时，热水壶通常配备有温控开关，当水温达到设定的沸点时，开关会自动切断电源，防止热水壶干烧。

在本案例中，会对某型号热水壶的加热过程进行分析。其中心截面几何示意如图 4-1 所示，热水壶总体尺寸为 198 mm（底部直径）×153 mm（上部直径）×218 mm（高度）。在工作时，热水壶底部产生 2000W 的热量，热水壶四周和底部与 293.15 K 的环境进行自然对流换热，其中四周的对流换热系数均为 5W/（m²·K），底部的对流换热系数为 0.5 W/（m²·K）。

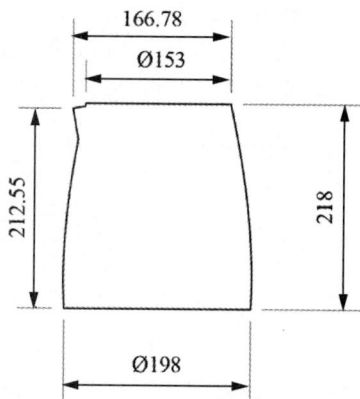

图 4-1　几何示意（单位：mm）

4.1.2 建模思路及注意事项

热水壶加热过程是一个典型的多物理场耦合的过程，涉及电热转换、热量传递、气液相变。本案例着重关注热水壶将水从室温加热到 100 ℃的过程，提取其中典型的物理特征进行分析，忽略气液相变，主要考虑热传导以及对流换热，用 COMSOL 内置的共轭传热接口进行求解，其中流体的流动用弱可压缩的 k-ε 湍流接口进行求解，热量的传递用固体和流体传热接口进行求解。

4.1.3　具体计算

具体计算涉及模型向导、几何构建、定义变量、添加材料、边界条件设置、网格划分、计算求解、结果后处理等内容。

1．模型向导

打开 COMSOL 软件，单击"模型向导"，进入"选择空间维度"窗口；单击"二维"，进入"选择物理场"窗口；选择"传热"→"共轭传热"→"湍流"→"湍流，k-ε"，单击"添加"按钮，在"添加的物理场接口"中会出现已添加的物理场；单击"研究"按钮，进入"选择研究"窗口；选择"一般研究"→"瞬态"，单击"完成"按钮，进入 COMSOL 建模界面。

2．几何构建

（1）导入几何模型。在"模型开发器"窗口的"组件 1(comp1)"节点下，右击"几何 1"，选择"导入"。在"导入"设置窗口中，定位到"导入"栏，单击"浏览"按钮，找到需要导入的几何模型"案例 4.1/热水壶几何模型二维.mphbin"，单击"构建所有对象"按钮，如图 4-2 所示。

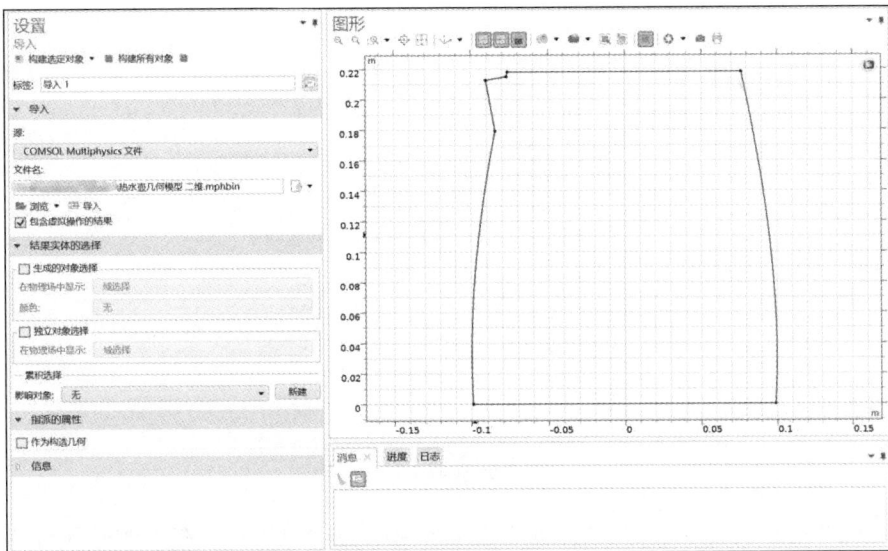

图 4-2　导入几何模型

（2）构建"多边形 1"。在"几何"工具栏中单击"多边形"，在"多边形"设置窗口中，定位到"坐标"栏，按图 4-3 所示输入坐标（−0.1,0.17）和（0.11,0.17），单击"构建所有对象"按钮。

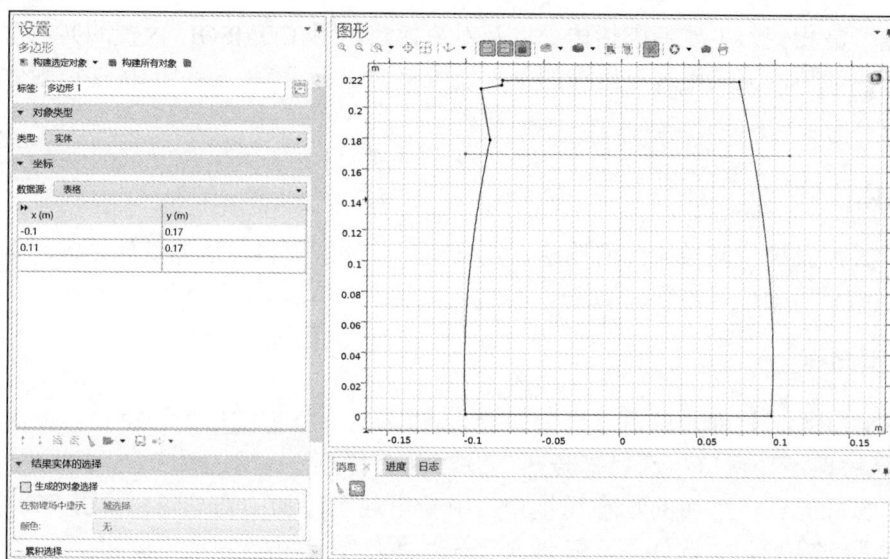

图 4-3　"多边形 1"几何构建

（3）构建"分割域 1"。在"几何"工具栏中，单击"布尔操作和分割"→"分割域"。在"分割域"设置窗口中，定位到"分割域"栏，选择域 inp1 和域 1，从"分割方式"列表中选择"边"，选择边 pol1 和边 1，单击"构建所有对象"按钮，如图 4-4 所示。

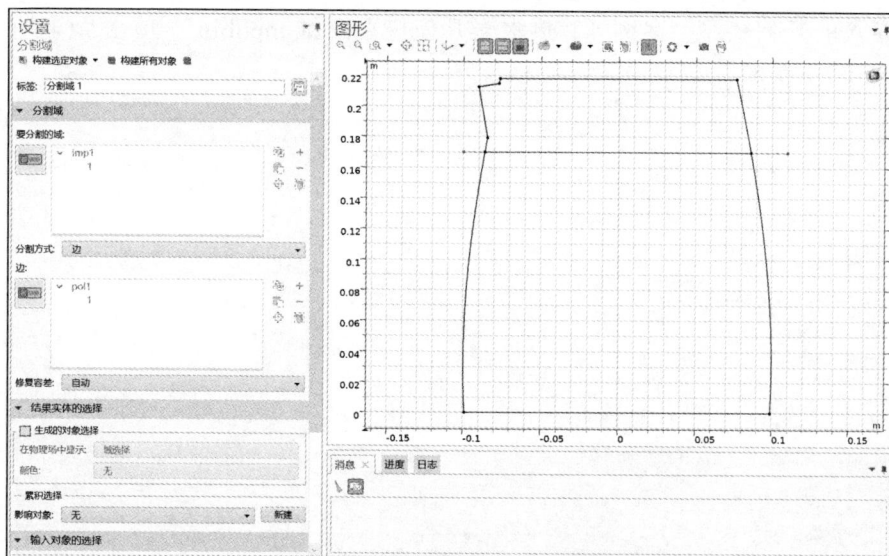

图 4-4　"分割域 1"几何构建

（4）构建"删除实体 1"。在"几何"工具栏中单击"删除"，在"删除实体"设置窗口中，定位到"要删除的实体或对象"栏，选择域 pol1 和域 1，单击"构建所有对象"按钮，如图 4-5 所示。

（5）在"模型开发器"窗口中，单击"形成联合体 (fin)"，在"形成联合体/装配"设置窗口中，单击"全部构建"按钮。在"图形"窗口中单击"缩放到窗口大小"按钮，几何构建完毕。

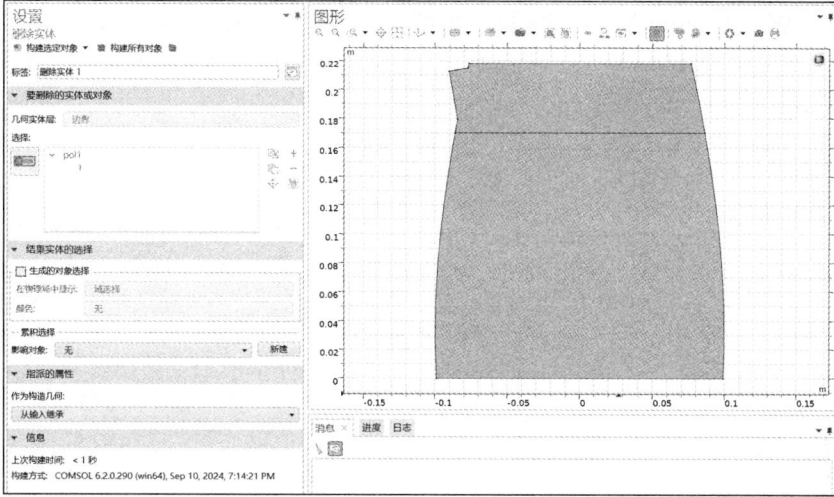

图 4-5 "删除实体 1"几何构建

3．定义变量

（1）定义"平均值 1"。在"模型开发器"窗口的"组件 1(comp1)"节点下，右击"定义"，选择"非局部耦合"→"平均值"。在"平均值"设置窗口中，定位到"源选择"栏，选择域 2，按图 4-6 所示输入参数。

（2）定义"变量 1"。在"模型开发器"窗口的"组件 1(comp1)"节点下，右击"定义"，选择"变量"。在"变量"设置窗口中，定位到"变量"栏，按图 4-7 所示定义变量（Ta=aveop1(T)）。

图 4-6 定义"平均值 1"

图 4-7 定义"变量 1"

4．添加材料

（1）添加"Air"。在"模型开发器"窗口的"组件 1(comp1)"节点下，右击"材料"，选择"从库中添加材料"。在"添加材料"窗口中找到"Air"，双击进行添加。在"材料"设置窗口中，定位到"几何实体选择"栏，选择域 1，如图 4-8 所示。

（2）添加"Water, liquid"。在"模型开发器"窗口的"组件 1(comp1)"节点下，右击"材料"，选择"从库中添加材料"。在"添加材料"窗口中找到"Water, liquid"，双击进行添加。在"材料"设置窗口中，定位到"几何实体选择"栏，选择域 2，如图 4-9 所示。

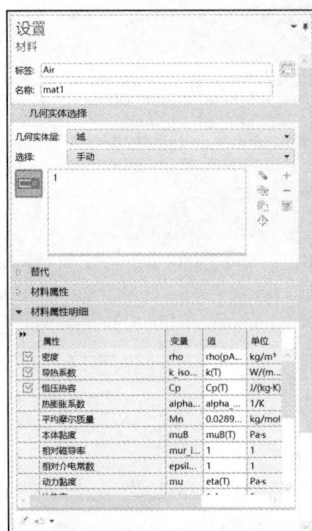

图 4-8　添加"Air"

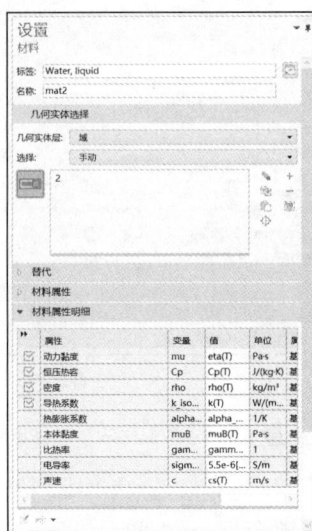

图 4-9　添加"Water, liquid"

5．边界条件设置

1）"固体和流体传热(ht)"边界条件设置

（1）设置"固体和流体传热(ht)"。在"模型开发器"窗口的"组件 1(comp1)"节点下，单击"固体和流体传热(ht)"。在"固体和流体传热"设置窗口中，定位到"物理模型"栏，在"d_z"文本框中输入"198[mm]"，如图 4-10 所示。

（2）设置"流体 1"。在"模型开发器"窗口的"组件 1(comp1)"→"固体和流体传热(ht)"节点下，单击"流体 1"。在"流体"设置窗口中，定位到"域选择"栏，选择域 2，如图 4-11 所示。

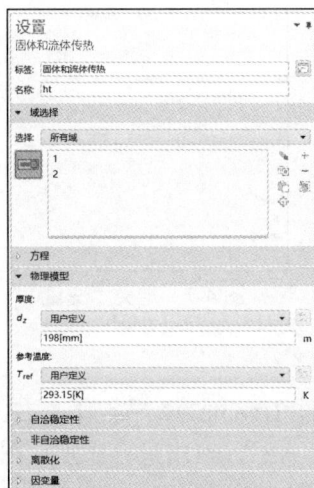

图 4-10　设置"固体和流体传热(ht)"

图 4-11　设置"流体 1"

（3）设置"边界热源 1"。在"物理场"工具栏中单击"边界"，然后选择"边界热源"。在"边界热源"设置窗口中，定位到"边界选择"栏，选择边界 3；定位到"边界热源"栏，从"热源"列表中选择"热耗率"，在"P_b"文本框中输入"2000"，如图 4-12 所示。

（4）设置"热通量 1"。在"物理场"工具栏中单击"边界"，然后选择"热通量"。在"热通量"设置窗口中，定位到"边界选择"栏，选择边界 2～10；定位到"热通量"栏，从"通量类型"列表中选择"对流热通量"，在"h"文本框中输入"5"，如图 4-13 所示。

图 4-12　设置"边界热源 1"

图 4-13　设置"热通量 1"

（5）设置"热通量 2"。在"物理场"工具栏中单击"边界"，然后选择"热通量"。在"热通量"设置窗口中，定位到"边界选择"栏，选择边界 3；定位到"热通量"栏，从"通量类型"列表中选择"对流热通量"，在"h"文本框中输入"0.5"，如图 4-14 所示。

2）"湍流，k-ε(spf)"边界条件设置

（1）设置"湍流，k-ε(spf)"。在"模型开发器"窗口的"组件 1(comp1)"节点下，单击"湍流，k-ε(spf)"。在"湍流，k-ε"设置窗口中，定位到"域选择"栏，选择域 2；定位到"物理模型"栏，勾选"包含重力"复选框，如图 4-15 所示。

（2）设置"壁 2"。在"模型开发器"窗口的"组件 1(comp1)"节点下，单击"层流(spf)"，在"物理场"工具栏中单击"边界"，然后选择"壁"。在"壁"设置窗口中，定位到"边界选择"栏，选择边界 1；定位到"边界条件"栏，从"壁条件"列表中选择"滑移"，如图 4-16 所示。注意，这里之所以将壁面设置成"滑移"，是为了更好地考虑液体自由表面的情况。

（3）设置"压力点约束 1"。在"物理场"工具栏中单击"点"，然后选择"压力点约束"。在"压力点约束"设置窗口中，定位到"点选择"栏，选择点 8，如图 4-17 所示。注意，压力点约束能帮助密封的流体更好地收敛，选择流体域内的任一点即可。

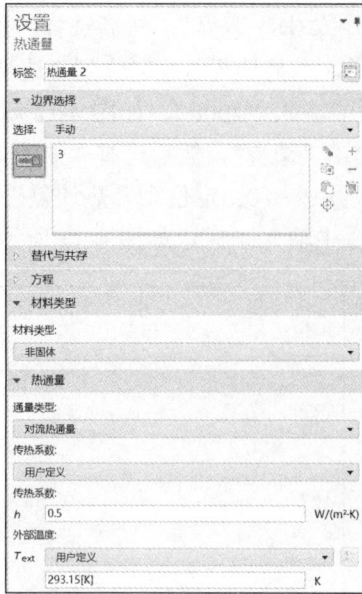

图 4-14　设置"热通量 2"

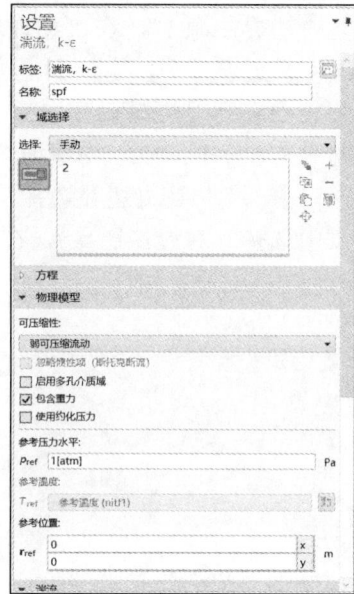

图 4-15　设置"湍流，k-ε(spf)"

图 4-16　设置"壁 2"

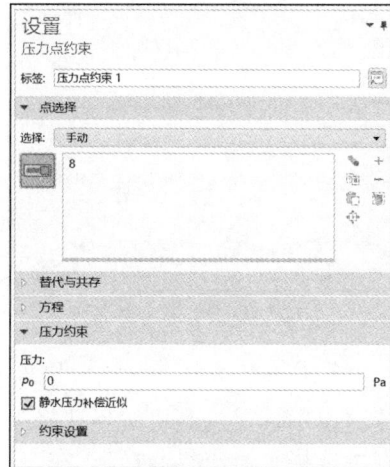

图 4-17　设置"压力点约束 1"

6．网格划分

在"模型开发器"窗口的"组件 1(comp1)"节点下，单击"网格 1"。在"网格"设置窗口中，定位到"物理场控制网格"栏，从"单元大小"列表中选择"更细"，单击"全部构建"按钮，网格划分完成，如图 4-18 所示。

在"模型开发器"窗口的"组件 1(comp1)"节点下，右击"网格 1"，选择"统计信息"，显示已划分网格的相关信息，如图 4-19 所示。

7．计算

（1）设置"步骤 1：瞬态"。在"模型开发器"窗口的"组件 1 (comp1)"→"研究 1"节点下，单击"步骤 1：瞬态"。在"瞬态"设置窗口中，定位到"研究设置"栏，从"时间单位"列表中选择"min",在"输出时步"文本框中输入"range(0,0.1,100)",如图 4-20 所示。

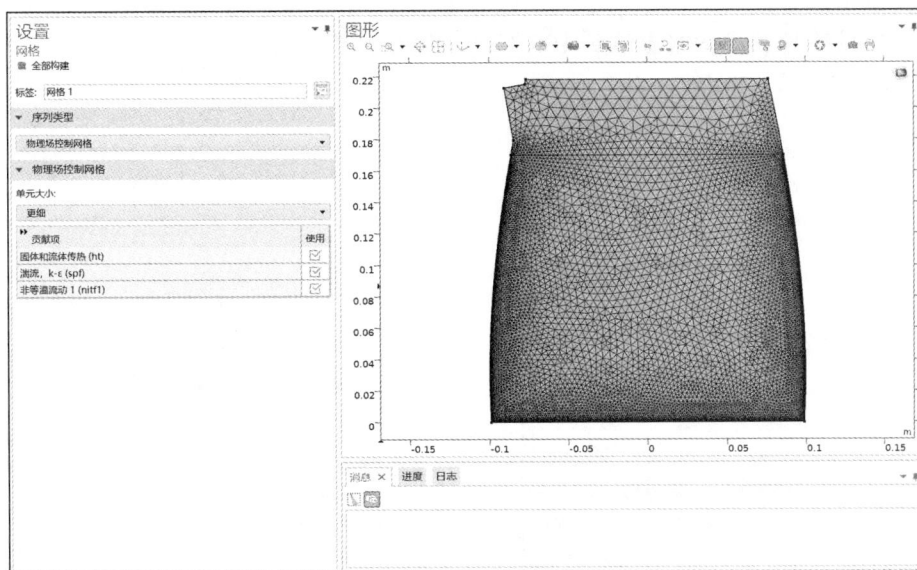

图 4-18 网格划分

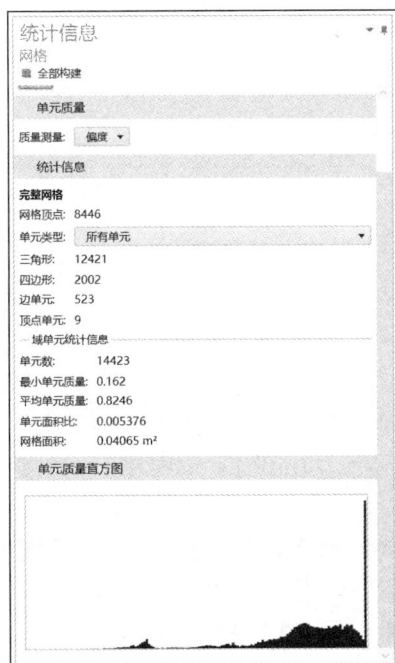

图 4-19 网格相关信息

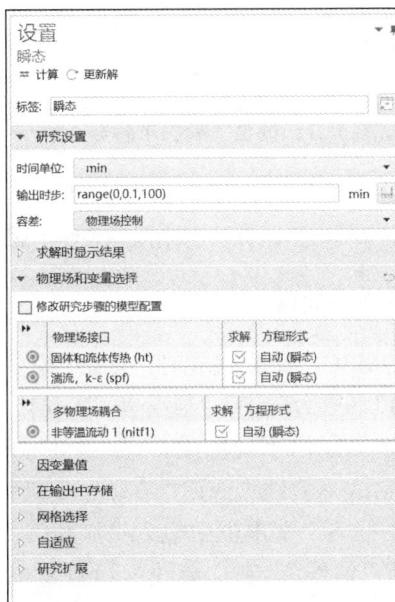

图 4-20 设置"步骤 1:瞬态"

（2）调整"瞬态求解器 1"。在"模型开发器"窗口的"组件 1(comp1)"→"研究 1"→"求解器配置"→"解 1(sol1)"节点下,单击"瞬态求解器 1"。在"瞬态求解器"设置窗口中,定位到"时间步进"栏,勾选"初始步长"复选框,如图 4-21 所示。注意,勾选"初始步长"复选框是为了控制求解器的初始步长,提高模型的收敛性。

（3）添加"停止条件 1"。在"模型开发器"窗口的"组件 1(comp1)"→"研究 1"→"求解器配置"→"解 1(sol1)"节点下，右击"瞬态求解器 1"，选择"停止条件"。在"停止条件"设置窗口中，定位到"停止表达式"栏，单击"＋"，按图 4-22 所示进行设置。注意，添加停止条件目的是让平均水温达到 100 ℃时就停止计算。

<table>
<tr><td>图 4-21　调整"瞬态求解器 1"</td><td>图 4-22　添加"停止条件 1"</td></tr>
</table>

（4）在"模型开发器"窗口的"组件 1(comp1)"节点下，单击"研究 1"。在"研究"设置窗口中，单击"计算"按钮，等待计算完成。

8．结果后处理

当 COMSOL 计算完成时，会在"模型开发器"窗口的"结果"节点下自动生成"温度(ht)" "速度(spf)""压力(spf)""壁分辨率(spf)""温度和流体流动(nitf1)"5 组结果，如需其他后处理结果，则需用户手动生成。

（1）生成"流线"。在"结果"工具栏中单击"二维绘图组"，打开"二维绘图组"设置窗口，在"标签"文本框中输入"流线"。在"模型开发器"窗口的"结果"节点下，右击"流线"，选择"流线"。在"流线"设置窗口中，定位到"表达式"栏，在"x 分量"文本框中输入"u"，在"y 分量"文本框中输入"v"；定位到"流线定位"栏，从"定位"列表中选择"均匀密度"，在"间隔距离"文本框中输入"0.02"；定位到"着色和样式"栏，从点样式的"类型"列表中选择"箭头"。

在"模型开发器"窗口的"结果"→"流线"节点下，右击"流线 1"，选择"颜色表达式"。在"颜色表达式"设置窗口中，定位到"表达式"栏，在"表达式"文本框中输入"spf.U"，单击"绘制"按钮，生成"流线"，如图 4-23 所示。从"流线"结果中可以看到，热水壶内发生了自然对流，形成了两个涡旋。

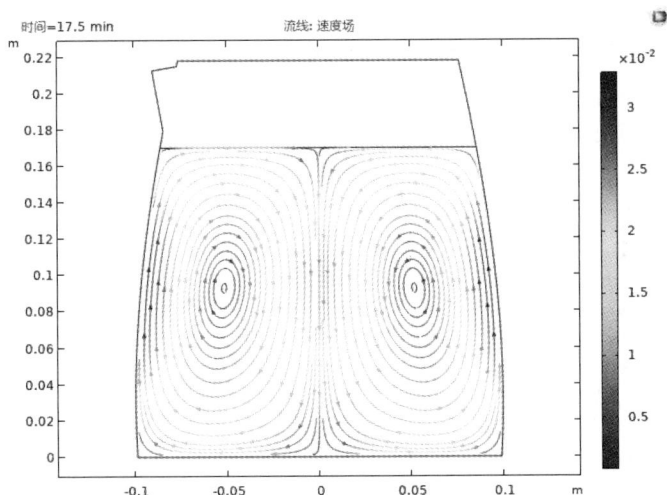

图 4-23 流线

（2）生成"温度等值线"。在"结果"工具栏中单击"二维绘图组"，打开"二维绘图组"设置窗口，在"标签"文本框中输入"温度等值线"。在"模型开发器"窗口的"结果"节点下，右击"温度等值线"，选择"等值线"。在"等值线"设置窗口中，定位到"水平"栏，从"定义方法"列表中选择"水平"，在"水平"文本框中输入"range(370,0.5,374) range(375,5,395)"；定位到"着色和样式"栏，从"等值线类型"列表中选择"管"，单击"更改颜色表"，选择"HeatCameraLight"；单击"绘制"按钮，生成"温度等值线"，如图 4-24 所示。

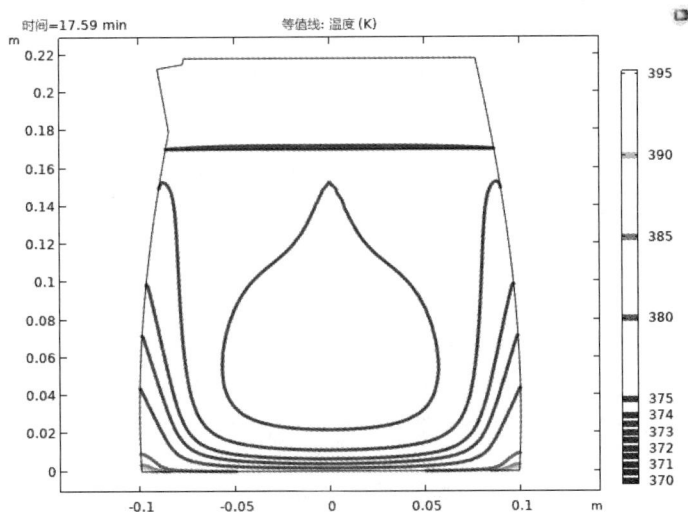

图 4-24 温度等值线

（3）生成"中心线温度分布"。在"模型开发器"窗口的"组件 1(comp1)"→"结果"节点下，右击"数据集"，选择"二维截线"。在"二维截线"设置窗口中，定位到"线数据"栏，在"点 2"对应的"X""Y"文本框中分别输入"0""0.17"，单击"绘制"按钮，创建"二维截线"数据集，如图 4-25 所示。

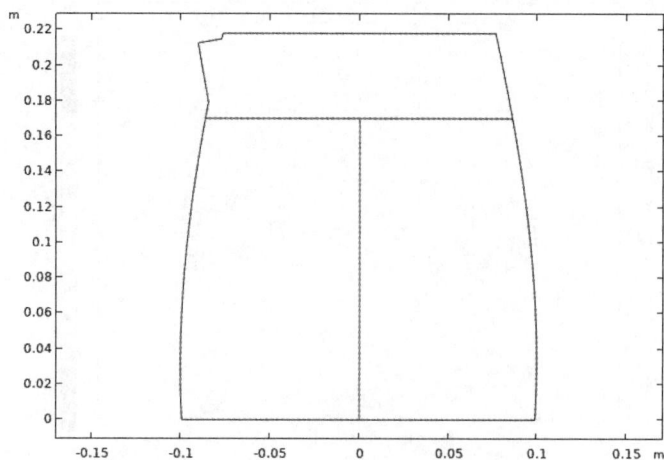

图 4-25　创建"二维截线"数据集

在"结果"工具栏中单击"一维绘图组",打开"一维绘图组"设置窗口,在"标签"文本框中输入"中心线温度分布",定位到"数据"栏,从"数据集"列表中选择"二维截线 1",从"时步(min)"列表中选择"内插",在对应的文本框中输入"range(0.5,3,17.5)";定位到"图例"栏,从"布局"列表中选择"图轴区域外",从"位置"列表中选择"底"。在"模型开发器"窗口的"结果"节点下,右击"中心线温度分布",选择"线结果"。在"线结果"设置窗口中,定位到"着色和样式"栏,从"线"列表中选择"循环",从"宽度"列表中选择"2";定位到"图例"栏,勾选"显示图例"复选框;单击"绘制"按钮,生成"中心线温度分布",如图 4-26 所示。

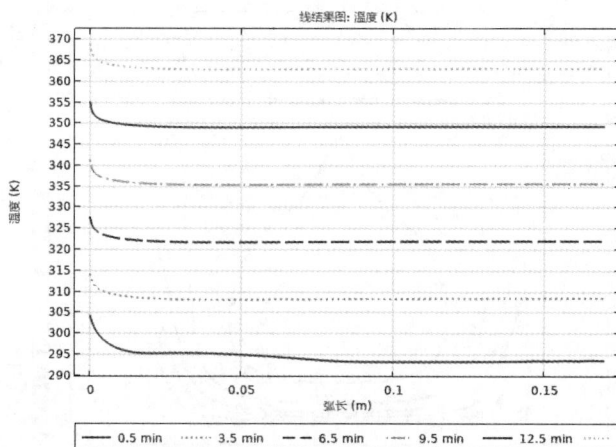

图 4-26　中心线温度分布

4.2　纳米流体在微通道内的流动传热特性分析

本节通过一个具体案例来介绍如何分析纳米流体在微通道内的流动传热特性。

4.2.1 问题描述

纳米流体传热是一种利用纳米尺度颗粒（如金属或非金属氧化物）悬浮在传统热载体流体中，以增强其热传导和对流性能的技术。这种新型热传递介质因其独特的热物理性质，如较高的导热系数和改善的对流换热特性，在太阳能集热器、热交换器、微电子冷却等领域显示出巨大的应用潜力。研究表明，纳米流体的传热能力较传统流体有显著提升，这主要归功于纳米颗粒的添加，它们在流体中产生额外的热传导路径和微尺度对流，从而有效提高了传热效率。

本案例对简化的二维的微通道内流动的纳米流体传热特性进行分析。如图 4-27 所示，其中微通道长 10 mm、高 0.2 mm，基板高 0.1 mm，底部有 $1\times10^5\,\mathrm{W/m^2}$ 的热源，纳米流体入口速度为 1 m/s，入口温度为 293.15 K。微通道的基体材料为二氧化硅，纳米流体由水和三氧化二铝混合而成，浓度为 0.05，物性参数如表 4-1 所示。

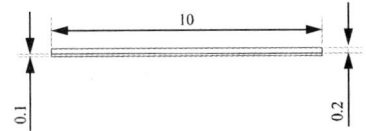

图 4-27　几何示意

表 4-1 物性参数表(参考文献[34])

材料	$\mu/[\mathrm{kg}/(\mathrm{m}\cdot\mathrm{s})]$	$k/[\mathrm{W}/(\mathrm{m}\cdot\mathrm{K})]$	$\rho/(\mathrm{kg}/\mathrm{m}^3)$	$C_p/[\mathrm{J}/(\mathrm{kg}\cdot\mathrm{K})]$
去离子水	$0.11157-9.51523\times10^{-4}T$ $+2.7249\times10^{-6}T^2-$ $2.61107\times10^{-9}T^3$	$-0.51402+0.00532\times10^{-4}T$ $-3.35719\times10^{-6}T^2-$ $6.23349\times10^{-9}T^3$	$150.99277+7.54409T$ $-0.02122T^2+$ $1.82226\times10^{-5}T^3$	$10608.87995+55.7362T$ $+0.15919T^2+$ $1.49398\times10^{-4}T^3$
二氧化硅	—	130	2329	700

4.2.2 建模思路及注意事项

纳米流体是基液和纳米颗粒的混合物，其物性参数由基液的物性参数、纳米颗粒的物性参数以及纳米颗粒的浓度共同决定，可由参考文献[34]中的混合物物性参数公式来进行计算。

$$\rho_{\mathrm{nf}}=\varphi\rho_{\mathrm{p}}+\left(1-\varphi\right)\rho_{\mathrm{f}} \tag{4.1}$$

$$\frac{k_{\mathrm{nf}}}{k_{\mathrm{f}}}=\frac{k_{\mathrm{p}}+2k_{\mathrm{f}}-2\varphi\left(k_{\mathrm{f}}-k_{\mathrm{p}}\right)}{k_{\mathrm{p}}+2k_{\mathrm{f}}+\varphi\left(k_{\mathrm{f}}-k_{\mathrm{p}}\right)} \tag{4.2}$$

$$\rho_{\mathrm{nf}}c_{\mathrm{nf}}=\left(1-\varphi\right)\left(\rho_{\mathrm{f}}c_{\mathrm{f}}\right)+\varphi\rho_{\mathrm{p}}c_{\mathrm{p}} \tag{4.3}$$

$$\mu_{\mathrm{nf}}=\frac{\mu_{\mathrm{f}}}{\left(1-\varphi\right)^{2.5}} \tag{4.4}$$

其中，ρ 表示密度，k 表示导热系数，c 表示比热容，μ 表示黏度，φ 表示纳米流体中纳米颗粒的体积分数，下标 nf、p 和 f 分别表示纳米流体、纳米颗粒、基液。

微通道内流动的纳米流体传热涉及流体传热和固体传热，可用 COMSOL 内置的共轭传热模块进行求解。其中流体的流动用不可压缩的层流模块进行求解，热量的传递用固体和流体传热模块进行求解。

4.2.3　具体计算

具体计算涉及模型向导、几何构建、边界条件设置、网格划分、计算求解、结果后处理等内容。

1. 模型向导

打开 COMSOL 软件，单击"模型向导"，进入"选择空间维度"窗口；单击"二维"，进入"选择物理场"窗口；选择"传热"→"共轭传热"→"层流"，单击"添加"按钮，在"添加的物理场接口"列表框中会出现已添加的物理场；单击"研究"按钮，进入"选择研究"窗口；选择"一般研究"→"稳态"，单击"完成"按钮，进入 COMSOL 建模界面。

2. 参数与变量导入

（1）导入参数。在"模型开发器"窗口的"全局定义"节点下，单击"参数 1"。在"参数"设置窗口中，定位到"参数"栏，单击"从文件中加载"按钮，找到所需的"案例 4.2/参数.txt"进行导入，如图 4-28 所示。

（2）导入变量。在"模型开发器"窗口的"组件 1(comp1)"节点下，右击"定义"，选择"变量"。在"变量"设置窗口中，定位到"变量"栏，单击"从文件中加载"按钮，找到所需的"案例 4.2/变量.txt"进行导入，如图 4-29 所示。

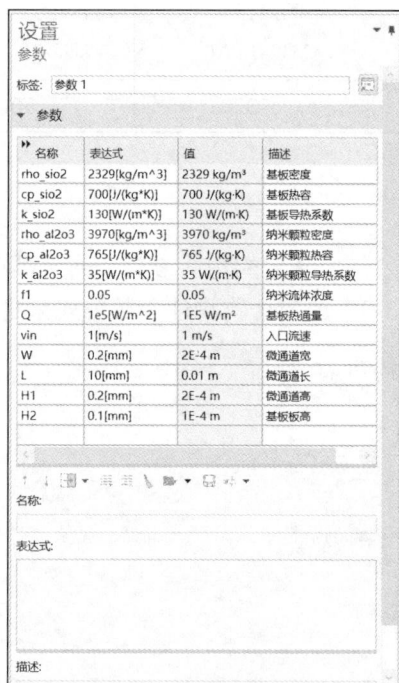

图 4-28　导入参数　　　　图 4-29　导入变量

3. 几何构建

在"模型开发器"窗口的"组件 1(comp1)"节点下，单击"几何 1"。在"几何"设置窗口中，定位到"单位"栏，从"长度单位"列表中选择"mm"。

在"几何"工具栏中单击"矩形"，在"矩形"设置窗口中，定位到"大小和形状"栏，在"宽度"文本框中输入"L"，在"高度"文本框中输入"H1+H2"；定位到"层"栏，在"层1"文本框中输入"H2"；单击"构建所有对象"按钮，如图4-30所示。

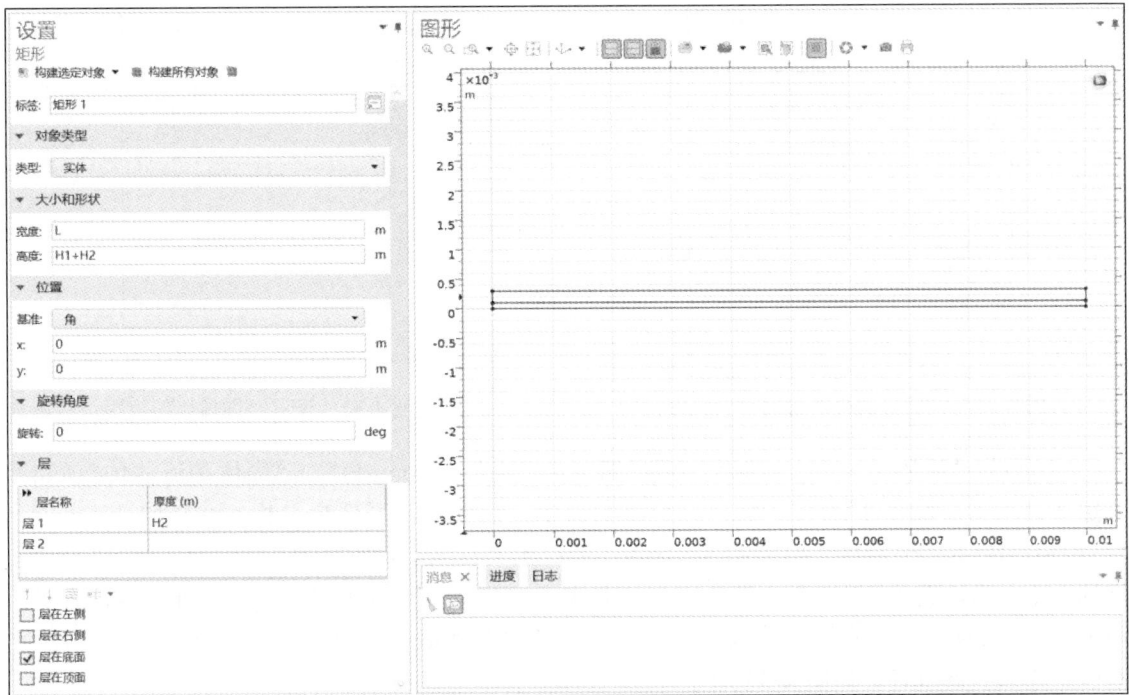

图4-30 构建"矩形1"

在"模型开发器"窗口中，单击"形成联合体(fin)"，在"形成联合体/装配"设置窗口中，单击"全部构建"按钮。在"图形"窗口中单击"缩放到窗口大小"按钮⊞，几何构建完毕。

4. 边界条件设置

1）"固体和流体传热(ht)"边界条件设置

（1）设置"固体和流体传热(ht)"。在"模型开发器"窗口的"组件1(comp1)"节点下，单击"固体和流体传热(ht)"。在"固体和流体传热"设置窗口中，定位到"物理模型"栏，在"d_z"文本框中输入"W"，如图4-31所示。注意，此处的"d_z"指垂直于电脑屏幕方向的厚度。

（2）设置"固体1"。在"模型开发器"窗口的"组件1(comp1)"→"固体和流体传热(ht)"节点下，单击"固体1"。在"固体"设置窗口中，定位到"热传导，固体"栏，从"k"列表中选择"用户定义"，在对应的文本框中输入"k_sio2"；定位到"热力学，固体"栏，从"ρ"列表中选择"用户定义"，在对应的文本框中输入"rho_sio2"，从"C_p"列表中选择"用户定义"，在对应的文本框中输入"cp_sio2"，如图4-32所示。

图 4-31　设置"固体和流体传热(ht)"

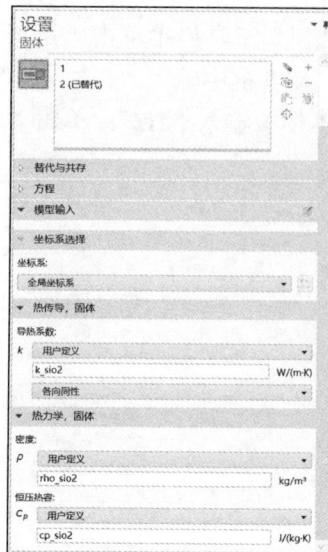

图 4-32　设置"固体 1"

（3）设置"流体 1"。在"模型开发器"窗口的"组件 1(comp1)"→"固体和流体传热（ht）"节点下，单击"流体 1"。在"流体"设置窗口中，定位到"域选择"栏，选择域 2；定位到"热传导，流体"栏，从"k"列表中选择"用户定义"，在对应的文本框中输入"k_nf"；定位到"热力学，流体"栏，从"流体类型"列表中选择"气体/液体"，从"ρ"列表中选择"用户定义"，在对应的文本框中输入"rho_nf"，从"C_p"列表中选择"用户定义"，在对应的文本框中输入"cp_nf"，如图 4-33 所示。

（4）设置"流入 1"。在"物理场"工具栏中单击"边界"，然后选择"流入"。在"流入"设置窗口中，定位到"边界选择"栏，选择边界 3，如图 4-34 所示。

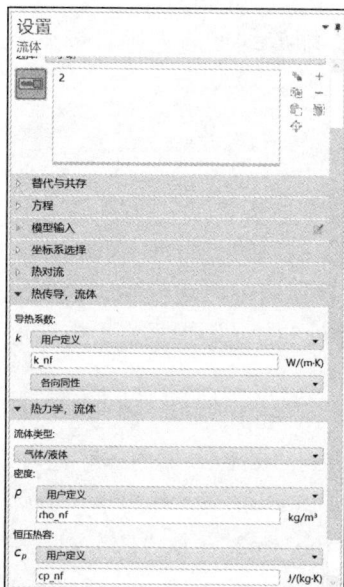

图 4-33　设置"流体 1"

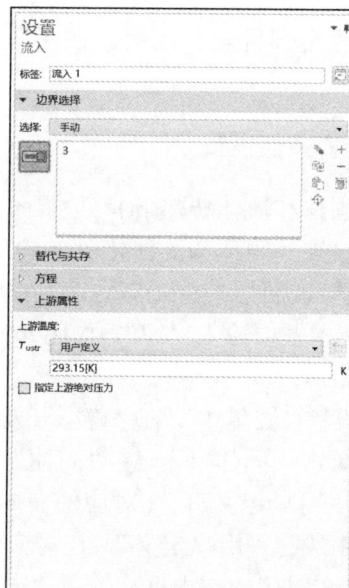

图 4-34　设置"流入 1"

（5）设置"流出 1"。在"物理场"工具栏中单击"边界"，然后选择"流出"。在"流出"设置窗口中，定位到"边界选择"栏，选择边界 7，如图 4-35 所示。

（6）设置"热通量 1"。在"物理场"工具栏中单击"边界"，然后选择"热通量"。在"热通量"设置窗口中，定位到"边界选择"栏，选择边界 2；定位到"热通量"栏，在"q_0"文本框中输入"Q"，如图 4-36 所示。

图 4-35　设置"流出 1"

图 4-36　设置"热通量 1"

2）"层流(spf)"边界条件设置

（1）设置"层流(spf)"。在"模型开发器"窗口的"组件 1(comp1)"节点下，单击"层流(spf)"。在"层流"设置窗口中，定位到"域选择"栏，选择域 2；定位到"物理模型"栏，从"可压缩性"列表中选择"不可压缩流动"，如图 4-37 所示。

（2）设置"流体属性 1"。在"模型开发器"窗口的"组件 1(comp1)"→"层流(spf)"节点下，单击"流体属性 1"。在"流体属性"设置窗口中，定位到"流体属性"栏，从"μ"列表中选择"用户定义"，在对应的文本框中输入"mu_nf"，如图 4-38 所示。

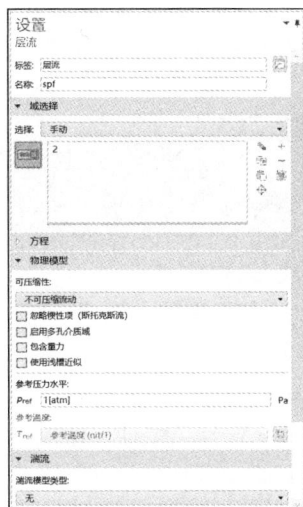

图 4-37　设置"层流（spf）"

图 4-38　设置"流体属性 1"

（3）设置"入口 1"。在"物理场"工具栏中单击"边界"，然后选择"入口"。在"入口"设置窗口中，定位到"边界选择"栏，选择边界 3；定位到"速度"栏，在"U_0"文本框中输入"vin"，如图 4-39 所示。

（4）设置"出口 1"。在"物理场"工具栏中单击"边界"，然后选择"出口"。在"出口"设置窗口中，定位到"边界选择"栏，选择边界 7，如图 4-40 所示。

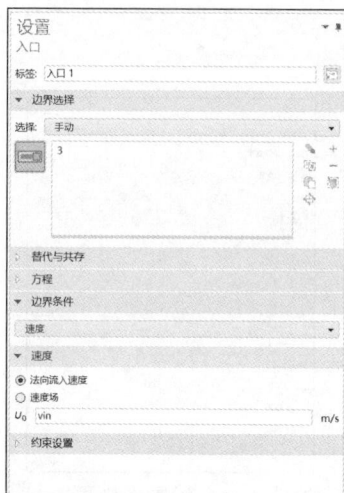

图 4-39 设置"入口 1"

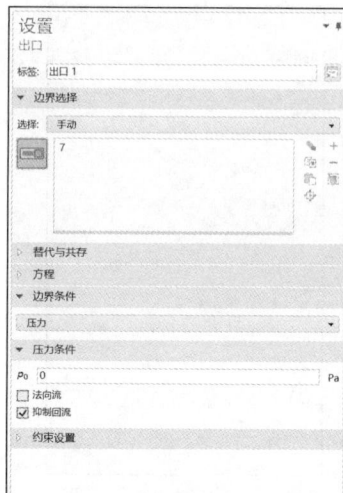

图 4-40 设置"出口 1"

5．网格划分

在"模型开发器"窗口的"组件 1(comp1)"节点下，单击"网格 1"。在"网格"设置窗口中，单击"全部构建"按钮，网格划分完成，如图 4-41 所示。

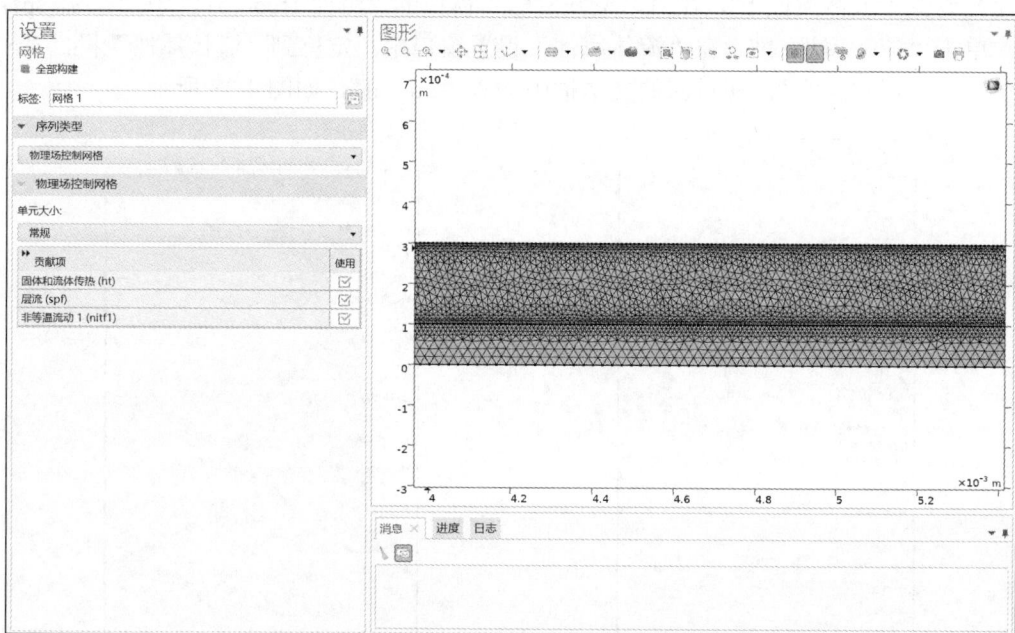

图 4-41 网格划分

在"模型开发器"窗口的"组件 1(comp1)"节点下，右击
"网格 1"，选择"统计信息"，显示已划分网格的相关信息，如
图 4-42 所示。

6．计算

在"模型开发器"窗口的"组件 1(comp1)"→"研究 1"
节点下，单击"步骤 1：稳态"。在"稳态"设置窗口中，单击
"计算"按钮，等待计算完成。

7．结果后处理

当 COMSOL 计算完成时，会在"模型开发器"窗口的"结
果"节点下自动生成"温度(ht)""速度(spf)""压力(spf)""温
度和流体流动(nitf1)"4 组结果，如需其他后处理结果，则需用
户手动生成。图 4-43 所示为 COMSOL 自动生成的"温度和流
体流动(nitf1)"。

图 4-42　网格相关信息

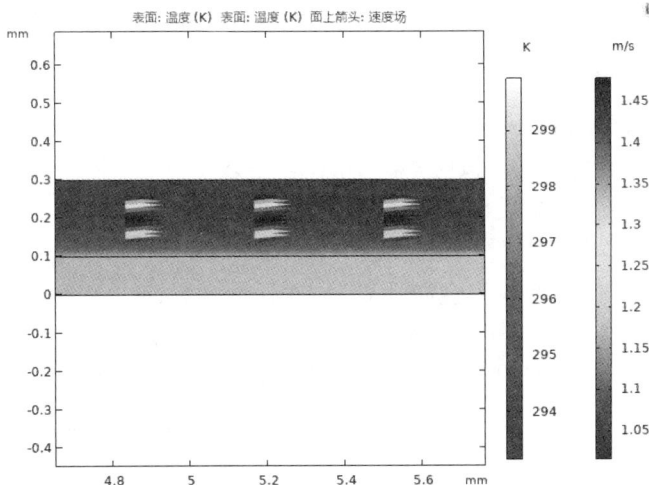

图 4-43　温度和流体流动(nitf1)

（1）计算"全局换热系数"。在"模型开发器"窗口的"组件 1(comp1)"节点下，右击
"定义"，选择"非局部耦合"→"平均值"。在"平均值"设置窗口中，定位到"源选择"栏，
选择域 2。在"模型开发器"窗口的"组件 1(comp1)"节点下，右击"定义"，选择"非局部
耦合"→"平均值"。在"平均值"设置窗口中，定位到"源选择"栏，从"几何实体层"
列表中选择"边界"，选择边界 4。在"模型开发器"窗口的"组件 1(comp1)"节点下，右
击"定义"，选择"变量"。在"变量"设置窗口中，定位到"变量"栏，按图 4-44 所示定
义变量 2（htc = Q/(aveop2(T)−aveop1(T))）。

在"模型开发器"窗口的"组件 1(comp1)"节点下，右击"研究 1"，选择"更新解"。
（注意，计算完成之后设置的变量，需要"更新解"才能被 COMSOL 识别。）在"结果"工
具栏中单击"计算组"，在"模型开发器"窗口的"结果"节点下，右击"计算组 1"，选择
"全局计算"，打开"全局计算"设置窗口，在"标签"文本框中输入"全局换热系数"；定位

到"表达式"栏，按图 4-45 所示设置表达式。单击"计算"按钮，在"信息"窗口生成计算结果，如图 4-46 所示。

图 4-44　定义"变量 2"

图 4-45　设置表达式

（2）计算"全局努塞尔数"。在"模型开发器"窗口的"组件 1(comp1)"→"定义"节点下，单击"变量 2"。在"变量"设置窗口中，定位到"变量"栏，按图 4-47 所示定义变量。

在"模型开发器"窗口的"组件 1(comp1)"节点下，右击"研究 1"，选择"更新解"。在"模型开发器"窗口的"结果"节点下，右击"计算组 1"，选择"全局计算"，打开"全局计

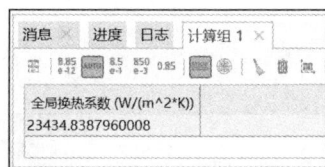

图 4-46　全局换热系数

算"设置窗口，在"标签"文本框中输入"全局努塞尔数"；定位到"表达式"栏，按图 4-48 所示设置表达式。单击"计算"按钮，在"信息"窗口生成计算结果，如图 4-49 所示。

图 4-47　定义"变量 2"

图 4-48　设置表达式

（3）生成"中心线温度分布"。在"模型开发器"窗口的"组件 1(comp1)"→"结果"
节点下，右击"数据集"，选择"二维截线"。在"二维
截线"设置窗口中，定位到"线数据"栏，在"点 1"
对应的"X""Y"文本框中分别输入"0""0.2"，在
"点 2"对应的"X""Y"文本框中分别输入"10""0.2"，
单击"绘制"按钮，创建"二维截线"数据集，如图 4-50
所示。

消息	进度	日志	计算组 1 ×
全局换热系数 (W/(m^2*K))		全局努塞尔数 (1)	
23434.8387960008		7.79269838599700	

图 4-49 全局努塞尔数

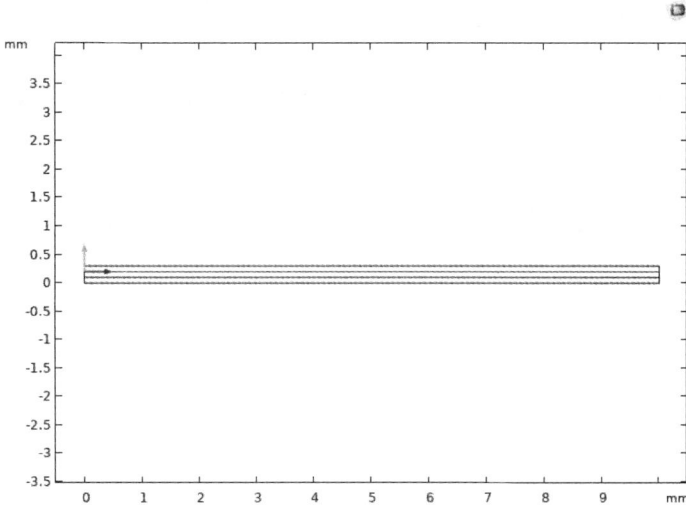

图 4-50 创建"二维截线"数据集

在"结果"工具栏中单击"一维绘图组"，打开"一维绘图组"设置窗口，在"标签"文
本框中输入"中心线温度分布"；定位到"数据"栏，从"数据集"列表中选择"二维截线 1"。
在"模型开发器"窗口的"结果"节点下，右击"中心线温度分布"，选择"线结果"。在"线
结果"设置窗口中，单击"绘制"按钮，生成"中心线温度分布"，如图 4-51 所示。

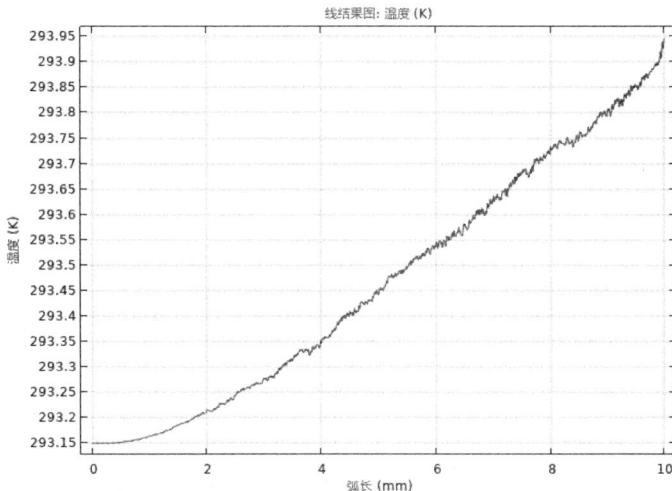

图 4-51 中心线温度分布

4.3　机房内的传热分析

本节通过一个具体案例来介绍如何分析机房内的传热。

4.3.1　问题描述

机房内的传热分析涉及对设备在运行过程中产生的热量如何在机房内分布、传递和耗散的研究。分析的目的是确保机房内的温度维持在适宜的范围内，以保障设备的正常运行和延长其使用寿命，同时优化空调和冷却系统的效率，降低能耗和运营成本。

本节对机房内的热量传递过程进行分析，机房空间与设备布置如图 4-52 所示，机房尺寸为 13 m（长）× 7 m（宽）× 5 m（高），机房内有 6 台正在运行的设备，满载工况下 6 台设备的发热功率共为 700W，设备房上端左侧为冷气入口，右侧为冷气出口，尺寸均为 0.5 m（长）× 0.5 m（长）的矩形，已知冷气入口的温度为 25 ℃、风速为 3 m/s。

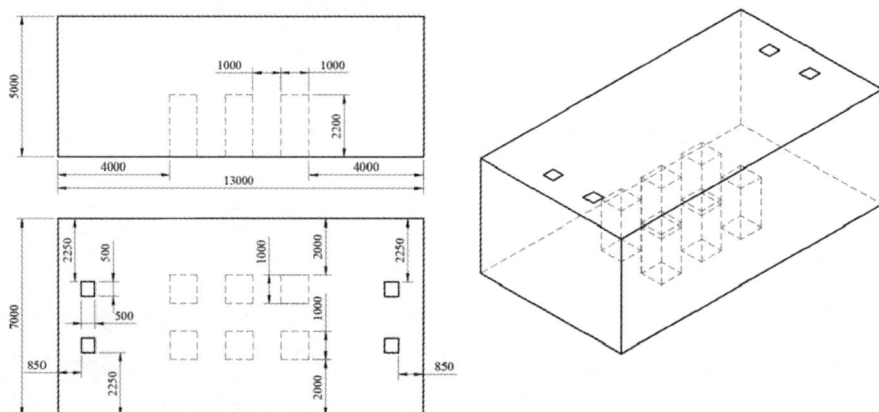

图 4-52　几何示意

4.3.2　建模思路及注意事项

本案例涉及流体传热和固体传热，可用 COMSOL 内置的共轭传热接口进行求解。入口处雷诺数约为 $1.5×10^6$，所以流体的流动用弱可压缩的 k-ε 湍流接口进行求解，热量的传递则用固体和流体传热接口进行求解。因为设备与机房为对称结构，为了减小计算量，所以取 1/2 的几何模型进行仿真。

4.3.3　具体计算

具体计算涉及模型向导、几何构建、添加材料、边界条件设置、网格划分、计算求解、结果后处理等内容。

1．模型向导

打开 COMSOL 软件，单击"模型向导"，进入"选择空间维度"窗口；单击"三维"，进入"选择物理场"窗口；选择"传热"→"共轭传热"→"湍流"→"湍流，k-ε"，单击"添加"按钮，在"添加的物理场接口"列表框中会出现已添加的物理场；单击"研究"按钮，进入"选择研究"窗口；选择"一般研究"→"稳态"，单击"完成"按钮，进入 COMSOL 建模界面。

2．几何构建

本案例的模型直接通过插入已有模型的序列进行几何构建。

在"模型开发器"窗口的"组件 1(comp1)"节点下，右击"几何 1"，选择"插入序列"，找到需要插入的几何序列"案例 4.3/机房内的传热分析 0.mph"，进行序列插入，如图 4-53 所示。

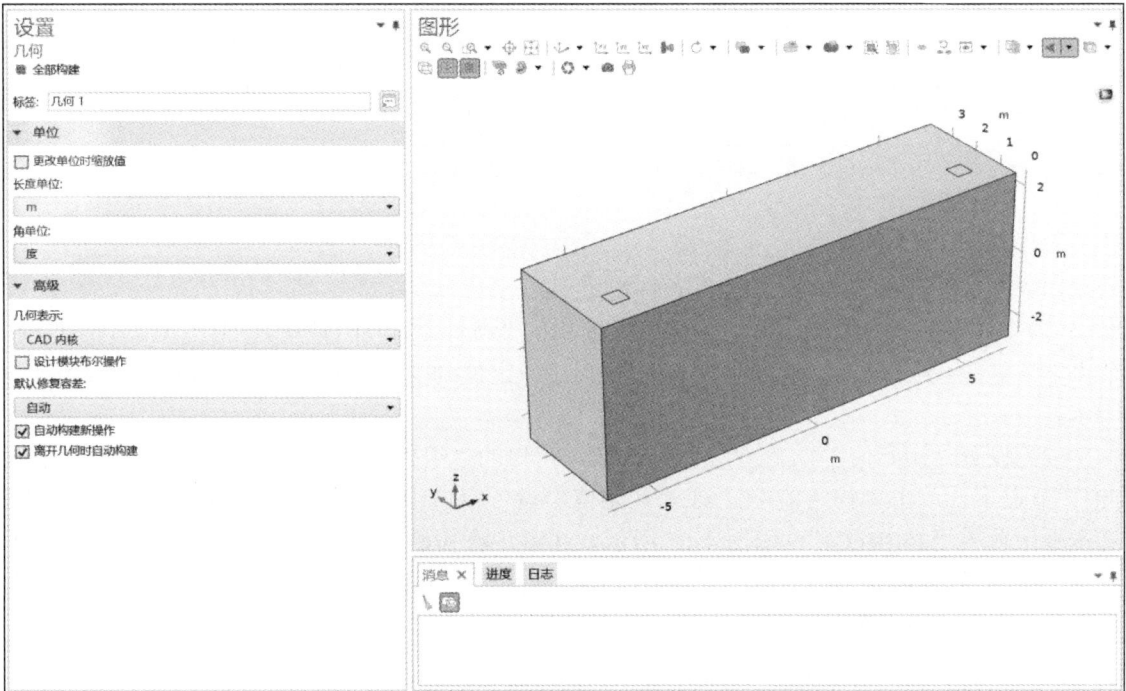

图 4-53　插入"几何序列"

在"模型开发器"窗口中，单击"形成联合体(fin)"，在"形成联合体/装配"设置窗口中，单击"全部构建"按钮。在"图形"窗口中，单击"缩放到窗口大小"按钮田，几何构建完毕。

3．添加材料

（1）添加"Air"。在"模型开发器"窗口的"组件 1(comp1)"节点下，右击"材料"，选择"从库中添加材料"。在"添加材料"窗口中找到"Air"，双击进行添加。在"材料"设置窗口中，定位到"几何实体选择"栏，选择域 1，如图 4-54 所示。

（2）添加"Structural steel"。在"模型开发器"窗口的"组件 1(comp1)"节点下，右击"材料"，选择"从库中添加材料"。在"添加材料"窗口中找到"Structural steel"，双击进行添加。在"材料"设置窗口中，定位到"几何实体选择"栏，选择域 2～4，如图 4-55 所示。

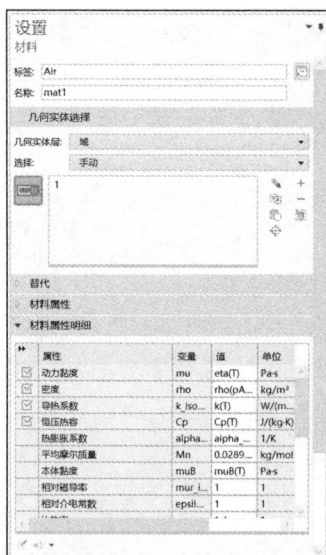

图 4-54　添加"Air"

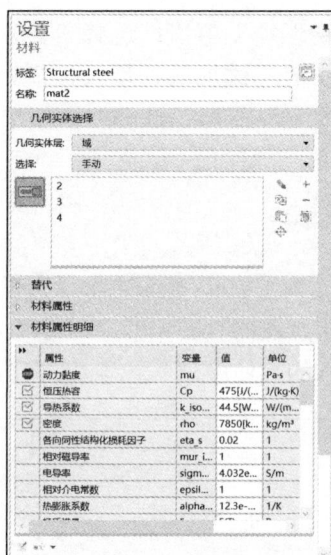

图 4-55　添加"Structural steel"

4．边界条件设置

1）"固体和流体传热(ht)"边界条件设置

（1）设置"流体 1"。在"模型开发器"窗口的"组件 1(comp1)"→"固体和流体传热(ht)"节点下，单击"流体 1"。在"流体"设置窗口中，定位到"域选择"栏，选择域 1，如图 4-56 所示。

（2）设置"初始值 1"。在"模型开发器"窗口的"组件 1(comp1)"→"固体和流体传热(ht)"节点下，单击"初始值 1"。在"初始值"设置窗口中，定位到"初始值"栏，在"T"文本框中输入"25[degC]"，如图 4-57 所示。注意，将初始值温度与冷气入口温度设置一致，有利于帮助模型收敛。

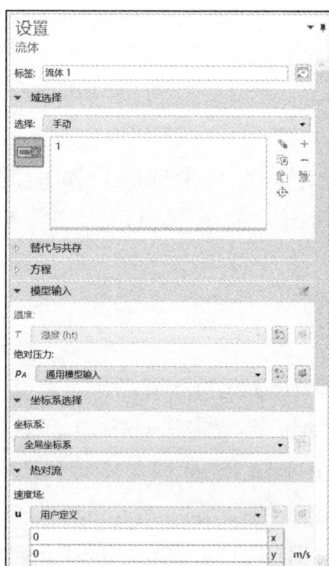

图 4-56　设置"流体 1"

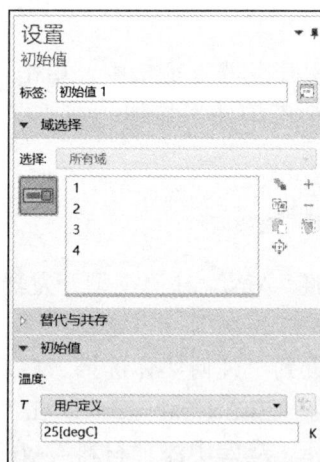

图 4-57　设置"初始值 1"

（3）设置"流入 1"。在"物理场"工具栏中单击"边界"，然后选择"流入"。在"流入"
设置窗口中，定位到"边界选择"栏，选择边界 6；定位到"上游属性"栏，在"T_{ustr}"文本
框中输入"25[degC]"，如图 4-58 所示。

（4）设置"流出 1"。在"物理场"工具栏中单击"边界"，然后选择"流出"。在"流出"
设置窗口中，定位到"边界选择"栏，选择边界 25，如图 4-59 所示。

图 4-58　设置"流入 1"

图 4-59　设置"流出 1"

（5）设置"对称 1"。在"物理场"工具栏中单击"边界"，然后选择"对称"。在"对称"
设置窗口中，定位到"边界选择"栏，选择边界 2，如图 4-60 所示。

（6）设置"热源 1"。在"物理场"工具栏中单击"域"，然后选择"热源"。在"热源"
设置窗口中，定位到"域选择"栏，选择域 2～4；定位到"热源"栏，从"热源"列表中选
择"热耗率"，在"P_0"文本框中输入"350"，如图 4-61 所示。注意，条件给定的是 6 台设备
总发热功率为 700W，由于采用一半的几何进行建模，因此 3 台设备的总发热功率设置为 350W。

图 4-60　设置"对称 1"

图 4-61　设置"热源 1"

2）"湍流，k-ε(spf)"边界条件设置

（1）设置"湍流，k-ε(spf)"。在"模型开发器"窗口的"组件 1(comp1)"节点下，单击"湍流，k-ε(spf)"。在"湍流，k-ε"设置窗口中，定位到"域选择"栏，选择域 1；定位到"物理模型"栏，勾选"包含重力"复选框，如图 4-62 所示。

（2）设置"入口 1"。在"物理场"工具栏中单击"边界"，然后选择"入口"。在"入口"设置窗口中，定位到"边界选择"栏，选择边界 6；定位到"速度"栏，在"U_0"文本框中输入"3"，如图 4-63 所示。

图 4-62　设置"湍流，k-ε(spf)"

图 4-63　设置"入口 1"

（3）设置"出口 1"。在"物理场"工具栏中单击"边界"，然后选择"出口"。在"出口"设置窗口中，定位到"边界选择"栏，选择边界 25，如图 4-64 所示。

（4）设置"对称 1"。在"物理场"工具栏中单击"边界"，然后选择"对称"。在"对称"设置窗口中，定位到"边界选择"栏，选择边界 2，如图 4-65 所示。

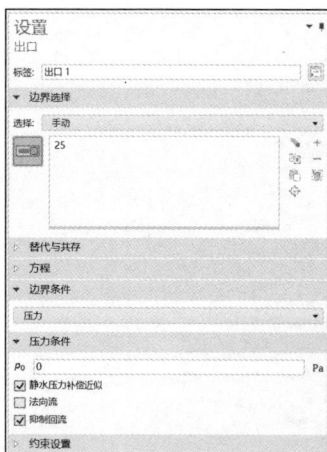

图 4-64　设置"出口 1"

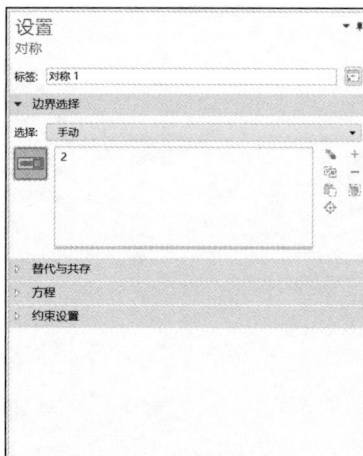

图 4-65　设置"对称 1"

5．网格划分

在"模型开发器"窗口的"组件 1(comp1)"节点下，单击"网格 1"。在"网格"设置窗口中，保持默认设置，单击"全部构建"按钮，网格划分完成，如图 4-66 所示。注意，如果计算机的性能较好，此处可进一步将网格细化。

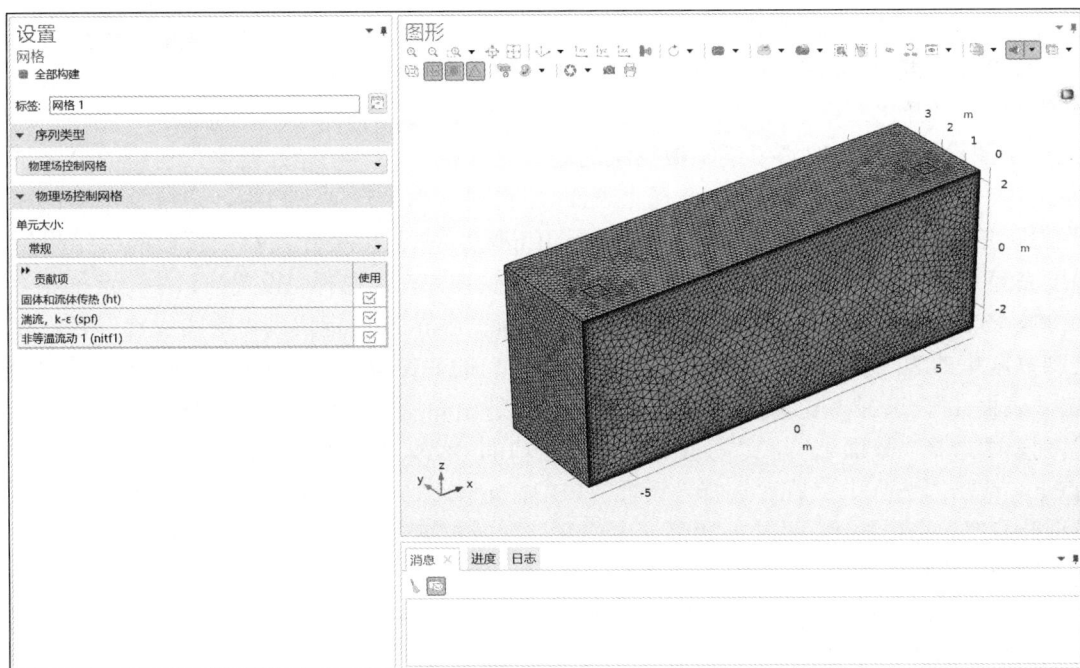

图 4-66　网格划分

在"模型开发器"窗口的"组件 1(comp1)"节点下，右击"网格 1"，选择"统计信息"，显示已划分网格的相关信息，如图 4-67 所示。

6．计算

在"模型开发器"窗口的"组件 1(comp1)"→"研究 1"节点下，单击"步骤 1：稳态"，在"稳态"设置窗口中，单击"计算"按钮，等待计算完成。

7．结果后处理

当 COMSOL 计算完成时，会在"模型开发器"窗口的"结果"节点下自动生成"温度(ht)""速度(spf)""压力(spf)""温度和流体流动(nitf1)" 4 组结果，如需其他后处理结果，则需用户手动生成。

（1）计算"设备平均温度"和"设备最大温度"。在"结果"工具栏中单击"计算组"，在"模型开发器"窗口的"结果"节点下，右击"计算组 1"，打开"平均值"设置窗口，

图 4-67　网格相关信息

在"标签"文本框中输入"设备平均温度";定位到"选择"栏,选择域 2~4。在"模型开发器"窗口的"结果"节点下,右击"计算组 1",选择"最大值"→"体最大值",打开"体最大值"设置窗口,在"标签"文本框中输入"设备最大温度";定位到"选择"栏,选择域 2~4,单击"计算"按钮,在"信息"窗口生成计算结果,如图 4-68 所示。

图 4-68　计算"设备平均温度"和"设备最大温度"

（2）生成"温度 完整几何"。在"结果"工具栏中单击"三维绘图组",打开"三维绘图组"设置窗口,在"标签"文本框中输入"温度完整几何";定位到"绘图设置"栏,取消"绘制数据集的边"复选框。在"模型开发器"窗口的"结果"节点下,右击"温度完整几何",选择"表面"。在"表面"设置窗口中,定位到"着色和样式"栏,单击"更改颜色表",选择"ThermalLight"。在"模型开发器"窗口的"结果"→"温度完整几何"节点下,右击"表面 1",单击"选择"。在"选择"设置窗口中,定位到"选择"栏,选择边界 1、边界 3、边界 5、边界 7~24、边界 26;定位到"绘图设置"栏,取消"绘制数据集的边"复选框。在"模型开发器"窗口的"结果"→"温度完整几何"节点下,右击"表面 1",选择"复制粘贴"。在"表面"设置窗口中,定位到"继承样式"栏,从"绘图"列表中选择"表面 1"。在"模型开发器"窗口的"结果"→"温度完整几何"→"表面 2"节点下,单击"选择 1"。在"选择"设置窗口中,定位到"选择"栏,取消边界 5 的选取。在"模型开发器"窗口的"结果"→"温度完整几何"节点下,右击"表面 2",选择"变形"。在"变形"设置窗口中,定位到"表达式"栏,在"y 分量"文本框中输入"−2*y";定位到"比例因子"栏,勾选"比例因子"复选框,在对应的文本框中输入"1";单击"绘制"按钮,生成"温度 完整几何",如图 4-69 所示。

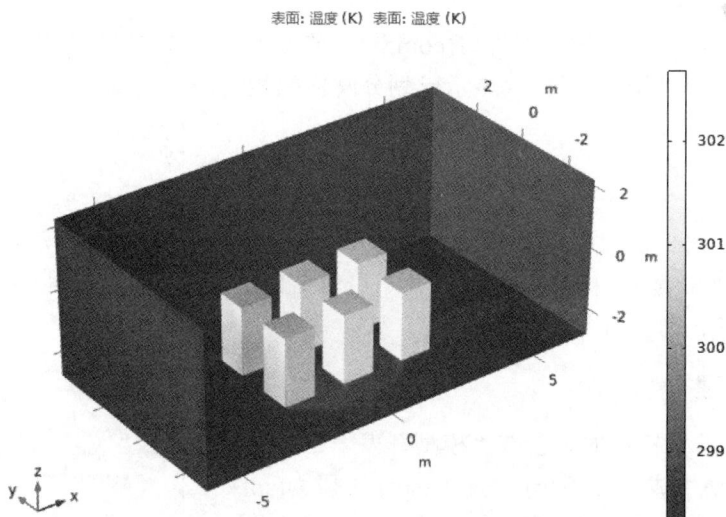

表面: 温度 (K)　表面: 温度 (K)

图 4-69　温度完整几何

（3）生成"流线图"。在"模型开发器"窗口的"结果"节点下,右击"数据集",选择"更多三维数据集"→"三维镜像"。在"三维镜像"设置窗口中,定位到"平面数据"栏,

从"平面"列表中选择"zx 平面"。在"结果"工具栏中单击"三维绘图组",打开"三维绘
图组"设置窗口,在"标签"文本框中输入"流线图";定位到"数据"栏,从"数据集"列
表中选择"三维镜像 1";定位到"绘图设置"栏,取消"绘制数据集的边"复选框。在"模
型开发器"窗口的"结果"节点下,右击"流线图",选择"流线"。在"流线"设置窗口中,
定位到"表达式"栏,在"x 分量"文本框中输入"u",在"y 分量"文本框中输入"v",在
"z 分量"文本框中输入"w";定位到"流线定位"栏,从"定位方法"列表中选择"均匀密
度",在"间隔距离"文本框中输入"0.05";定位到"着色和样式"栏下的"线样式"分栏,
从"类型"列表中选择"线",勾选"宽度比例因子"复选框,在对应的文本框中输入"0.02";
定位到"点样式"分栏,从"类型"列表中选择"箭头"。在"模型开发器"窗口的"结果"
节点下,右击"流线图",选择"颜色表达式"。在"颜色表达式"设置窗口中,定位到"表
达式"栏,在"表达式"文本框中输入"spf.U"。在"模型开发器"窗口的"结果"节点下,
右击"流线图",选择"表面"。在"表面"设置窗口中,定位到"表达式"栏,在"表达式"
文本框中输入"1";定位到"着色和样式"栏,从"着色方式"列表中选择"均匀",从"颜色"
列表中选择"灰色"。在"模型开发器"窗口的"结果"→"流线图"节点下,右击"表面 1",
单击"选择"。在"选择"设置窗口中,定位到"选择"栏,选择边界 3、边界 7、边界 8、边
界 10~14、边界 16~20、边界 22~24,单击"绘制"按钮,即可生成流线图,如图 4-70 所示。

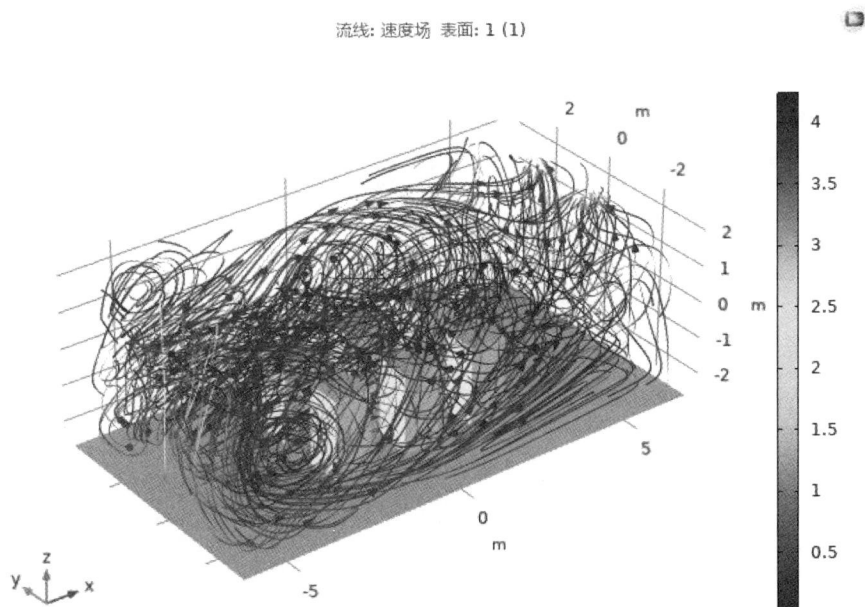

图 4-70 生成"流线图"

(4)生成"水平中心线温度分布"。在"模型开发器"窗口的"组件 1(comp1)"→"结
果"节点下,右击"数据集",选择"三维截线"。在"三维截线"设置窗口中,定位到"线
数据"栏,在"点 1"对应的"X""Y""Z"文本框中分别输入"−6.5""0""0",在"点 2"
对应的"X""Y""Z"文本框中分别输入"6.5""0""0",单击"绘制"按钮,创建"三维
截线"数据集,如图 4-71 所示。

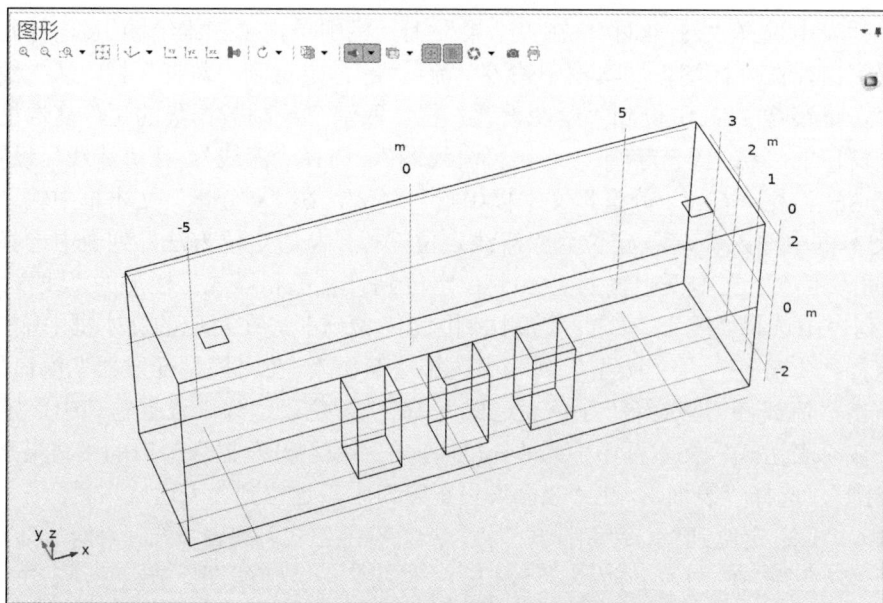

图 4-71　创建"三维截线"数据集

在"结果"工具栏中单击"一维绘图组",打开"一维绘图组"设置窗口,在"标签"文本框中输入"水平中心线温度分布",定位到"数据"栏,从"数据集"列表中选择"三维截线 1"。在"模型开发器"窗口的"结果"节点下,右击"水平中心线温度分布",选择"线结果"。在"线结果"设置窗口中,单击"绘制"按钮,生成"水平中心线温度分布",如图 4-72 所示。

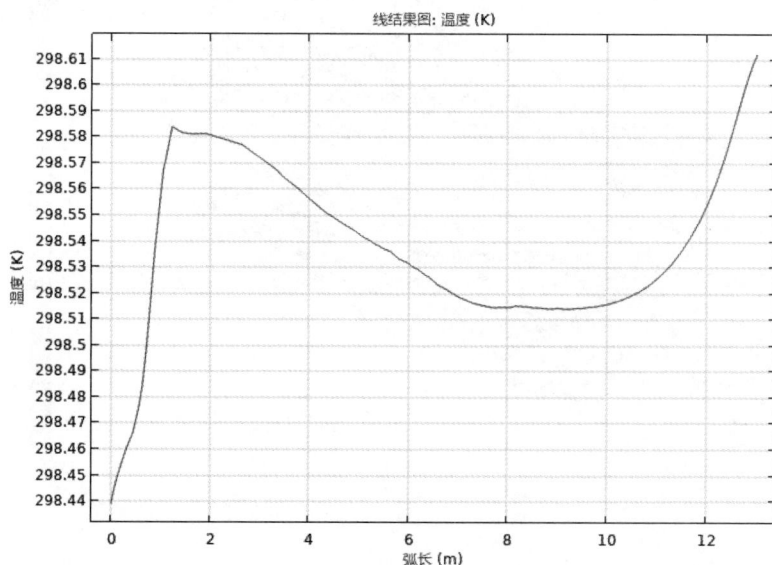

图 4-72　水平中心线温度分布

(5)生成"竖直中心线温度分布"。在"模型开发器"窗口的"组件 1(comp1)"→"结果"节点下,右击"数据集",选择"三维截线"。在"三维截线"设置窗口中,定位到"线数据"栏,在"点 1"对应的"X""Y""Z"文本框中分别输入"0""0""−2.5",在"点 2"

对应的"X""Y""Z"文本框中分别输入"0""0""2.5",单击"绘制"按钮,创建"三维截线"数据集,如图 4-73 所示。

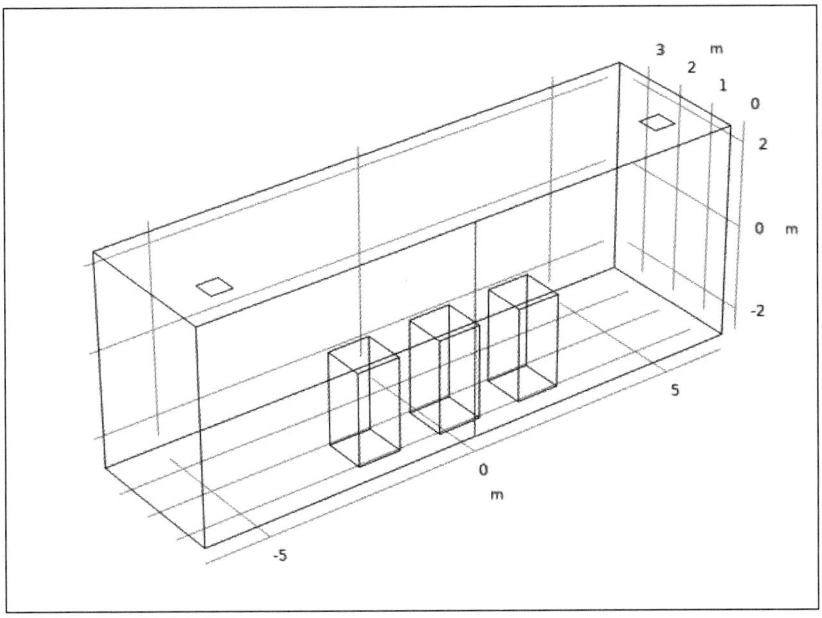

图 4-73 创建"三维截线"数据集

在"结果"工具栏中单击"一维绘图组",打开"一维绘图组"设置窗口,在"标签"文本框中输入"竖直中心线温度分布";定位到"数据"栏,从"数据集"列表中选择"三维截线2"。在"模型开发器"窗口的"结果"节点下,右击"竖直中心线温度分布",选择"线结果"。在"线结果"设置窗口中,单击"绘制"按钮,生成"竖直中心线温度分布",如图 4-74 所示。

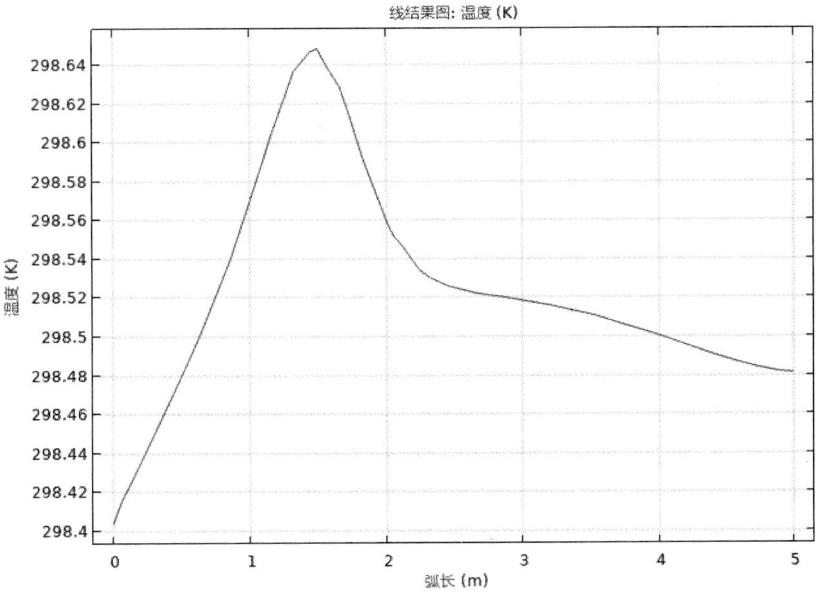

图 4-74 竖直中心线温度分布

4.4 柔性涡发生器的振荡强化传热分析

本节通过一个具体案例来介绍如何分析柔性涡发生器的振荡强化传热。

4.4.1 问题描述

通过加强流体内的涡旋来促进流体的传热，如果流体形成了涡旋流动的状态，就会提高传热系数，从而大大增加了换热效率，因而分析涡旋振荡传热有重要意义。

本案例的模型是对参考文献[35]的模型进行了复现。图 4-75 所示为模型几何示意，温度为 300K 的水从左侧以 1 m/s 流入通道，从右端流出，通道底部有圆形钝体用于产生涡流，还有一根下端固定的柔性杆用于增强涡流，通道上下面固定温度为 360K。

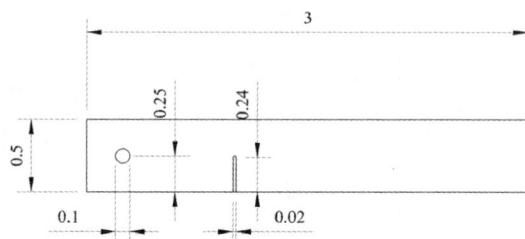

图 4-75 几何示意

4.4.2 建模思路及注意事项

根据参考文献[35]，微通道壁面考虑由温度所引起的"滑移速度"。本案例的模型涉及流体传热、固体传热和固体变形，可用 COMSOL 内置的共轭传热接口和流固耦合接口进行求解。为了提高模型收敛性，流体的流动用不可压缩的层流接口进行求解，忽略固体柔性杆的热膨胀。

4.4.3 具体计算

具体计算涉及模型向导、几何构建、添加材料、边界条件设置、网格划分、计算求解、结果后处理等内容。

1. 模型向导

打开 COMSOL 软件，单击"模型向导"，进入"选择空间维度"窗口；单击"二维"，进入"选择物理场"窗口；选择"流体流动"→"流-固耦合"→"流-固耦合"，单击"添加"按钮；选择"流体流动"→"非等温流动"→"层流"，单击"添加"按钮；在"添加的物理场接口"列表框中，单击选中"层流 2(spf2)"，单击"移除"按钮；单击"研究"按钮，进入"选择研究"窗口；选择"一般研究"→"瞬态"，单击"完成"按钮，进入 COMSOL 建模界面。注意，在添加"流-固耦合"过程中，添加了"层流(spf)"，它是不可压缩的层流接口；在添加"非等温流动"过程中，添加了"层流 2(spf2)"，它是弱可压缩的层流接口，因此需要手动删除"层流 2(spf2)"。

2. 几何构建

本案例的模型直接通过插入已有模型的序列进行几何构建。

在"模型开发器"窗口的"组件 1(comp1)"节点下，右击"几何 1"，选择"插入序列"，找到需要插入的几何序列"案例 4.4/柔性涡发生器的振荡强化传热分析 0.mph"，进行序列插入，如图 4-76 所示。

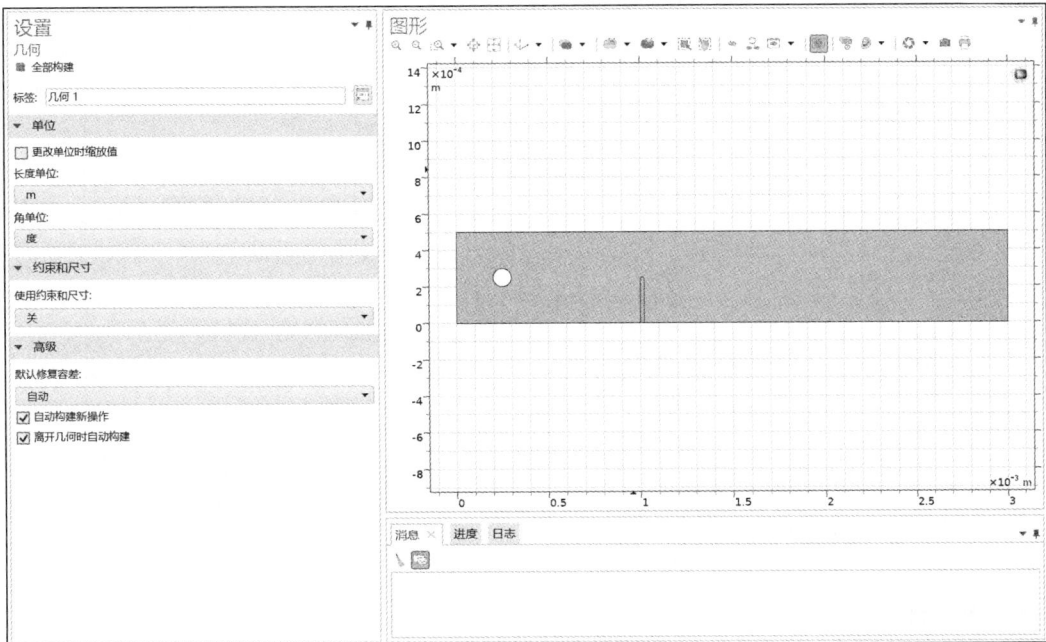

图 4-76　插入"几何序列"

在"模型开发器"窗口中，单击"形成联合体(fin)"，在"形成联合体/装配"设置窗口中，单击"全部构建"按钮。在"图形"窗口中，单击"缩放到窗口大小"按钮⊞，几何构建完毕。

3．参数与变量输入

（1）输入"其他参数"。在"模型开发器"窗口中，右击"全局定义"，选择"参数"，打开"参数"设置窗口，在"标签"文本框中输入"其他参数"，定位到"参数"栏，按图 4-77 所示输入参数。

（2）设置"阶跃 1"。在"模型开发器"窗口的"组件 1(comp1)"节点下，右击"定义"，选择"函数"→"阶跃"。在"阶跃"设置窗口中，定位到"参数"栏，在"位置"文本框中输入"0.0005"，定位到"平滑处理"栏，在"过渡区大小"文本框中输入"0.001"，如图 4-78 所示。注意，此处的阶跃函数用于控制层流的入口速度从零开始缓慢增加，以提高模型的收敛性。

（3）定义"变量 1"。在"模型开发器"窗口的"组件 1(comp1)"节点下，右击"定义"，选择"变量"。在"变量"设置窗口中，定位到"变量"栏，按图 4-79 所示定义变量（U_in = (3/2)*U0*(4*y/H_0^2)*(H_0-y)，在"描述"文本框中填写"充分发展流入口速度"）。

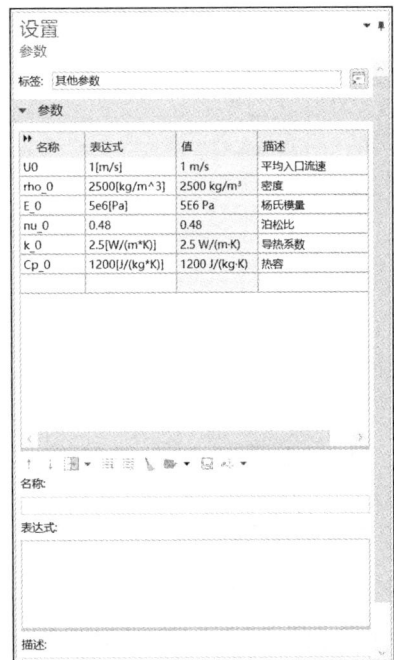

图 4-77　输入"其他参数"

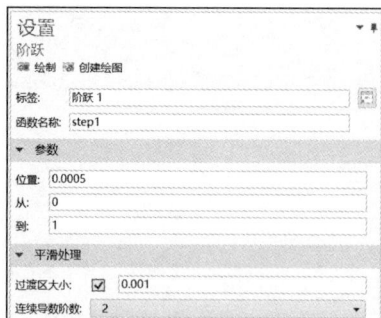

图 4-78　设置"阶跃 1"

图 4-79　定义"变量 1"

4．添加材料

（1）添加"柔性阀"。在"模型开发器"窗口的"组件 1(comp1)"节点下，右击"材料"，选择"空材料"，打开"材料"设置窗口，在"标签"文本框中输入"柔性阀"；定位到"几何实体选择"栏，选择域 2；定位到"材料属性明细"栏，按图 4-80 所示输入材料属性。

（2）添加"Water, liquid"。在"模型开发器"窗口的"组件 1(comp1)"节点下，右击"材料"，选择"从库中添加材料"。在"添加材料"窗口中找到"Water, liquid"，双击进行添加。在"材料"设置窗口中，定位到"几何实体选择"栏，选择域 1，如图 4-81 所示。

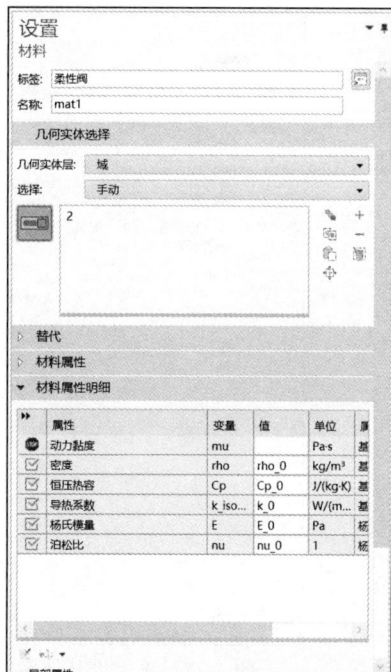

图 4-80　添加"柔性阀"

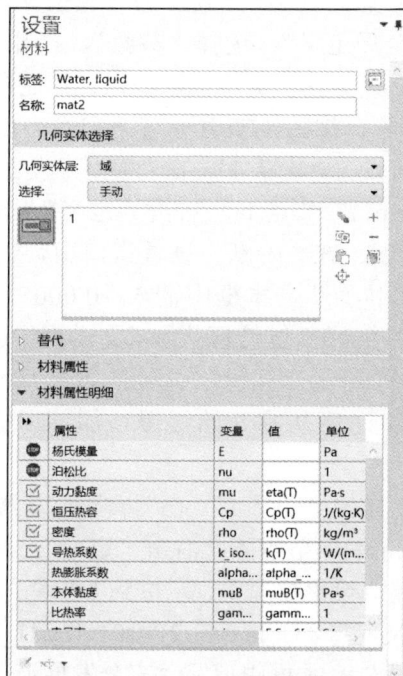

图 4-81　添加"Water, liquid"

5. 边界条件设置

1) 设置"变形域 1"

在"模型开发器"窗口的"组件 1(comp1)"→"固体和流体传动网格"节点下，单击"变形域 1"。在"变形域"设置窗口中，定位到"域选择"栏，选择域 1，如图 4-82 所示。

2)"层流(spf)"边界条件设置

(1) 设置"层流(spf)"。在"模型开发器"窗口的"组件 1(comp1)"节点下，单击"层流(spf)"。在"层流"设置窗口中，定位到"域选择"栏，选择域 1，如图 4-83 所示。

图 4-82　设置"变形域 1"

图 4-83　设置"层流(spf)"

(2) 设置"入口 1"。在"物理场"工具栏中单击"边界"，然后选择"入口"。在"入口"设置窗口中，定位到"边界选择"栏，选择边界 1；定位到"速度"栏，在"U_0"文本框中输入"U_in*step1(t[1/s])"，如图 4-84 所示。

(3) 设置"出口 1"。在"物理场"工具栏中单击"边界"，然后选择"出口"。在"出口"设置窗口中，定位到"边界选择"栏，选择边界 8，如图 4-85 所示。

(4) 设置"壁 1"。在"模型开发器"窗口的"组件 1(comp1)"→"层流(spf)"节点下，单击"壁 1"。在"壁"设置窗口中，定位到"边界条件"栏，从"壁条件"列表中选择"滑移速度"，勾选"使用黏性滑移"复选框，从"滑移长度"列表中选择"麦克斯韦模型"，勾选"使用热蠕变"复选框，从"T"列表中选择"温度(nitf1)"，如图 4-86 所示（此部分根据参考文献[35]进行设置）。

3) 设置"固定约束 1"

在"模型开发器"窗口的"组件 1(comp1)"节点下，单击"固体力学(solid)"。在"物理场"工具栏中单击"边界"，然后选择"固定约束"。在"固定约束"设置窗口中，定位到"边界选择"栏，选择边界 5，如图 4-87 所示。

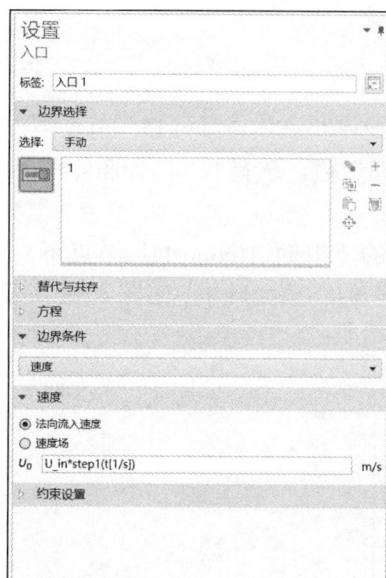

图 4-84　设置"入口 1"

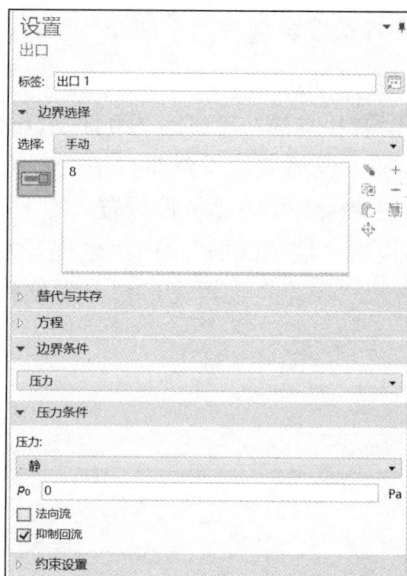

图 4-85　设置"出口 1"

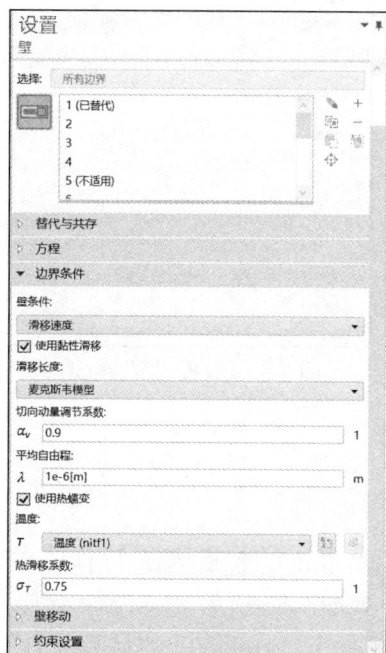

图 4-86　设置"壁 1"

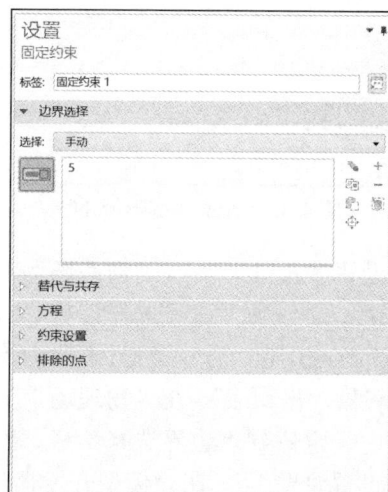

图 4-87　设置"固定约束 1"

4)"流体传热(ht)"边界条件设置

（1）设置"固体 1"。在"模型开发器"窗口的"组件 1(comp1)"节点下，单击"流体传热（ht)"。在"物理场"工具栏中单击"域"，选择"固体"。在"固体"设置窗口中，定位到"域选择"栏，选择域 2，如图 4-88 所示。

（2）设置"流入 1"。在"物理场"工具栏中单击"边界"，然后选择"流入"。在"流入"设置窗口中，定位到"边界选择"栏，选择边界 1；定位到"上游属性"栏，在"T_{ustr}"文本框中输入"300[K]"，如图 4-89 所示。

图 4-88 设置"固体 1"

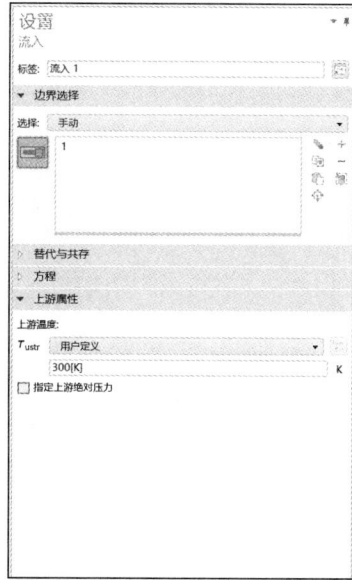

图 4-89 设置"流入 1"

（3）设置"流出 1"。在"物理场"工具栏中单击"边界"，然后选择"流出"。在"流出"设置窗口中，定位到"边界选择"栏，选择边界 8，如图 4-90 所示。

（4）设置"温度 1"。在"物理场"工具栏中单击"边界"，然后选择"温度"。在"温度"设置窗口中，定位到"边界选择"栏，选择边界 2、边界 3、边界 5 和边界 7；定位到"温度"栏，在"T_0"文本框中输入"360[K]"，如图 4-91 所示。

图 4-90 设置"流出 1"

图 4-91 设置"温度 1"

6．网格划分

在"模型开发器"窗口的"组件 1(comp1)"节点下，单击"网格 1"。在"网格"设置窗口中，定位到"物理场控制网格"栏，从"单元大小"列表中选择"更细"，单击"全部构建"按钮，网格划分完成，如图 4-92 所示。

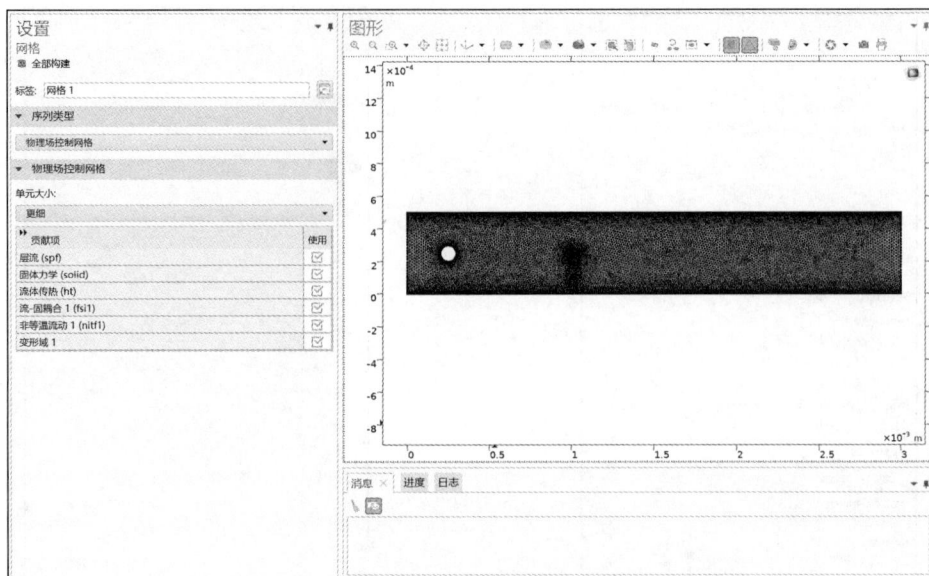

图 4-92　网格划分

在"模型开发器"窗口的"组件 1(comp1)"节点下，右击"网格 1"，选择"统计信息"，显示已划分网格的相关信息，如图 4-93 所示。

7. 计算

（1）设置"步骤 1：瞬态"。在"模型开发器"窗口的"组件 1(comp1)"→"研究 1"节点下，单击"步骤 1：瞬态"。在"瞬态"设置窗口中，定位到"研究设置"栏，从"时间单位"列表中选择"ms"，在"输出时步"文本框中输入"range(0,0.05,20)"，如图 4-94 所示。

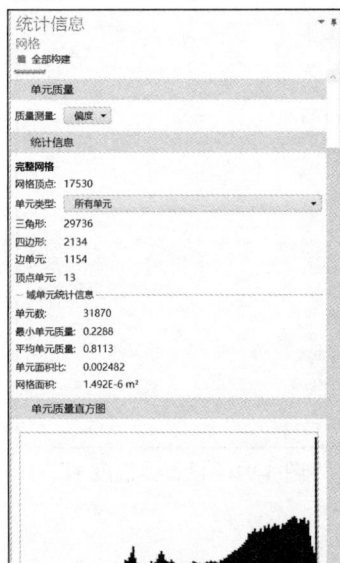

图 4-93　网格相关信息

图 4-94　设置"步骤 1：瞬态"

（2）设置"全耦合 1"。在"研究"工具栏中单击"获取初始值"。在"模型开发器"窗口的"组件 1(comp1)"→"研究 1"→"求解器配置"节点下，右击"瞬态求解器 1"，选择

"全耦合"。在"全耦合"设置窗口中，定位到"方法和终止"栏，从"非线性方法"列表中选择"自动（牛顿）"，在"最大迭代次数"文本框中输入"60"，如图 4-95 所示。注意，对于流固耦合问题，"全耦合"求解方法一般比"分离式"求解方法的收敛性更好。

在"模型开发器"窗口的"组件 1(comp1)"节点下，单击"研究 1"。在"研究"设置窗口中，单击"计算"按钮，等待计算完成。

8．结果后处理

当 COMSOL 计算完成时，会在"模型开发器"窗口的"结果"节点下自动生成"速度(spf)""压力(spf)""应力""温度(ht)""温度和流体流动(nitf1)""动网格"6 组结果，如需其他后处理结果，则需用户手动生成。

图 4-95　设置"全耦合 1"

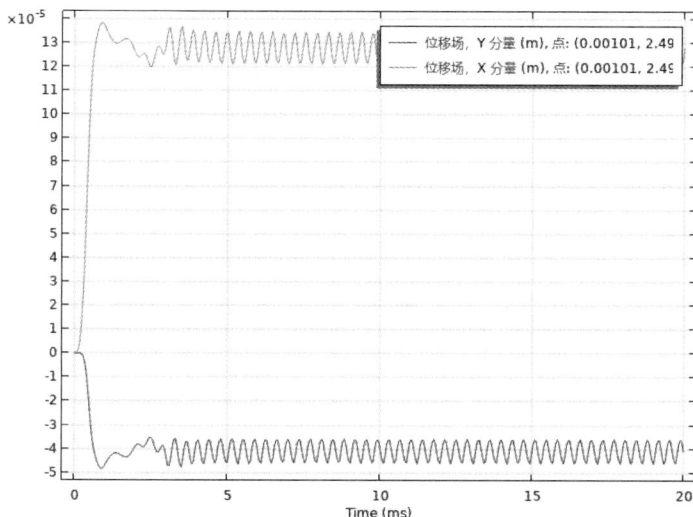

（1）生成柔性杆位移。在"模型开发器"窗口的"组件 1(comp1)"节点下，右击"定义"，选择"探针"→"域点探针"。在"域点探针"设置窗口中，定位到"点选择"栏，从"坐标系"列表中选择"材料"，在"X"文本框中输入"1010[um]"，在"Y"文本框中输入"249[um]"。在"模型开发器"窗口的"组件 1(comp1)"→"定义"→"域点探针 1"节点下，单击"点探针表达式 1(ppb1)"。在"点探针表达式"设置窗口中，定位到"表达式"栏，在"表达式"文本框中输入"u_solid"。在"模型开发器"窗口的"组件 1(comp1)"→"定义"→"域点探针 1"节点下，右击"点探针表达式 1(ppb1)"，选择"复制粘贴"。在"点探针表达式"设置窗口中，定位到"表达式"栏，在"表达式"文本框中输入"v_solid"。在"模型开发器"窗口的"组件 1(comp1)"→"定义"节点下，单击"域点探针 1"，单击"更新结果"。

在"模型开发器"窗口的"结果"节点下，单击"探针绘图组 7"，打开"一维绘图组"设置窗口，在"标签"文本框中输入"柔性杆位移"，生成的柔性杆位移如图 4-96 所示。

图 4-96　柔性杆位移

（2）生成涡。在"结果"工具栏中单击"二维绘图组"，打开"二维绘图组"设置窗口，在"标签"文本框中输入"涡"；定位到"绘图设置"栏，从"坐标系"列表中选择"空间(x,y,z)"。在"模型开发器"窗口的"结果"节点下，右击"涡"，选择"表面"。在"表面"设置窗口中，定位到"表达式"栏，在"表达式"文本框中输入"spf.vorticityz"；定位到"范围"栏，勾选"手动控制颜色范围"复选框，在"最小值"文本框中输入"-20000"，在"最大值"文本框中输入"20000"；单击"绘制"按钮，即可生成涡，如图 4-97 所示。

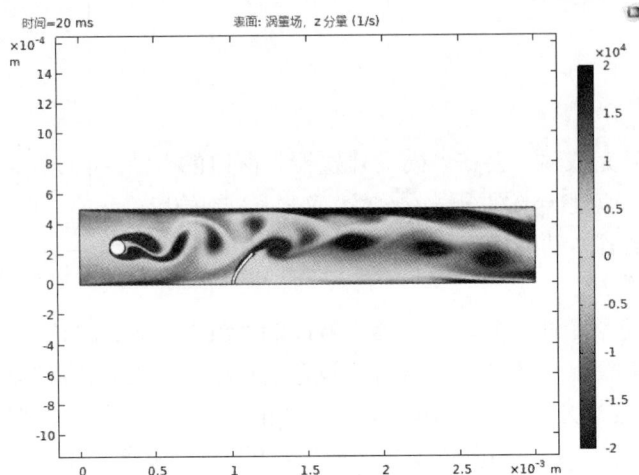

图 4-97　涡

（3）生成温度等值线。在"结果"工具栏中单击"二维绘图组"，打开"二维绘图组"设置窗口，在"标签"文本框中输入"温度等值线"；定位到"绘图设置"栏，从"坐标系"列表中选择"空间(x,y,z)"。在"模型开发器"窗口的"结果"节点下，右击"温度等值线"，选择"等值线"。在"等值线"设置窗口中，定位到"表达式"栏，在"表达式"文本框中输入"T"；定位到"着色和样式"栏，单击"更改颜色表"，选择"ThermalLight"；单击"绘制"按钮，即可生成温度等值线，如图 4-98 所示。

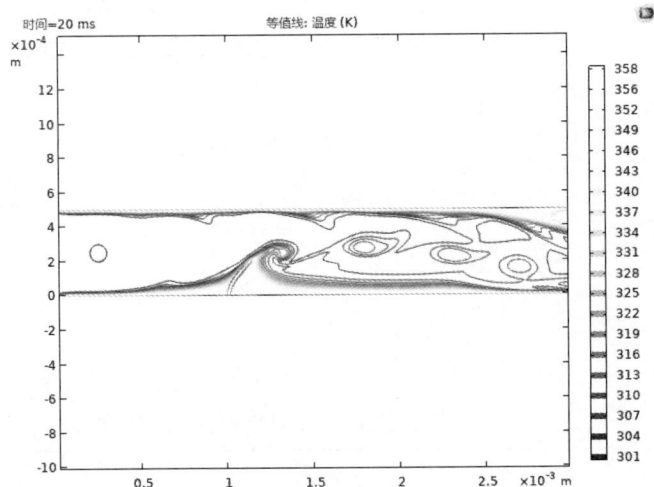

图 4-98　温度等值线

4.5 CPU 散热器传热分析

本节通过一个具体案例来介绍如何分析 CPU 散热器传热。

4.5.1 问题描述

CPU 水冷散热是一种使用液体循环系统带走 CPU 产生的热量的散热技术。在水冷散热系统中，一个小型的水冷头紧贴 CPU，通过热传导将热量传递给流经的水冷液，然后这些加热的液体被泵送到散热器，在那里热量被散发到周围环境中，而冷却后的液体再次流回水冷头，形成一个持续的循环过程，使 CPU 保持在一个较低的工作温度，提升电脑的性能和稳定性。

本案例的模型来自参考文献[36]，对一款 CPU 水冷散热装置进行数值分析。图 4-99 所示为模型几何示意，上方圆柱体为铝制水冷板，其中刻有流道，下方长方体为铜制 CPU，CPU 底面设热通量为 100W。

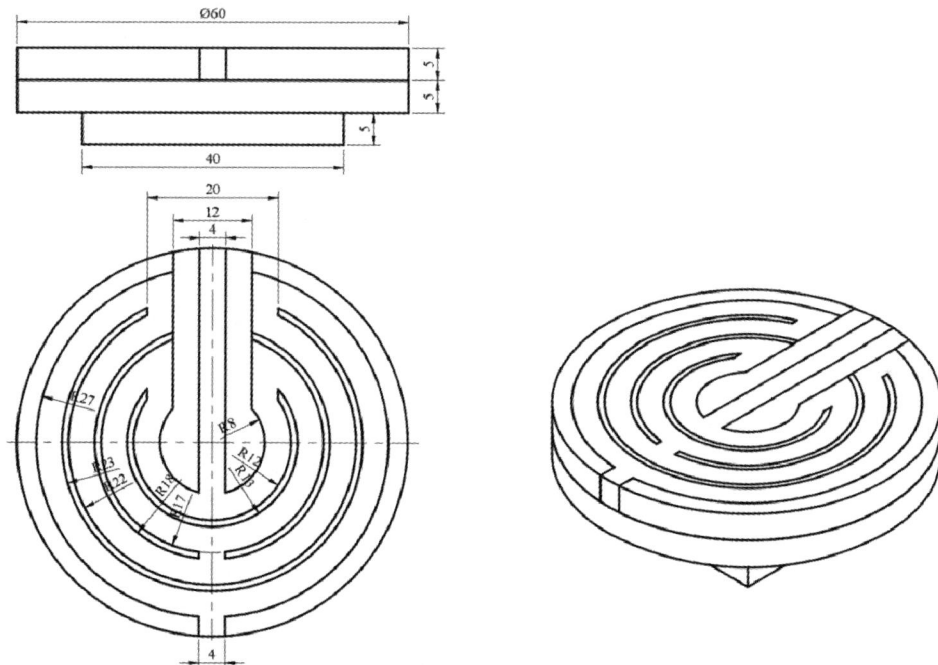

图 4-99　几何示意

4.5.2 建模思路及注意事项

本案例的模型涉及流体传热和固体传热，可用 COMSOL 内置的共轭传热接口进行求解。为了提高模型收敛性，本案例的模型采用辅助扫描进行计算，先计算低流速的工况，再在低流速工况的解的基础上计算更高流速的工况。后续如需进一步降低模型的计算量和提高收敛性，可考虑取一半的几何以及采用"对称"边界条件进行计算。

4.5.3　具体计算

具体计算涉及模型向导、几何构建、添加材料、边界条件设置、网格划分、计算求解、结果后处理等内容。

1．模型向导

打开 COMSOL 软件，单击"模型向导"，进入"选择空间维度"窗口；单击"三维"，进入"选择物理场"窗口；选择"传热"→"共轭传热"→"层流"，单击"添加"按钮，在"添加的物理场接口"中会出现已添加的物理场；单击"研究"按钮，进入"选择研究"窗口；选择"一般研究"→"稳态"，单击"完成"按钮，进入 COMSOL 建模界面。

2．几何构建

本案例的模型直接通过插入已有模型的序列进行几何构建。

在"模型开发器"窗口的"组件 1(comp1)"节点下，右击"几何 1"，选择"插入序列"，找到需要插入的几何序列"案例 4.5/CPU 散热器传热分析 0.mph"，进行序列插入，如图 4-100 所示。

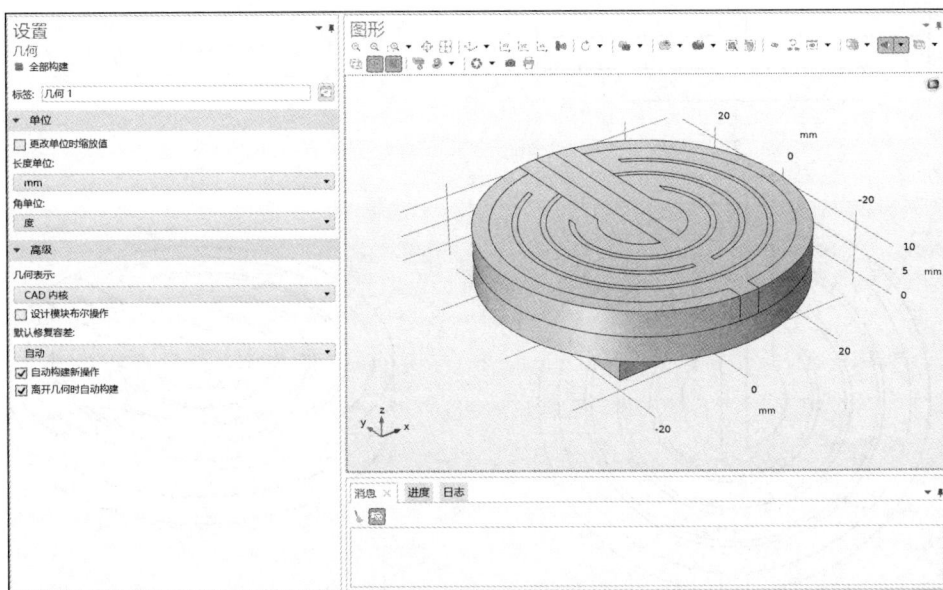

图 4-100　插入"几何序列"

在"模型开发器"窗口中，单击"形成联合体(fin)"，在"形成联合体/装配"设置窗口中，单击"全部构建"按钮。在"图形"窗口中，单击"缩放到窗口大小"按钮，几何构建完毕。

注意，本案例的模型在形成联合体之后，利用"虚拟操作"中的"形成复合域"和"形成复合面"来减少不必要的几何特征。

3．参数输入

在"模型开发器"窗口的"全局定义"节点下，单击"参数 1"。在"参数"设置窗口中，定位到"参数"栏，按图 4-101 所示输入相关参数。注意，将入口流速设置为参数，为"辅助扫描"做准备。

4．添加材料

（1）添加"Water, liquid"。在"模型开发器"窗口的"组件 1(comp1)"节点下，右击"材料"，选择"从库中添加材料"。在"添加材料"窗口中找到"Water, liquid"，双击进行添加。在"材料"设置窗口中，定位到"几何实体选择"栏，选择域 3，如图 4-102 所示。

（2）添加"Aluminum"。在"模型开发器"窗口的"组件 1(comp1)"节点下，右击"材料"，选择"从库中添加材料"。在"添加材料"窗口中找到"Aluminum"，双击进行添加。在"材料"设置窗口中，定位到"几何实体选择"栏，选择域 1、域 2、域 4、域 6～11，如图 4-103 所示。

（3）添加"Copper"。在"模型开发器"窗口的"组件 1(comp1)"节点下，右击"材料"，选择"从库中添加材料"。在"添加材料"窗口中找到"Copper"，双击进行添加。在"材料"设置窗口中，定位到"几何实体选择"栏，选择域 5，如图 4-104 所示。

图 4-101　设置"参数 1"

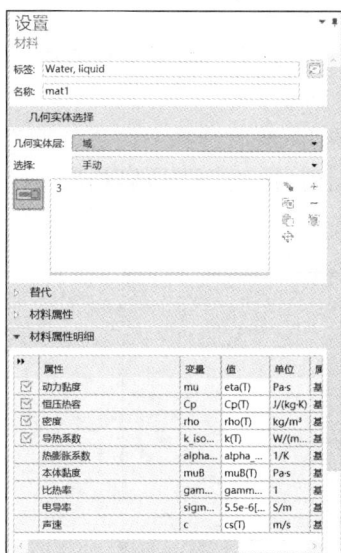

图 4-102　添加"Water, liquid"

图 4-103　添加"Aluminum"

图 4-104　添加"Copper"

5．边界条件设置

1）"固体和流体传热(ht)"边界条件设置

（1）设置"流体 1"。在"模型开发器"窗口的"组件 1(comp1)"→"固体和流体传热(ht)"节点下，单击"流体 1"。在"流体"设置窗口中，定位到"域选择"栏，选择域 3，如图 4-105 所示。

（2）设置"流入 1"。在"物理场"工具栏中单击"边界"，然后选择"流入"。在"流入"设置窗口中，定位到"边界选择"栏，选择边界 45；定位到"上游属性"栏，在"T_{ustr}"文本框中输入"26.5[degC]"，如图 4-106 所示。

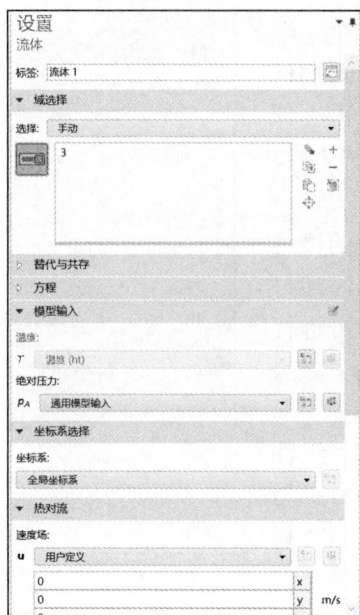

图 4-105　设置"流体 1"

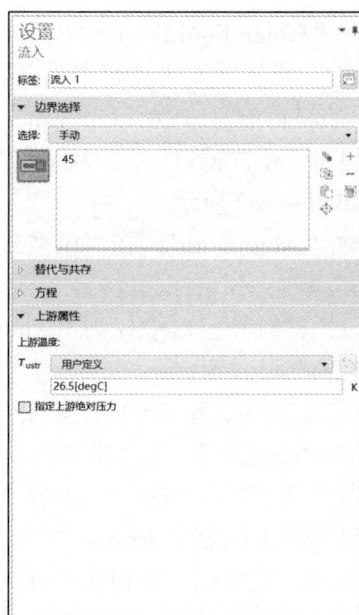

图 4-106　设置"流入 1"

（3）设置"流出 1"。在"物理场"工具栏中单击"边界"，然后选择"流出"。在"流出"设置窗口中，定位到"边界选择"栏，选择边界 48，如图 4-107 所示。

（4）设置"边界热源 1"。在"物理场"工具栏中单击"边界"，然后选择"边界热源"。在"边界热源"设置窗口中，定位到"边界选择"栏，选择边界 18；定位到"边界热源"栏，在"Q_{b}"文本框中输入"6250"，如图 4-108 所示。

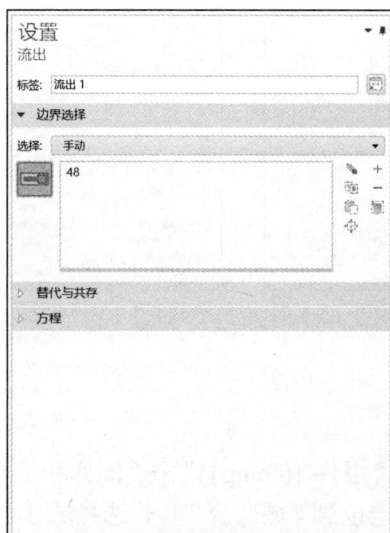

图 4-107　设置"流出 1"

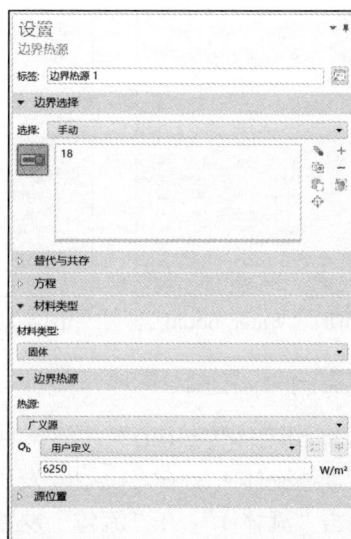

图 4-108　设置"边界热源 1"

2）"层流(spf)"边界条件设置

（1）设置"层流(spf)"。在"模型开发器"窗口的"组件 1(comp1)"节点下，单击"层流(spf)"。在"层流"设置窗口中，定位到"域选择"栏，选择域 3，如图 4-109 所示。

（2）设置"入口 1"。在"物理场"工具栏中单击"边界"，然后选择"入口"。在"入口"设置窗口中，定位到"边界选择"栏，选择边界 45；定位到"速度"栏，在"U_0"文本框中输入"vin"，如图 4-110 所示。

（3）设置"出口 1"。在"物理场"工具栏中单击"边界"，然后选择"出口"。在"出口"设置窗口中，定位到"边界选择"栏，选择边界 48，如图 4-111 所示。

图 4-109　设置"层流(spf)"　　　图 4-110　设置"入口 1"　　　图 4-111　设置"出口 1"

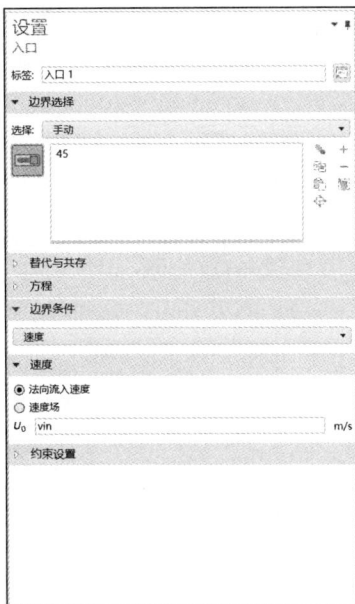

6．网格划分

在"模型开发器"窗口的"组件 1(comp1)"节点下，单击"网格 1"。在"网格"设置窗口中，定位到"物理场控制网格"栏，从"单元大小"列表中选择"细化"，单击"全部构建"按钮，网格划分完成，如图 4-112 所示。

在"模型开发器"窗口的"组件 1(comp1)"节点下，右击"网格 1"，选择"统计信息"，即可看到已划分网格的相关信息，如图 4-113 所示。

7．计算

在"模型开发器"窗口的"组件 1(comp1)"→"研究 1"节点下，单击"步骤 1：稳态"。在"稳态"设置窗口中，定位到"研究扩展"栏，勾选"辅助扫描"复选框，单击"＋"，按图 4-114 所示进行扫描类型和参数的设置。

在"模型开发器"窗口的"组件 1(comp1)"节点下，单击"研究 1"。在"研究"设置窗口中，单击"计算"按钮，等待计算完成。

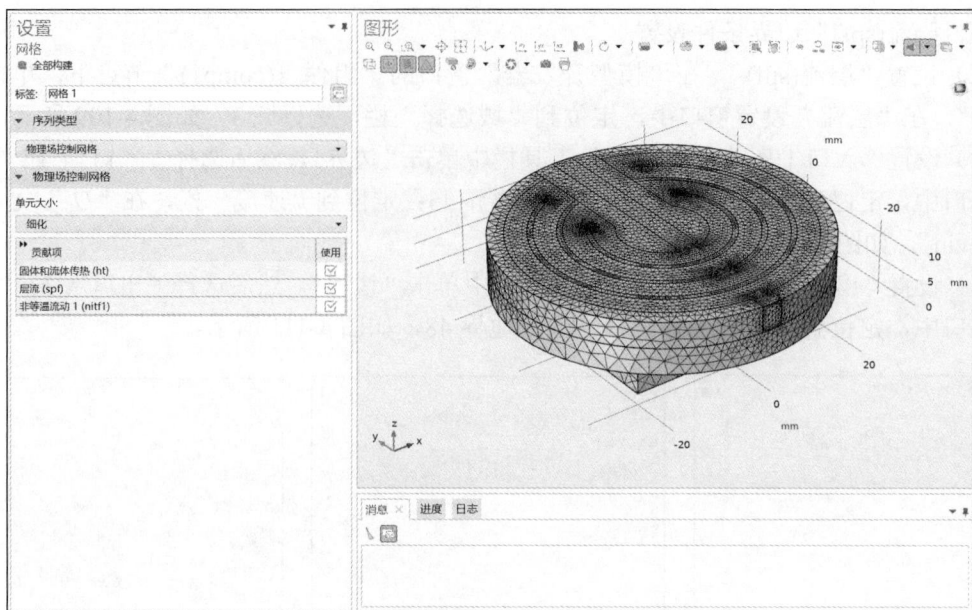

图 4-112　网格划分

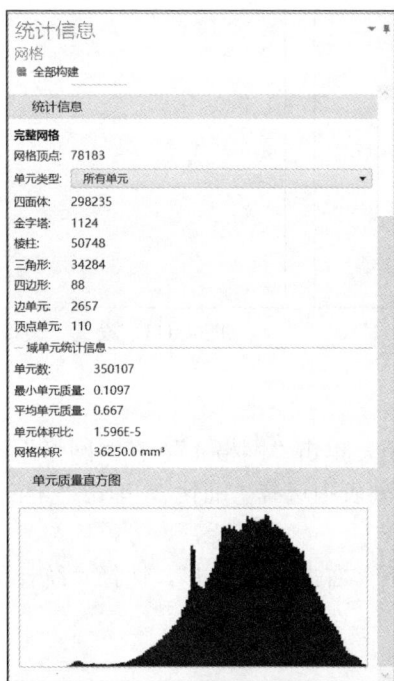

图 4-113　网格相关信息

图 4-114　设置"步骤 1：稳态"

8. 结果后处理

当 COMSOL 计算完成时，会在"模型开发器"窗口的"结果"节点下自动生成 "速度 (spf)""压力(spf)""应力""温度(ht)""温度和流体流动(nitf1)" 5 组结果，如需其他后处理结果，则需用户手动生成。

（1）计算"热阻"。在"模型开发器"窗口的"组件 1(comp1)"节点下，右击"定义"，选择"非局部耦合"→"平均值"。在"平均值"设置窗口中，定位到"源选择"栏，选择域 5，如图 4-115（a）所示。在"模型开发器"窗口的"组件 1(comp1)"节点下，右击"定义"，选择"非局部耦合"→"平均值"。在"平均值"设置窗口中，定位到"源选择"栏，从"几何实体层"列表中选择"边界"，在"图形"窗口选择边界 45，如图 4-115（b）所示。在"模型开发器"窗口的"组件 1(comp1)"节点下，右击"定义"，选择"变量"。在"变量"设置窗口中，定位到"变量"栏，在"名称"文本框中输入"htc"，在"表达式"文本框中输入"(aveop1(T)-aveop2(T)/6250[w/m^2])"，如图 4-115（c）所示。

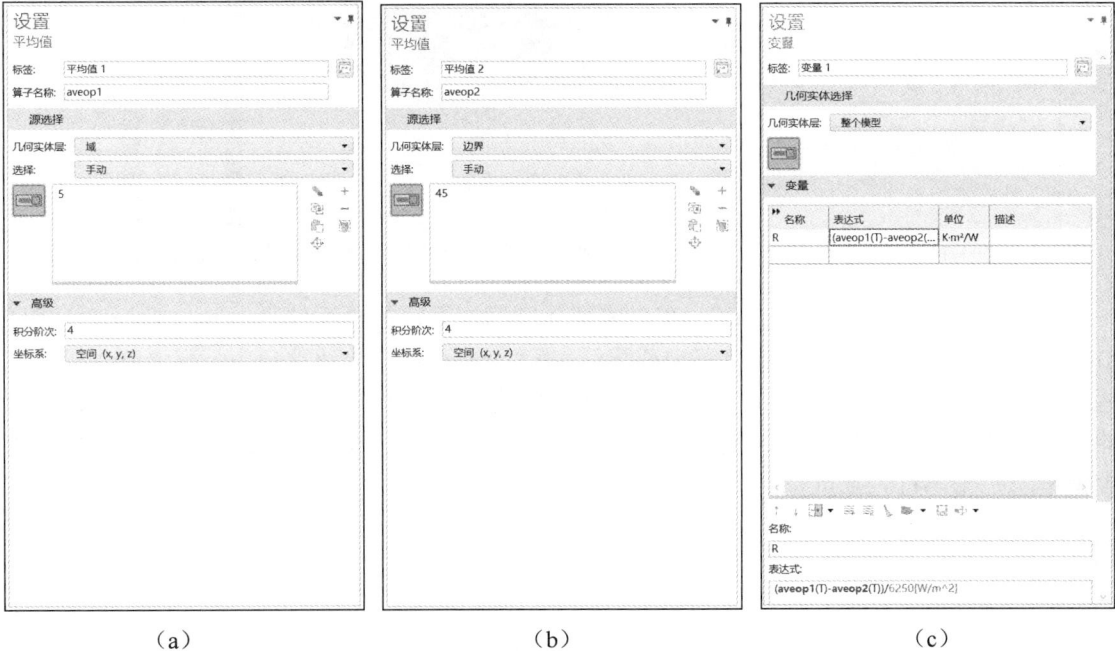

（a）　　　　　　　　　　（b）　　　　　　　　　　（c）

图 4-115　定义"变量 1"

在"模型开发器"窗口的"组件 1(comp1)"节点下，右击"研究 1"，选择"更新解"（注意，计算完成之后设置的变量，需要"更新解"才能被 COMSOL 识别）。在"结果"工具栏中单击"计算组"，在"模型开发器"窗口的"结果"节点下，右击"计算组 1"，选择"全局计算"，打开"全局计算"设置窗口，在"标签"文本框中输入"热阻"；定位到"表达式"栏，按图 4-116 所示设置表达式。单击"计算"按钮，在"信息"窗口生成计算结果，如图 4-117 所示。

（2）调整"温度和流体流动(nitf1)"。在"模型开发器"窗口的"结果"节点下，单击"温度和流体流动(nitf1)"。在"三维绘图组"设置窗口中，定位到"数字格式"栏，勾选"手动设置颜色图例"复选框，在"精度"文本框中输入"5"。在"模型开发器"窗口的"结果"→"温度和流体流动(nitf1)"→"壁温"节点下，单击"选择 1"。在

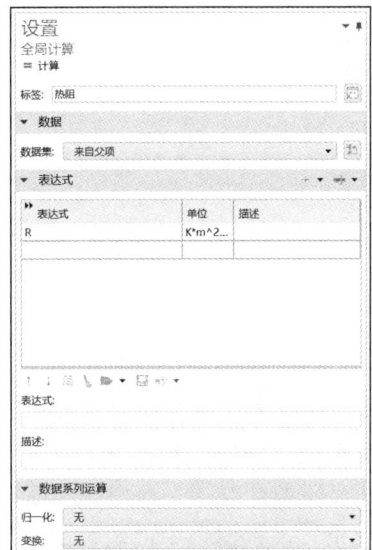

图 4-116　设置表达式

"选择"设置窗口中,定位到"选择"栏,取消边界 9 的选取,单击"绘制"按钮,调整"温度和流体流动(nitf1)",如图 4-118 所示。

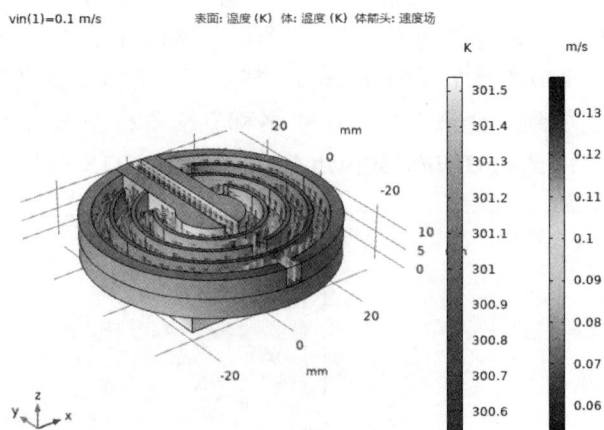

图 4-117 热阻

图 4-118 调整"温度和流体流动(nitf1)"

(3)生成"中心线温度分布"。在"模型开发器"窗口的"组件 1(comp1)"→"结果"节点下,右击"数据集",选择"三维截线"。在"三维截线"设置窗口中,定位到"线数据"栏,在"点 1"对应的"X""Y""Z"文本框中分别输入"0""−30""10",在"点 2"对应的"X""Y""Z"文本框中分别输入"0""30""10",单击"绘制"按钮,创建"三维截线"数据集,如图 4-119 所示。

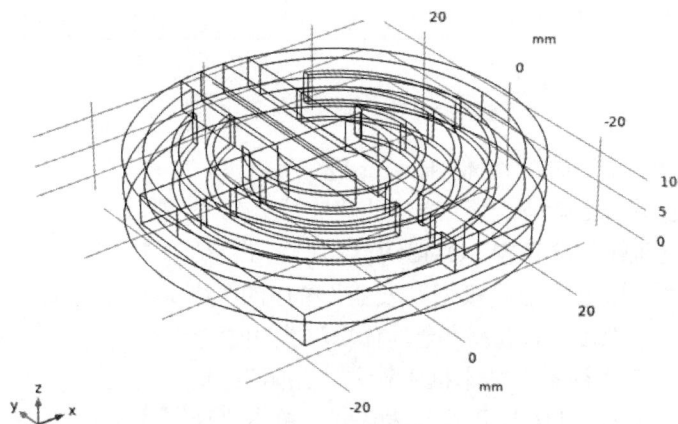

图 4-119 创建"三维截线"数据集

在"结果"工具栏中单击"一维绘图组",打开"一维绘图组"设置窗口,在"标签"文本框中输入"中心线温度分布";定位到"数据"栏,从"数据集"列表中选择"三维截线 1";定位到"图例"栏,从"布局"列表中选择"图轴区域外",从"位置"列表中选择"底"。在"模型开发器"窗口的"结果"节点下,右击"中心线温度分布",选择"线结果"。在"线结果"设置窗口中,定位到"着色和样式"栏,从"线"列表中选择"循环",从"宽度"列表中选择"2";定位到"图例"栏,勾选"显示图例"复选框;单击"绘制"按钮,生成"中心线温度分布"，如图 4-120 所示。

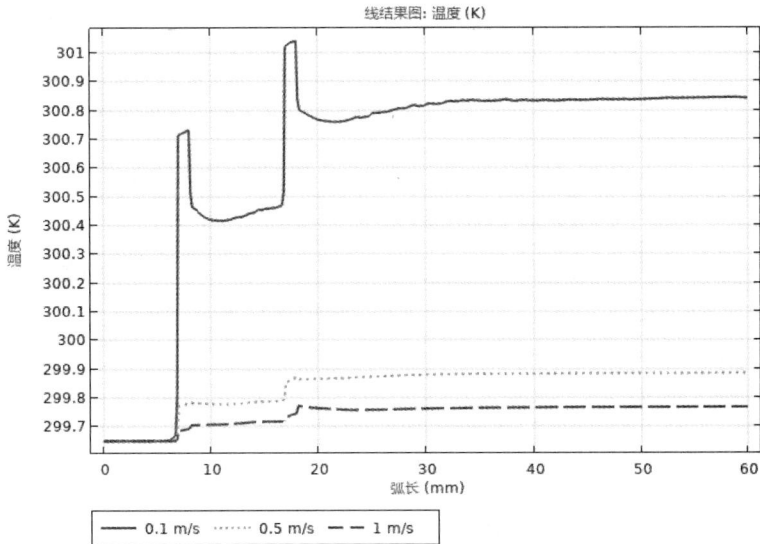

图 4-120　中心线温度分布

4.6　双金属片的热变形分析

本节通过一个具体案例来介绍如何对双金属片的热变形进行分析。

4.6.1　问题描述

双金属片是由两种具有不同热膨胀系数的金属或合金层叠而成的复合材料。这些金属片通过热压或冷压工艺牢固地粘结在一起，形成了一个整体。在受热时由于各层材料热膨胀系数不同，导致双金属片发生弯曲或变形。双金属片能够根据温度变化自动调节或触发相应的机械动作，通常用于制造温度敏感的开关和控制元件，如恒温器和过热保护装置。

本节对铁片和铝合金片层叠的双金属片进行分析，探讨在加热过程中双金属片的弯曲情况。本案例中模型的几何示意如图 4-121 所示，其中双金属片的长度为 50 mm，高度为 1 mm，上半部分为铁，下半部分为铝合金，

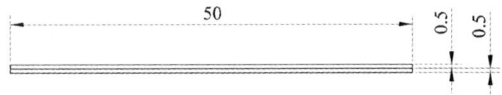

图 4-121　几何示意

对双金属片施加 $5 \times 10^5 \mathrm{W/m^3}$ 的热源，双金属片外侧与环境温度存在对流换热，换热系数为 $5 \mathrm{W/(m^2 \cdot K)}$。

4.6.2　建模思路及注意事项

本案例双金属片的热传递涉及热传导和自然对流传热两种方式，其中自然对流传热方式用"热通量"边界条件进行简化，可用 COMSOL 内置的固体传热接口进行求解。本案例还涉及温度变化导致的金属热膨胀，需要耦合 COMSOL 内置的固体力学接口进行求解。最终通过"热膨胀"多物理场将"固体传热"和"固体力学"进行耦合。

4.6.3　具体计算

具体计算涉及模型向导、几何构建、添加材料、边界条件设置、网格划分、计算求解、结果后处理等内容。

1．模型向导

打开 COMSOL 软件，单击"模型向导"，进入"选择空间维度"窗口；单击"二维"，进入"选择物理场"窗口；选择"结构力学"→"热–结构相互作用"→"热应力，实体"，单击"添加"按钮，在"添加的物理场接口"列表框中会出现已添加的物理场；单击"研究"按钮，进入"选择研究"窗口；选择"一般研究"→"稳态"，单击"完成"按钮，进入 COMSOL 建模界面。

2．几何构建

在"几何"工具栏中单击"矩形"，在"矩形"设置窗口中，定位到"大小和形状"栏，在"宽度"文本框中输入"1[mm]"，在"高度"文本框中输入"0.05[m]"；定位到"层"栏，在"层 1"文本框中输入"1[mm]/2"，勾选"层在右侧"复选框，取消勾选"层在底面"复选框；单击"构建所有对象"按钮，如图 4-122 所示。

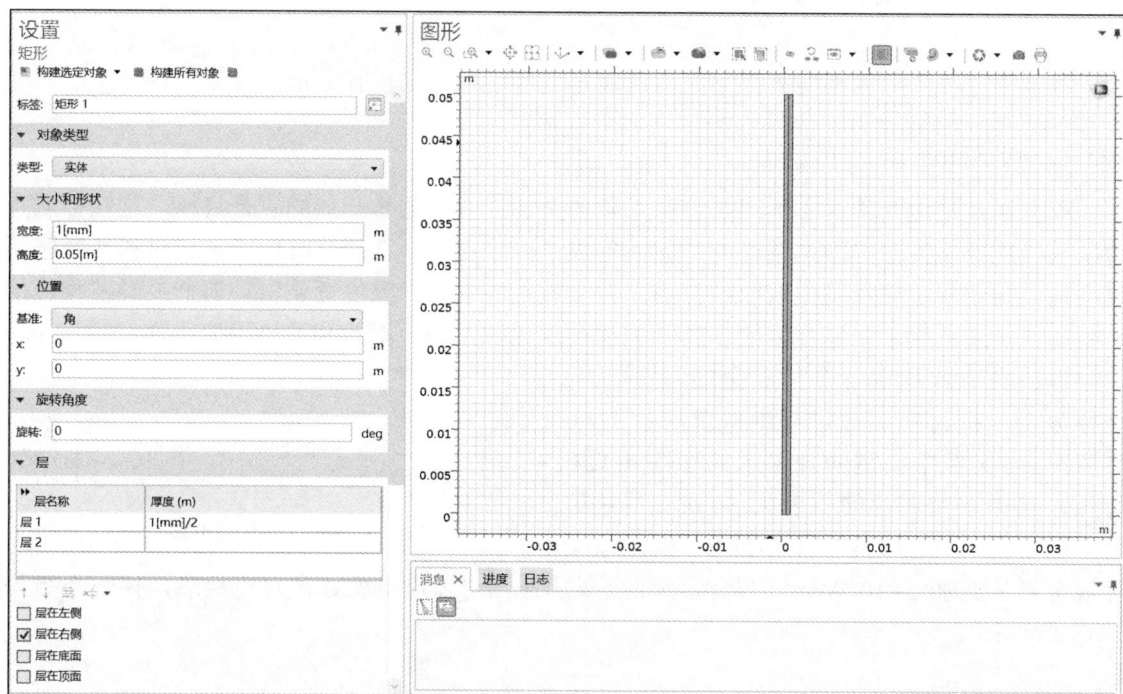

图 4-122　构建"矩形 1"

在"模型开发器"窗口中，单击"形成联合体(fin)"，在"形成联合体/装配"设置窗口中，单击"全部构建"按钮。在"图形"窗口中单击"缩放到窗口大小"按钮⊞，即可完成"矩形 1"的几何构建。

3．添加材料

（1）添加"Iron"。在"模型开发器"窗口的"组件 1(comp1)"节点下，右击"材料"，选择"从库中添加材料"。在"添加材料"窗口中找到"内置材料"→"Iron"，双击进行添加。在"材料"设置窗口中，定位到"几何实体选择"栏，选择域 1，如图 4-123 所示。

（2）添加"Aluminum 3003-H18"。在"模型开发器"窗口的"组件 1(comp1)"节点下，右击"材料"，选择"从库中添加材料"。在"添加材料"窗口中找到"内置材料"→"Aluminum 3003-H18"，双击进行添加。在"材料"设置窗口中，定位到"几何实体选择"栏，选择域 2，如图 4-124 所示。

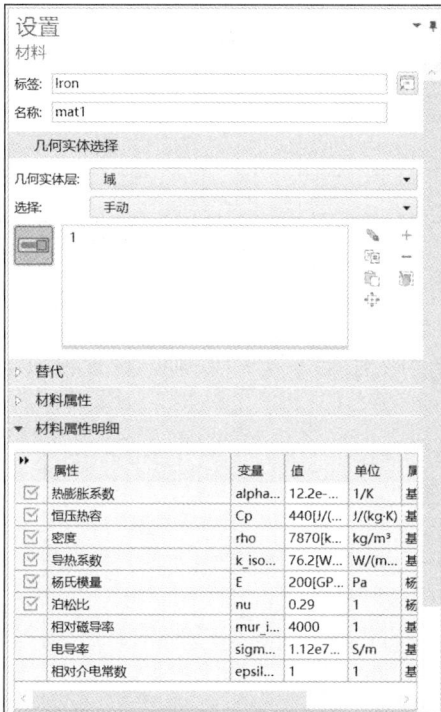

图 4-123　添加"Iron"

图 4-124　添加"Aluminum 3003-H18"

4．边界条件设置

1）"固体力学(solid)"边界条件设置

这里要做的是设置"固定约束 1"。在"物理场"工具栏中单击"边界"，然后选择"固定约束"。在"固定约束"设置窗口中，定位到"边界选择"栏，选择边界 2 和边界 5，如图 4-125 所示。

2）"固体传热(ht)"边界条件设置

（1）设置"热源 1"。在"模型开发器"窗口的"组件 1(comp1)"节点下，单击"固体传热(ht)"。在"物理场"工具栏中单击"域"，然后选择"热源"。在"热源"设置窗口中，定位到"域选择"栏，选择域 1 和域 2；定位到"热源"栏，在"Q_0"文本框中输入"5e5"，如图 4-126 所示。

（2）设置"热通量 1"。在"物理场"工具栏中单击"边界"，然后选择"热通量"。在"热通量"设置窗口中，定位到"边界选择"栏，选择边界1～3和边界5～7；定位到"热通量"栏，从"通量类型"列表中选择"对流热通量"，在"传热系数"文本框中输入"5"，如图4-127所示。

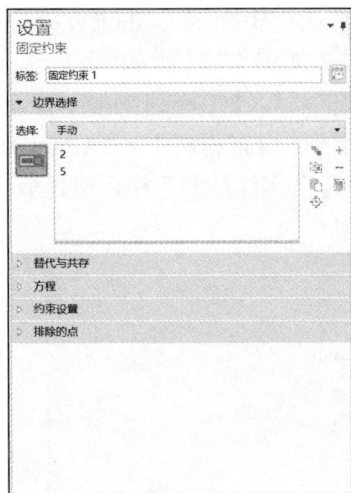

图 4-125　设置"固定约束1"　　　图 4-126　设置"热源1"　　　图 4-127　设置"热通量1"

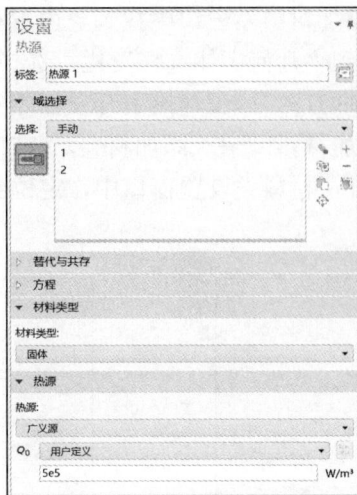

5．网格划分

（1）构建"映射 1"。在"网格"工具栏中单击"映射"，打开"映射"设置窗口，单击"全部构建"按钮，如图4-128所示。

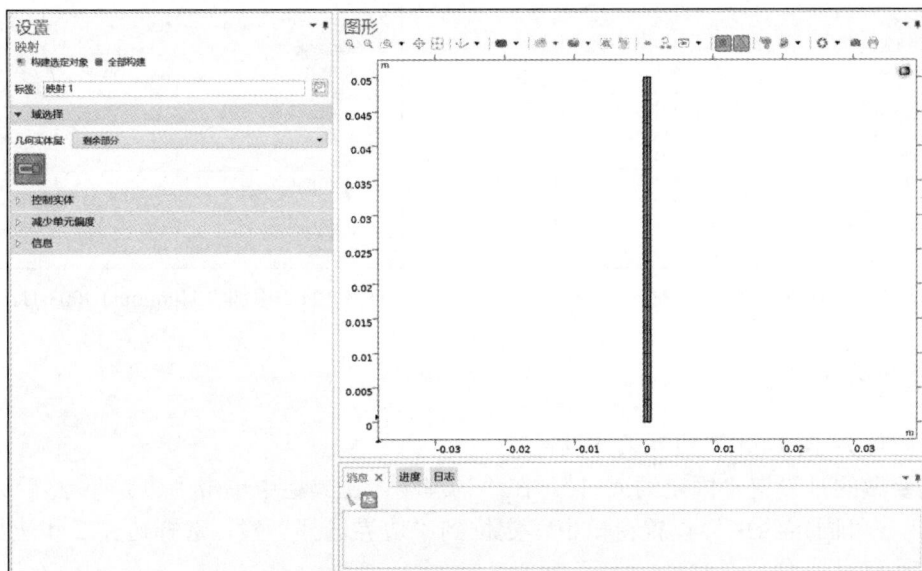

图 4-128　构建"映射1"

（2）设置"大小"。在"模型开发器"窗口的"组件1(comp1)"→"网格1"节点下，单击"大小"。在"大小"设置窗口中，定位到"单元大小"栏，选择"定制"；定位到"单元大小参数"栏，在"最大单元大小"文本框中输入"0.0002"；单击"全部构建"按钮，网格划分完成，如图4-129所示。

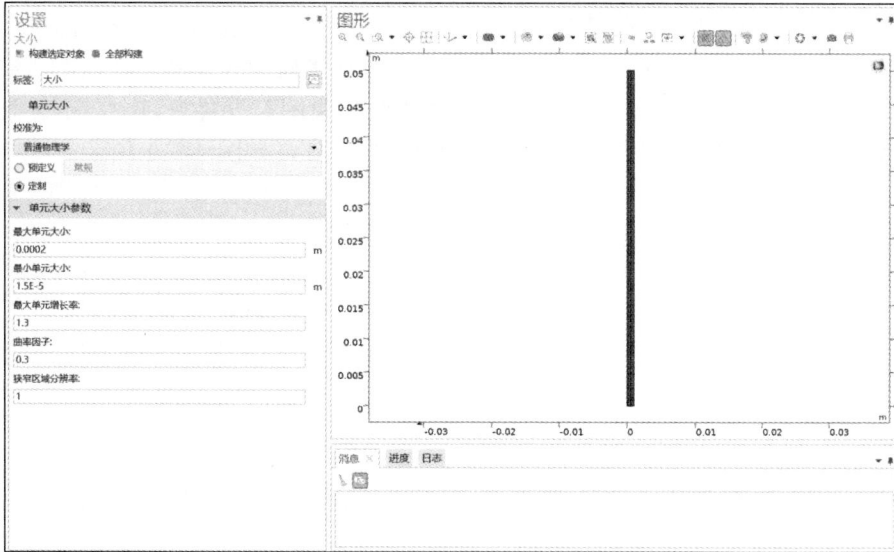

图 4-129 设置"大小"

6．计算

在"模型开发器"窗口的"组件 1(comp1)"→"研究 1"节点下，单击"步骤 1：稳态"。在"稳态"设置窗口中，单击"计算"按钮，等待计算完成。

7．结果后处理

当 COMSOL 计算完成时，会在"模型开发器"窗口的"结果"节点下自动生成"应力(solid)""温度(ht)"两组结果，如需其他后处理结果，则需用户手动生成。

（1）生成"位移"。在"结果"工具栏中单击"二维绘图组"，打开"二维绘图组"设置窗口，在"标签"文本框中输入"位移"。在"模型开发器"窗口的"结果"节点下，右击"位移"，选择"表面"。在"模型开发器"窗口的"结果"→"位移"节点下，右击"表面 1"，选择"变形"。在"变形"设置窗口中，单击"绘制"按钮，生成"位移"，如图 4-130 所示。从图中可以看到双金属片向左发生了明显的弯曲。

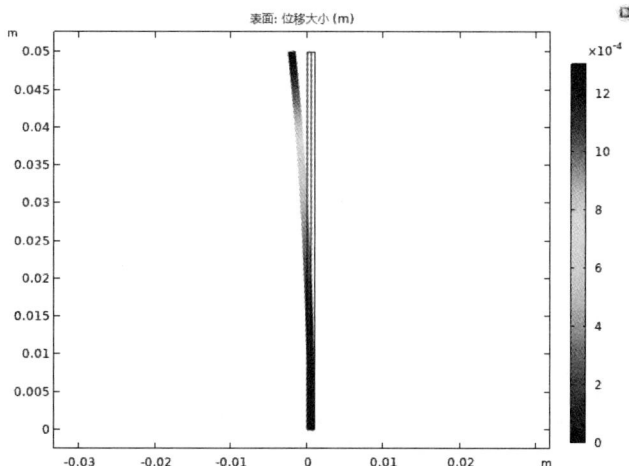

图 4-130 位移

（2）生成"中心线位移"。在"结果"工具栏中单击"一维绘图组"，打开"一维绘图组"设置窗口，在"标签"文本框中输入"中心线位移"。在"模型开发器"窗口的"结果"节点下，右击"中心线位移"，选择"线结果图"。在"线结果图"设置窗口中，定位到"选择"栏，选择边界 4，单击"绘制"按钮，生成"中心线位移"，如图 4-131 所示。

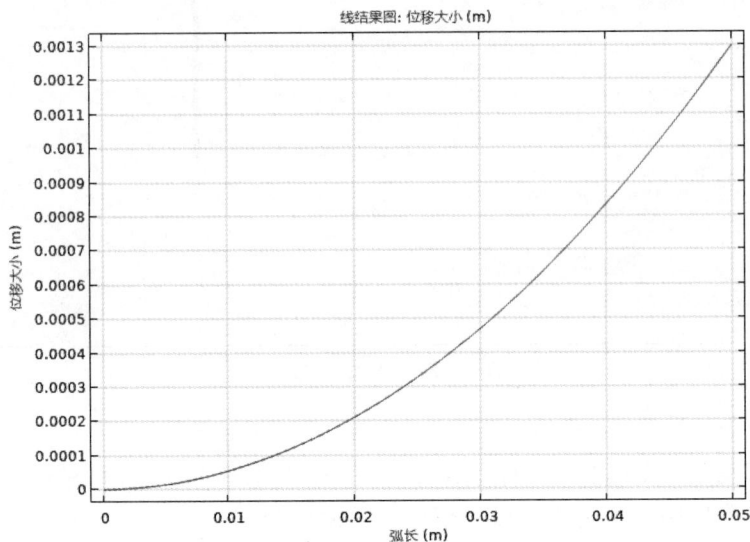

图 4-131　中心线位移

（3）生成"中心线温度分布"。在"结果"工具栏中单击"一维绘图组"，打开"一维绘图组"设置窗口，在"标签"文本框中输入"中心线温度分布"。在"模型开发器"窗口的"结果"节点下，右击"中心线温度分布"，选择"线结果图"。在"线结果图"设置窗口中，定位到"选择"栏，选择边界 4；定位到"y 轴数据"栏，在"表达式"文本框中输入"T"；单击"绘制"按钮，生成"中心线温度分布"如图 4-132 所示。

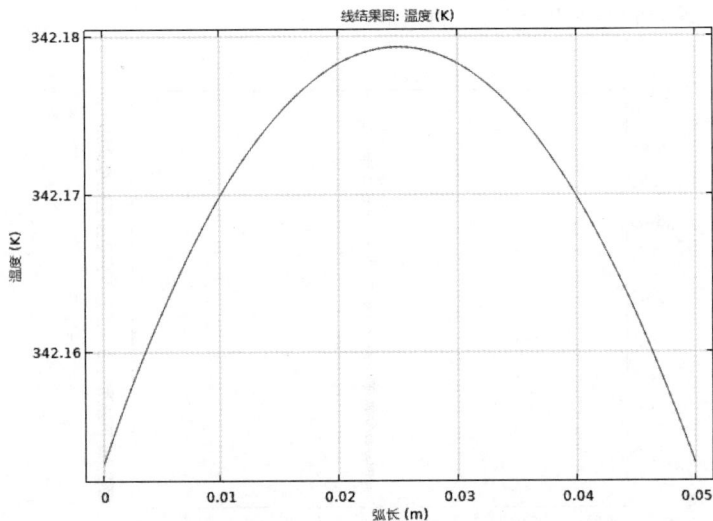

图 4-132　中心线温度分布

4.7 铜丝的通电发热分析

本节通过一个具体案例来介绍如何对铜丝的通电发热进行分析。

4.7.1 问题描述

当电流通过铜丝时，由于铜丝的电阻作用，电能会转化为热能，这一过程遵循焦耳定律，即电流通过导体产生的热量与电流的平方、导体的电阻以及通电时间成正比，它揭示了电能与热能之间的转换关系。利用铜丝通电发热的原理，可以制造电热丝、电炉、电烙铁等加热设备，在金属加工领域中，铜丝通电发热还可用于热处理过程，如退火、淬火等，以改变金属的机械性能。

本节对铜丝的通电发热情况进行分析，在铜丝的两端施加 0.2 V 的电压，分别探讨铜丝仅考虑对流换热，同时考虑对流换热及表面对环境辐射换热，同时考虑对流换热及表面对表面辐射换热的情况。其中环境温度为 293.15 K，对流换热系数为 $100W/(m^2 \cdot K)$，表面发射率为 0.3，铜丝绕成的结构如图 4-133 所示。

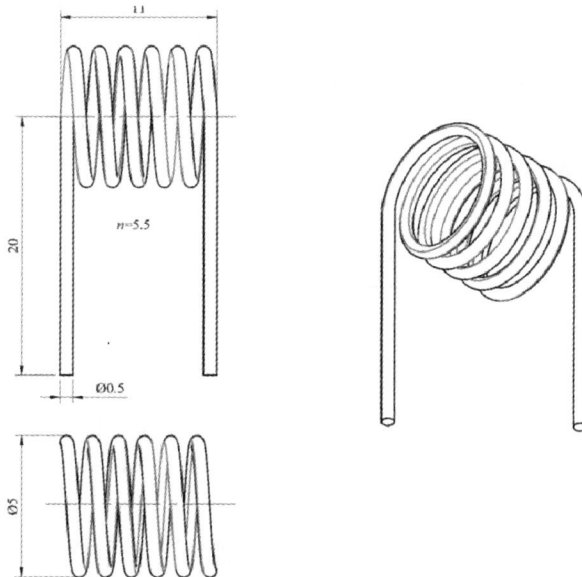

图 4-133 几何示意

4.7.2 建模思路及注意事项

在本案例中，铜丝的通电发热涉及热传导、对流传热以及辐射传热三种方式，为更好分析辐射传热对模型准确性的影响，本节分别建立三组模型。首先计算仅考虑对流换热的情况，可用 COMSOL 内置的电流和固体传热接口进行求解；然后计算同时考虑对流换热及表面对环境辐射换热的情况，也可用内置的电流和固体传热接口进行求解，只需在固体传热接口中再添加"表面对环境辐射"边界条件即可；最后计算同时考虑对流换热及表面对表面辐射换热的情况，需要在原来电流和固体传热接口的基础上再添加表面对表面辐射接口进行处理。

其中，固体传热接口中的"表面对环境辐射"边界条件是对辐射换热的简化处理，该边界条件仅考虑了因热辐射导致的热量在环境中的散失；表面对表面辐射接口不仅考虑了热量在环境中的散失，同时还考虑了表面与表面之间的辐射传热。因此可预判断，仅考虑对流换热的模型温度应该最高，同时考虑对流换热及表面对环境辐射换热的模型温度最低。

4.7.3　具体计算

具体计算涉及模型向导、几何构建、添加材料、边界条件设置、网格划分、计算求解、结果后处理等内容。

1．模型向导

打开 COMSOL 软件，单击"模型向导"，进入"选择空间维度"窗口；单击"三维"，进入"选择物理场"窗口；选择"传热"→"电磁热"→"焦耳热"，单击"添加"按钮，在"添加的物理场接口"中会出现已添加的物理场；单击"研究"按钮，进入"选择研究"窗口；选择"一般研究"→"稳态"，单击"完成"按钮，进入 COMSOL 建模界面。

2．几何构建

（1）在"模型开发器"窗口的"组件 1(comp1)"节点下，单击"几何 1"。在"几何"设置窗口中，定位到"单位"栏，从"长度单位"列表中选择"mm"。

（2）构建"螺旋 1"。在"几何"工具栏中单击"螺旋"，在"螺旋"设置窗口中，定位到"大小和形状"栏，在"匝数"文本框中输入"5.5"，在"大半径"文本框中输入"5"，在"小半径"文本框中输入"0.5"，在"轴向节距"文本框中输入"2"；定位到"轴"栏，从"轴类型"列表中选择"x 轴"；定位到"旋转角度"栏，在"旋转"文本框中输入"90"；单击"构建所有对象"按钮，如图 4-134 所示。

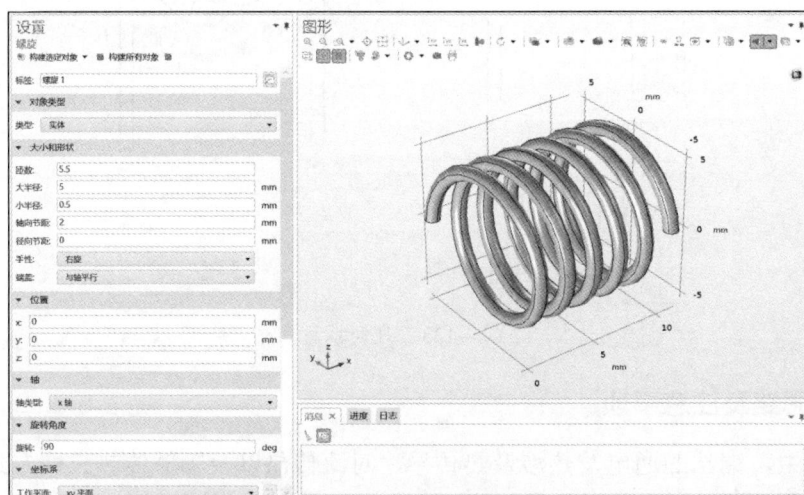

图 4-134　构建"螺旋 1"

（3）构建"拉伸 1"。在"几何"工具栏中单击"拉伸"，在"拉伸"设置窗口中，定位到"常规"栏，选择边界 hel1、边界 1 和边界 6；定位到"距离"栏，在"距离(mm)"文本框中输入"20"；单击"构建所有对象"按钮，如图 4-135 所示。

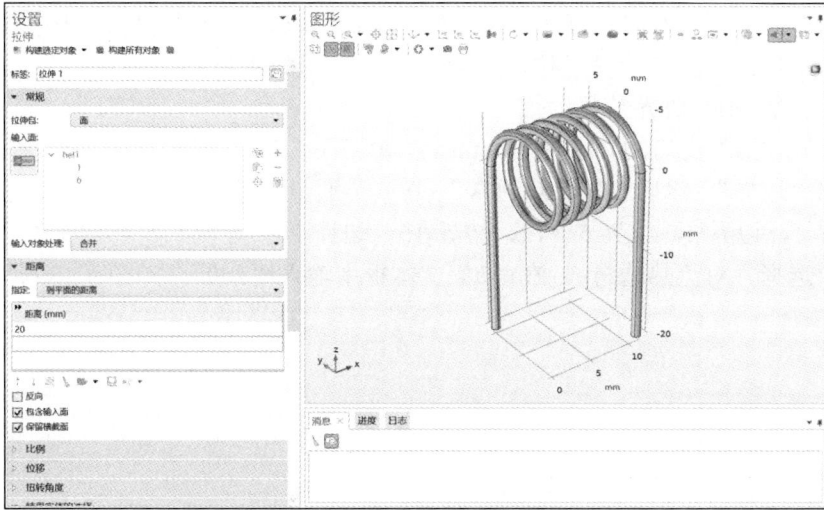

图 4-135 构建"拉伸 1"

3．添加材料

在"模型开发器"窗口的"组件 1(comp1)"节点下，右击"材料"，选择"从库中添加材料"。在"添加材料"窗口中找到"Copper"，双击进行添加。在"材料"设置窗口中，定位到"几何实体选择"栏，选择所有域，如图 4-136 所示。

4．仅考虑对流换热

1）"电流(ec)"边界条件设置

（1）设置"电势 1"。在"模型开发器"窗口的"组件 1(comp1)"节点下，单击"电流(ec)"。在"物理场"工具栏中单击"边界"，然后选择"电势"。在"电势"设置窗口中，定位到"边界选择"栏，选择边界 3；定位到"电势"栏，在"V_0"文本框中输入"0.2"，如图 4-137 所示。

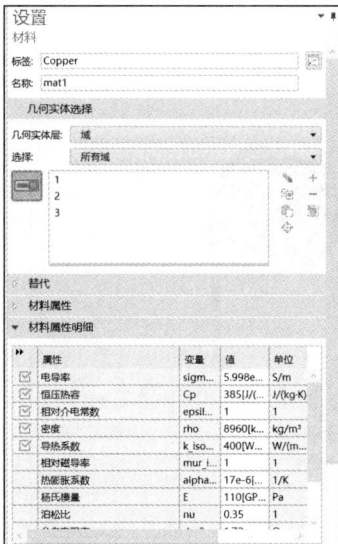

图 4-136 添加"Copper"

图 4-137 设置"电势 1"

（2）设置"接地 1"。在"物理场"工具栏中单击"边界"，然后选择"接地"。在"接地"设置窗口中，定位到"边界选择"栏，选择边界 13，如图 4-138 所示。

2）"固体传热(ht)"边界条件设置

在"模型开发器"窗口的"组件 1(comp1)"节点下，单击"固体传热(ht)"。在"物理场"工具栏中单击"边界"，然后选择"热通量"。在"热通量"设置窗口中，定位到"边界选择"栏，选择边界 1、边界 2、边界 5～12、边界 15、边界 16；定位到"热通量"栏，从"通量类型"列表中选择"对流热通量"，在"h"文本框中输入"100"，如图 4-139 所示。

图 4-138　设置"接地 1"

图 4-139　设置"热通量 1"

3）网格划分

在"模型开发器"窗口的"组件 1(comp1)"节点下，单击"网格 1"。在"网格"设置窗口中，定位到"物理场控制网格"栏，从"单元大小"列表中选择"细化"，单击"全部构建"按钮，网格划分完成，如图 4-140 所示。

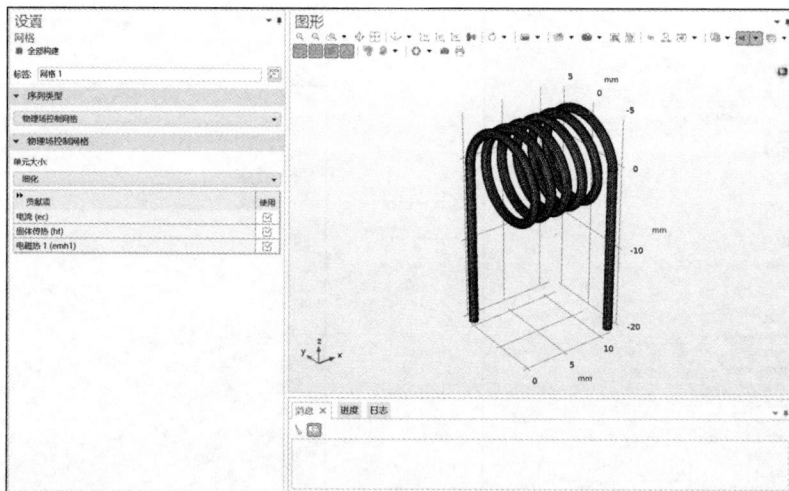

图 4-140　网格划分

4）计算

在"模型开发器"窗口的"组件 1(comp1)"→"研究 1"节点下，单击"步骤 1：稳态"，在"稳态"设置窗口中，单击"计算"按钮，等待计算完成。

5）结果后处理

当 COMSOL 计算完成时，"电势(ec)""电场模(ec)"和"温度(ht)"三组结果会在"模型开发器"窗口的"结果"节点下自动生成，如需其他后处理结果，则需用户手动生成。

计算"平均温度"：在"结果"工具栏中单击"计算组"，在"模型开发器"窗口的"结果"节点下，右击"计算组 1"，选择"平均值"→"体积平均"，打开"体积平均"设置窗口，在"标签"文本框中输入"平均温度"；定位到"选择"栏，选择域 1～3；单击"计算"按钮，在"信息"窗口生成计算结果，如图 4-141 所示。

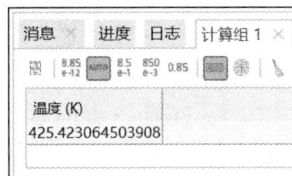

图 4-141　平均温度

5．同时考虑对流换热及表面对环境辐射换热

1）"固体传热(ht)"边界条件设置

在"模型开发器"窗口的"组件 1(comp1)"节点下，单击"固体传热(ht)"。在"物理场"工具栏中单击"边界"，然后选择"表面对环境辐射"。在"表面对环境辐射"设置窗口中，定位到"边界选择"栏，选择边界 1、边界 2、边界 5～12、边界 15、边界 16；定位到"表面对环境辐射"栏，从"ε"列表中选择"用户定义"，在相应的文本框中输入"0.3"，如图 4-142 所示。

2）计算

在"模型开发器"窗口的"组件 1(comp1)"→"研究 1"节点下，单击"步骤 1：稳态"。在"稳态"设置窗口中，单击"计算"按钮，等待计算完成。

3）结果后处理

计算"平均温度"：在"模型开发器"窗口的"结果"节点下，单击"计算组 1"，再单击"计算"按钮，即可在"信息"窗口生成计算结果，如图 4-143 所示。

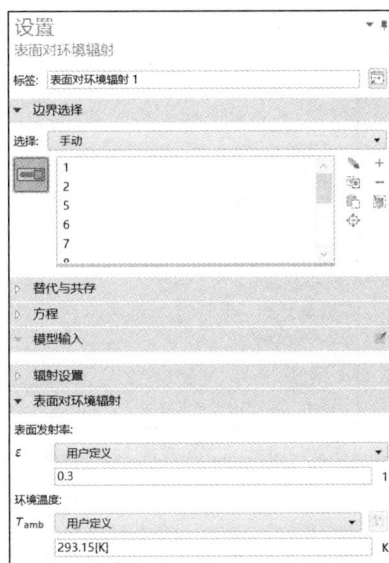

图 4-142　设置"表面对环境辐射 1"

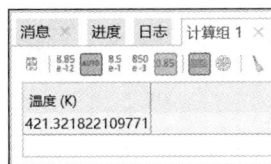

图 4-143　平均温度

6．同时考虑对流换热及表面对表面辐射换热

1）"固体传热(ht)"边界条件设置

删除"表面对环境辐射 1"。在"模型开发器"窗口的"组件 1(comp1)"→"固体传热(ht)"节点下，右击"表面对环境辐射 1"，选择"删除"。

2）"表面对表面辐射(rad)"边界条件设置

（1）添加"表面对表面辐射(rad)"接口。在"物理场"工具栏中单击"添加物理场"，选择"传热"→"辐射"→"表面对表面辐射(rad)"，单击"添加到'组件 1'"，"表面对表面辐射(rad)"接口被添加。

（2）添加"表面对表面辐射传热 1(htrad1)"多物理场接口。在"物理场"工具栏中单击"多物理场耦合"，单击"表面对表面辐射传热"，"表面对表面辐射传热 1(htrad1)"多物理场接口被添加。

（3）设置"表面对表面辐射(rad)"。在"模型开发器"窗口的"组件 1(comp1)"节点下，单击"表面对表面辐射(rad)"。在"表面对表面辐射"设置窗口中，定位到"边界选择"栏，删除边界 4、边界 12 和边界 14，如图 4-144 所示。

（4）设置"漫反射表面 1"。在"模型开发器"窗口的"组件 1(comp1)"→"表面对表面辐射(rad)"节点下，单击"漫反射表面 1"。在"漫反射表面"设置窗口中，定位到"表面发射率"栏，从"ε"列表中选择"用户定义"，在相应的文本框中输入"0.3"，如图 4-145 所示。

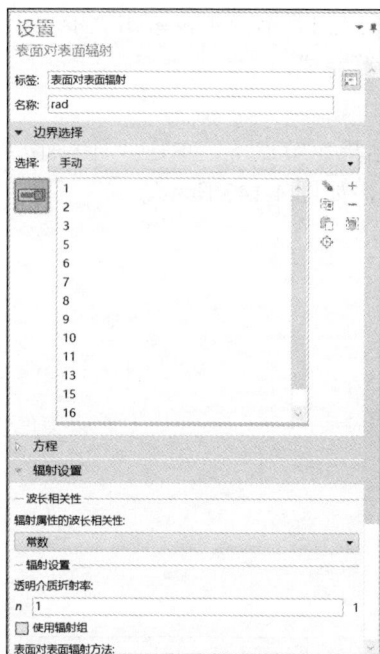

图 4-144　设置"表面对表面辐射(rad)"

图 4-145　设置"漫反射表面 1"

3）计算

在"模型开发器"窗口的"组件 1(comp1)"→"研究 1"节点下，单击"步骤 1：稳态"。在"稳态"设置窗口中，单击"计算"按钮，等待计算完成。

4）结果后处理

（1）计算"平均温度"。在"模型开发器"窗口的"结果"节点下，单击"计算组 1"，再单击"计算"按钮，在"信息"窗口生成计算结果，如图 4-146 所示。

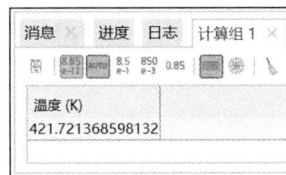

图 4-146　平均温度

比较铜丝的平均温度可发现，考虑了辐射换热的情况下平均温度降低 4K 左右，在本案例中"表面对环境辐射换热"与"表面对表面辐射换热"所得到的结果差别不大，约为 0.4 K。

（2）生成"表面辐射度(rad)"。在"结果"工具栏中单击"添加预定义的绘图"，在"添加预定义的绘图"窗口中选择"表面对表面辐射"→"表面辐射度(rad)"，单击"添加绘图"按钮，生成"表面辐射度(rad)"，如图 4-147 所示。

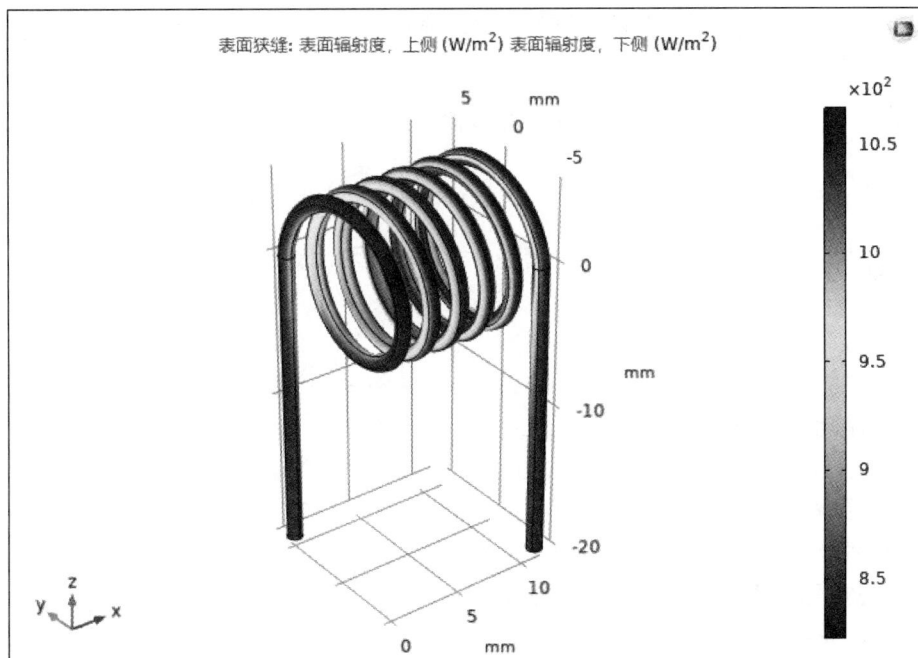

图 4-147　表面辐射度(rad)

第5章 相变传热分析

相变传热是指物质在相变过程中吸收或释放热量，是工程中经常遇到的传热问题，涉及气液相变、固液相变等方面，也涉及多物理场耦合。本章主要介绍孔隙尺度相变填充床储热性能分析、管道中的结冰分析、激光烧蚀分析、电池复合散热分析、微通道中蒸汽气泡生长分析等案例。

5.1 孔隙尺度相变填充床储热性能分析

本节通过一个具体案例来介绍如何分析孔隙尺度相变填充床储热性能。

5.1.1 问题描述

储热技术主要分为 3 个类别：显热储能、相变储能和热化学储能。热能储存（TES）装置是一种利用储热技术来吸收太阳能、地热能或工业废热的设备。最简单的 TES 装置是利用水作为储热介质的显热储能装置，这种设备在家庭住宅中广泛使用，主要通过显热储能的方式吸收太阳能。而采用相变材料的潜热储能系统，因其能够显著提升 TES 系统的热容量而备受关注，其中相变填充床是一种典型的潜热储能设备。本节对参考文献[37]的模拟进行复现，通过 COMSOL 软件在孔隙尺度上对相变填充床的储热性能进行深入分析。

本案例模型的几何示意如图 5-1 所示，相变微胶囊的外径为 2 mm，相变微胶囊内半径和壳体

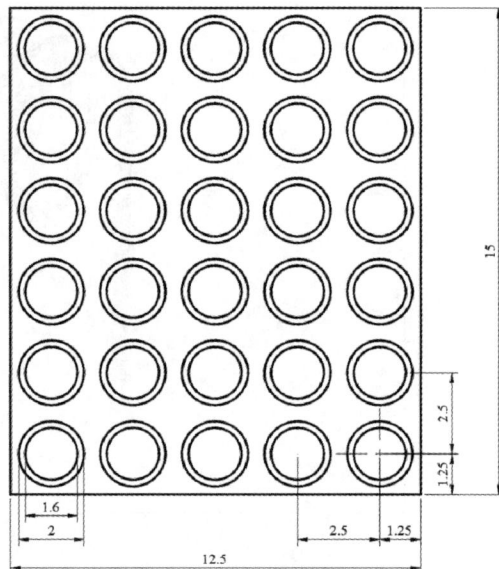

图 5-1　几何示意

厚比例为 4:1，相变微胶囊外半径与壳体间距离比例为 2:1。模型相关材料物性参数来自参考文献[37]，填充床初始温度为 293.15 K，入口以流速 0.005 m/s 流入温度为 343.15 K 的水，左右两侧边界条件为对称边界条件。

物性参数见表 5-1。

表 5-1　　　　　　　　　　　　　　　物性参数

材料	μ /[kg/(m·s)]	k /[W/(m·K)]	ρ /(kg/m³)	C_p /[J/(kg·K)]	L /(kJ/kg)	T_m/K
相变材料	—	0.4(s)/0.15(l)	880(s)/760(l)	1850(s)/2384(l)	213	333.15
水	0.006	0.66	978	4190	—	—
硅	—	1.3	2170	680	—	—

5.1.2 建模思路及注意事项

本案例涉及传热流体的流动、热量的传递以及相变，因此可用 COMSOL 内置的共轭传热接口进行求解，并根据参考文献[37]提供的数据，绘制几何、设置材料物性参数以及边界条件。

COMSOL 有内置的处理相变工况的模块，COMSOL 内置的固体相变模块默认不考虑相变过程中密度的变化，如需考虑相变过程中固体密度的变化，则需要用户进行定义（见本案例边界条件设置中对"固体 2"的设置）。

5.1.3 具体计算

具体计算涉及模型向导、几何构建、参数输入、边界条件设置、网格划分、计算求解、结果后处理等内容。

1．模型向导

打开 COMSOL 软件，单击"模型向导"，进入"选择空间维度"窗口；单击"二维"，进入"选择物理场"窗口；选择"传热"→"共轭传热"→"层流"，单击"添加"按钮，在"添加的物理场接口"列表框中会出现已添加的物理场；单击"研究"按钮，进入"选择研究"窗口；选择"一般研究"→"瞬态"，单击"完成"按钮，进入 COMSOL 建模界面。

2．几何构建

（1）在"模型开发器"窗口的"组件 1(comp1)"节点下，单击"几何 1"。在"几何"设置窗口中，定位到"单位"栏，从"长度单位"列表中选择"mm"。

（2）构建"矩形 1"。在"几何"工具栏中单击"矩形"，在"矩形"设置窗口中，定位到"大小和形状"栏，在"宽度"文本框中输入"12.5"，在"高度"文本框中输入"15"，单击"构建所有对象"按钮，如图 5-2 所示。

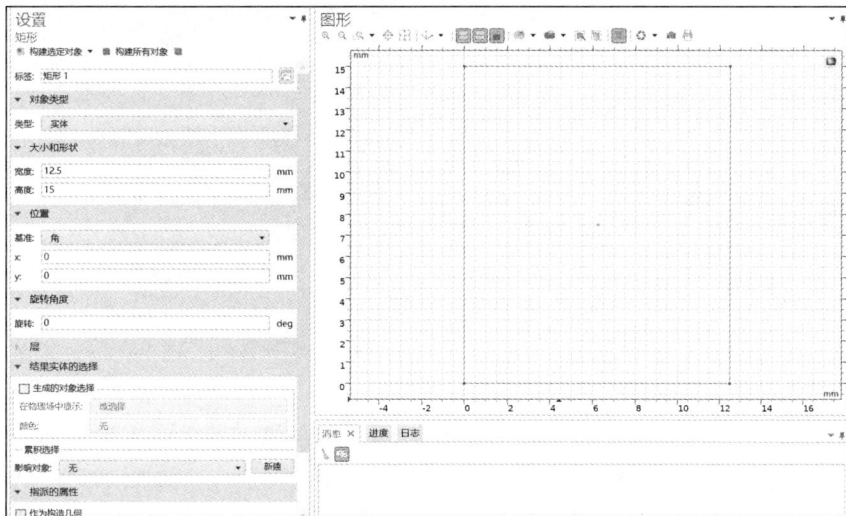

图 5-2 "矩形 1"几何构建

（3）构建"圆 1"。在"几何"工具栏中单击"圆"，在"圆"设置窗口中，定位到"位置"栏，在"x"文本框中输入"1.25"，在"y"文本框中输入"1.25"；定位到"层"栏，在"层 1"文本框中输入"0.2"；单击"构建所有对象"按钮，如图 5-3 所示。

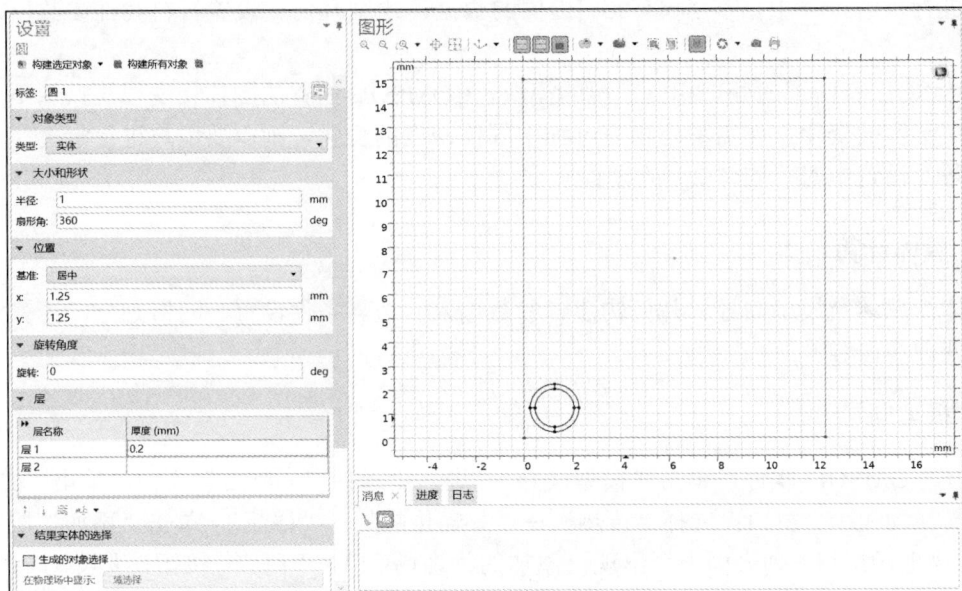

图 5-3　"圆 1"几何构建

（4）构建"阵列 1"。在"几何"工具栏中单击"变换"→"阵列"，在"阵列"设置窗口中，定位到"输入"栏，选择"c1"；定位到"大小"栏，在"x 大小"文本框中输入"5"，在"y 大小"文本框中输入"6"；定位到"位移"栏，在"x"文本框中输入"2.5"，在"y"文本框中输入"2.5"；单击"构建所有对象"按钮，如图 5-4 所示。

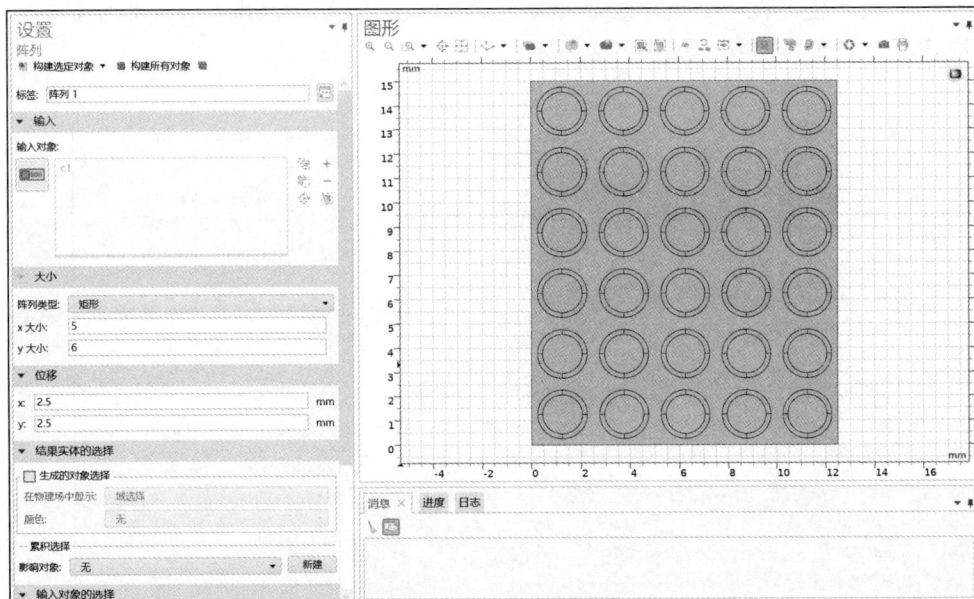

图 5-4　"阵列 1"几何构建

（5）在“模型开发器”窗口中，单击“形成联合体 (fin)”，在“形成联合体/装配”设置窗口中，单击“全部构建”按钮。在“图形”窗口中单击“缩放到窗口大小”按钮，几何构建完毕。

3. 参数输入

在“模型开发器”窗口的“全局定义”节点下，单击“参数 1”。在“参数”设置窗口中，定位到“参数”栏，按图 5-5 所示输入参数。

4. 边界条件设置

1）“固体和流体传热(ht)”边界条件设置

（1）设置“固体 1”。在“模型开发器”窗口的“组件 1(comp1)”→“固体和流体传热(ht)”节点下，单击“固体 1”。在“固体”设置窗口中，定位到“热传导，固体”栏，从“k”列表中选择“用户定义”，在对应的文本框中输入“k_g”；定位到“热力学，固体”栏，从“ρ”列表中选择“用户定义”，在对应的文本框中输入“rho_g”，从“C_p”列表中选择“用户定义”，在对应的文本框中输入“cp_g”，如图 5-6 所示。

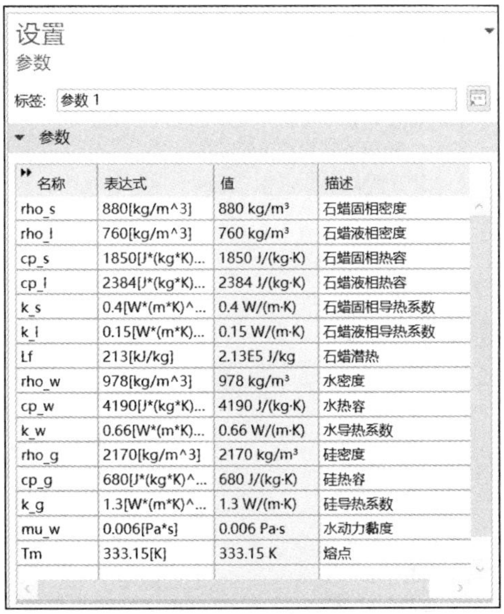

名称	表达式	值	描述
rho_s	880[kg/m^3]	880 kg/m³	石蜡固相密度
rho_l	760[kg/m^3]	760 kg/m³	石蜡液相密度
cp_s	1850[J*(kg*K)...	1850 J/(kg·K)	石蜡固相热容
cp_l	2384[J*(kg*K)...	2384 J/(kg·K)	石蜡液相热容
k_s	0.4[W*(m*K)^...	0.4 W/(m·K)	石蜡固相导热系数
k_l	0.15[W*(m*K)...	0.15 W/(m·K)	石蜡液相导热系数
Lf	213[kJ/kg]	2.13E5 J/kg	石蜡潜热
rho_w	978[kg/m^3]	978 kg/m³	水密度
cp_w	4190[J*(kg*K)...	4190 J/(kg·K)	水热容
k_w	0.66[W*(m*K)...	0.66 W/(m·K)	水导热系数
rho_g	2170[kg/m^3]	2170 kg/m³	硅密度
cp_g	680[J*(kg*K)^...	680 J/(kg·K)	硅热容
k_g	1.3[W*(m*K)^...	1.3 W/(m·K)	硅导热系数
mu_w	0.006[Pa*s]	0.006 Pa·s	水动力黏度
Tm	333.15[K]	333.15 K	熔点

图 5-5　输入“参数 1”

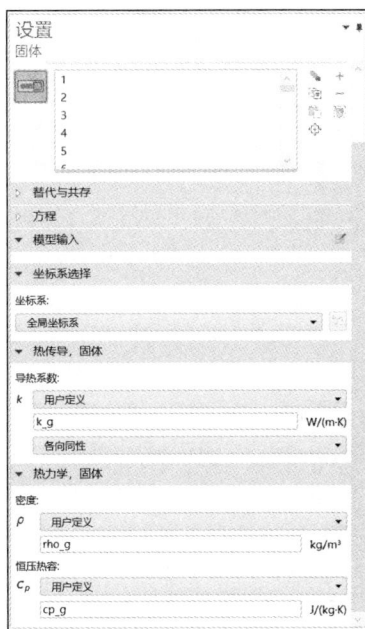

图 5-6　设置“固体 1”

（2）设置“流体 1”。在“模型开发器”窗口的“组件 1(comp1)”→“固体和流体传热(ht)”节点下，单击“流体 1”。在“流体”设置窗口中，定位到“域选择”栏，选择域 1；定位到“热传导，流体”栏，从“k”列表中选择“用户定义”，在对应的文本框中输入“k_w”；定位到“热力学，流体”栏，从“流体类型”列表中选择“气体/液体”，从“ρ”列表中选择“用户定义”，在对应的文本框中输入“rho_w”，从“C_p”列表中选择“用户定义”，在对应的文本框中输入“cp_w”，如图 5-7 所示。

（3）设置“固体 2”。在“物理场”工具栏中单击“域”，然后选择“固体”。在“固体”设置窗口中，定位到“域选择”栏，选择域 122～151。

在"模型开发器"窗口的"组件 1(comp1)"→"固体和流体传热(ht)"节点下，右击"固体 2"，选择"相变材料"。在"相变材料"设置窗口中，定位到"密度"栏，从"ρ"列表中选择"用户定义"，在对应的文本框中输入"rho_s*ht.theta1+rho_l*ht.theta2"（注意，此设置是为了区分固态和液态相变材料的密度）；定位到"相变"栏，在"相 1 与相 2 之间的相变温度"文本框中输入"Tm"，在"从相 1 到相 2 的潜热"文本框中输入"Lf"；定位到"相 1"栏，从"导热系数"列表中选择"用户定义"，在对应的文本框中输入"k_s"，从"恒压热容"列表中选择"用户定义"，在对应的文本框中输入"cp_s"；定位到"相 2"栏，从"导热系数"列表中选择"用户定义"，在对应的文本框中输入"k_l"，从"恒压热容"列表中选择"用户定义"，在对应的文本框中输入"cp_l"，如图 5-8 所示。

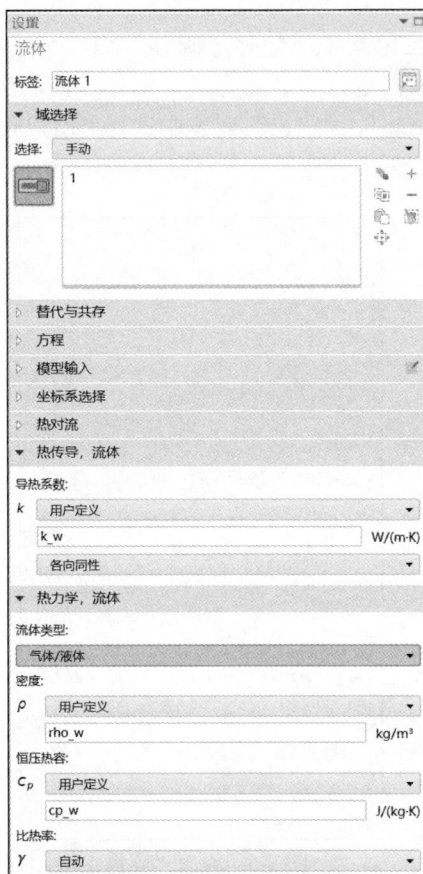

图 5-7　设置"流体 1"

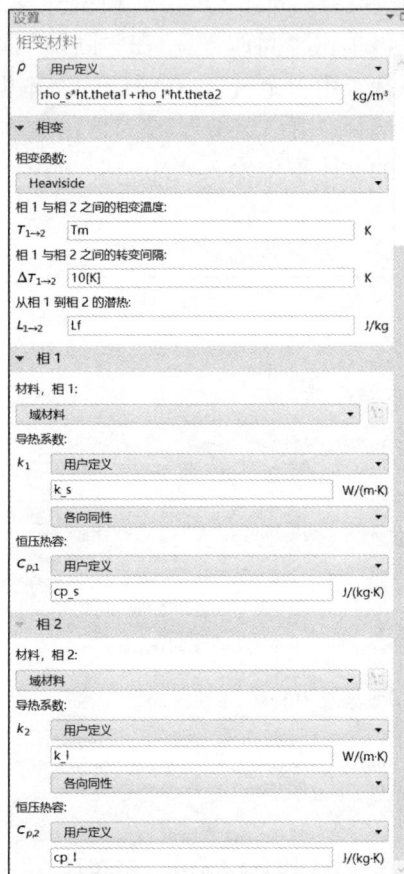

图 5-8　设置"固体 2"

（4）设置"流入 1"。在"物理场"工具栏中单击"边界"，然后选择"流入"。在"流入"设置窗口中，定位到"边界选择"栏，选择边界 3；定位到"上游属性"栏，在"T_{ustr}"文本框中输入"343.15[K]"，如图 5-9 所示。

（5）设置"流出 1"。在"物理场"工具栏中单击"边界"，然后选择"流出"。在"流出"设置窗口中，定位到"边界选择"栏，选择边界 2，如图 5-10 所示。

（6）设置"对称 1"。在"物理场"工具栏中单击"边界"，然后选择"对称"。在"对称"设置窗口中，定位到"边界选择"栏，选择边界 1 和边界 124，如图 5-11 所示。

图 5-9　设置"流入 1"

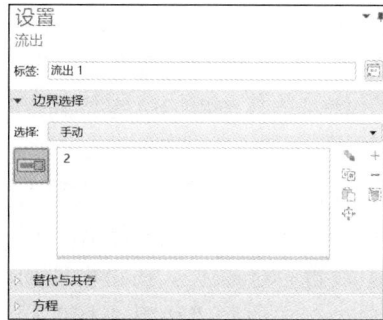

图 5-10　设置"流出 1"

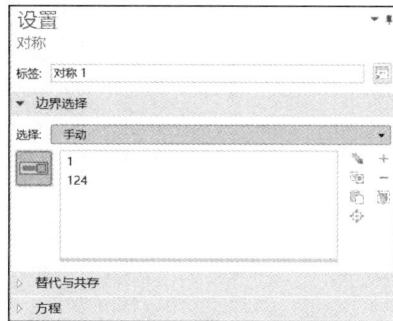

图 5-11　设置"对称 1"

2）"层流(spf)"边界条件设置

（1）设置"层流(spf)"。在"模型开发器"窗口的"组件 1(comp1)"节点下，单击"层流(spf)"。在"层流"设置窗口中，定位到"域选择"栏，选择域 1，如图 5-12 所示。

（2）设置"流体属性 1"。在"模型开发器"窗口的"组件 1(comp1)"→"层流(spf)"节点下，单击"流体属性 1"。在"流体属性"设置窗口中，定位到"流体属性"栏，从"μ"列表中选择"用户定义"，在对应的文本框中输入"mu_w"，如图 5-13 所示。

图 5-12　设置"层流(spf)"

图 5-13　设置"流体属性 1"

（3）设置"入口 1"。在"模型开发器"窗口的"组件 1(comp1)"节点下，单击"层流(spf)"。在"物理场"工具栏中单击"边界"，然后选择"入口"。在"入口"设置窗口中，定位到"边界选择"栏，选择边界 3；定位到"速度"栏，在"U_0"文本框中输入"0.005"，如图 5-14 所示。

（4）设置"出口 1"。在"物理场"工具栏中单击"边界"，然后选择"出口"。在"出口"设置窗口中，定位到"边界选择"栏，选择边界 2，如图 5-15 所示。

（5）设置"对称 1"。在"物理场"工具栏中单击"边界"，然后选择"对称"。在"对称"设置窗口中，定位到"边界选择"栏，选择边界 1 和边界 124，如图 5-16 所示。

图 5-14 设置"入口 1"　　　图 5-15 设置"出口 1"　　　图 5-16 设置"对称 1"

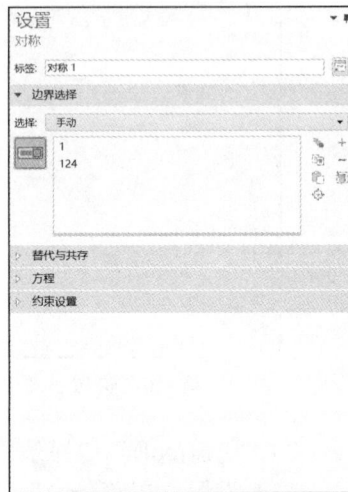

5．网格划分

在"模型开发器"窗口的"组件 1(comp1)"节点下，单击"网格 1"。在"网格"设置窗口中，单击"全部构建"按钮，网格划分完成，如图 5-17 所示。

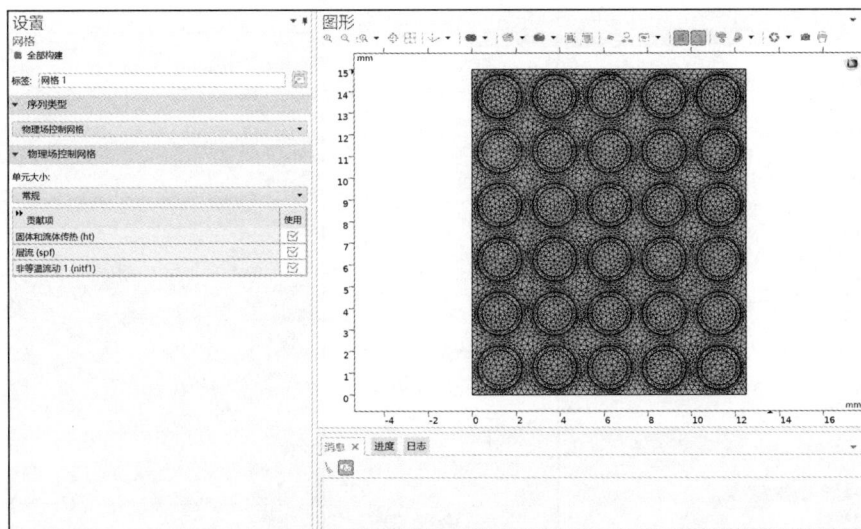

图 5-17 网格划分

在"模型开发器"窗口的"组件1(comp1)"节点下，右击"网格1"，选择"统计信息"，显示已划分网格的相关信息，如图 5-18 所示。

6．计算

在"模型开发器"窗口的"组件1(comp1)"→"研究1"节点下，单击"步骤1：瞬态"。在"瞬态"设置窗口中，定位到"研究设置"栏，在"输出时间步"文本框中输入"range(0,0.1,30)"，单击"计算"按钮，等待计算完成。

7．结果后处理

当 COMSOL 计算完成时，会在"模型开发器"窗口的"结果"节点下自动生成"温度(ht)""速度(spf)""压力(spf)""温度和流体流动(nitf1)"4组结果，如需其他后处理结果，则需用户手动生成。

（1）生成"液相率"。在"模型开发器"窗口的"组件1(comp1)"节点下，右击"定义"，选择"非局部耦合"→"积分"。在"积分"设置窗口中，定位到"源选择"栏，选择域 122～151。在"模型开发器"窗口的"组件1(comp1)"节点下，右击"定义"，选择"变量"。在"变量"设置窗口中，定位到"变量"栏，按图 5-19 所示设置变量。

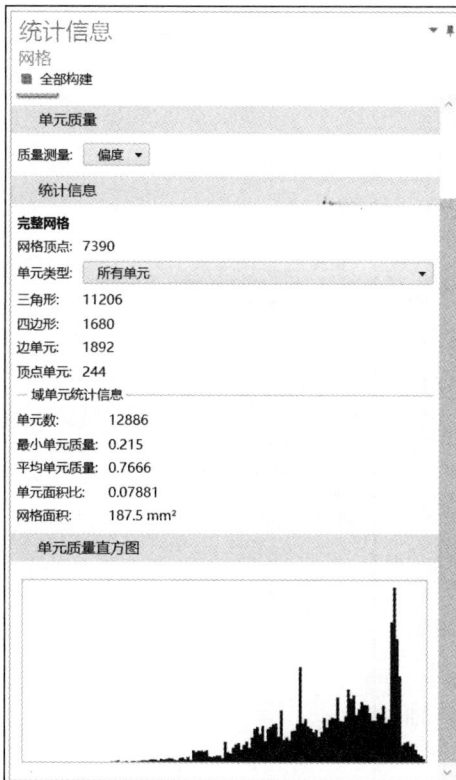

图 5-18 网格相关信息

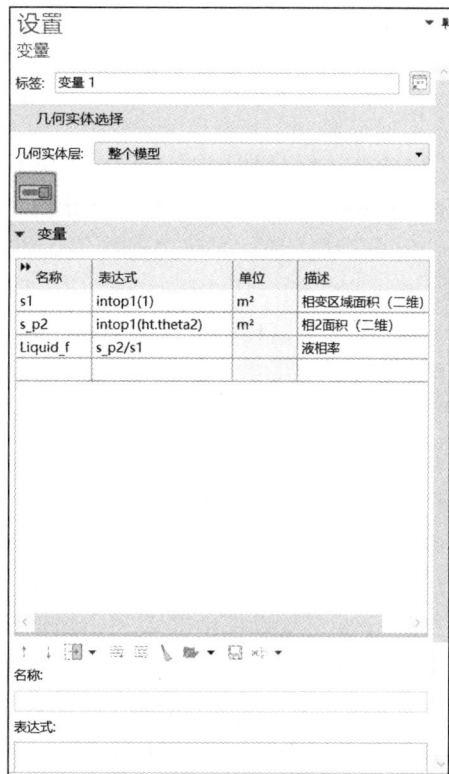

图 5-19 设置变量

在"模型开发器"窗口的"组件1(comp1)"节点下，右击"研究1"，选择"更新解"（注意，计算完成之后设置的变量，需要"更新解"才能被 COMSOL 识别）。在"结果"工具栏中单击"一维绘图组",打开"一维绘图组"设置窗口,在"标签"文本框中输入"液相率"。在"模型开发器"窗口的"结果"节点下,右击"液相率",选择"全局"。在"全局"设置窗口中,定位到"y 轴数据"栏,在"表达式"文本框中输入"Liquid_f";定位到"着色和样式"栏,从"宽度"列表中选择"3",从"标记"列表中选择"加号",从"定位"列表中选择"内插";单击"绘制"按钮,生成"液相率",如图 5-20 所示。

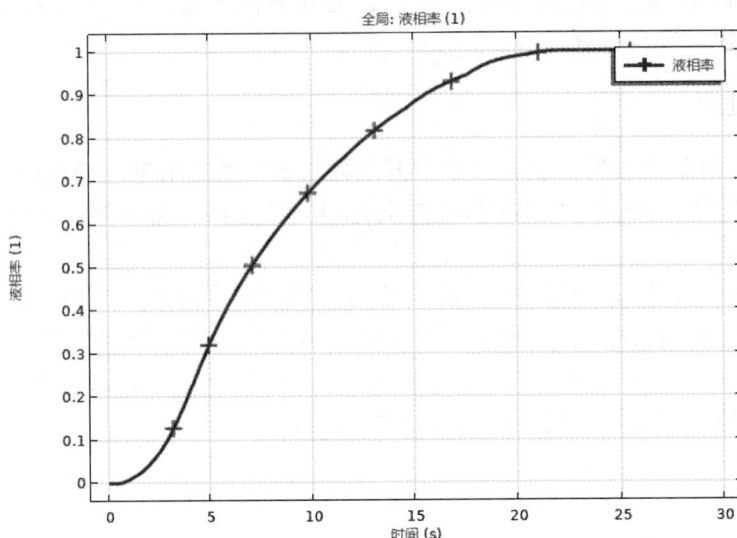

图 5-20　液相率

（2）生成"出口温度"。在"模型开发器"窗口的"组件 1(comp1)"节点下,右击"定义",选择"非局部耦合"→"平均值"。在"平均值"设置窗口中,定位到"源选择"栏,从"几何实体层"列表中选择"边界",在"图形"窗口中选择边界 2。在"模型开发器"窗口的"组件 1(comp1)"节点下,右击"定义",选择"变量 1"。在"变量"设置窗口中,定位到"变量"栏,按图 5-21 所示设置变量。

在"模型开发器"窗口的"组件 1(comp1)"节点下,右击"研究 1",选择"更新解"。在"结果"工具栏中单击"一维绘图组",打开"一维绘图组"设置窗口,在"标签"文本框中输入"出口温度"。在"模型开发器"窗口的"结果"节点下,右击"出口温度",选择"全局"。在"全局"设置窗口中,定位到"y 轴数据"栏,在"表达式"文本框中输入"outlet_t";定位到"着色和样式"栏,从"宽度"列表中选择"3",从"标记"列表中选择"菱形",从"定位"列表中选择"内插";单击"绘制"按钮,生成"出口温度",如图 5-22 所示。

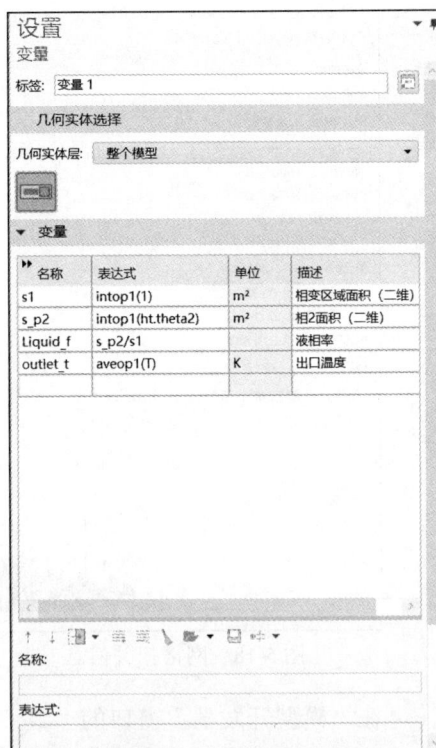

图 5-21　设置变量

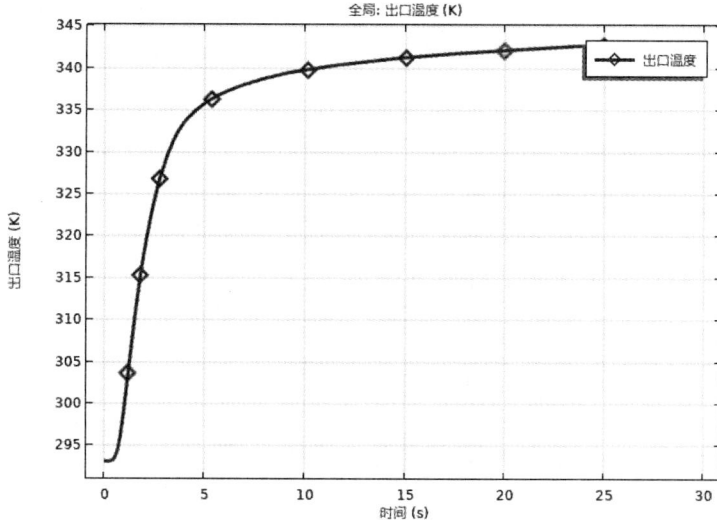

图 5-22　出口温度

除了通过定义"非局部耦合"和"变量"来生成后处理的曲线图，也可以通过定义"探针"来生成相应的后处理曲线图。这里以"出口温度"为例，利用"探针"生成相应的后处理曲线图。在"模型开发器"窗口的"组件 1(comp1)"节点下，右击"定义"，选择"探针"→"边界探针"。在"边界探针"设置窗口的"标签"文本框中输入"出口温度"；定位到"源选择"栏，选择边界 2；单击"更新结果"按钮，即可利用"探针"生成"出口温度"，如图 5-23 所示。

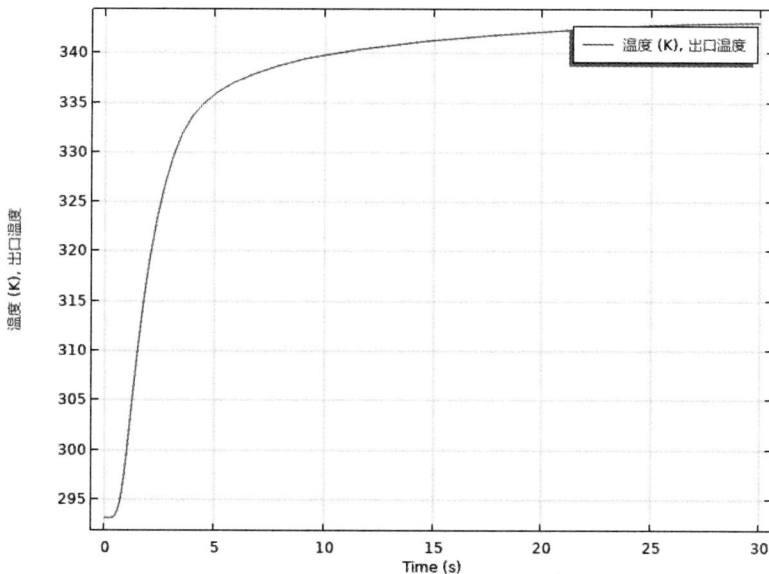

图 5-23　利用"探针"生成"出口温度"

（3）生成"相分布"。在"结果"工具栏中单击"二维绘图组"，打开"二维绘图组"设置窗口，在"标签"文本框中输入"相分布"。在"模型开发器"窗口的"结果"节点下，右击"相分布"，选择"表面"。在"表面"设置窗口中，定位到"表达式"栏，在"表达式"

文本框中输入"ht.theta2";定位到"范围"栏,勾选"手动控制颜色范围"复选框,在"最大值"文本框中输入"1";单击"绘制"按钮,生成"相分布",如图 5-24 所示。

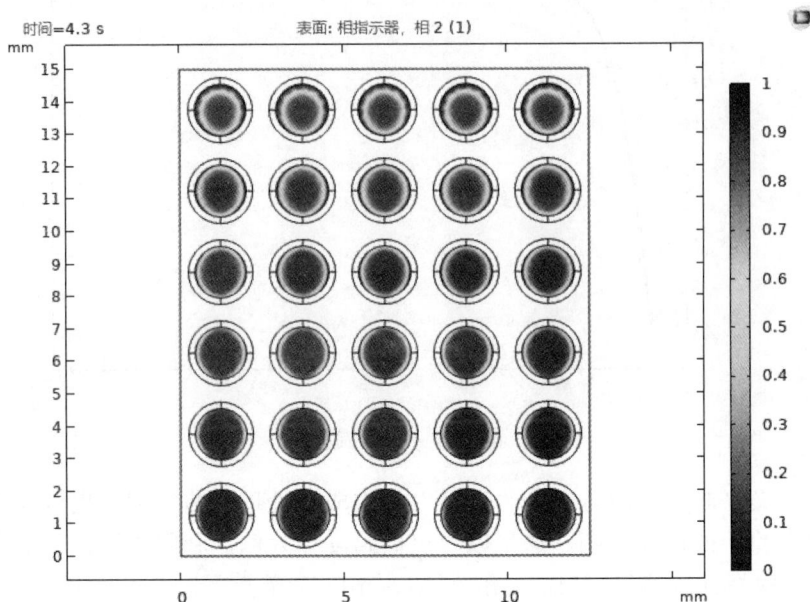

图 5-24 相分布

本案例所得到的结果与参考文献[37]高度一致,对此方向感兴趣的读者可以在参考本案例的基础上,尝试对其他工况进行建模。

5.2 管道中的结冰分析

本节通过一个具体案例来介绍如何分析管道中的结冰情况。

5.2.1 问题描述

在我国北方地区,冬季自来水管道结冰是一个常见问题,这一现象主要是由于当地气温显著下降至零度以下所致。结冰可能会阻碍水流的正常流动,影响居民的日常生活用水。本节通过一个简单的流道结冰模型,分析结冰对管道内流体流动的影响。

本案例模型的几何示意如图 5-25 所示,分析的管道部分长 20 cm、高 3 cm。假设管道保温层出现长度 1 cm 的缺口,缺口热通量为-5 W/cm^2,缺口处预设半径为 1 cm 的半圆冰块。

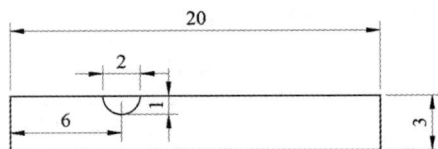

图 5-25 几何示意(单位:cm)

5.2.2 建模思路及注意事项

本案例涉及传热流体的流动、热量的传递以及相变,因此可用 COMSOL 内置的共轭传热接口进行求解。本案例中的相变属于固液相变范畴，可用传热模块中的"相变界面"边界条件配合"变形几何"进行处理。因为"变形几何"无法处理冰块的"无中生有"问题，因此需要在几何绘制的时候预设初始的冰块。

5.2.3　具体计算

具体计算涉及模型向导、几何构建、添加材料、边界条件设置、网格划分、计算求解、结果后处理等内容。

1．模型向导

打开 COMSOL 软件，单击"模型向导"，进入"选择空间维度"窗口；单击"二维"，进入"选择物理场"窗口；选择"传热"→"共轭传热"→"层流"，单击"添加"按钮，在"添加的物理场接口"列表框中会出现已添加的物理场；单击"研究"按钮，进入"选择研究"窗口；选择"一般研究"→"瞬态"，单击"完成"按钮，进入 COMSOL 建模界面。

2．几何构建

（1）构建"矩形 1"。在"几何"工具栏中单击"矩形"，在"矩形"设置窗口中，定位到"大小和形状"栏，在"宽度"文本框中输入"20[cm]"，在"高度"文本框中输入"3[cm]"，单击"构建所有对象"按钮，如图 5-26 所示。

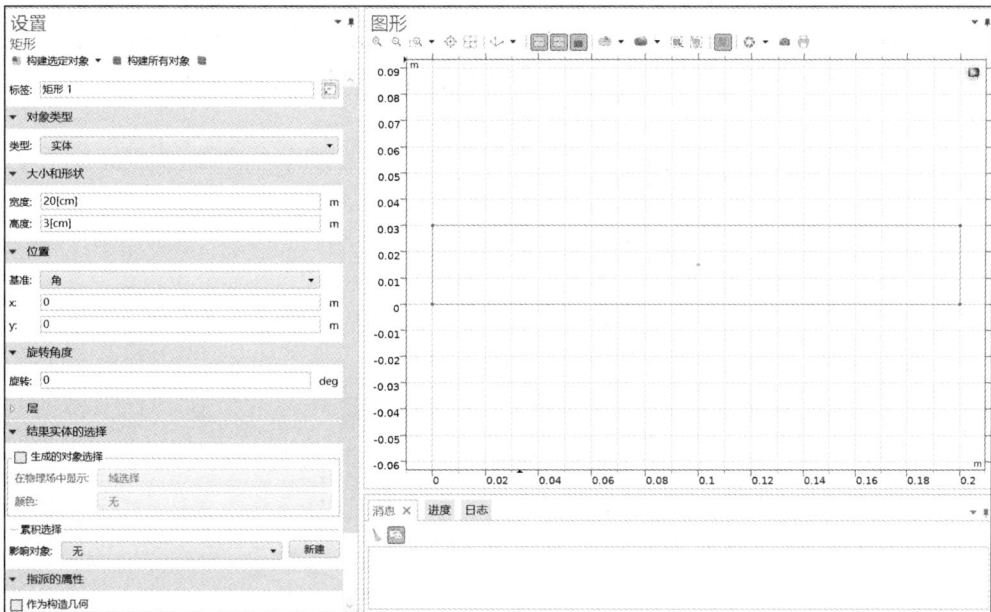

图 5-26　"矩形 1"几何构建

（2）构建"圆 1"。在"几何"工具栏中单击"圆"，在"圆"设置窗口中，定位到"大小和形状"栏，在"半径"文本框中输入"1[cm]"，在"扇形角"文本框中输入"180"；定位到"位置"栏，在"x"文本框中输入"6[cm]"，在"y"文本框中输入"3[cm]"；定位到"旋转角度"栏，在"旋转"文本框中输入"–180"；单击"构建所有对象"按钮，如图 5-27 所示。

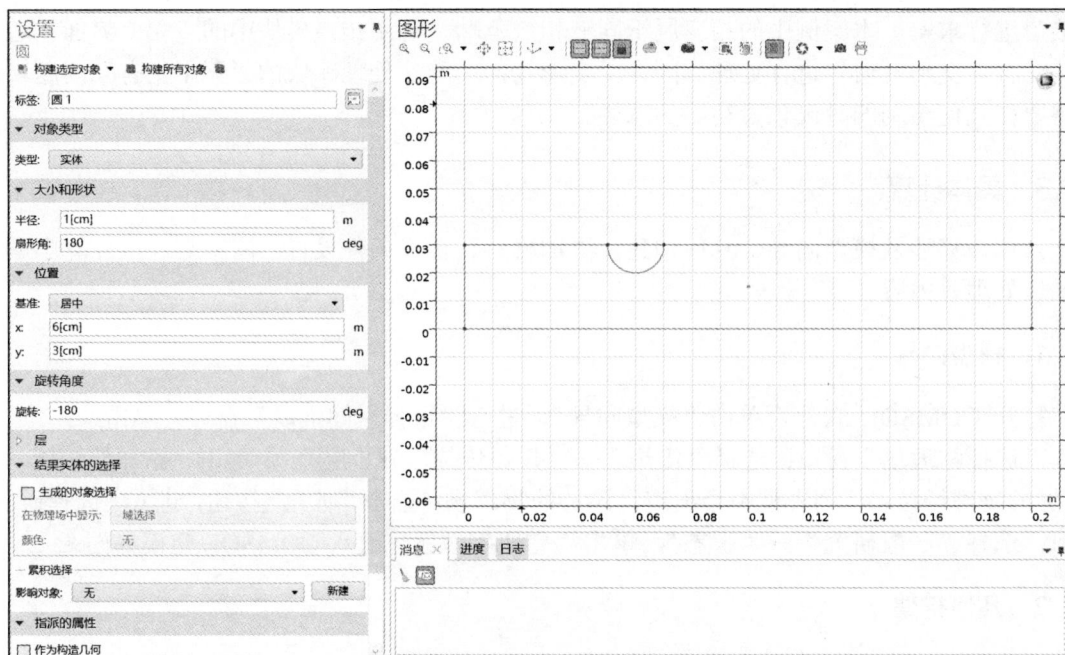

图 5-27　"圆 1"几何构建

（3）构建"多边形 1"。在"几何"工具栏中单击"多边形"，在"多边形"设置窗口中，定位到"坐标"栏，按图 5-28 所示进行输入，然后单击"构建所有对象"按钮。

（4）在"模型开发器"窗口中，单击"形成联合体(fin)"，在"形成联合体/装配"设置窗口中，单击"全部构建"按钮。在"图形"窗口中单击"缩放到窗口大小"按钮 ⊞，几何构建完毕。

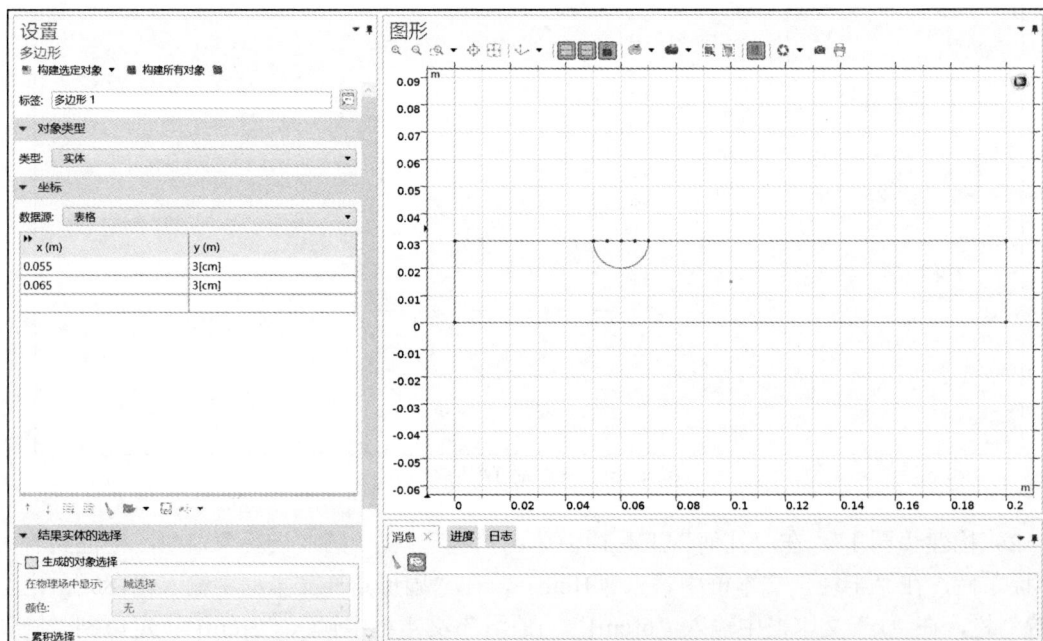

图 5-28　"多边形 1"几何构建

3．添加材料

（1）添加"H2O (water) [solid]"。在"模型开发器"窗口的"组件 1(comp1)"节点下，右击"材料"，选择"从库中添加材料"。在"添加材料"窗口中找到"H2O (water) [solid]"，双击进行添加。在"材料"设置窗口中，定位到"几何实体选择"栏，选择域 2，如图 5-29 所示。

（2）添加"H2O (water) [liquid]"。在"模型开发器"窗口的"组件 1(comp1)"节点下，右击"材料"，选择"从库中添加材料"。在"添加材料"窗口中找到"H2O (water) [liquid]"，双击进行添加。在"材料"设置窗口中，定位到"几何实体选择"栏，选择域 1，如图 5-30 所示。

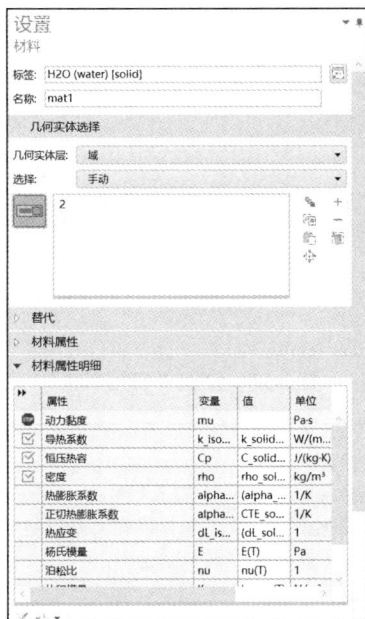

图 5-29　添加"H2O (water) [solid]"

图 5-30　添加"H2O (water) [liquid]]"

4．边界条件设置

1）"固体和流体传热(ht)"边界条件设置

（1）设置"流体 1"。在"模型开发器"窗口的"组件 1(comp1)"→"固体和流体传热(ht)"节点下，单击"流体 1"。在"流体"设置窗口中，定位到"域选择"栏，选择域 1，如图 5-31 所示。

（2）设置"初始值 1"。在"模型开发器"窗口的"组件 1(comp1)"→"固体和流体传热(ht)"节点下，单击"初始值 1"。在"初始值"设置窗口中，定位到"初始值"栏，在"T"文本框中输入"2[degC]"，如图 5-32 所示。

（3）设置"初始值 2"。在"物理场"工具栏中单击"域"，然后选择"初始值"。在"初始值"设置窗口中，定位到"域选择"栏，选择域 2；定位到"初始值"栏，在"T"文本框中输入"−5[degC]"，如图 5-33 所示。

（4）设置"相变界面 1"。在"物理场"工具栏中单击"边界"，然后选择"相变界面"。在"相变界面"设置窗口中，定位到"边界选择"栏，选择边界 10 和边界 11；定位到"相变界面"栏，在"$L_{s \to f}$"文本框中输入"333[kJ/kg]"，在"固体侧"列表中选择"下侧"，如图 5-34 所示。

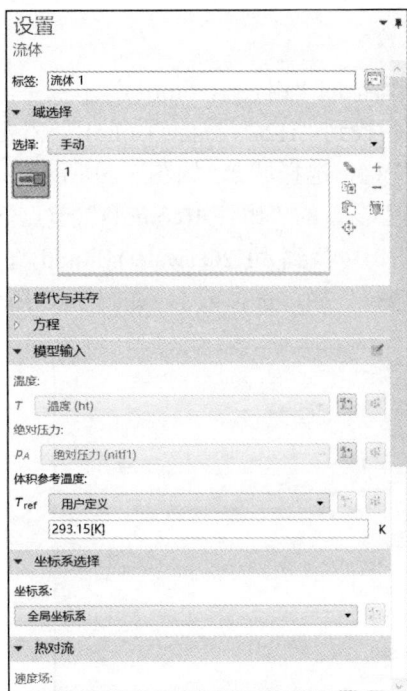

图 5-31　设置"流体 1"

图 5-32　设置"初始值 1"

图 5-33　设置"初始值 2"

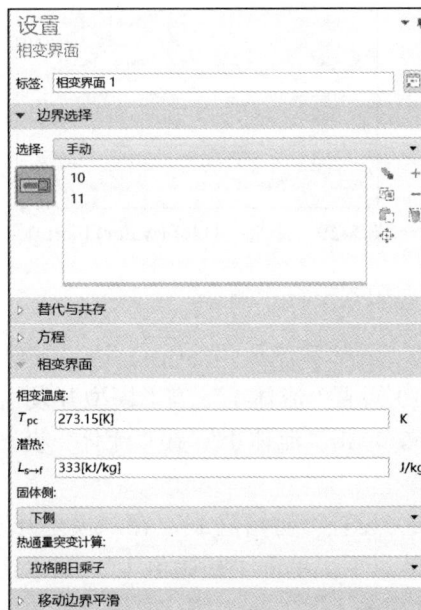

图 5-34　设置"相变界面 1"

（5）设置"流入 1"。在"物理场"工具栏中单击"边界"，然后选择"流入"。在"流入"设置窗口中，定位到"边界选择"栏，选择边界 1；定位到"上游属性"栏，在"T_{ustr}"文本框中输入"2[degC]"，如图 5-35 所示。

（6）设置"流出 1"。在"物理场"工具栏中单击"边界"，然后选择"流出"。在"流出"设置窗口中，定位到"边界选择"栏，选择边界 9，如图 5-36 所示。

图 5-35　设置"流入 1"

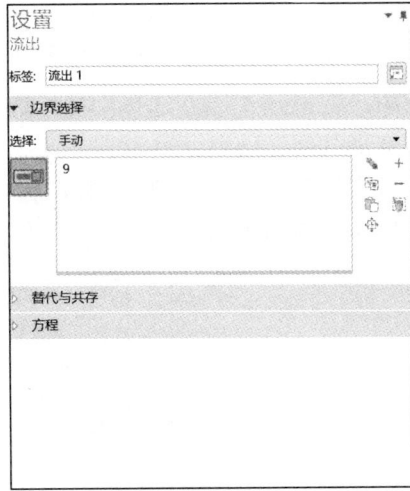

图 5-36　设置"流出 1"

（7）设置"边界热源 1"。在"物理场"工具栏中单击"边界"，然后选择"边界热源"。在"边界热源"设置窗口中，定位到"边界选择"栏，选择边界 5 和边界 6；定位到"边界热源"栏，在"Q_b"文本框中输入"–5[W/cm^2]"，如图 5-37 所示。

2）"层流（spf）"边界条件设置

（1）设置"层流（spf）"。在"模型开发器"窗口的"组件 1(comp1)" 节点下，单击"层流(spf)"。在"层流"设置窗口中，定位到"域选择"栏，选择域 1；定位到"物理模型"栏，勾选"包含重力"复选框，如图 5-38 所示。

图 5-37　设置"边界热源 1"

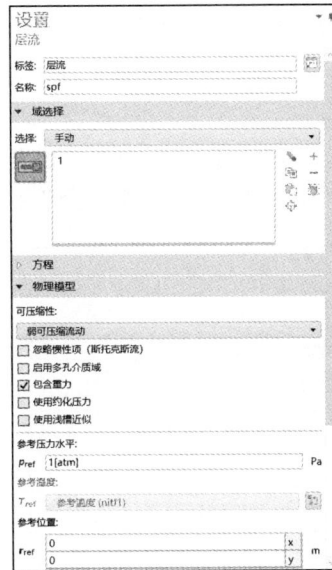

图 5-38　设置"层流（spf）"

（2）设置"入口 1"。在"模型开发器"窗口的"组件 1 (comp1)"节点下，单击"层流(spf)"。在"物理场"工具栏中单击"边界"，然后选择"入口"。在"入口"设置窗口中，定位到"边界选择"栏，选择边界 1；定位到"边界条件"栏，从列表中选择"压力"；定位到

"压力条件"栏，在"P_0"文本框中输入"10"，如图 5-39 所示。

（3）设置"出口 1"。在"物理场"工具栏中单击"边界"，然后选择"出口"。在"出口"设置窗口中，定位到"边界选择"栏，选择边界 9，如图 5-40 所示。

3）"变形几何"边界条件设置

（1）设置"变形域 1"。在"物理场"工具栏中单击"变形几何"，然后选择"变形域"，其设置窗口如图 5-41 所示。

图 5-39　设置"入口 1"　　　　图 5-40　设置"出口 1"　　　　图 5-41　设置"变形域 1"

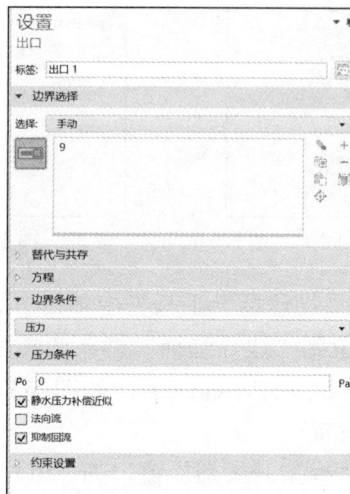

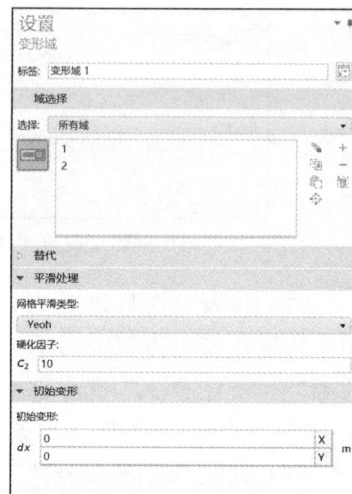

（2）设置"指定法向网格位移 1"。在"变形几何"工具栏中单击"指定法向网格位移"，在"指定法向网格位移"设置窗口中，定位到"边界选择"栏，选择边界 1~4 和边界 7~9，如图 5-42 所示。注意，这里设置"指定法向网格位移"的目的是使选中的边界不发生法向的变形。

（3）设置"固定边界 1"。在"变形几何"工具栏中单击"固定边界"，在"固定边界"设置窗口中，定位到"边界选择"栏，选择边界 5 和边界 6，如图 5-43 所示。

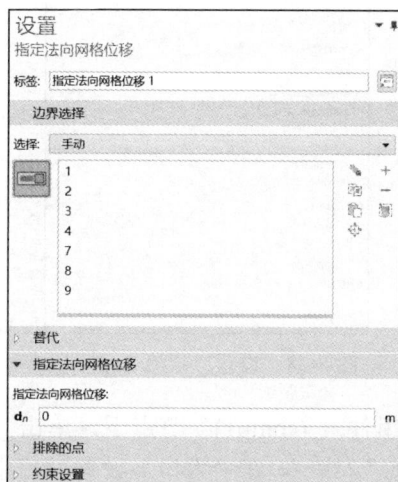

图 5-42　设置"指定法向网格位移 1"　　　　图 5-43　设置"固定边界 1"

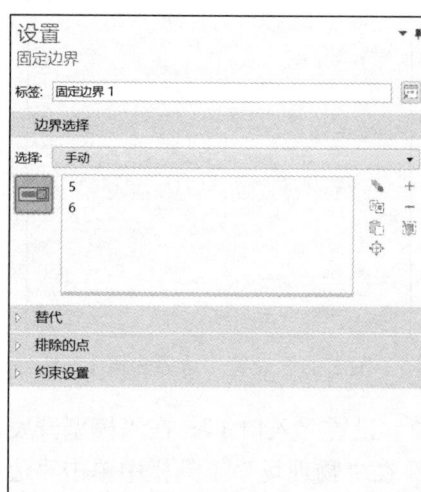

5．网格划分

在"模型开发器"窗口的"组件 1(comp1)"节点下，单击"网格 1"。在"网格"设置窗口中，单击"全部构建"按钮，网格划分完成，如图 5-44 所示。

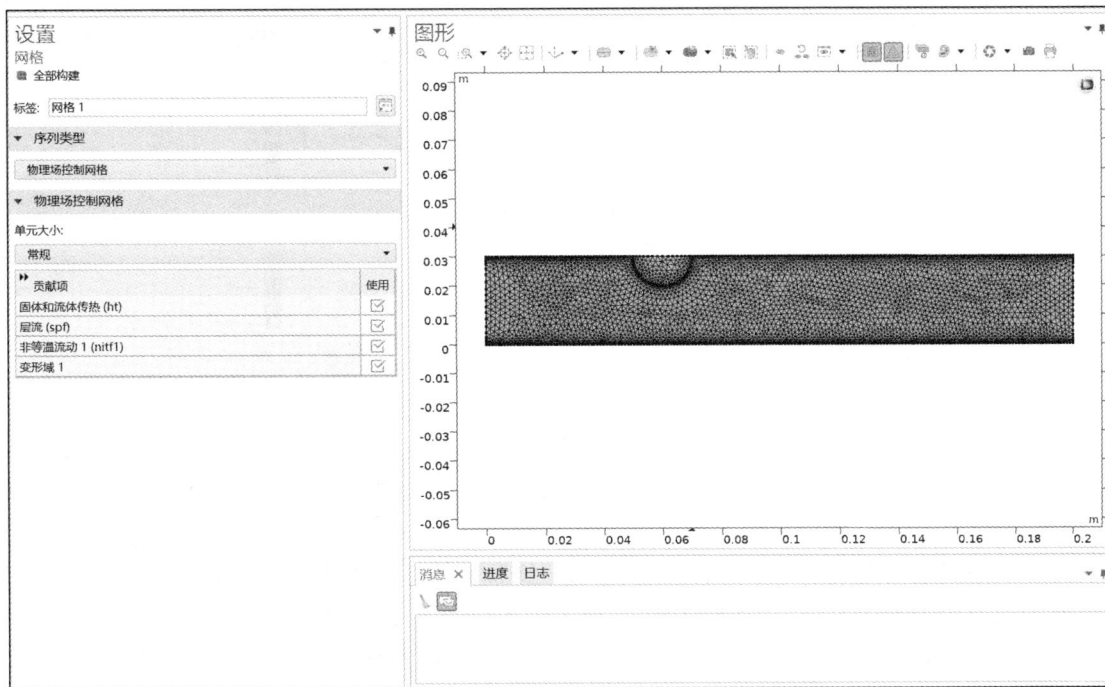

图 5-44　网格划分

在"模型开发器"窗口的"组件 1(comp1)"节点下，右击"网格 1"，选择"统计信息"，显示已划分网格的相关信息，如图 5-45 所示。

6．计算

在"模型开发器"窗口的"组件 1(comp1)"→"研究 1"节点下，单击"步骤 1：瞬态"。在"瞬态"设置窗口中，定位到"研究设置"栏，在"输出时间步"文本框中输入"range(0,1,100)"，单击"计算"按钮，等待计算完成。

7．结果后处理

当 COMSOL 计算完成时，会在"模型开发器"窗口的"结果"节点下自动生成"温度(ht)""速度(spf)""压力(spf)""温度和流体流动(nitf1)"和"变形几何"5 组结果，如需其他后处理结果，则需用户手动生成。图 5-46 所示为 COMSOL 自动生成的"温度(ht)"结果。

图 5-45　网格相关信息

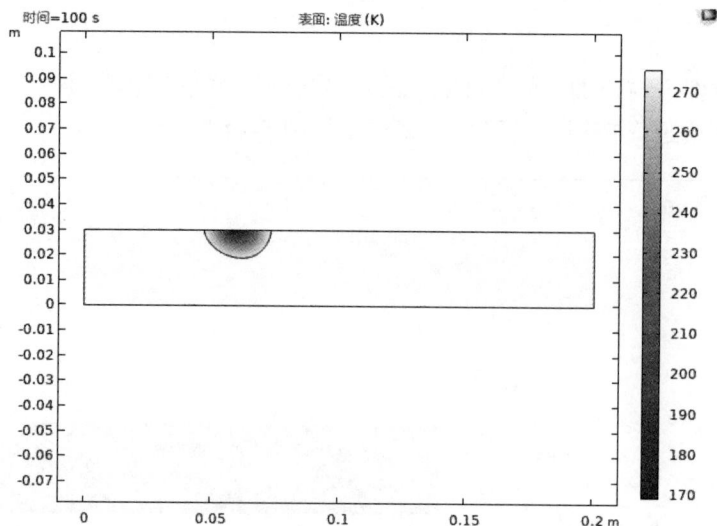

图 5-46　温度(ht)

（1）生成"冰块面积"。在"模型开发器"窗口的"组件 1(comp1)"节点下，右击"定义"，选择"非局部耦合"→"积分"。在"积分"设置窗口中，定位到"源选择"栏，选择域 2。

在"模型开发器"窗口的"组件 1(comp1)"节点下，右击"研究 1"，选择"更新解"（注意，计算完成之后设置的"非局部耦合"，需要"更新解"才能被 COMSOL 识别）。在"结果"工具栏中单击"一维绘图组"，打开"一维绘图组"设置窗口，在"标签"文本框中输入"冰块面积"。在"模型开发器"窗口的"结果"节点下，右击"冰块面积"，选择"全局"。在"全局"设置窗口中，定位到"y 轴数据"栏，在"表达式"文本框中输入"intop1(1)"，在"描述"文本框中输入"冰块面积"，单击"绘制"按钮，生成"冰块面积"，如图 5-47 所示。

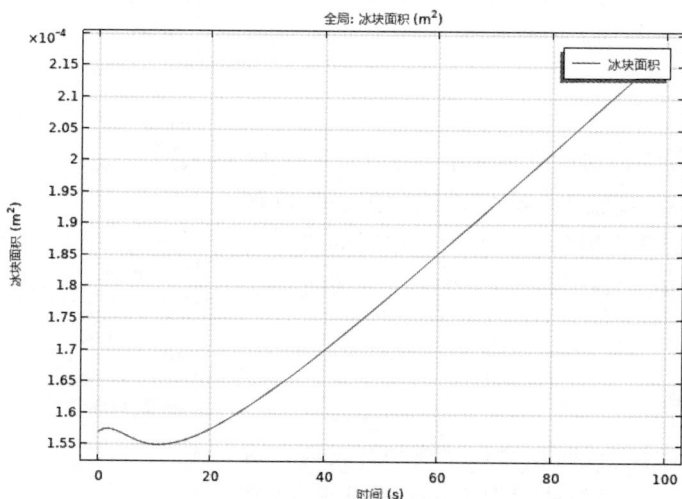

图 5-47　冰块面积

（2）生成"出口流速"。在"模型开发器"窗口的"组件 1(comp1)"节点下，右击"定义"，选择"非局部耦合"→"平均值"。在"平均值"设置窗口中，定位到"源选择"栏，从"几何实体层"列表中选择"边界",在"图形"窗口中选择边界 9。

在"模型开发器"窗口的"组件 1(comp1)"节点下,右击"研究 1",选择"更新解"(注意,计算完成之后设置的"非局部耦合",需要"更新解"才能被 COMSOL 识别)。在"结果"工具栏中单击"一维绘图组",打开"一维绘图组"设置窗口,在"标签"文本框中输入"出口流速"。在"模型开发器"窗口的"结果"节点下,右击"出口流速",选择"全局"。在"全局"设置窗口中,定位到"y 轴数据"栏,在"表达式"文本框中输入"aveop1(u)",在"描述"文本框中输入"出口流速",单击"绘制"按钮,生成"出口流速",如图 5-48 所示。

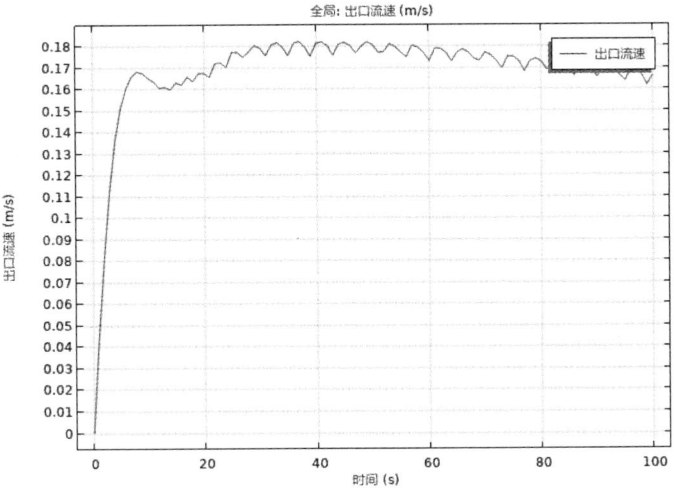

图 5-48　出口流速

(3)生成"底部壁面附近速度分布"。在"模型开发器"窗口的"组件 1(comp1)"→"结果"节点下,右击"数据集",选择"二维截线"。在"二维截线"设置窗口中,定位到"线数据"栏,在"点 1"对应的"X""Y"文本框中分别输入"0""0.002",在"点 2"对应的"X""Y"文本框中分别输入"0.2""0.002",单击"绘制"按钮,创建"二维截线"数据集,如图 5-49 所示。

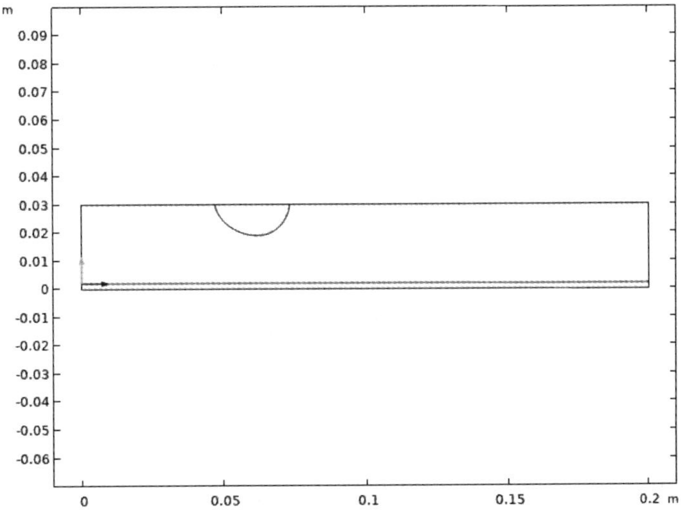

图 5-49　创建"二维截线"数据集

在"结果"工具栏中单击"底部壁面附近速度分布",打开"一维绘图组"设置窗口,在"标签"文本框中输入"底部壁面附近速度分布",定位到"数据"栏,从"数据集"列表中选择"二维截线 1",从"时步(s)"列表中选择"内插",在对应的文本框中输入"range(10,10,100)";定位到"图例"栏,从"布局"列表中选择"图轴区域外",从"位置"列表中选择"底",在"行数"文本框中输入"2"。在"模型开发器"窗口的"结果"节点下,右击"底部壁面附近速度分布",选择"线结果"。在"线结果"设置窗口中,定位到"y 轴数据"栏,在"表达式"文本框中输入"spf.U";定位到"着色和样式"栏,从"线"列表中选择"循环",从"宽度"列表中选择"2";定位到"图例"栏,勾选"显示图例"复选框;单击"绘制"按钮,生成"底部壁面附近速度分布",如图 5-50 所示。

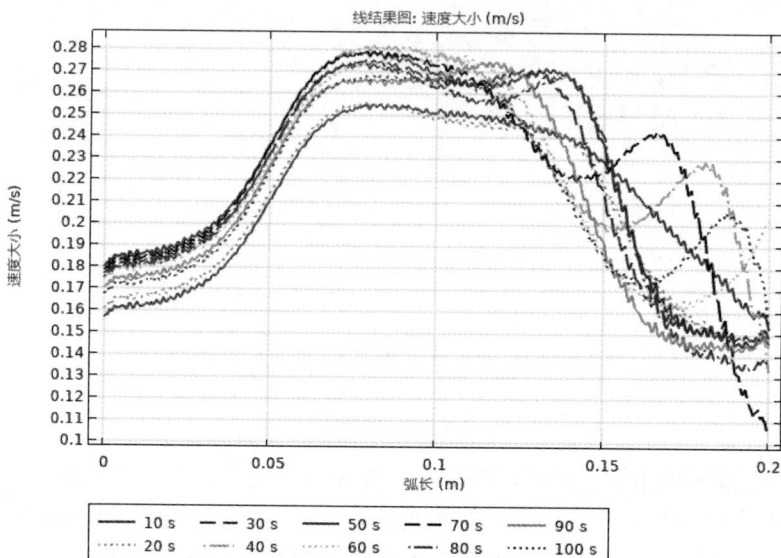

图 5-50　底部壁面附近速度分布

5.3　激光烧蚀分析

本节通过一个具体案例来介绍如何分析激光烧蚀问题。

5.3.1　问题描述

激光烧蚀是利用高能激光束照射材料表面,使其迅速加热并蒸发或分解的过程。这种方法常用于材料科学、医学、工业加工等领域,比如在半导体制造中去除材料,在医学中进行皮肤治疗,在考古学中分析文物表面。激光烧蚀能够精确控制去除材料的区域和深度,是一种非接触式的加工技术。

本节对二维的激光烧蚀模型进行建模,如图 5-51所示,计算域为 4 cm(长)×1 cm(宽)的矩形,激光烧蚀功率为 200 W/m^2,激光以 0.2 mm/s 的速度向右移动。

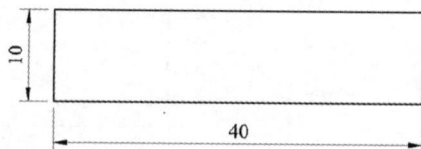

图 5-51　几何尺寸

5.3.2 建模思路及注意事项

烧蚀的本质其实就是材料在高温过程中发生气化的现象。运用 COMSOL 处理烧蚀模型有两个需要解决的问题：一是如何处理由金属的气化所产生的热量交换问题，二是如何处理由气化导致的材料质量减少的问题。

热量交换的问题可通过固体传热接口进行求解。热量主要由激光照射产生，通过材料气化被吸收，其中气化吸收的部分符合下式：

$$q_a = h_a(T_a - T) \tag{5.1}$$

其中，q_a 为材料气化所吸收的热量；h_a 为材料气化时的换热系数，材料气化时带走热量是快速、急促的，因此 h_a 只需要取得足够大即可；T_a 为材料气化的温度；T 为材料当前的温度。

材料质量的减少可以通过变形几何接口进行求解。发生烧蚀表面的变形情况符合下式：

$$v_a = q_a / (\rho H_s) \tag{5.2}$$

其中，v_a 为烧蚀表面的移动速度；ρ 为材料的密度；H_s 为升华热。

5.3.3 具体计算

具体计算涉及模型向导、几何构建、边界条件设置、网格划分、计算求解、结果后处理等内容。

1. 模型向导

打开 COMSOL 软件，单击"模型向导"，进入"选择空间维度"窗口；单击"二维"，进入"选择物理场"窗口；选择"传热"→"固体传热"，单击"添加"按钮；选择"变形网格"→"旧的变形网格"→"变形几何(dg)"，单击"添加"按钮，在"添加的物理场接口"列表框中会出现已添加的物理场；单击"研究"按钮，进入"选择研究"窗口；选择"一般研究"→"瞬态"，单击"完成"按钮，进入 COMSOL 建模界面。

2. 几何构建

（1）在"模型开发器"窗口的"组件 1(comp1)"节点下，单击"几何 1"。在"几何"设置窗口中，定位到"单位"栏，从"长度单位"列表中选择"cm"。

（2）构建"矩形 1"。在"几何"工具栏中单击"矩形"，在"矩形"设置窗口中，定位到"大小和形状"栏，在"宽度"文本框中输入"4"，在"高度"文本框中输入"1"；定位到"位置"栏，在"x"文本框中输入"−1"；单击"构建所有对象"按钮，如图 5-52 所示。

（3）在"模型开发器"窗口中，单击"形成联合体(fin)"，在"形成联合体/装配"设置窗口中，单击"全部构建"按钮。在"图形"窗口中单击"缩放到窗口大小"按钮，几何构建完毕。

3. 输入参数和定义函数

（1）输入参数。在"模型开发器"窗口的"全局定义"节点下，单击"参数 1"。在"参数"设置窗口中,定位到"参数"栏,按图 5-53 所示输入参数。

(2)定义"高斯脉冲 1"。在"模型开发器"窗口的"组件 1(comp1)"节点下,右击"定义",选择"函数"→"高斯脉冲"。在"高斯脉冲"设置窗口中,定位到"参数"栏,在"标准差"文本框中输入"2e-3",如图 5-54 所示。

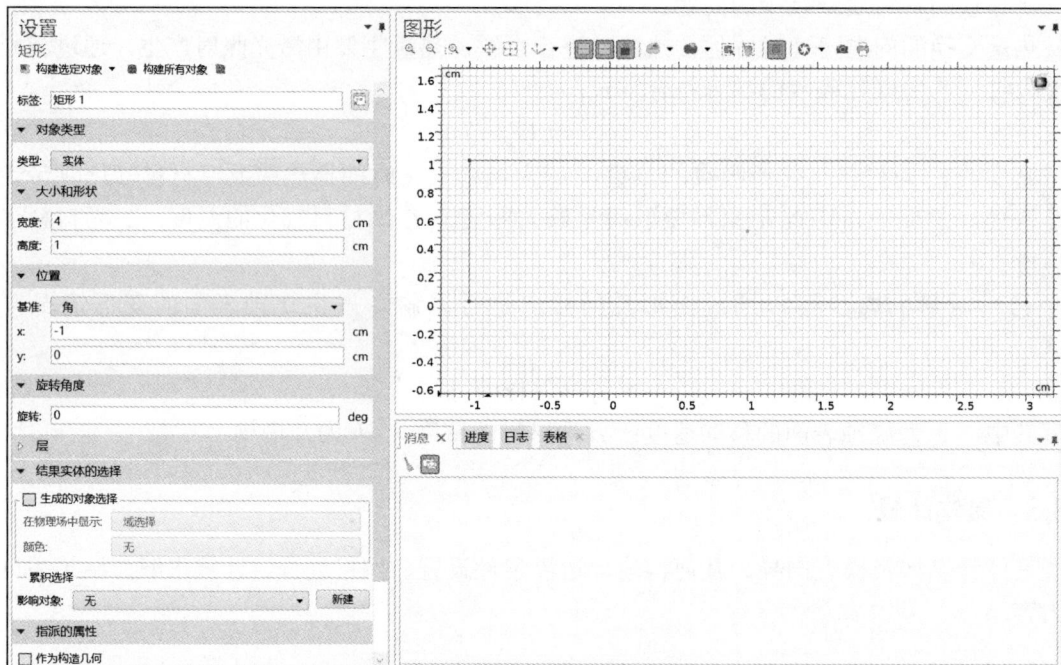

图 5-52　"矩形 1"几何构建

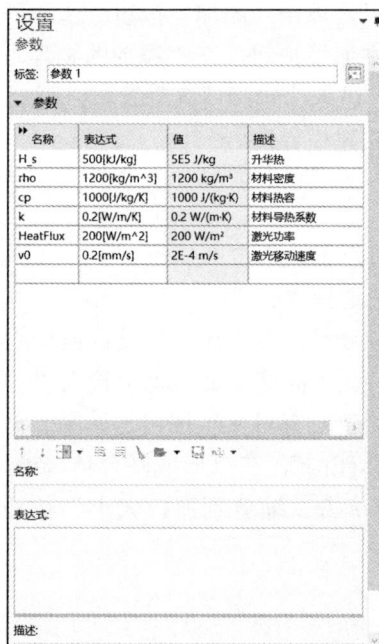

图 5-53　输入参数

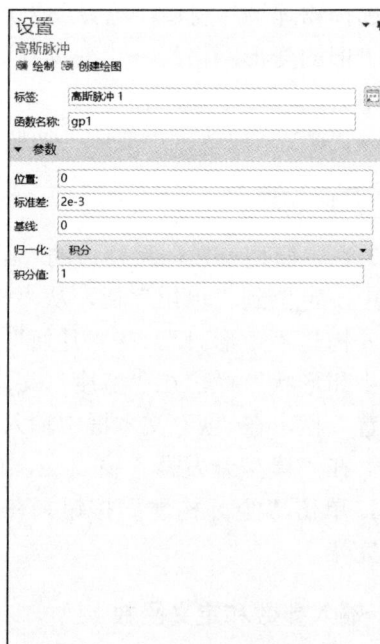

图 5-54　定义"高斯脉冲 1"

4．边界条件设置

1）"固体传热(ht)"边界条件设置

（1）设置"固体1"。在"模型开发器"窗口的"组件1(comp1)"→"固体传热(ht)"节点下，单击"固体 1"。在"固体"设置窗口中，定位到"热传导，固体"栏，从"k"列表中选择"用户定义"，在对应的文本框中输入"k"；定位到"热力学，固体"栏，从"ρ"列表中选择"用户定义"，在对应的文本框中输入"rho"，从"C_p"列表中选择"用户定义"，在对应的文本框中输入"cp"，如图5-55所示。

（2）设置"热通量1"。在"物理场"工具栏中单击"边界"，然后选择"热通量"。在"热通量"设置窗口中，定位到"边界选择"栏，选择边界3；定位到"热通量"栏，在"q_0"文本框中输入"HeatFlux*gp1((x-t*v0)[1/m])"，如图5-56所示。

图5-55 设置"固体1"

图5-56 设置"热通量1"

2）"变形几何(dg)"边界条件设置

（1）设置"自由变形1"。在"模型开发器"窗口的"组件 1 (comp1)"节点下，单击"变形几何(dg)"。在"物理场"工具栏中单击"域"，然后选择"自由变形"。在"自由变形"设置窗口中，定位到"域选择"栏，选择域1，如图5-57所示。

（2）设置"指定网格速度 1"。在"物理场"工具栏中单击"边界"，然后选择"指定网格速度"。在"指定网格速度"设置窗口中，定位到"边界选择"栏，选择边界3；定位到"指定网格速度"栏，在"v_Y"文本框中输入"-ht.hf1.q0/(rho*H_s)"，如图 5-58所示。

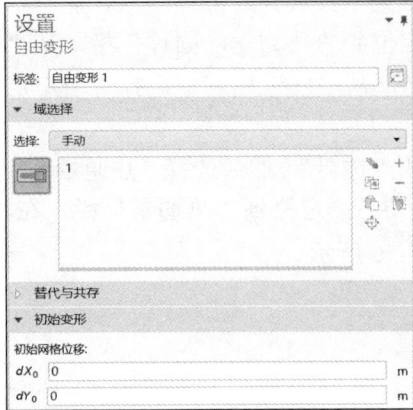

图 5-57　设置"自由变形 1"

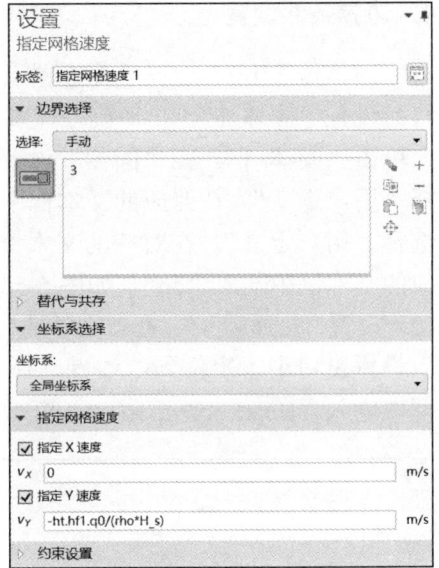

图 5-58　设置"指定网格速度 1"

5. 网格划分

在"模型开发器"窗口的"组件 1(comp1)"节点下，单击"网格 1"。在"网格"设置窗口中，定位到"物理场控制网格"栏，从"单元大小"列表中选择"超细"，单击"全部构建"按钮，网格划分完成，如图 5-59 所示。

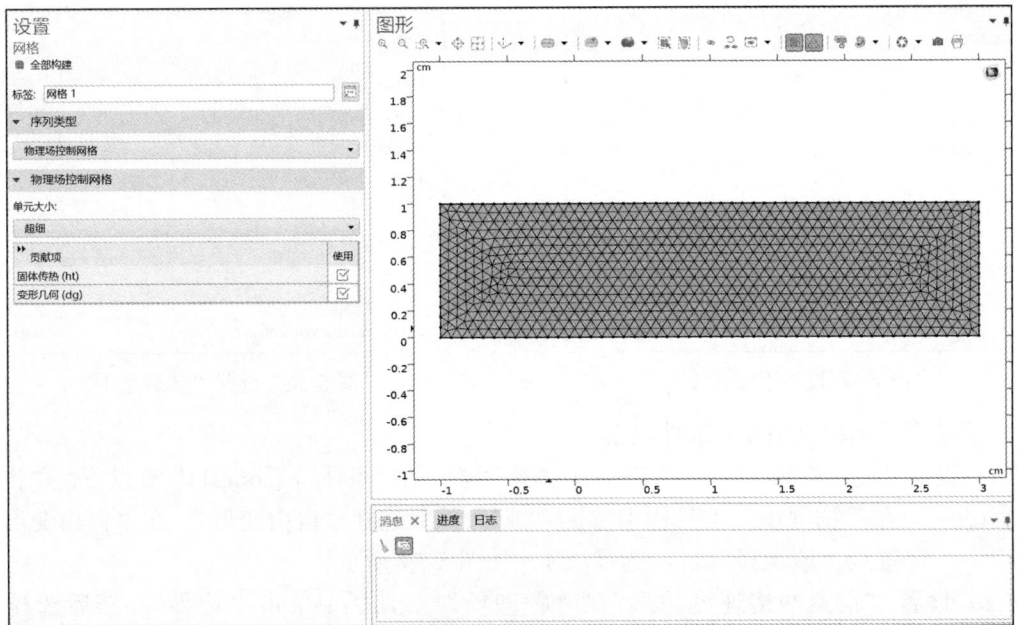

图 5-59　网格划分

在"模型开发器"窗口的"组件 1(comp1)"节点下，右击"网格 1"，选择"统计信息"，显示已划分网格的相关信息，如图 5-60 所示。

6. 计算

在"模型开发器"窗口的"组件 1(comp1)"→"研究 1"节点下，单击"步骤 1：瞬态"。在"瞬态"设置窗口中，定位到"研究设置"栏，在"输出时间步"文本框中输入"range(0,1,100)"，单击"计算"按钮，等待计算完成。

7. 结果后处理

当 COMSOL 计算完成时，会在"模型开发器"窗口的"结果"节点下自动生成"温度 (ht)"结果，如需其他后处理结果，则需用户手动生成。

（1）修改"温度(ht)"。在"模型开发器"窗口的"结果"节点下，右击"温度(ht)"，选择"更多线图"→"线最大值/最小值"。在"线最大值/最小值"设置窗口中，定位到"数据"栏，在"表达式"文本框中输入"abs(y-1[cm])"；定位到"显示"栏，从"显示"列表中选择"最大值"；定位到"文本格式"栏，在"前缀"文本框中输入"最大烧蚀深度"，在"后缀"文本框中输入"cm"。在"模型开发器"窗口的"组件 1(comp1)"

图 5-60　网格相关信息

→"结果"→"温度(ht)"节点下，右击"线最大值/最小值 1"，单击"选择"。在"选择"设置窗口中，定位到"选择"栏，选择边界 3，单击"绘制"按钮，修改后的"温度（ht）"结果如图 5-61 所示。

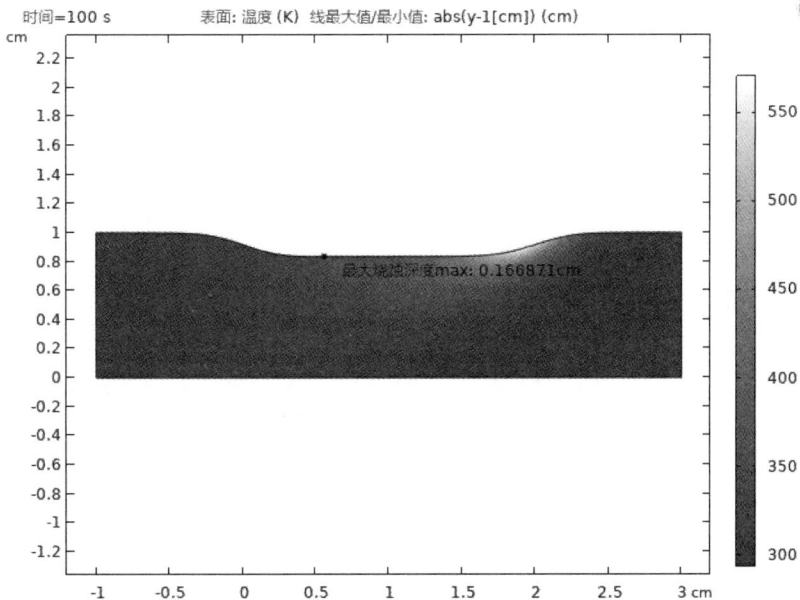

图 5-61　修改后的"温度(ht)"结果

（2）生成"激光烧蚀深度"。在"结果"工具栏中单击"一维绘图组"，打开"一维绘图组"设置窗口，在"标签"文本框中输入"激光烧蚀深度"；定位到"数据"栏，从"时间选择"列表中选择"最后一个"。在"模型开发器"窗口的"结果"节点下，右击"激光烧蚀深度"，选择"线结果图"。在"线结果图"设置窗口中，定位到"选择"栏，选择边界 3；定位到"y 轴数据"栏，在"表达式"文本框中输入"y-1[cm]"；单击"绘制"按钮，生成"激光烧蚀深度"，如图 5-62 所示。

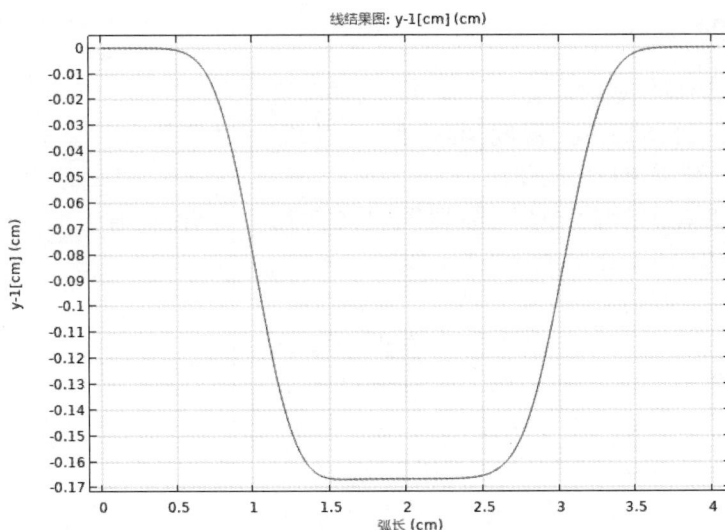

图 5-62　激光烧蚀深度

（3）生成"等温线(ht)"。在"结果"工具栏中单击"添加预定义的绘图组"，打开"添加预定义的绘图组"窗口，在"研究 1/解 1(sol)"→"传热"节点下，双击"等温线(ht)"，生成"等温线(ht)"，如图 5-63 所示。

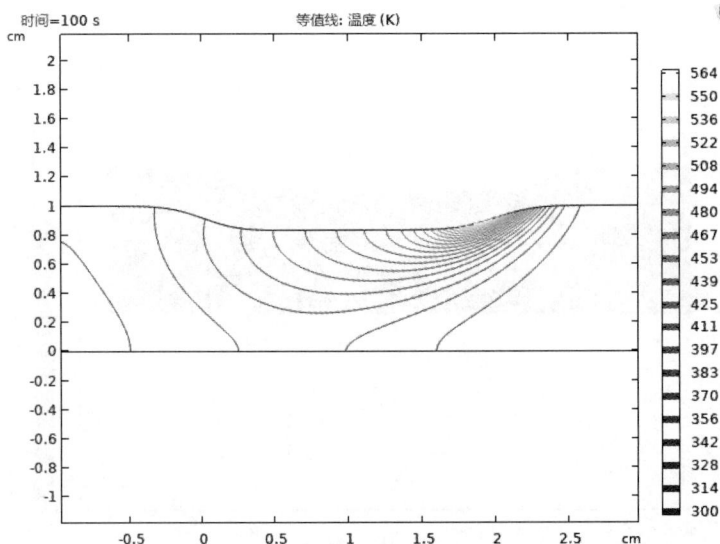

图 5-63　等温线(ht)

5.4 电池复合散热分析

本节通过一个具体案例来介绍如何分析电池复合散热问题。

5.4.1 问题描述

电池的冷却方式一般包括空气冷却、液体冷却、热管冷却和相变冷却。有时候单一的冷却方式无法满足实际使用的需求，因此可以综合运用不同的冷却方式，以实现更高效和均匀的散热效果，从而提高电池的性能和安全性。

本案例对电池的发热情况进行分析，考虑的是空气冷却和相变冷却结合的复合冷却方式。其中电池在 3C 放电倍率下的发热功率由参考文献[38]给定（$q = 4.743 \times 10^{-10} t^5 - 1.037 \times 10^{-6} t^4 + 8.058 \times 10^{-4} t^3 - 0.2817 t^2 + 34.243 t + 68946.1$），相变材料的物性参数由参考文献[39]给定，如表 5-2 所示。图 5-64 所示为模型的几何示意，通风管道装有 6 块锂电池，锂电池外包裹着相变材料。

表 5-2 物性参数表

材料	$\alpha /(1/\mathrm{K})$	$k /[W/(m \cdot K)]$	$\rho /(\mathrm{kg}/\mathrm{m}^3)$	$C_p /[\mathrm{J}/(\mathrm{kg} \cdot \mathrm{K})]$	$L/(\mathrm{kJ/kg})$	T_m/K
石蜡	0.001	0.22(s)/0.13(l)	900(s)/850(l)	1780(s)/2146.7(l)	113	308.15
铝	—	160	2700	900	—	—

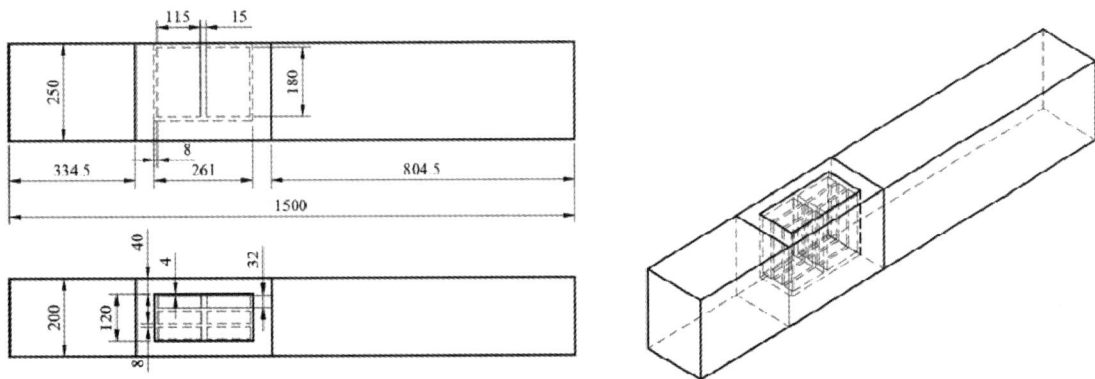

图 5-64 几何示意

5.4.2 建模思路及注意事项

本案例的模型涉及流体传热、固体传热和相变，可用 COMSOL 内置的共轭传热接口进行求解。利用弱可压缩的湍流 k-ε 接口求解空气的流动，利用固体和流体传热接口求解流体的流动传热、电池的发热以及相变材料的相变情况。后续如需进一步降低本案例模型的计算量和提高收敛性，可考虑取一半的几何模型以及采用"对称"边界条件进行计算，也可考虑采用先计算湍流 k-ε 接口，再通过继承解计算固体和流体传热接口的方式进行单向耦合处理，这部分具体可参照 3.4 节齿轮淬火分析。

5.4.3 具体计算

具体计算涉及模型向导、几何构建、添加材料、边界条件设置、网格划分、计算求解、结果后处理等内容。

1. 模型向导

打开 COMSOL 软件，单击"模型向导"，进入"选择空间维度"窗口；单击"三维"，进入"选择物理场"窗口；选择"传热"→"共轭传热"→"湍流"→"湍流，k-ε"，单击"添加"按钮，在"添加的物理场接口"列表框中会出现已添加的物理场；单击"研究"按钮，进入"选择研究"窗口；选择"一般研究"→"瞬态"，单击"完成"按钮，进入 COMSOL 建模界面。

2. 几何构建

（1）在"模型开发器"窗口的"组件 1(comp1)"节点下，单击"几何 1"，在"几何"设置窗口中，定位到"单位"栏，从"长度单位"列表中选择"mm"。

（2）构建"长方体 1"。在"几何"工具栏中单击"长方体"，在"长方体"设置窗口中，定位到"大小和形状"栏，在"宽度"文本框中输入"115"，在"深度"文本框中输入"32"，在"高度"文本框中输入"180"；定位到"位置"栏，从"基准"列表中选择"居中"；单击"构建所有对象"按钮，如图 5-65 所示。

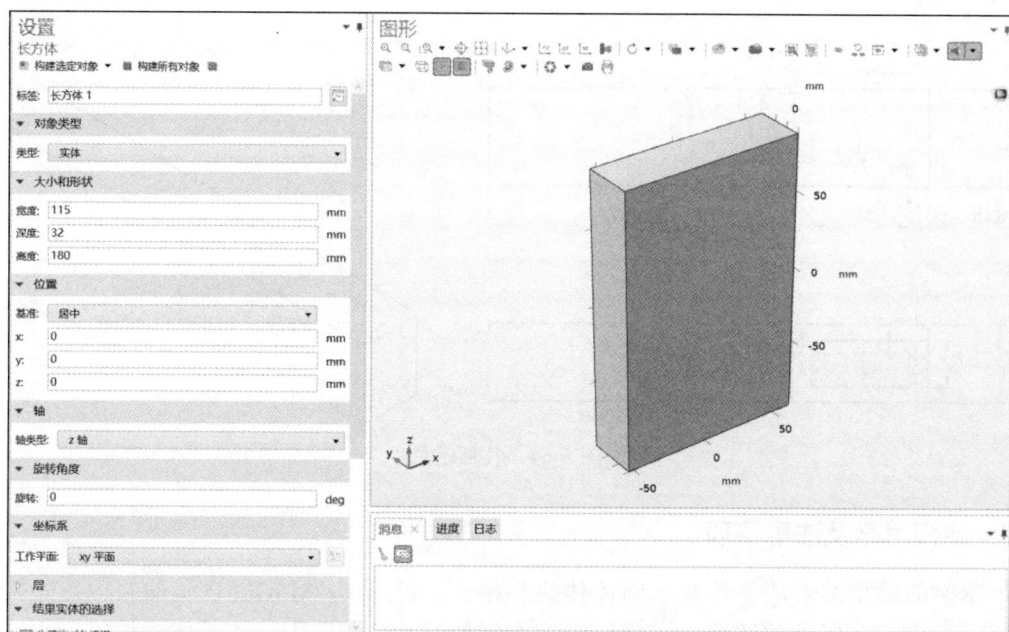

图 5-65 "长方体 1"几何构建

（3）构建"复制 1"。在"几何"工具栏中选择"变换"→"复制"，在"复制"设置窗口中，定位到"输入"栏，选择对象 blk1；定位到"位移"栏，在"x"文本框中输入"130"，单击"构建所有对象"按钮，如图 5-66 所示。

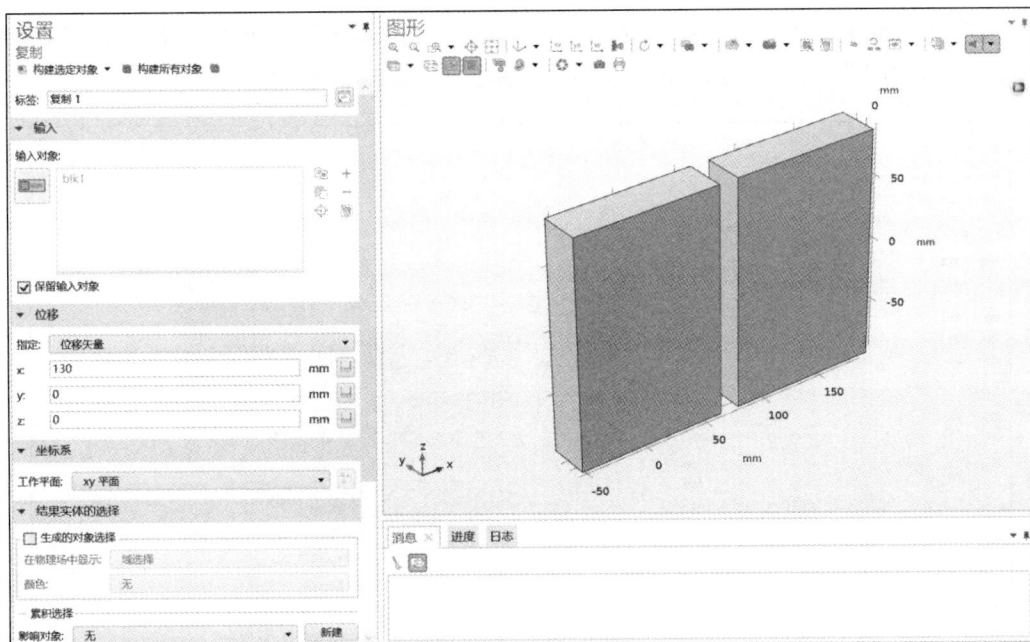

图 5-66 "复制 1"几何构建

（4）构建"复制 2"。在"几何"工具栏中选择"变换"→"复制"，在"复制"设置窗口中，定位到"输入"栏，选择对象 blk1 和 copy1；定位到"位移"栏，在"y"文本框中输入"40 -40"；单击"构建所有对象"按钮，如图 5-67 所示。

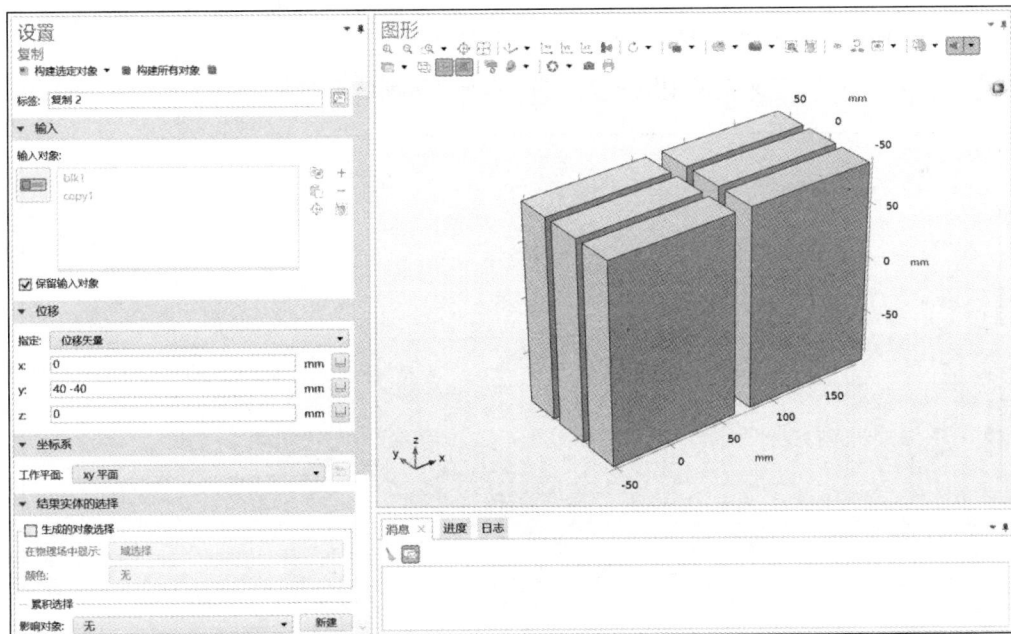

图 5-67 "复制 2"几何构建

（5）构建"长方体 2"。在"几何"工具栏中单击"长方体"，在"长方体"设置窗口中，定位到"大小和形状"栏，在"宽度"文本框中输入"261"，在"深度"文本框中输入"120"，在"高度"文本框中输入"200";定位到"位置"栏,从"基准"列表中选择"居中",在"x"文本框中输入"65";单击"构建所有对象"按钮,如图 5-68 所示。

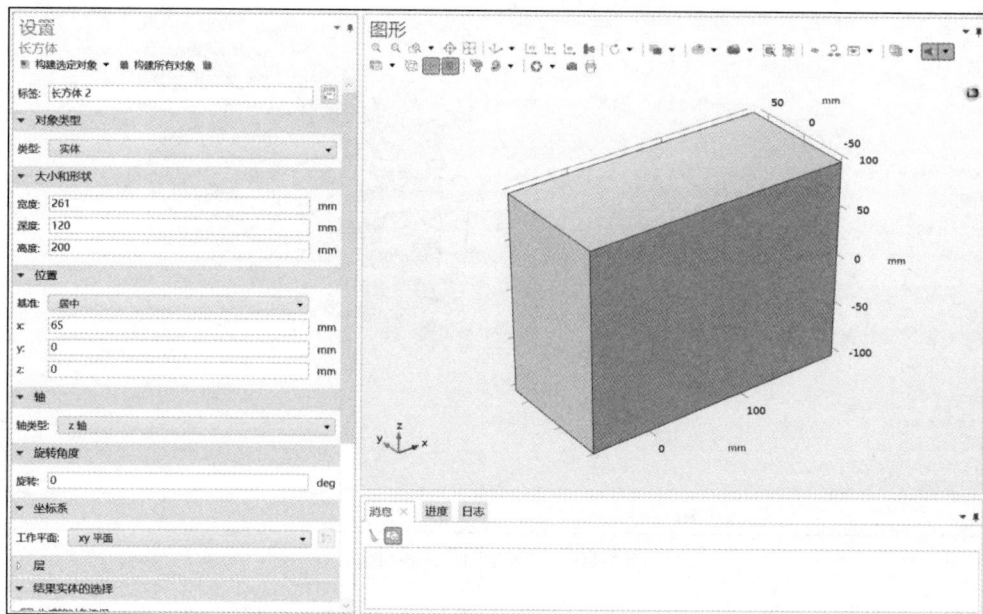

图 5-68　"长方体 2"几何构建

（6）构建"长方体 3"。在"几何"工具栏中单击"长方体",在"长方体"设置窗口中,定位到"大小和形状"栏,在"宽度"文本框中输入"1500",在"深度"文本框中输入"200",在"高度"文本框中输入"250";定位到"位置"栏,从"基准"列表中选择"居中",在"x"文本框中输入"300",在"z"文本框中输入"25";单击"构建所有对象"按钮,如图 5-69 所示。

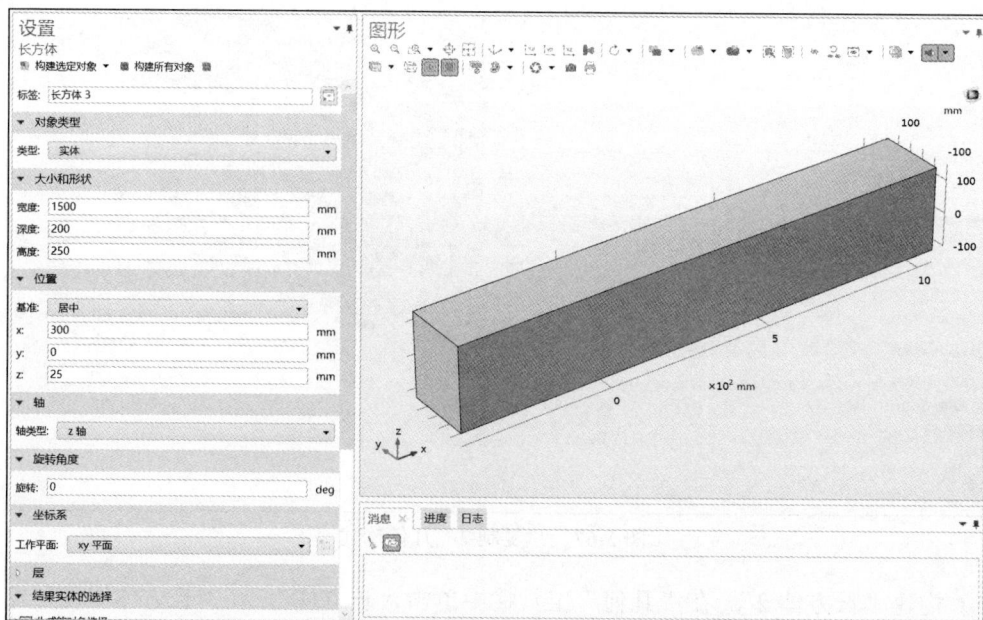

图 5-69　"长方体 3"几何构建

（7）构建"工作平面 1"。在"几何"工具栏中单击"工作平面"，在"工作平面"设置窗口中，定位到"平面定义"栏，从"平面类型"列表中选择"面平行"，选择平面 blk2 和平面 2，在"法向偏移"文本框中输入"50"，单击"构建所有对象"按钮，如图 5-70 所示。

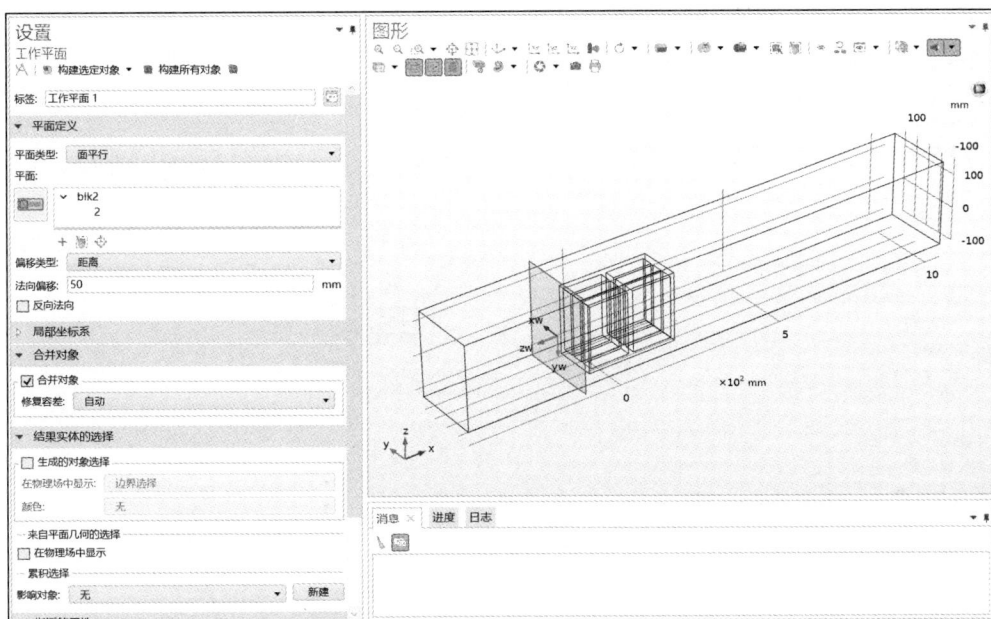

图 5-70 "工作平面 1"几何构建

（8）构建"工作平面 2"。在"几何"工具栏中单击"工作平面"，在"工作平面"设置窗口中，定位到"平面定义"栏，从"平面类型"列表中选择"面平行"，选择平面 blk2 和平面 5，在"法向偏移"文本框中输入"50"，单击"构建所有对象"按钮，如图 5-71 所示。

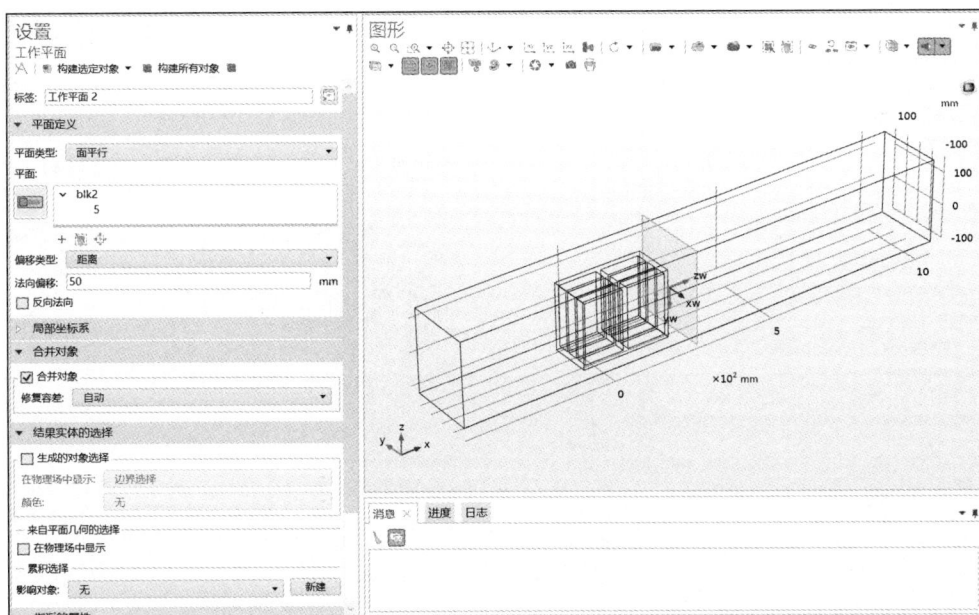

图 5-71 "工作平面 2"几何构建

（9）构建"分割域 1"。在"几何"工具栏中选择"布尔操作和分割"→"分割域"，在"分割域"设置窗口中，定位到"分割域"栏，选择域 blk3 和域 1，从"工作平面"列表中选择"工作平面 1(wp1)"，单击"构建所有对象"按钮，如图 5-72 所示。

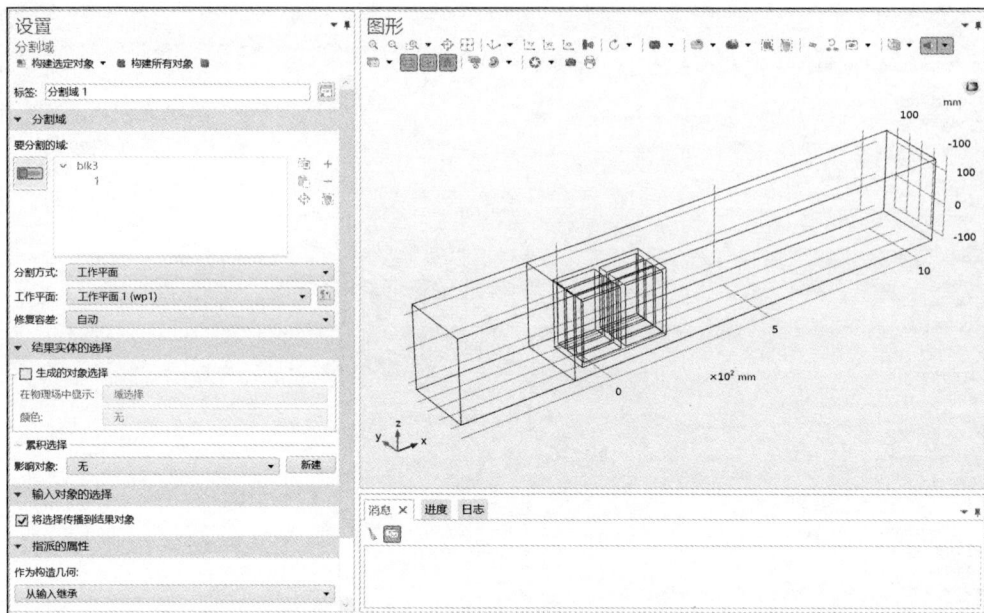

图 5-72　"分割域 1"几何构建

（10）构建"分割域 2"。在"几何"工具栏中选择"布尔操作和分割"→"分割域"，在"分割域"设置窗口中，定位到"分割域"栏，选择域 pard1 和域 2，单击"构建所有对象"按钮，如图 5-73 所示。

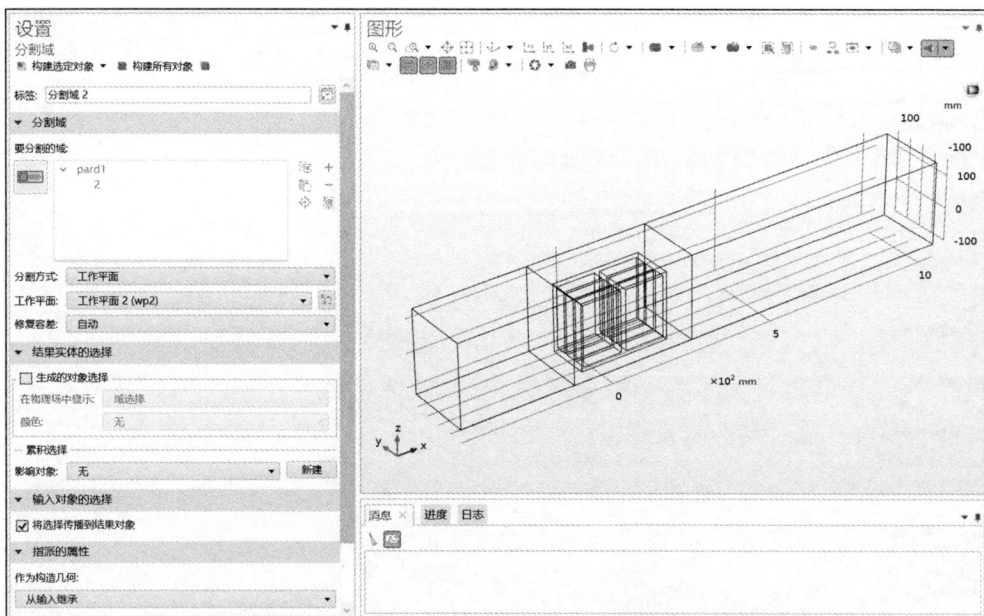

图 5-73　"分割域 2"几何构建

（11）构建"网格控制面 1"。在"几何"工具栏中选择"虚拟操作"→"网格控制面"，在"网格控制面"设置窗口中，定位到"输入"栏，选择面 6 和面 53，单击"全部构建"按钮，如图 5-74 所示。

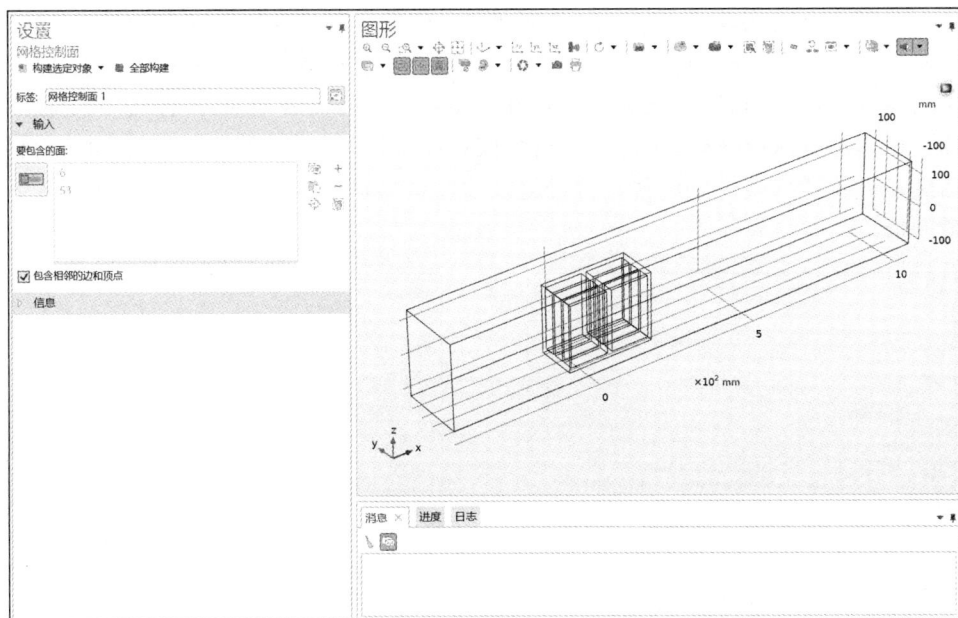

图 5-74 "网格控制面 1"几何构建

3. 参数输入

在"模型开发器"窗口的"全局定义"节点下，单击"参数 1"。在"参数"设置窗口中，定位到"参数"栏，按图 5-75 所示输入参数。

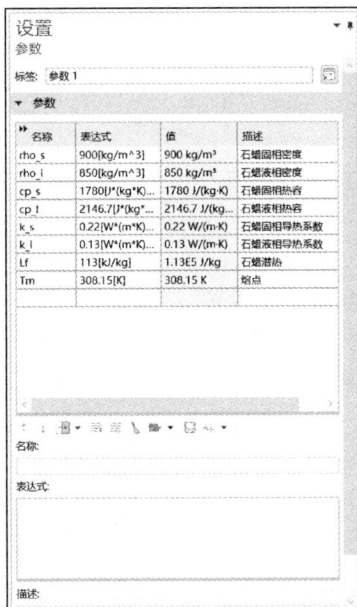

图 5-75 输入"参数 1"

4．添加材料

（1）添加"Air"。在"模型开发器"窗口的"组件 1(comp1)"节点下，右击"材料"，选择"从库中添加材料"。在"添加材料"窗口中找到"Air"，双击进行添加。在"材料"设置窗口中，定位到"几何实体选择"栏，选择域 1，如图 5-76 所示。

（2）添加"电池"。在"模型开发器"窗口的"组件 1(comp1)"节点下，右击"材料"，选择"空材料"，打开"材料"设置窗口，在"标签"文本框中输入"电池"；定位到"几何实体选择"栏，选择域 3～8；定位到"材料属性明细"栏，按图 5-77 所示输入材料属性。注意，后续在设置边界条件的时候，需要定义电池的各向异性导热系数，因此这里先不输入导热系数的值。

图 5-76　添加"Air"　　　　图 5-77　添加"电池"

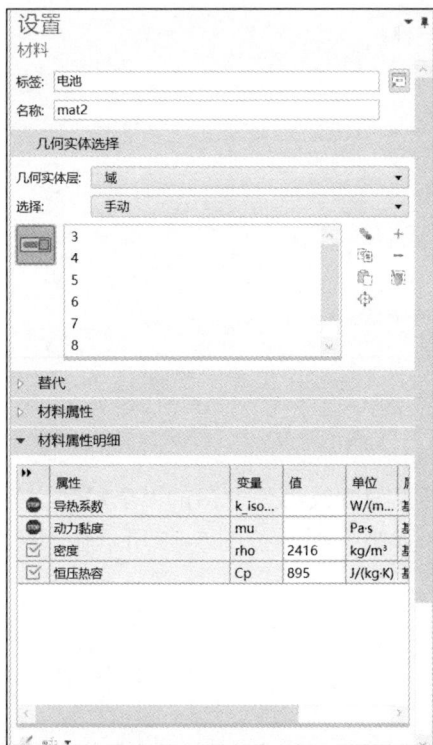

5．边界条件设置

1）"固体和流体传热(ht)"边界条件设置

（1）设置"固体 1"。在"模型开发器"窗口的"组件 1(comp1)"→"固体和流体传热(ht)"节点下，单击"固体 1"。在"固体"设置窗口中，定位到"热传导，固体"栏，从"k"列表中选择"用户定义"，从对应的列表中选择"对角线"，如图 5-78 所示。

（2）设置"流体 1"。在"模型开发器"窗口的"组件 1(comp1)"→"固体和流体传热(ht)"节点下，单击"流体 1"。在"流体"设置窗口中，定位到"域选择"栏，选择域 1，如图 5-79 所示。

（3）设置"固体 2"。在"物理场"工具栏中单击"域"，然后选择"固体"。在"固体"设置窗口中，定位到"域选择"栏，选择域 2。

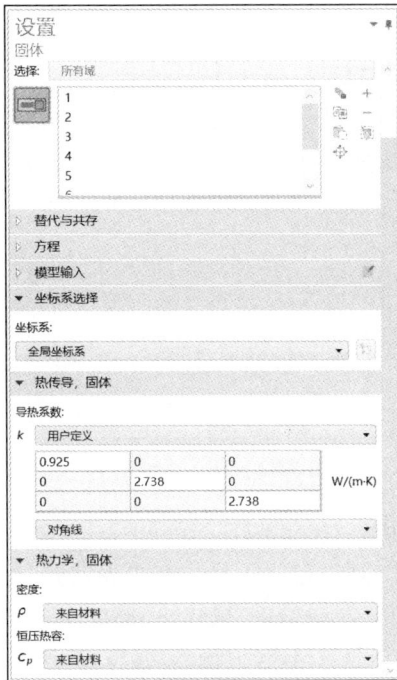

图 5-78　设置"固体 1"

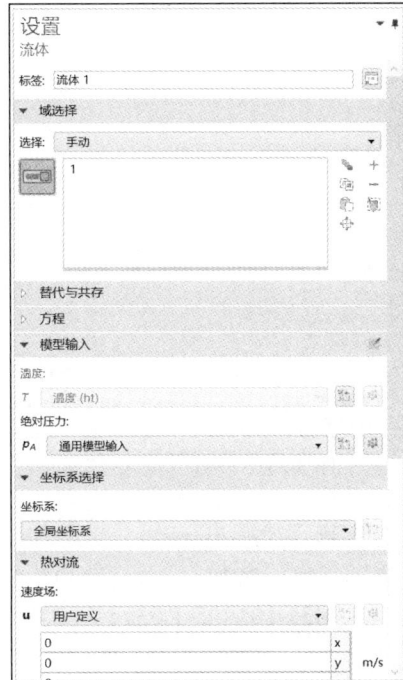

图 5-79　设置"流体 1"

在"模型开发器"窗口的"组件 1(comp1)"→"固体和流体传热(ht)"节点下，右击"固体 2"，选择"相变材料"。在"相变材料"设置窗口中，定位到"密度"栏，从"ρ"列表中选择"用户定义"，在对应的文本框中输入"rho_s*ht.theta1+rho_l*ht.theta2"（注意，此设置是为了区分固态和液态相变材料的密度）；定位到"相变"栏，在"相 1 与相 2 之间的相变温度"文本框中输入"Tm"，在"从相 1 到相 2 的潜热"文本框中输入"Lf"；定位到"相 1"栏，从"导热系数"列表中选择"用户定义"，在对应的文本框中输入"k_s"，从"恒压热容"列表中选择"用户定义"，在对应的文本框中输入"cp_s"；定位到"相 2"栏，从"导热系数"列表中选择"用户定义"，在对应的文本框中输入"k_l"，从"恒压热容"列表中选择"用户定义"，在对应的文本框中输入"cp_l"，如图 5-80 所示。

（4）设置"流入 1"。在"物理场"工具栏中单击"边界"，然后选择"流入"。在"流入"设置窗口中，定位到"边界选择"栏，选择边界 1，如图 5-81 所示。

（5）设置"流出 1"。在"物理场"工具栏中单击"边界"，然后选择"流出"。在"流出"设置窗口中，定位到"边界选择"栏，选择边界 48，如图 5-82 所示。

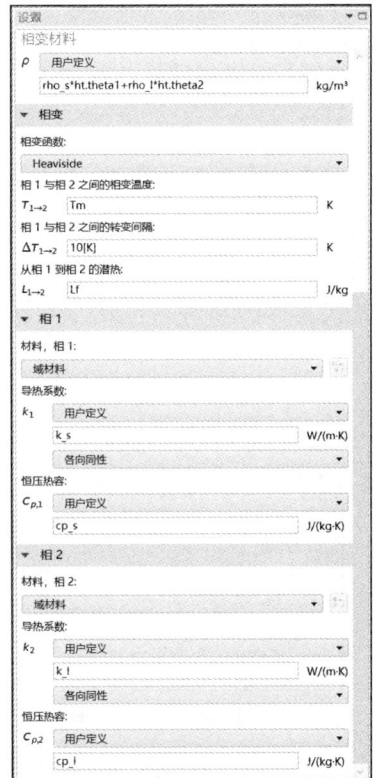

图 5-80　设置"固体 2"

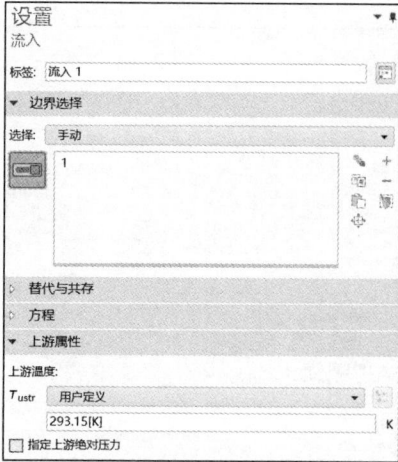

图 5-81　设置"流入 1"

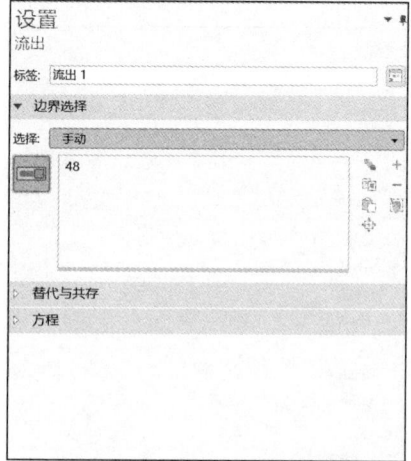

图 5-82　设置"流出 1"

（6）设置"热源 1"。在"模型开发器"窗口的"组件 1(comp1)"节点下，右击"定义"，选择"函数"→"解析"。在"解析"设置窗口中，定位到"定义"栏，在"表达式"文本框中输入"4.743e-10*x^5-1.037e-6*x^4+8.058e-4*x^3-0.2817*x^2+34.243*x+68946.1"；定位到"单位"栏，在"函数"文本框中输入"W/m^3"，在"x"文本框中输入"s"，如图 5-83 所示。注意，此处是根据参考文献[38]所设置的 3C 放电倍率下的电池发热功率。

在"物理场"工具栏中单击"域"，然后选择"热源"。在"热源"设置窗口中，定位到"域选择"栏，选择域 3～8；定位到"热源"栏，在"Q_0"文本框中输入"an1(t)"，如图 5-84 所示。

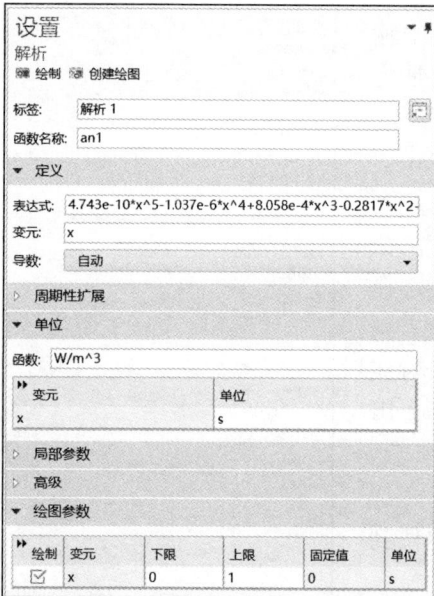

图 5-83　定义"解析 1"

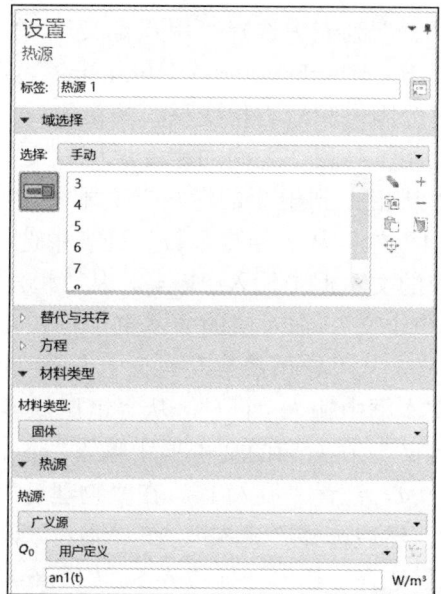

图 5-84　设置"热源 1"

2）"湍流，k-ε(spf)"边界条件设置

（1）设置"湍流，k-ε(spf)"。在"模型开发器"窗口的"组件 1 (comp1)"节点下，单击"湍

流，k-ε(spf)"。在"湍流，k-ε"设置窗口中，定位到"域选择"栏，选择域1，如图5-85所示。

（2）设置"入口1"。在"模型开发器"窗口的"组件1(comp1)"节点下，右击"定义"，选择"函数"→"阶跃"。在"阶跃"设置窗口中，定位到"参数"栏，在"位置"文本框中输入"0.05"，如图5-86所示。

图 5-85　设置"湍流，k-ε（spf）"

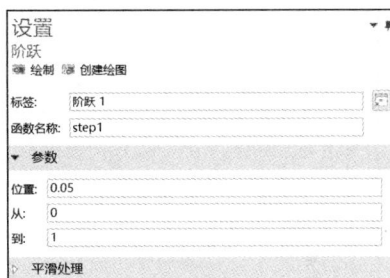

图 5-86　定义"阶跃1"

在"物理场"工具栏中单击"边界"，然后选择"入口"。在"入口"设置窗口中，定位到"边界选择"栏，选择边界1；定位到"速度"栏，在"U_0"文本框中输入"1*step1(t[1/min])"，如图5-87所示。

（3）设置"出口1"。在"物理场"工具栏中单击"边界"，然后选择"出口"。在"出口"设置窗口中，定位到"边界选择"栏，选择边界48，如图5-88所示。

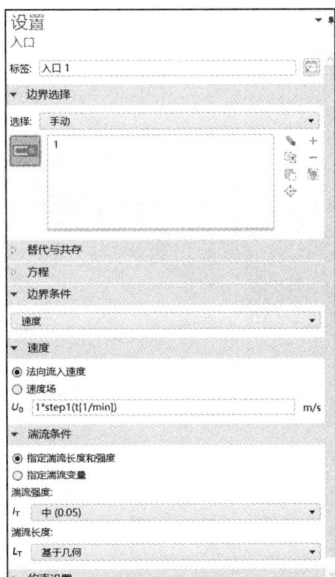

图 5-87　设置"入口1"

图 5-88　设置"出口1"

6．网格划分

（1）构建"扫掠 1"。在"网格"工具栏中单击"扫掠"，在"扫掠"设置窗口中，定位到"域选择"栏，从"几何实体层"列表中选择"域"，选择域 1 和域 10，单击"全部构建"按钮，如图 5-89 所示。

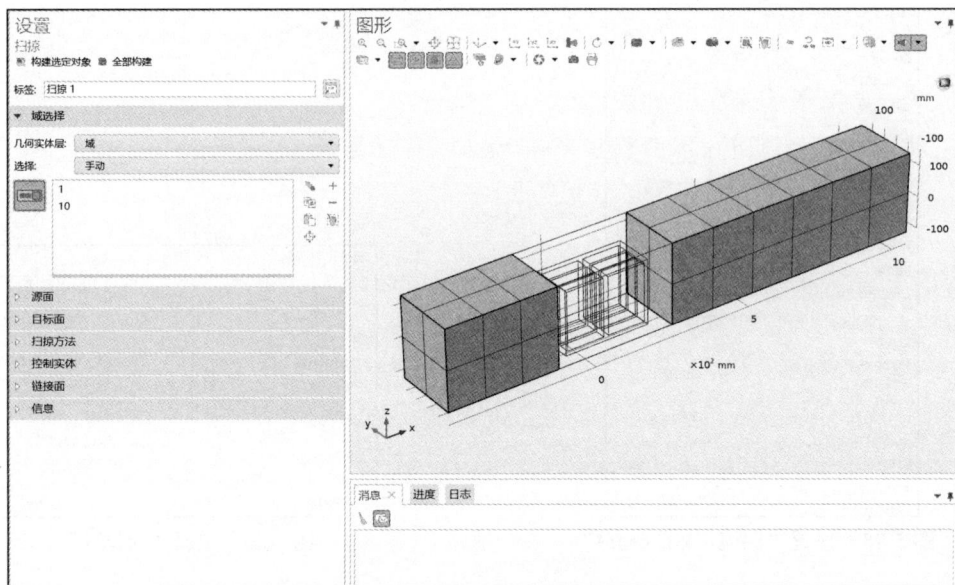

图 5-89　构建"扫掠 1"

（2）设置"大小"。在"模型开发器"窗口的"组件 1(comp1)"→"网格 1"节点下，单击"大小"。在"大小"设置窗口中，定位到"单元大小"栏，从"校准为"列表中选择"流体动力学"，从"预定义"列表中选择"粗化"，单击"全部构建"按钮，如图 5-90 所示。

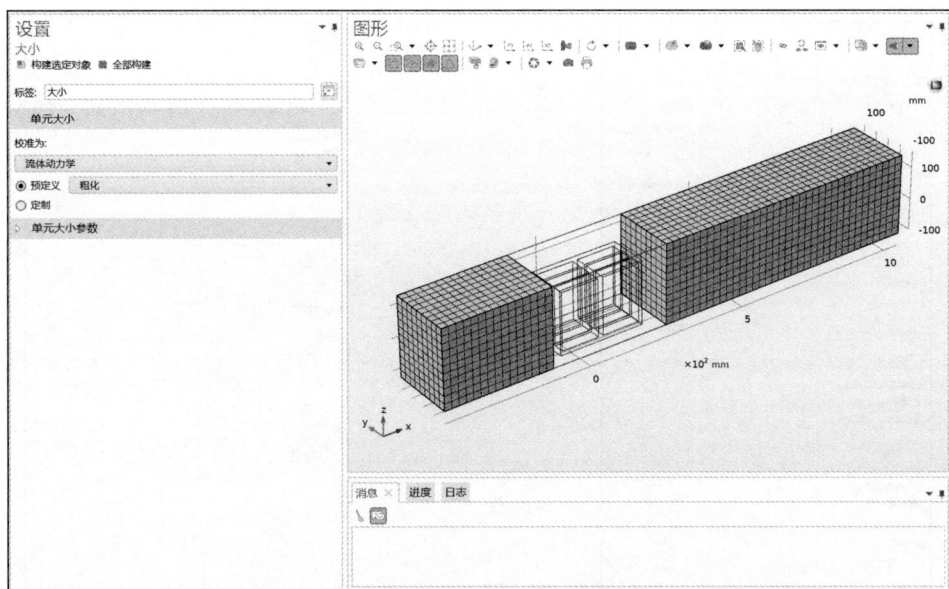

图 5-90　设置"大小"

（3）构建"自由四面体网格 1"。在"网格"工具栏中单击"自由四面体网格"，在"自由四面体网格"设置窗口中，单击"全部构建"按钮，如图5-91所示。

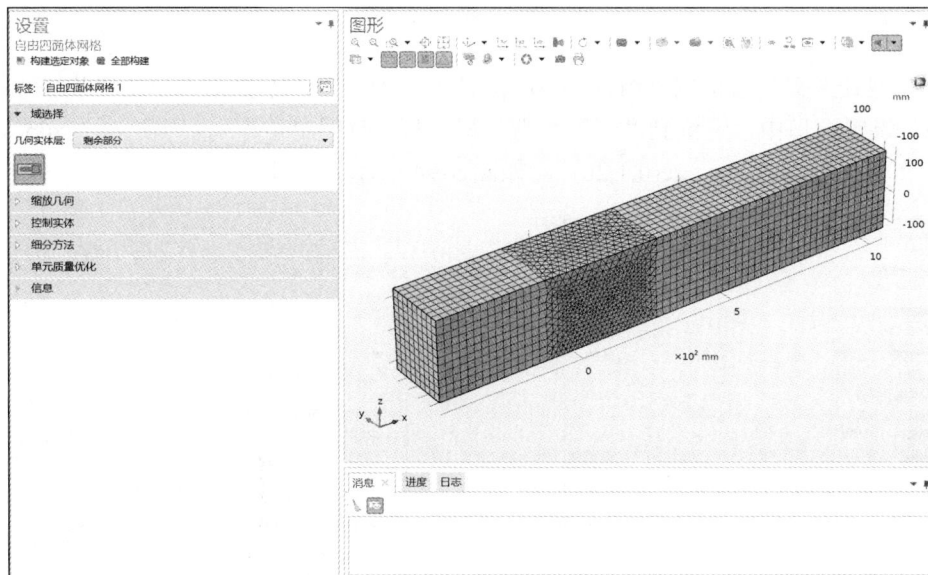

图 5-91　构建"自由四面体网格 1"

（4）构建"边界层 1"。在"网格"工具栏中单击"边界层"，在"边界层"设置窗口中，定位到"几何实体选择"栏，在"几何实体层"列表中选择"域"，选择域 1。在"模型开发器"窗口的"组件 1(comp1)"→"网格 1"→"边界层 1"节点下，单击"边界层属性"。在"边界层属性"设置窗口中，定位到"边界选择"栏，选择边界2～7、边界9、边界10和边界47；定位到"层"栏，在"层数"文本框中输入"5"，在"厚度调节因子"文本框中输入"2.5"；单击"全部构建"按钮，网格划分完成，如图5-92所示。

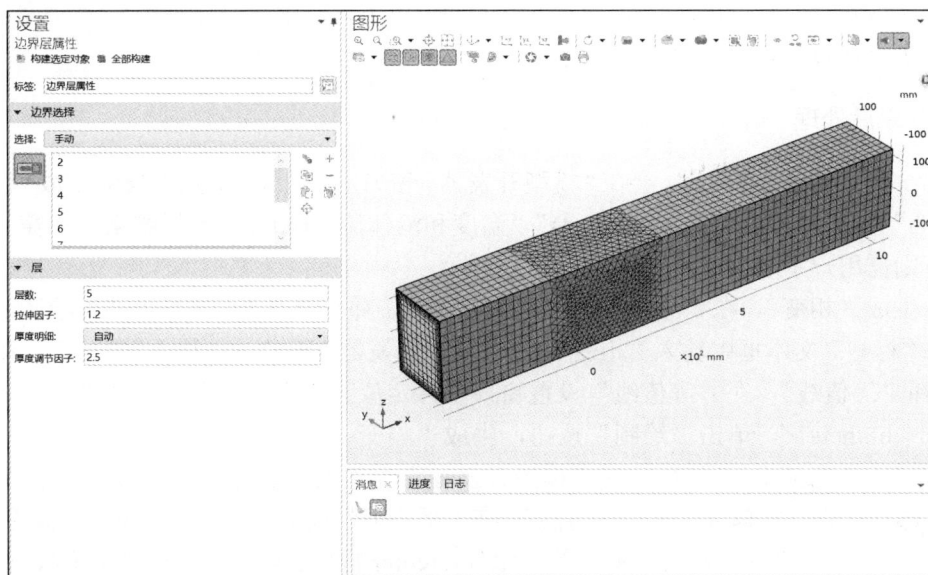

图 5-92　构建"边界层 1"

在"模型开发器"窗口的"组件 1(comp1)"节点下，右击"网格 1"，选择"统计信息"，显示已划分网格的相关信息，如图 5-93 所示。

7．计算

在"模型开发器"窗口的"组件 1(comp1)"→"研究 1"节点下，单击"步骤 1：瞬态"。在"瞬态"设置窗口中，定位到"研究设置"栏，从"时间单位"列表中选择"min"，在"输出时步"文本框中输入"range(0,1,20)"，如图 5-94 所示。

图 5-93　网格相关信息

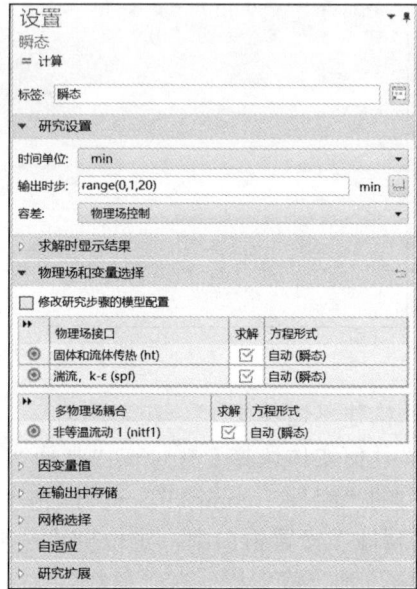

图 5-94　设置"步骤 1：瞬态"

在"模型开发器"窗口的"组件 1(comp1)"节点下，单击"研究 1"。在"研究"设置窗口中，单击"计算"按钮，等待计算完成。

8．结果后处理

当 COMSOL 计算完成时，会在"模型开发器"窗口的"结果"节点下自动生成"温度(ht)""速度(spf)""压力(spf)""壁分辨率(spf)""温度和流体流动(nitf1)"5 组结果，如需其他后处理结果，则需用户手动生成。

（1）生成"相变"。在"结果"工具栏中单击"三维绘图组"，打开"三维绘图组"设置窗口，在"标签"文本框中输入"相变"。在"模型开发器"窗口的"结果"节点下，右击"相变"，选择"等值线"。在"等值线"设置窗口中，定位到"表达式"栏，在"表达式"文本框中输入"ht.theta1"，单击"绘制"按钮，生成"相变"，如图 5-95 所示。

（2）生成"电池平均温度"。在"模型开发器"窗口的"组件 1(comp1)"节点下，右击"定义"，选择"非局部耦合"→"平均值"。在"平均值"设置窗口中，定位到"源选择"栏，选择域 3~8。在"模型开发器"窗口的"组件 1(comp1)"节点下，右击"定义"，选择"变量"。在"变量"设置窗口中，定位到"变量"栏，按图 5-96 所示设置变量。

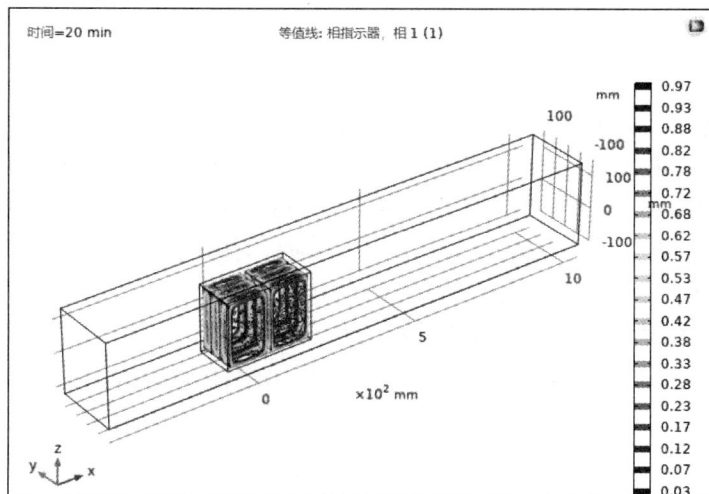

图 5-95 相变

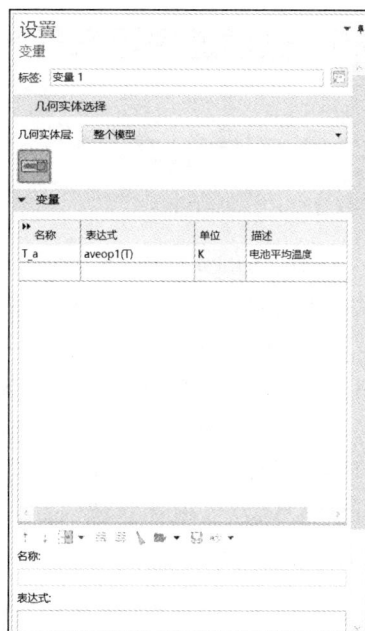

图 5-96 设置变量

在"模型开发器"窗口的"组件 1(comp1)"节点下,右击"研究 1",选择"更新解"(注意,计算完成之后设置的变量,需要"更新解"才能被 COMSOL 识别)。在"结果"工具栏中单击"一维绘图组",打开"一维绘图组"设置窗口,在"标签"文本框中输入"电池平均温度"。在"模型开发器"窗口的"结果"节点下,右击"电池平均温度",选择"全局"。在"全局"设置窗口中,定位到"y 轴数据"栏,在"表达式"文本框中输入"T_a",单击"绘制"按钮,生成"电池平均温度",如图 5-97 所示。

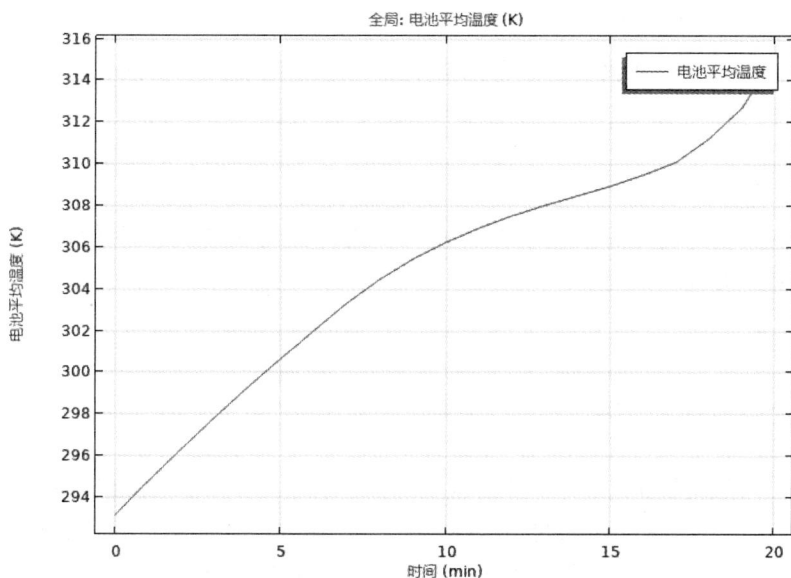

图 5-97 电池平均温度

5.5　微通道中蒸汽气泡生长分析

本节通过一个具体案例来介绍如何分析微通道中蒸汽气泡生长问题。

5.5.1　问题描述

微通道的流动沸腾作为一种电子元器件高效的冷却方式已被广泛研究，其核心优势在于能够在微通道内实现快速的热量传递和汽化过程，从而有效降低电子元器件的温度。微通道内微观尺寸的汽化气泡会在毫秒级时间内迅速长大并充满整个微通道截面，最终在微通道内出现细长的气泡或弹状流。气泡在微通道内的运动可以扰动流体，增强流体与壁面之间的热交换。

本案例的模型来自参考文献[40]，对微通道内蒸汽气泡的生长进行数值分析。图 5-98 所示为模型几何示意，计算域初始温度为 373.15 K，微通道高 229 μm、长 1200 μm，底部温度为 375.25 K，上壁面热绝缘，左侧流入 373.15 K 的水，初始时刻微通道内有一颗半径为 40 μm 的小气泡。

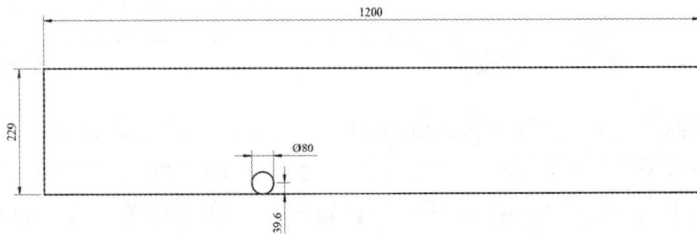

图 5-98　几何示意（单位：μm）

5.5.2　建模思路及注意事项

根据参考文献[40]，本案例的模型用相场接口求解蒸汽气泡的生长，用层流接口求解微通道内流体的流动，用流体传热接口求解热量的传递。"无中生有"问题较难处理，因此在初始时刻画出一个微小的气泡核用于计算后期气泡的生长过程，相场两相流模型通常需要用到较细的网格进行计算，因此本模型对气泡周围的网格进行局部加密。

5.5.3　具体计算

具体计算涉及模型向导、几何构建、输入参数、导入变量、边界条件设置、网格划分、计算求解、结果后处理等内容。

1．模型向导

打开 COMSOL 软件，单击"模型向导"，进入"选择空间维度"窗口；单击"二维"，进入"选择物理场"窗口；选择"流体流动"→"多相流"→"两相流，相场"→"层流"，单击"添加"按钮；选择"流体流动"→"非等温流动"→"层流"，单击"添加"按钮，在"添加的物理场接口"列表框中会出现已添加的物理场；在"添加的物理场接口"列表框中，单击选中"层流(spf2)"，单击"移除"按钮；单击"研究"按钮，进入"选择研究"窗口；选择"所选多物理场的预设研究"→"带相初始化的瞬态"，单击"完成"按钮，进入 COMSOL 建模界面。

2. 几何构建

（1）在"模型开发器"窗口的"组件 1(comp1)"节点下，单击"几何 1"，在"几何"设置窗口中，定位到"单位"栏，从"长度单位"列表中选择"μm"。

（2）构建"矩形 1"。在"几何"工具栏中单击"矩形"，在"矩形"设置窗口中，定位到"大小和形状"栏，在"宽度"文本框中输入"1200"，在"高度"文本框中输入"229"，单击"构建所有对象"按钮，如图 5-99 所示。

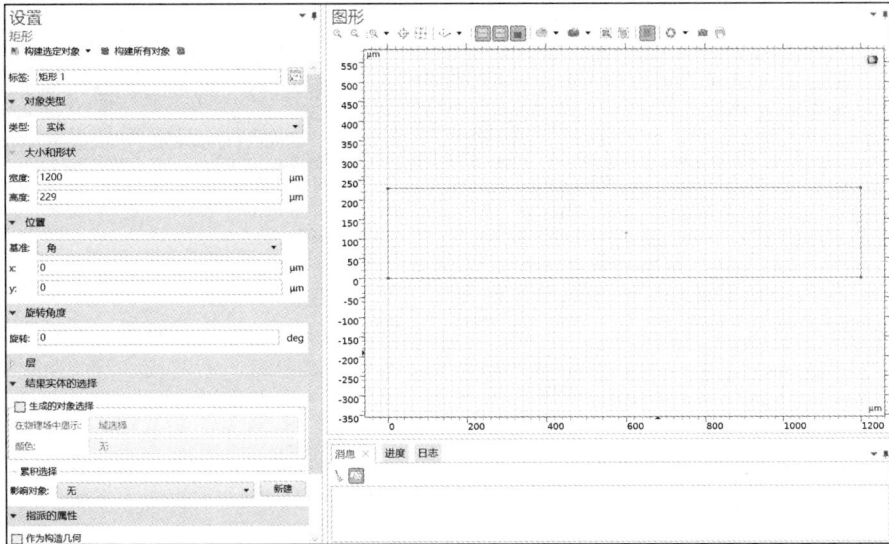

图 5-99　"矩形 1"几何构建

（3）构建"圆 1"。在"几何"工具栏中单击"圆"，在"圆"设置窗口中，定位到"大小和形状"栏，在"半径"文本框中输入"20"；定位到"位置"栏，在"x"文本框中输入"400"，在"y"文本框中输入"19.8"；单击"构建所有对象"按钮，如图 5-100 所示。

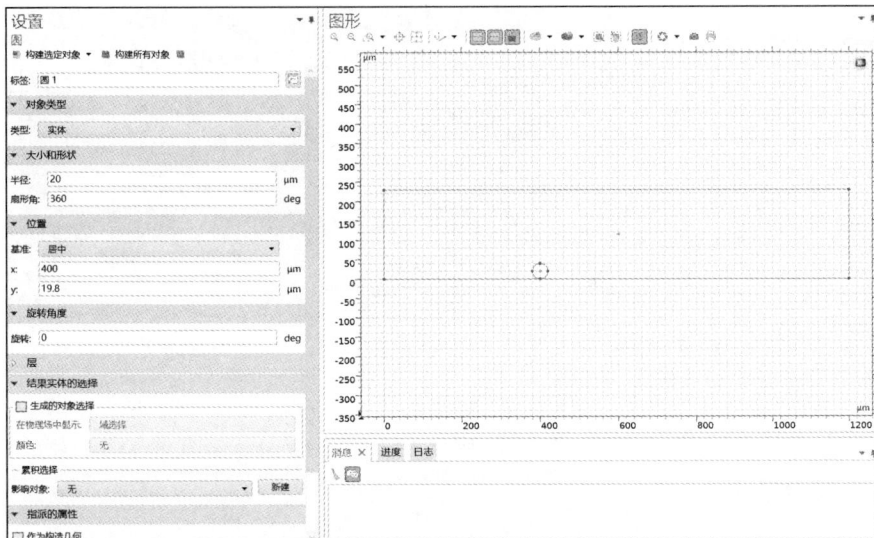

图 5-100　"圆 1"几何构建

（4）构建"并集 1"。在"几何"工具栏中选择"布尔操作和分割"→"并集"，在"并集"设置窗口中，定位到"并集"栏，选择对象 c1 和 r1，单击"构建所有对象"按钮，如图 5-101 所示。

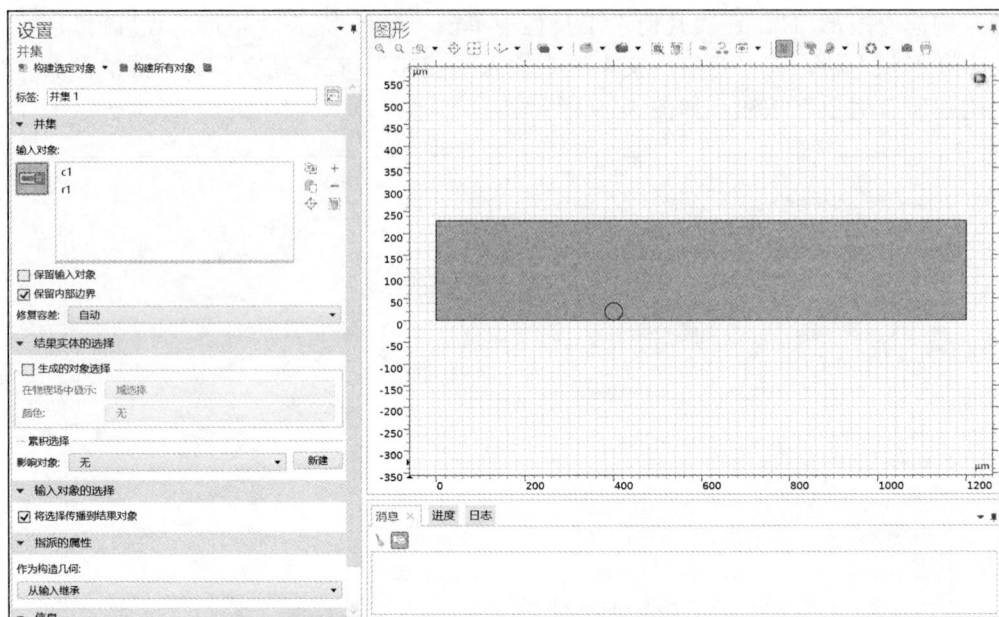

图 5-101　"并集 1"几何构建

（5）构建"删除实体 1"。在"几何"工具栏中单击"删除"，在"删除实体"设置窗口中，定位到"要删除的实体或对象"栏，从"几何实体层"列表中选择"域"，选择域 uni1 和域 2，单击"构建所有对象"按钮，如图 5-102 所示。

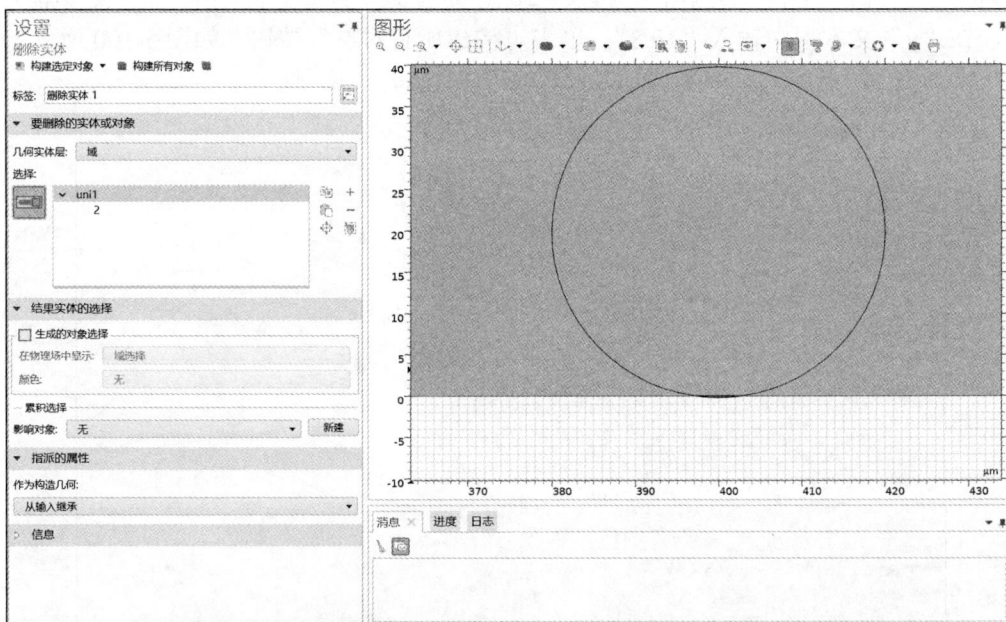

图 5-102　"删除实体 1"几何构建

（6）构建"矩形2"。在"几何"工具栏中单击"矩形"，在"矩形"设置窗口中，定位到"大小和形状"栏，在"宽度"文本框中输入"680"，在"高度"文本框中输入"229"；定位到"位置"栏，在"x"文本框中输入"250"；单击"构建所有对象"按钮，如图5-103所示。

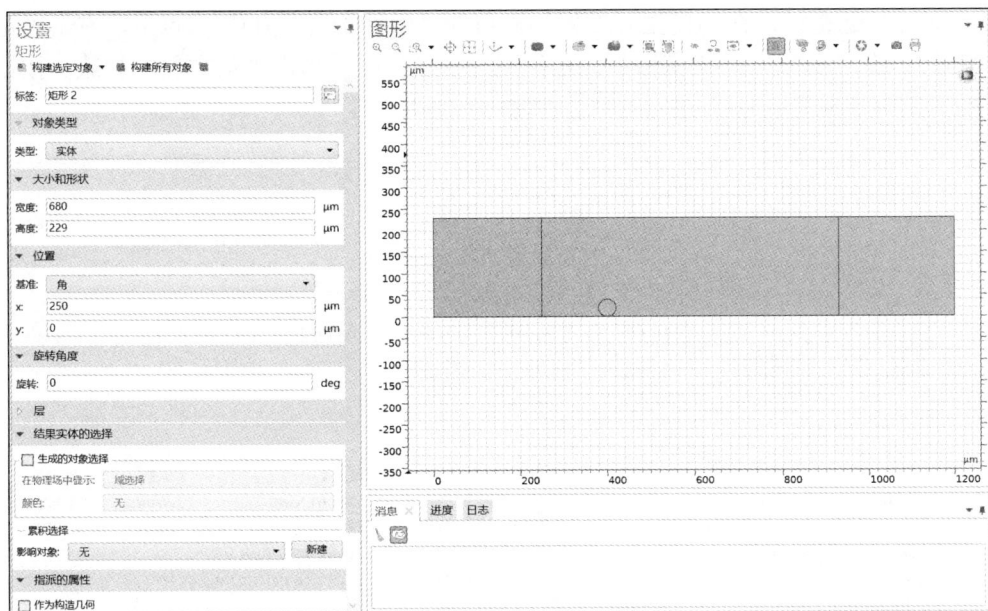

图 5-103   "矩形 2"几何构建

（7）构建"网格控制边 1"。在"几何"工具栏中选择"虚拟操作"→"网格控制边"，在"网格控制边"设置窗口中，定位到"输入"栏，选择边 4 和边 9，单击"全部构建"按钮，如图 5-104 所示。注意，此处的"网格控制边 1"是为后面局部加密网格做准备。

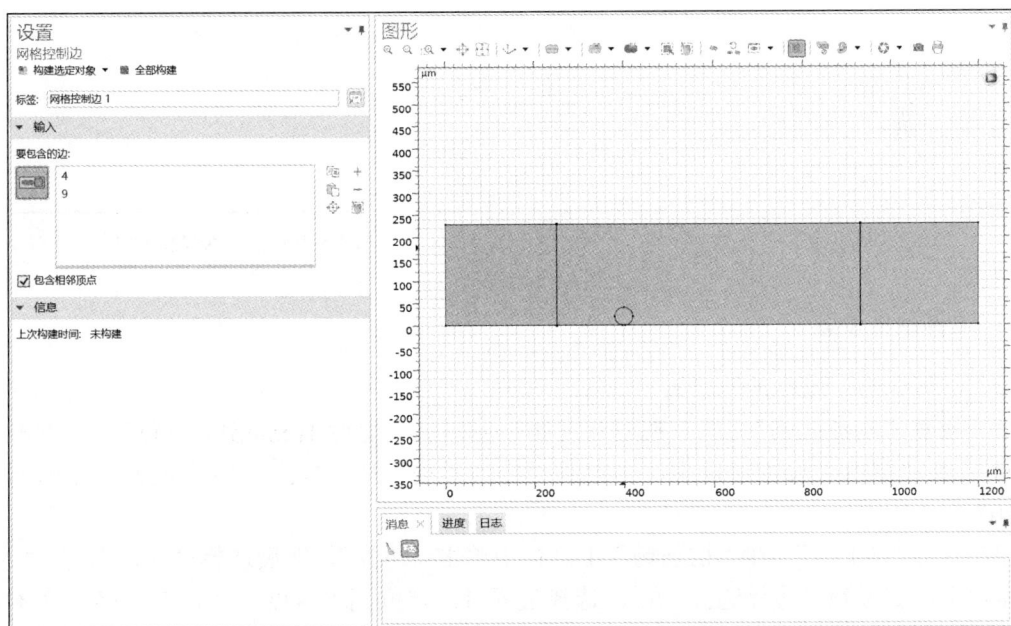

图 5-104   "网格控制边 1"几何构建

3．输入参数、导入变量

（1）输入"参数 1"。在"模型开发器"窗口的"全局定义"节点下，单击"参数 1"。在"参数"设置窗口中，定位到"参数"栏，然后输入相应的参数，如图 5-105 所示。

（2）导入"变量 1"。在"模型开发器"窗口的"组件 1(comp1)"节点下，右击"定义"，选择"变量"。在"变量"设置窗口中，定位到"变量"栏，单击"从文件中加载"按钮，找到需要的"案例 5.5/变量.txt"进行导入，如图 5-106 所示。

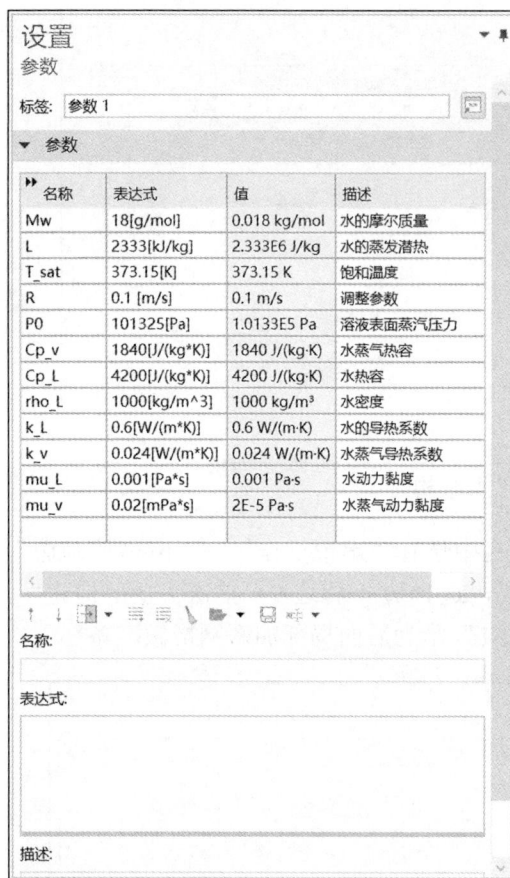

图 5-105　输入"参数 1"　　　　　　　　　图 5-106　导入"变量 1"

4．边界条件设置

1）"层流(spf)"边界条件设置

（1）设置"层流(spf)"。在"模型开发器"窗口的"组件 1(comp1)"节点下，单击"层流(spf)"。在"层流"设置窗口中，定位到"物理模型"栏，勾选"包含重力"复选框，如图 5-107 所示。

（2）设置"入口 1"。在"物理场"工具栏中单击"边界"，然后选择"入口"。在"入口"设置窗口中，定位到"边界选择"栏，选择边界 1；定位到"速度"栏，在"U_0"文本框中输入"0.1"，如图 5-108 所示。

图 5-107　设置"层流(spf)"

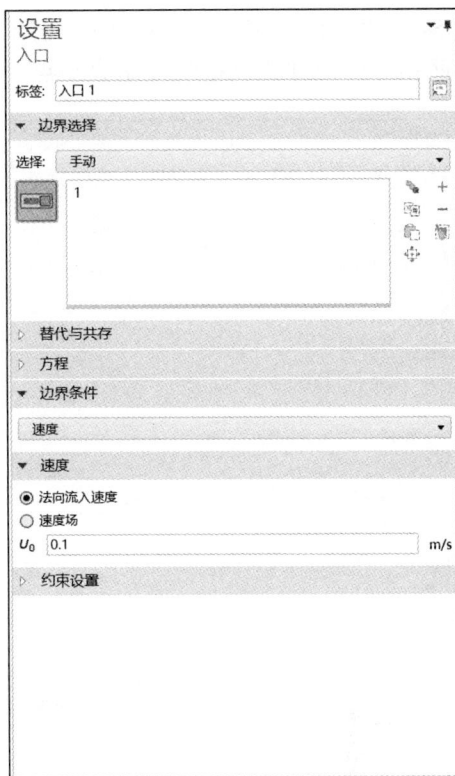

图 5-108　设置"入口 1"

（3）设置"出口 1"。在"物理场"工具栏中单击"边界"，然后选择"出口"。在"出口"
设置窗口中，定位到"边界选择"栏，选择边界 6，如图 5-109 所示。

2）"两相流，相场 1(tpf1)"边界条件设置

在"模型开发器"窗口的"组件 1(comp1)"→"多
物理场"节点下，单击"两相流，相场 1(tpf1)"。在"两
相流，相场"设置窗口中，定位到"流体 1 属性"栏，
从"ρ_1"列表中选择"用户定义"，在对应的文本框中
输入"rho_v"，从"μ_1"列表中选择"用户定义"，在
对应的文本框中输入"mu_v"；定位到"流体 2 属性"
栏，从"ρ_2"列表中选择"用户定义"，在对应的文本
框中输入"rho_L"，从"μ_2"列表中选择"用户定义"，
在对应的文本框中输入"mu_L"；定位到"表面张力"
栏，从"表面张力系数"列表中选择"用户定义"，在
"σ"文本框中输入"0.0588"，如图 5-110 所示。

3）"流体相场(pf)"边界条件设置

（1）设置"相场模型 1"。在"模型开发器"窗口
的"组件 1(comp1)"→"流体相场(pf)"节点下，单击
"相场模型 1"。在"相场模型"设置窗口中，定位到
"相场参数"栏，在"ε_{pf}"文本框中输入"2.98[μm]*1.2"，

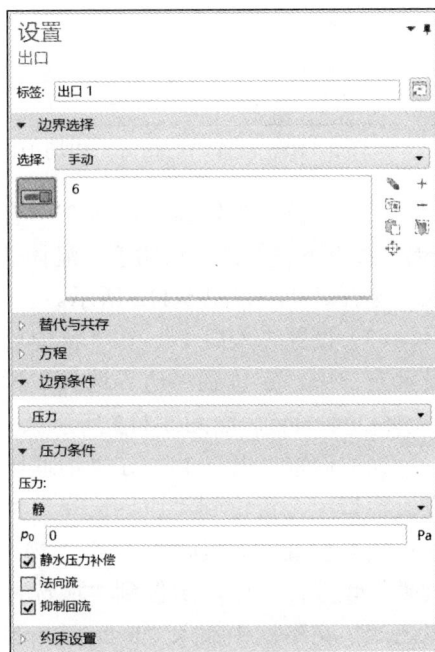

图 5-109　设置"出口 1"

如图 5-111 所示。注意，"2.98[μm]" 是局部细化网格之后，两相流区域网格的尺寸，乘以 1.2 是让两相界面尺寸比网格尺寸略大一点，使两相界面得到一个更好的解析。

图 5-110　设置"两相流，相场 1(tpf1)"

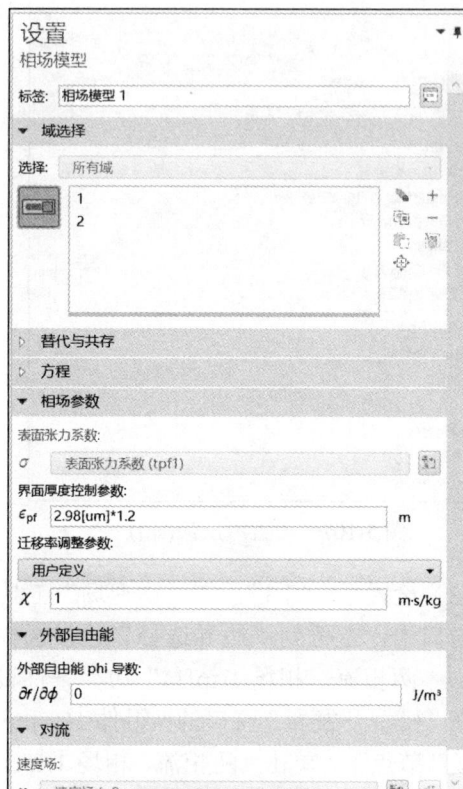

图 5-111　设置"相场模型 1"

（2）设置"初始值，流体 2"。在"模型开发器"窗口的"组件 1(comp1)"→"流体相场 (pf)"节点下，单击"初始值，流体 2"。在"初始值，流体 2"设置窗口中，定位到"域选择"栏，选择域 1，如图 5-112 所示。

（3）设置"入口 1"。在"物理场"工具栏中单击"边界"，然后选择"入口"。在"入口"设置窗口中，定位到"边界选择"栏，选择边界 1；定位到"相场条件"栏，从列表中选择"流体 2(φ=1)"，如图 5-113 所示。

（4）设置"出口 1"。在"物理场"工具栏中单击"边界"，然后选择"出口"。在"出口"设置窗口中，定位到"边界选择"栏，选择边界 6，如图 5-114 所示。

（5）设置"弱贡献 1"。在"物理场"工具栏中单击"域"，然后选择"弱贡献"。在"弱贡献"设置窗口中，定位到"域选择"栏，选择域 1 和域 2；定位到"弱贡献"栏，在"弱表达式"文本框中输入"test(psi)*phi_source"，如图 5-115 所示。

图 5-112 设置"初始值，流体 2"

图 5-113 设置"入口 1"

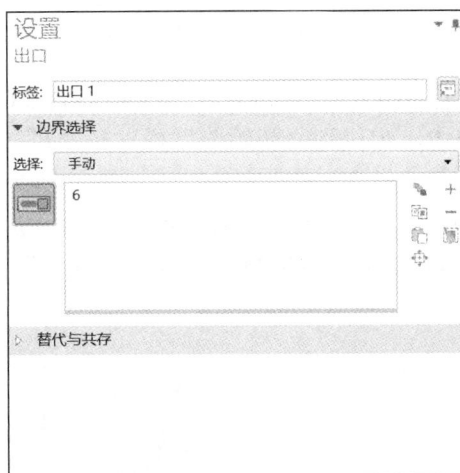

图 5-114 设置"出口 1"

图 5-115 设置"弱贡献 1"

（6）设置"弱贡献 2"。在"物理场"工具栏中单击"域"，然后选择"弱贡献"。在"弱贡献"设置窗口中，定位到"域选择"栏，选择域 1 和域 2；定位到"弱贡献"栏，在"弱表达式"文本框中输入"test(p)*usource"，如图 5-116 所示。

4）"流体传热(ht)"边界条件设置

（1）设置"流体 1"。在"模型开发器"窗口的"组件 1(comp1)"→"流体传热(ht)"节点下，单击"流体 1"。在"流体"设置窗口中，定位到"热传导，流体"栏，从"k"列表中选择"用户定义"，在对应的文本框中输入"k"；定位到"热力学，流体"栏，从"流体类型"列表中选择"气体/液体"，从"ρ"列表中选择"用户定义"，在对应的文本框中输入"tpf1.rho"，从"C_p"列表中选择"用户定义"，在对应的文本框中输入"Cp"，如图 5-117 所示。

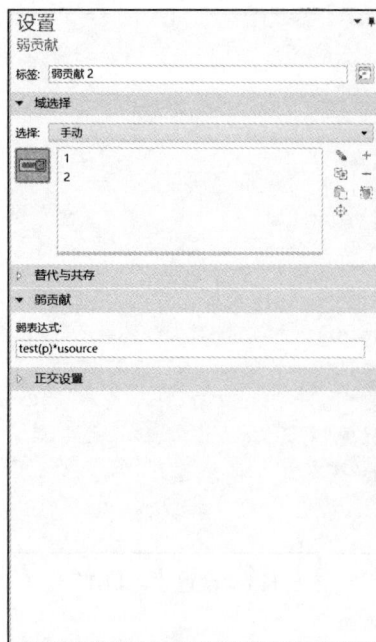

图 5-116　设置"弱贡献 2"

图 5-117　设置"流体 1"

（2）设置"初始值 1"。在"模型开发器"窗口的"组件 1 (comp1)"→"流体传热(ht)"节点下，单击"初始值 1"。在"初始值"设置窗口中，定位到"初始值"栏，在"T"文本框中输入"373.15[K]"，如图 5-118 所示。

（3）设置"流入 1"。在"物理场"工具栏中单击"边界"，然后选择"流入"。在"流入"设置窗口中，定位到"边界选择"栏，选择边界 1；定位到"上游属性"栏，在"T_{ustr}"文本框中输入"373.15[K]"，如图 5-119 所示。

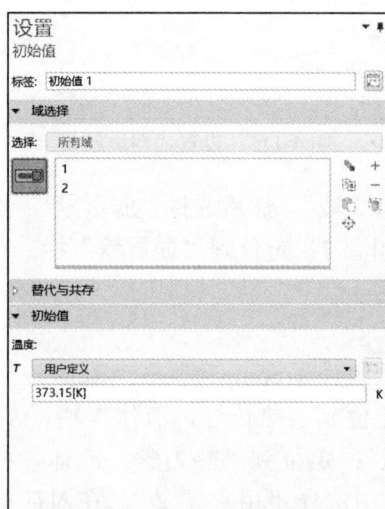

图 5-118　设置"初始值 1"

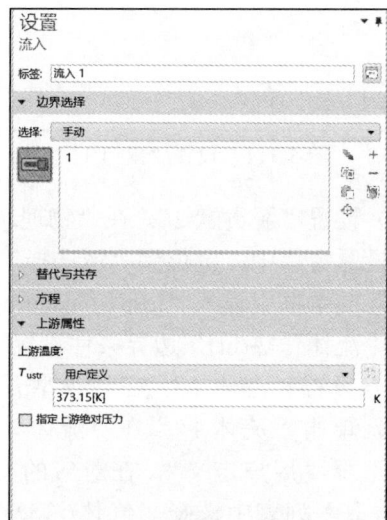

图 5-119　设置"流入 1"

（4）设置"流出 1"。在"物理场"工具栏中单击"边界"，然后选择"流出"。在"流出"

设置窗口中，定位到"边界选择"栏，选择边界 6，如图 5-120 所示。

（5）设置"热源 1"。在"物理场"工具栏中单击"域"，然后选择"热源"。在"热源"设置窗口中，定位到"域选择"栏，选择域 1 和域 2；定位到"热源"栏，在"Q_0"文本框中输入"Qs"，如图 5-121 所示。

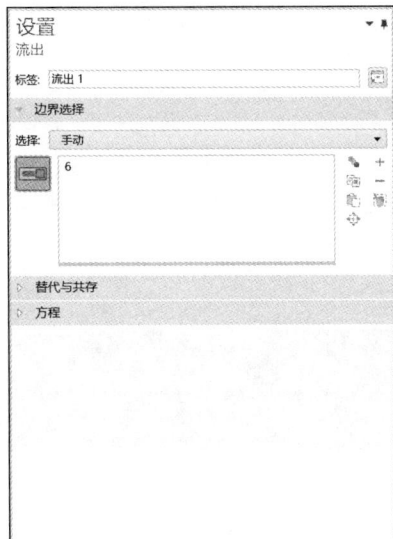

图 5-120　设置"流出 1"

图 5-121　设置"热源 1"

（6）设置"温度 1"。在"物理场"工具栏中单击"边界"，然后选择"温度"。在"温度"设置窗口中，定位到"边界选择"栏，选择边界 2、边界 4 和边界 5；定位到"温度"栏，在"T_0"文本框中输入"375.25[K]"，如图 5-122 所示。

5．网格划分

（1）构建"编辑物理场引导的序列"。在"模型开发器"窗口的"组件 1(comp1)"节点下，右击"网格 1"，选择"编辑物理场引导的序列"，自动生成物理场引导的网格序列，如图 5-123 所示。

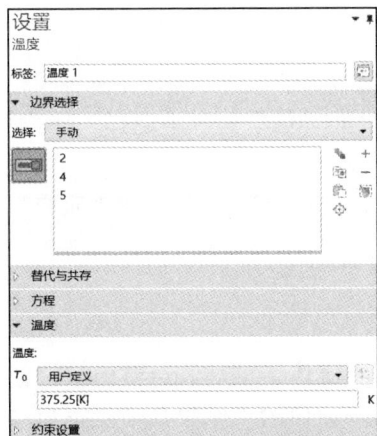

图 5-122　设置"温度 1"

图 5-123　构建"编辑物理场引导的序列"

（2）构建"大小 1"。在"模型开发器"窗口的"组件 1(comp1)"→"网格 1"节点下，右击"自由三角形网格 1"，选择"大小"。在"大小"设置窗口中，定位到"几何实体选择"栏，从"几何实体层"列表中选择"域"，从"图形"窗口中选择域 2 和域 3；定位到"单元大小"栏，从"校准为"列表中选择"流体动力学"，从"预定义"列表中选择"超细"；单击"全部构建"按钮，网格划分完成，如图 5-124 所示。

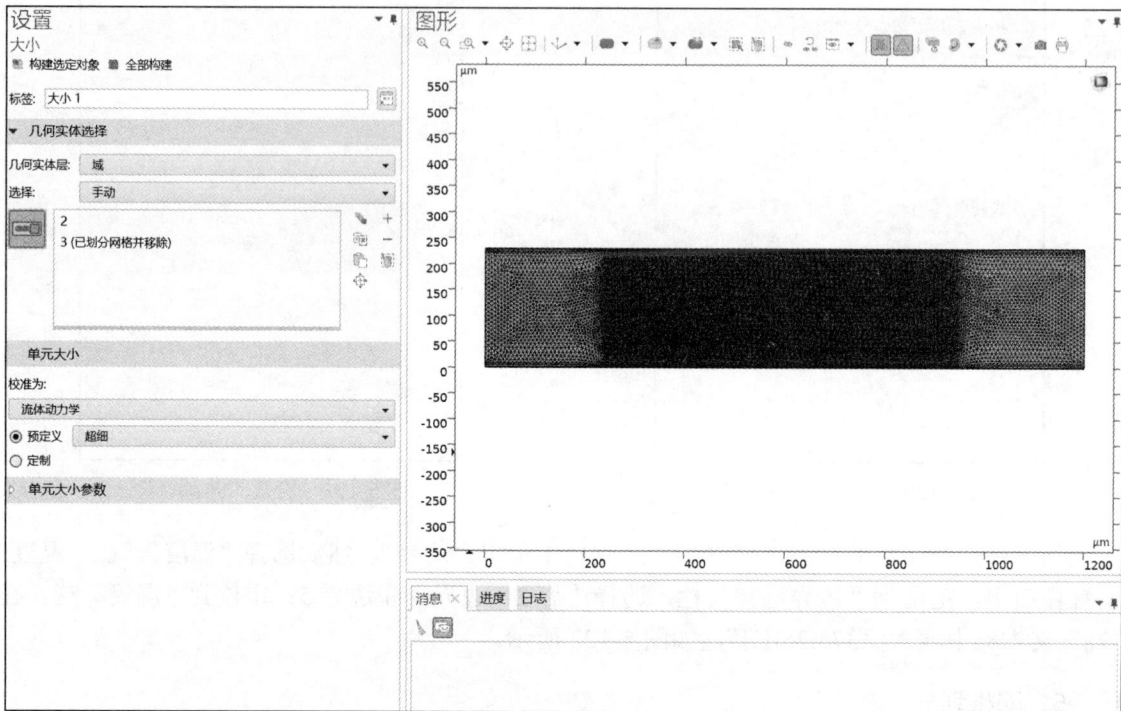

图 5-124　网格划分

在"模型开发器"窗口的"组件 1(comp1)"节点下，右击"网格 1"，选择"统计信息"，即可看到已划分网格的相关信息，如图 5-125 所示。

6. 计算

在"模型开发器"窗口的"组件 1(comp1)"→"研究 1"节点下，单击"步骤 2：瞬态"。在"瞬态"设置窗口中，定位到"研究设置"栏，从"时间单位"列表中选择"ms"，在"输出时步"文本框中输入"range(0,0.01,2)"，如图 5-126 所示。

在"模型开发器"窗口的"组件 1(comp1)"节点下，单击"研究 1"。在"研究"设置窗口中，单击"计算"按钮，等待计算完成。

7. 结果后处理

当 COMSOL 计算完成时，"速度(spf)""压力(spf)""流体 1 的体积分数(pf)""温度(ht)""温度和流体流动(nitf1)"这 5 组结果会在"模型开发器"窗口的"结果"节点下自动生成，如需其他后处理结果，则需用户手动生成。

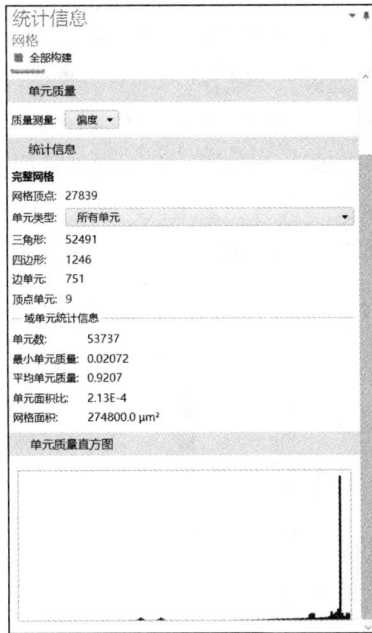

图 5-125 网格相关信息

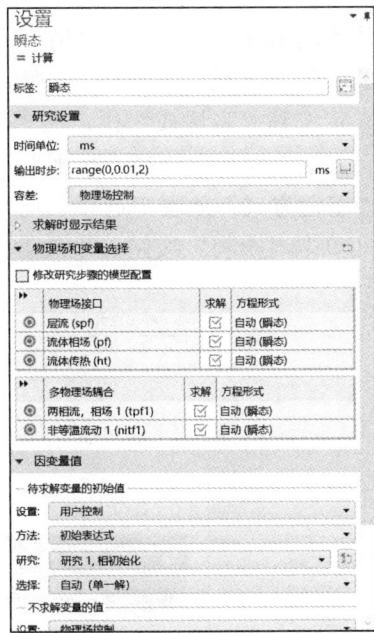

图 5-126 设置"步骤 2：瞬态"

（1）生成"气泡大小"。在"模型开发器"窗口的"组件 1(comp1)"节点下，右击"定义"，选择"非局部耦合"→"积分"。在"积分"设置窗口中，定位到"源选择"栏，选择域 1 和域 2。

在"模型开发器"窗口的"组件 1(comp1)"节点下，右击"研究 1"，选择"更新解"（注意，计算完成之后设置的"非局部耦合"，需要"更新解"才能被 COMSOL 识别）。在"结果"工具栏中单击"一维绘图组"，打开"一维绘图组"设置窗口，在"标签"文本框中输入"气泡大小"。在"模型开发器"窗口的"结果"节点下，右击"气泡大小"，选择"全局"。在"全局"设置窗口中，定位到"y 轴数据"栏，在"表达式"文本框中输入"intop1(pf.Vf1)"，在"描述"文本框中输入"气泡大小"，单击"绘制"按钮，即可看到图 5-127 所示的效果。

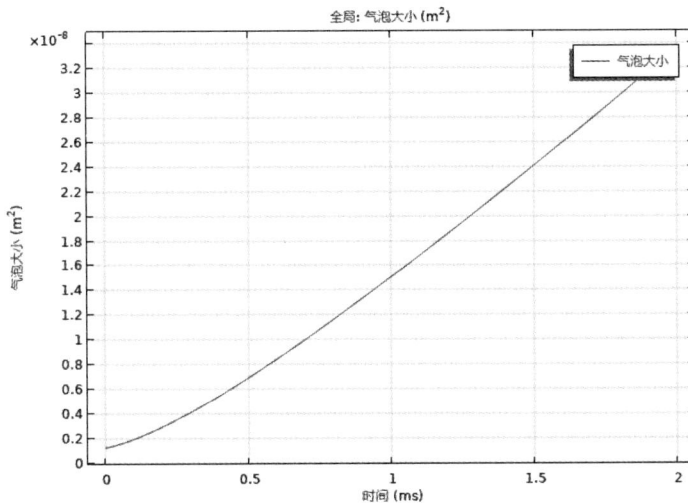

图 5-127 气泡大小

（2）调整"温度和流体流动(nitf1)"。在"模型开发器"窗口的"结果"节点下，单击"温度和流体流动(nitf1)"。在"二维绘图组"设置窗口中，定位到"绘图设置"栏，取消"绘制数据集的边"复选框。右击"温度和流体流动(nitf1)"，选择"等值线"。在"等值线"设置窗口中，定位到"表达式"栏，在"表达式"文本框中输入"pf.Vf2"；定位到"水平"栏，从"定义方法"列表中选择"水平"，在"水平"文本框中输入"0.5"；定位到"着色和样式"栏，从"着色方式"列表中选择"均匀"，从"颜色"列表中选择"黑色"，取消"颜色图例"复选框；单击"绘制"按钮，生成调整后的"温度和流体流动(nitf1)"，如图 5-128 所示。

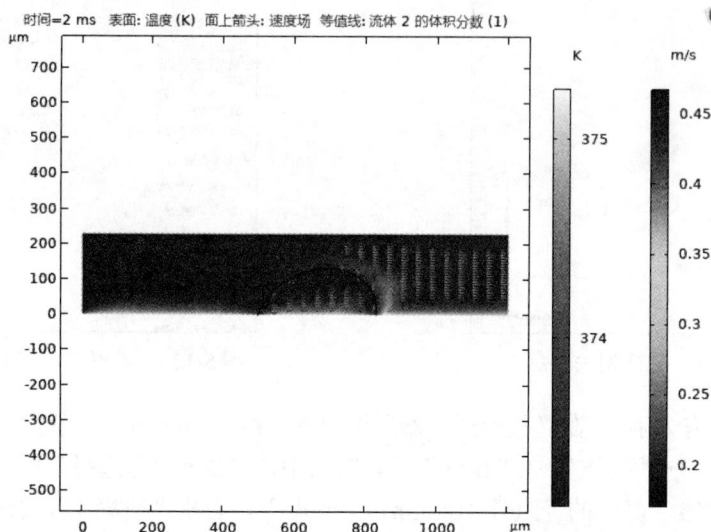

图 5-128　调整后的"温度和流体流动 (nitf1)"

第6章 复杂传热分析

工程传热问题有的更复杂一些，涉及多个传热模式或多个物理场，采用 COMSOL 分析时需要仔细设置相关的物理场和边界条件。本章主要介绍多孔介质传热分析、电热固耦合分析等案例，也介绍了 COMSOL 的代理模型训练，以便快速建立输入与输出关系，解决复杂有限元计算特别费时的问题。

6.1 多孔介质传热分析

本节通过一个具体案例来介绍如何分析多孔介质传热问题。

6.1.1 问题描述

填料（多孔材料）储罐的几何模型如图 6-1 所示，储罐内部填充床（图中两虚线之间）直径为 400 mm，高 560 mm；填充床内填充直径 $d_p = 60mm$ 的石蜡胶囊，其孔隙率为 $\varepsilon_p = 0.49$；温度最初为 30 ℃，温水以 $V_{in} = 2L/min$ 的流速流过储罐，在此过程中，它被储罐持续加热，储罐的功率 $Q_u = 375W$。忽略胶囊内的对流，将石蜡视为固体或不流动的液体。需分析该储罐受热时相变传热和局部热非平衡的影响。

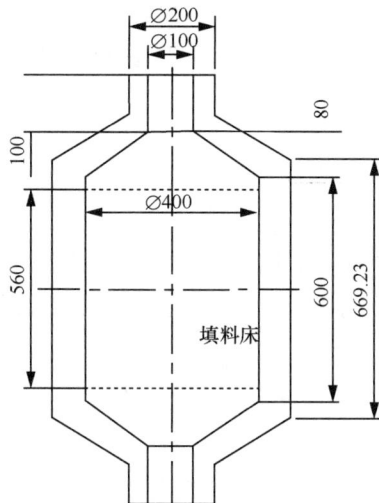

图 6-1 填料储罐的几何模型

6.1.2 建模思路及注意事项

本节多孔介质热量传递涉及自由和多孔介质流动、固体和流体传热两个物理场，其对外界的热量传递可以用"热通量"边界条件进行简化。储罐入口和出口的温差由式（6.1）给出。

$$\frac{Q_u}{V_{in}} = \rho C_p (T_{in} - T_{out}) \tag{6.1}$$

其中，T_{in} 和 T_{out} 分别为入口和出口的温度；ρ 和 C_p 分别是水的密度与热容。

采用式（6.2）所示的 Ergun 方程描述流经填充床的流动，估算压降与速度场 u 的关系。

$$\nabla p = -\frac{\mu}{\kappa} u - \frac{1.75(1-\varepsilon_p)}{d_p \varepsilon_p^3} \rho |u| u \tag{6.2}$$

其中，ρ 和 μ 分别是水的密度与动力黏度，d_p 是胶囊球的直径，κ 是填充床的渗透率。κ 的计算表达式为

$$\kappa = \frac{d_p^2 \varepsilon_p^3}{150(1-\varepsilon_p)^2} \tag{6.3}$$

通过式（6.4）估算流动系统的雷诺数，即

$$Re = \frac{d_p u \rho}{(1-\varepsilon_p)\mu} \tag{6.4}$$

结合前人的实验研究，填充床内的最大流速 u 约为 6 mm/s，由式（6.4）算出雷诺数约为 600，故认为其内流动场为层流，流场与温度分布无关，这样简化可以减少计算量。

与储罐尺寸相比，胶囊的直径较大，其内封装的石蜡与周围水流之间存在显著的温差，故需采用局部热非平衡法分析多孔介质传热问题。用热源模拟填充石蜡的胶囊传递到水中的热量，如式（6.5）所示。

$$Q_f = \frac{q_{sf}}{\varepsilon_p}(T_s - T_f) \tag{6.5}$$

其中，T_s 和 T_f 分别为石蜡和水的温度；q_{sf} 是间隙对流传热系数。对于球形胶囊，该传热系数如式（6.6）所示，式中的间隙传热系数 h_{sf} 遵循努塞尔数相关性。

$$q_{sf} = \frac{6(1-\varepsilon_p)}{d_p} h_{sf} \tag{6.6}$$

本节的计算区域是轴对称的，采用轴对称模型（COMSOL 中的对称轴是竖直的），建模时采用矩形与多边形进行计算区域构建，复杂的区域（如外壳固体）采用多个多边形构建之后进行布尔运算。石蜡固-固相变过程中，密度假设保持不变，使用参数列表中固体石蜡与液体石蜡的平均密度值。给储罐加热所需的时间未知，为了避免计算太多的时步，使用停止条件终止计算，如在罐内各处的温度到达 70 ℃之后停止模拟。

6.1.3 具体计算

具体计算涉及模型向导、几何构建、添加材料、边界条件设置、网格划分、计算求解、结果后处理等内容。

1. 模型向导

打开 COMSOL 软件，单击"模型向导"，进入"选择空间维度"窗口；单击"二维轴对称"，进入"选择物理场"窗口；选择"流体流动"→"多孔介质和地下水流"→"自由和多孔介质流动，Brinkman(fp)"，单击"添加"按钮；再选择"传热"→"固体和流体传热(ht)"，单击"添加"按钮，在"添加的物理场接口"列表框中会出现已添加的物理场；单击"研究"按钮，进入"选择研究"窗口；选择"一般研究"→"稳态"，单击"完成"按钮，进入 COMSOL 建模界面。

2. 几何构建

（1）构建"矩形 1"。在"几何"工具栏中单击"矩形"，在"矩形"设置窗口中，定位到"大小和形状"栏，在"宽度"文本框中输入"0.2"，在"高度"文本框中输入"0.56"，单击"构建选定对象"按钮完成"矩形 1"的构建，如图 6-2 所示。

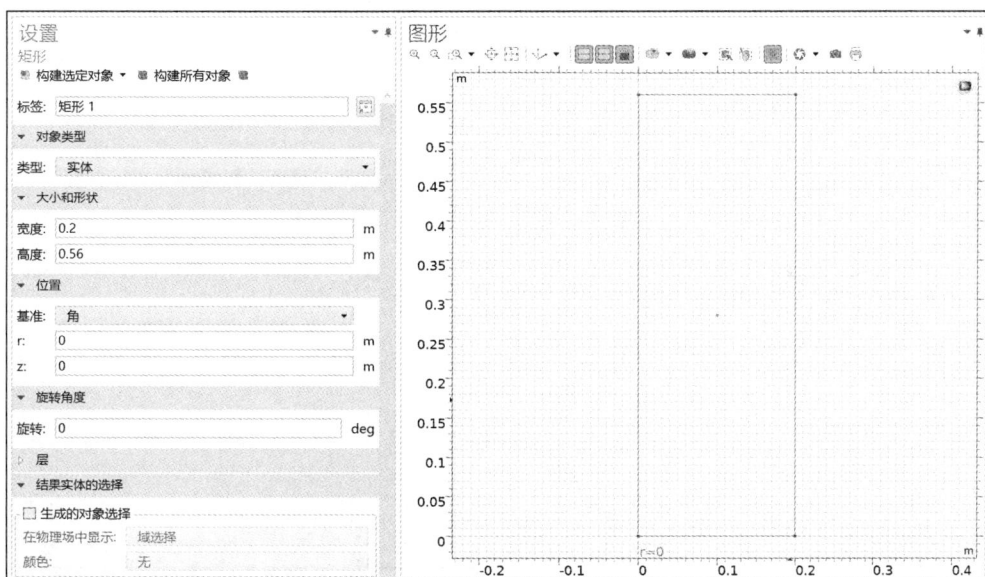

图 6-2 "矩形 1"几何构建

（2）构建"多边形 1"。在"几何"工具栏中单击"多边形"，在"多边形"设置窗口中，定位到"坐标"栏，在"r"文本框中输入"0"，在"z"文本框中输入"0.56"，换行继续完成坐标的输入，即（0, 0.75）、（0.05, 0.75）、（0.05, 0.65）、（0.2, 0.58）、（0.2, 0.56）和（0, 0.56），单击"构建选定对象"按钮完成"多边形 1"的构建，如图 6-3 所示。

（3）构建"多边形 2"。在"几何"工具栏中单击"多边形"，在"多边形"设置窗口中，定位到"坐标"栏，在"r"文本框中输入"0"，在"z"文本框中输入"0"，换行继续完成坐标的输入，即（0，−0.2）、（0.05，−0.2）、（0.05，−0.1）、（0.2，−0.02）、（0.2，0）和（0，0），单击"构建选定对象"按钮完成"多边形2"的构建，如图6-4所示。

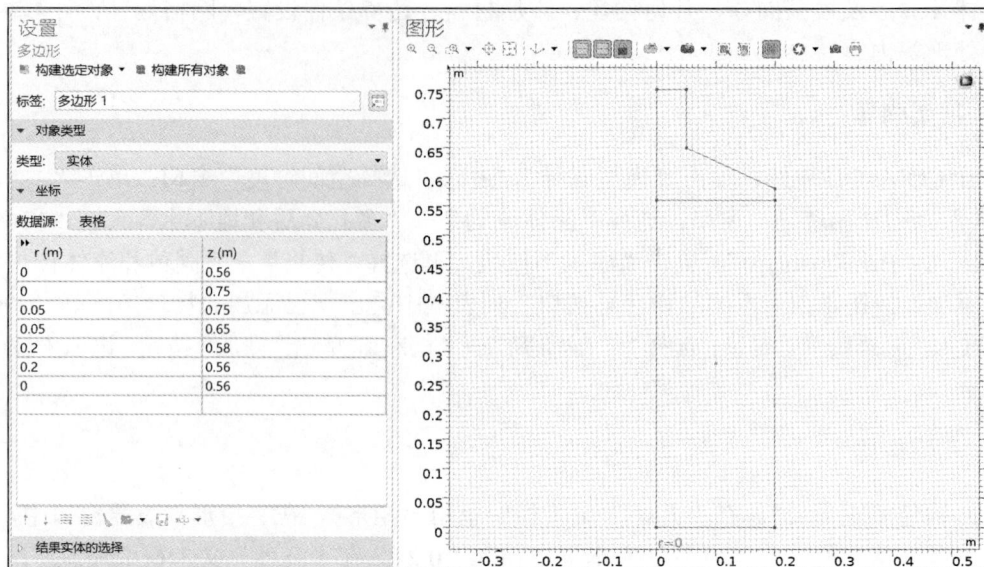

图 6-3　"多边形 1"几何构建

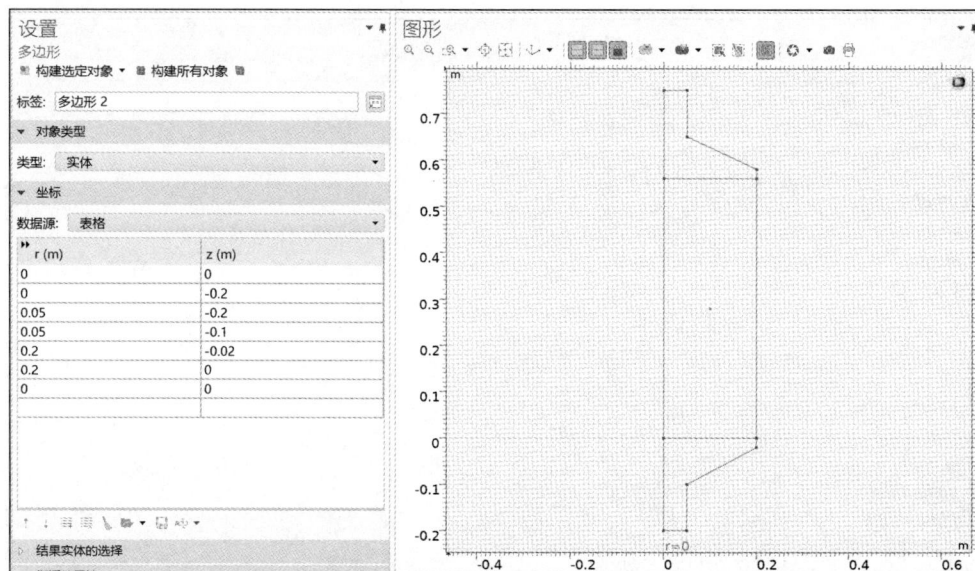

图 6-4　"多边形 2"几何构建

（4）构建"多边形 3"。在"几何"工具栏中单击"多边形"，在"多边形"设置窗口中，定位到"坐标"栏，在"r"文本框中输入"0.2"，在"z"文本框中输入"0.56"，换行继续完成坐标的输入，即（0.2，0）、（0.2，−0.02）、（0.05，−0.1）、（0.05，−0.2）、（0.1，−0.2）、（0.1，−0.13）、（0.25，−0.0515）、（0.25，0）、（0.25，0.56）、（0.25，0.612）、（0.1，0.68）、（0.1，0.75）、（0.05，0.75）、（0.05，0.65）、（0.2，0.58）和（0.2，0.56），单击"构建选定对象"按钮完成"多边形3"的构建，如图6-5所示。

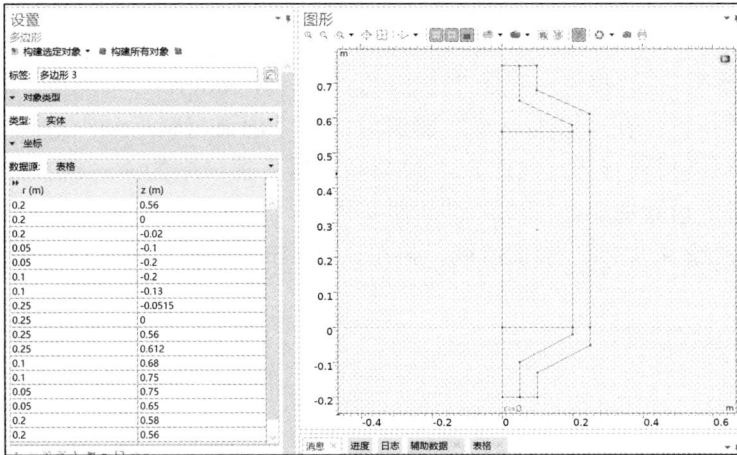

图 6-5　"多边形 3"几何构建

（5）在"模型开发器"窗口中，单击"形成联合体(fin)"，在"形成联合体/装配"设置窗口中，单击"全部构建"按钮。在"图形"窗口中单击"缩放到窗口大小"按钮，至此几何构建完毕（注意，建模顺序和方式不唯一，用户可根据自己的情况选择）。

3．定义参数

在"模型开发器"窗口的"全局定义"节点下，单击"参数 1"。在"参数"设置窗口中，定位到"参数"栏，分别单击"名称""表达式""值""描述"下的文本框，依次输入表 6-1中的各个参数，如图 6-6 所示。

表 6-1　　　　　　　　　　　　　　　　参数表

名称	表达式	值	描述
dp	60[mm]	0.06 m	封装 PCM 的直径
por	0.49	0.49	床孔隙率
V_in	2[L/min]	3.3333E-5 m^3/s	流率
T0	30[degC]	303.15 K	初始温度
Qu	375[W]	375 W	太阳能加热功率
rho_av	(861[kg/m^3]+778[kg/m^3])/2	819.5 kg/m^3	石蜡的平均密度

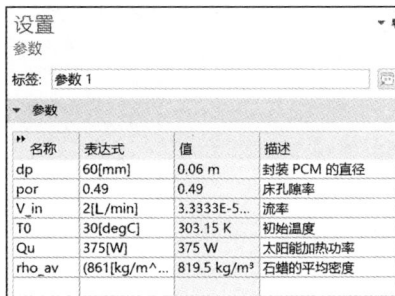

图 6-6　定义参数

4．添加材料

（1）添加"水"。在"模型开发器"窗口的"组件 1(comp1)"节点下，右击"材料"，选择"从库中添加材料"。在"添加材料"窗口中，从"内置材料"项中选择"Water, liquid"材料，双击该材料将材料导入（这时在"模型开发器"窗口中的"材料"节点下可以看到该材料）。在"材料"设置窗口，定位到"几何实体选择"栏，保留域 1、域 3（默认是 4 个域都选择，将域 2、域 4 取消，单击该域，再单击右边的"−"即可取消该域选择），如图 6-7 所示。

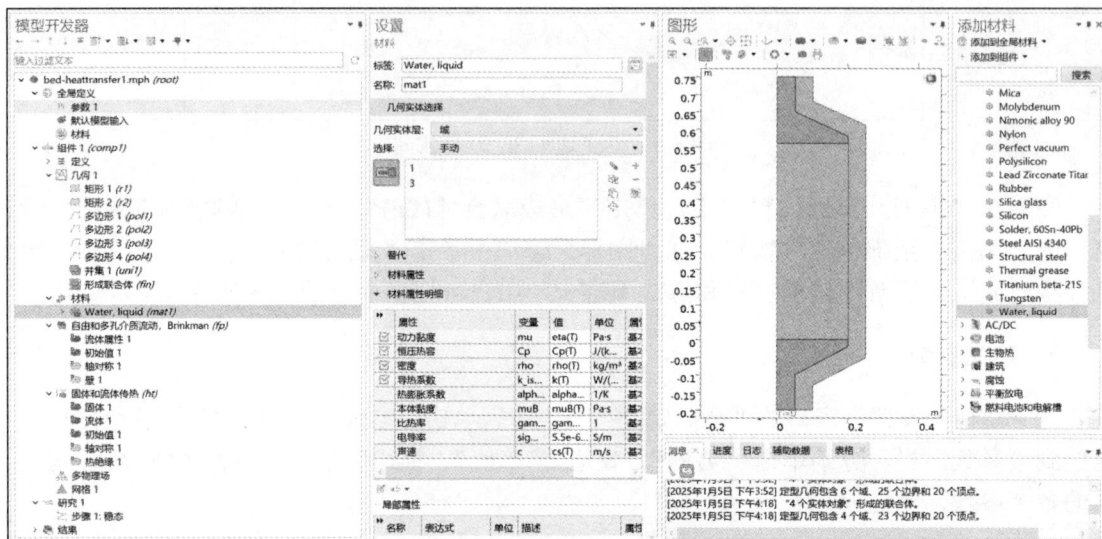

图 6-7　添加"水"

（2）添加"石蜡，固体"。在"模型开发器"窗口的"组件 1(comp1)"节点下，右击"材料"，选择"空材料"，打开"材料"设置窗口，在"标签"文本框中输入"石蜡，固体"，材料属性与所涉及的域后续再设置，如图 6-8 所示。

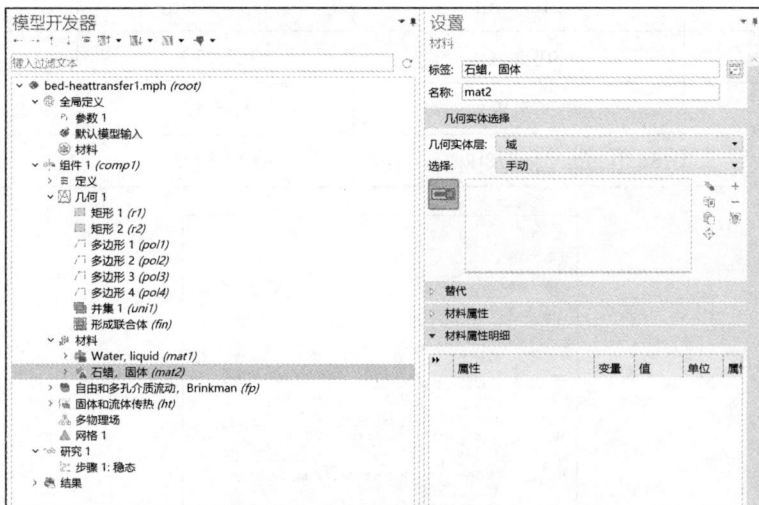

图 6-8　添加"石蜡，固体"

（3）添加"石蜡，液体"。在"模型开发器"窗口的"组件 1(comp1)"节点下，右击"材料"，选择"空材料"，打开"材料"设置窗口，在"标签"文本框中输入"石蜡，液体"，材料属性与所涉及的域后续再设置，如图 6-9 所示。

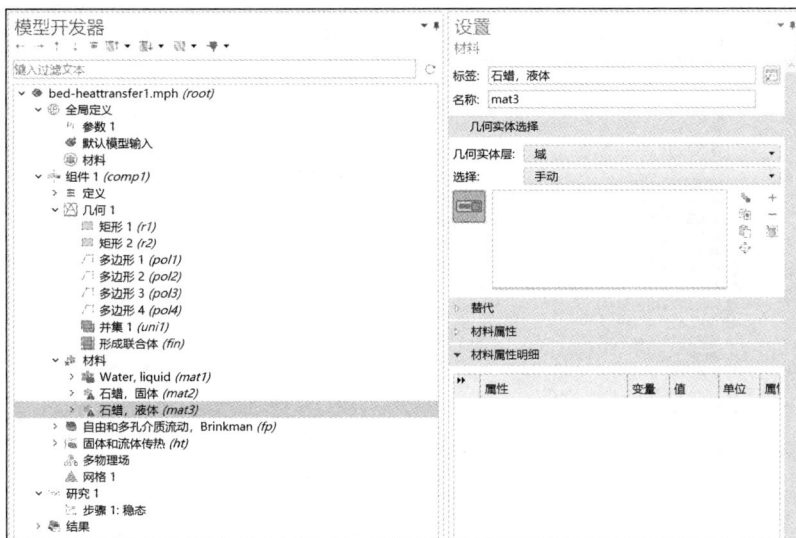

图 6-9　添加"石蜡，液体"

（4）添加"玻璃棉"。在"模型开发器"窗口的"组件 1(comp1)"节点下，右击"材料"，选择"空材料"，打开"材料"设置窗口，在"标签"文本框中输入"玻璃棉"，定位到"几何实体选择"栏，选择域 4，材料属性值暂时不设置，如图 6-10 所示。

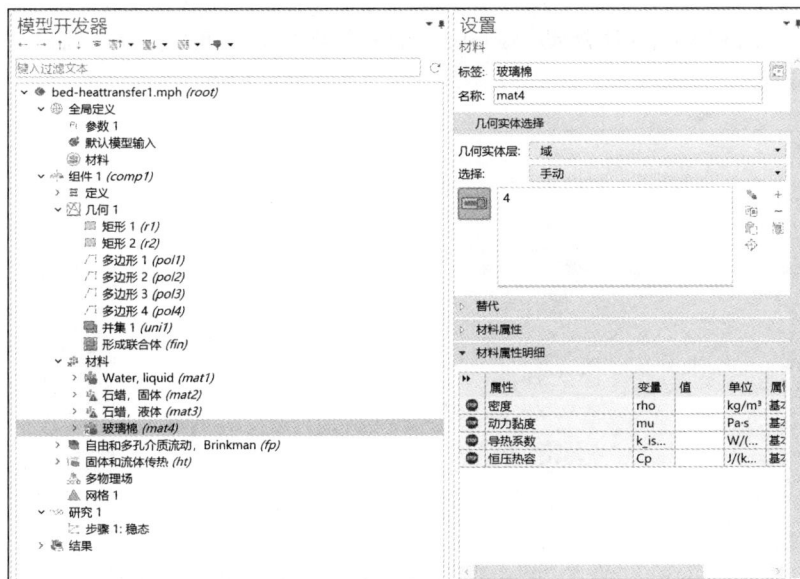

图 6-10　添加"玻璃棉"

（5）添加"多孔材料 1"。在"模型开发器"窗口的"组件 1(comp1)"节点下，右击"材料"，选择"更多材料"→"多孔材料"。在"多孔材料"设置窗口中，定位到"几何实体选择"栏，选择域 2，材料属性值暂时不设置，如图 6-11 所示。

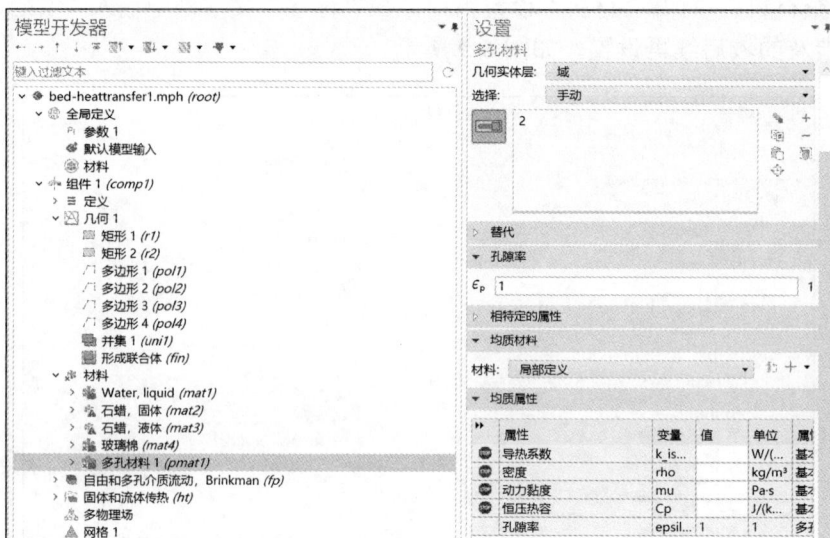

图 6-11　添加"多孔材料"

材料添加完毕，由于有些材料的属性在本案例中是不需要的，所以等后面定义物理场后，再设置材料属性。

5．物理场设置

1）"自由和多孔介质流动，Brinkman(fp)"物理场设置

（1）设置"自由和多孔介质流动，Brinkman(fp)"。在"模型开发器"窗口的"组件 1(comp1)"节点下，单击"自由和多孔介质流动，Brinkman(fp)"。在"自由和多孔介质流动，Brinkman(fp)"设置窗口中，定位到"域选择"栏，保留域 1～3，如图 6-12 所示。

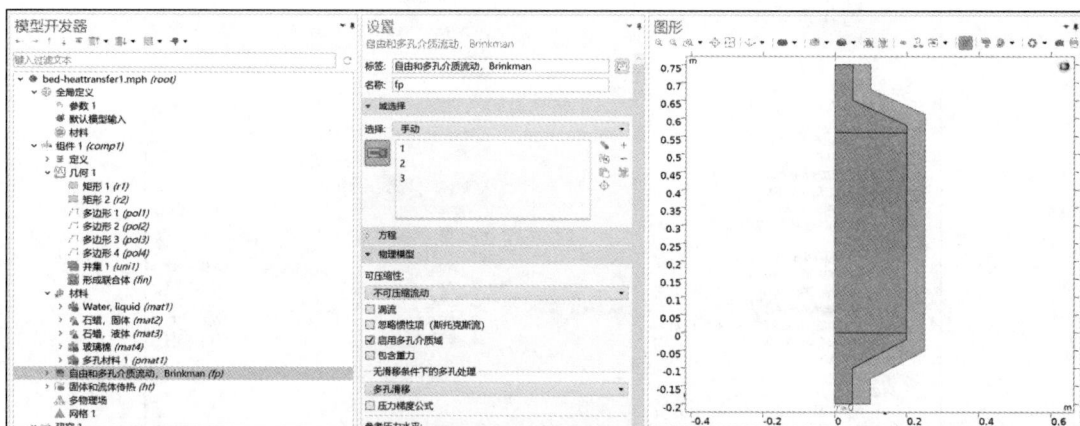

图 6-12　设置"自由和多孔介质流动，Brinkman(fp)"的域

（2）设置"多孔介质 1"。在"物理场"工具栏中单击"域"→"多孔介质"，在"多孔介质"设置窗口中，定位到"域选择"栏，选择域 2；定位到"多孔介质"栏，在"流动模型"列表中选择"非达西流"，如图 6-13 所示。

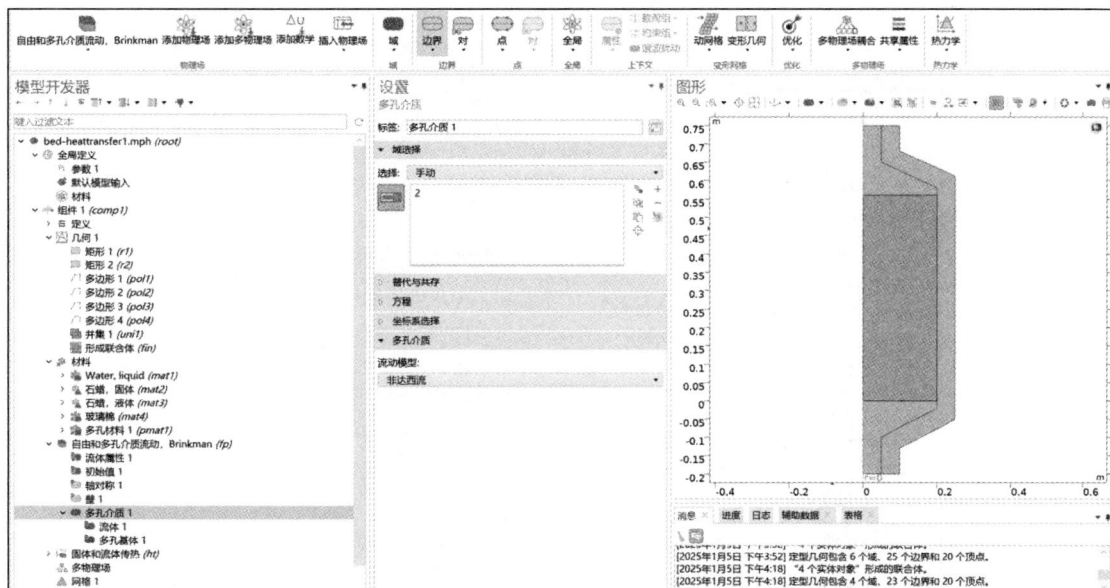

图 6-13   设置"多孔介质 1"

（3）设置"多孔基体 1"。在"模型开发器"窗口中，单击"组件 1(comp1)"→"自由和多孔介质流动，Brinkman(fp)"→"多孔介质 1"→"多孔基体 1"。在"多孔基体"设置窗口中，定位到"基体属性"栏，从"渗透率模型"列表中选择"Ergun"，在"d_p"文本框中输入"dp"，如图 6-14 所示。

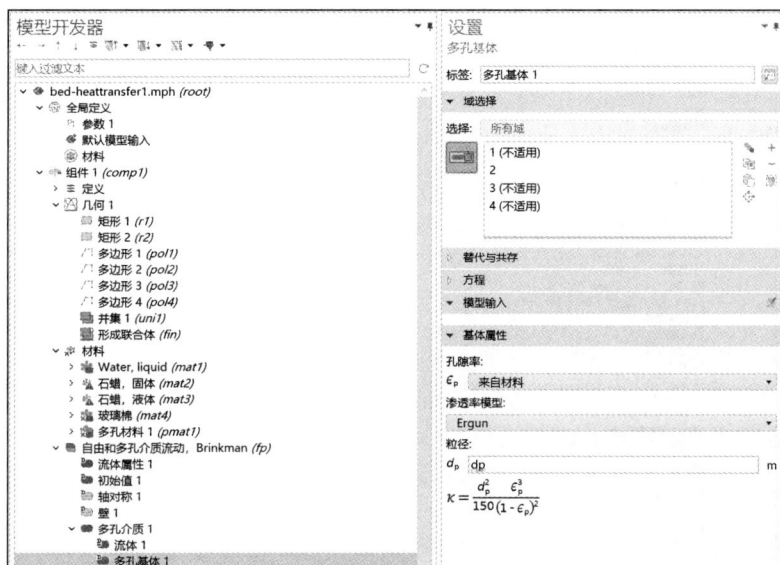

图 6-14   设置"多孔基体 1"

2）"固体和流体传热(ht)"物理场设置

（1）设置"流体 1"。在"模型开发器"窗口的"固体和流体传热(ht)"节点下，单击"流体 1"。在"流体"设置窗口中，定位到"域选择"栏，在"图形"窗口选择域 1、域 3，如图 6-15 所示。

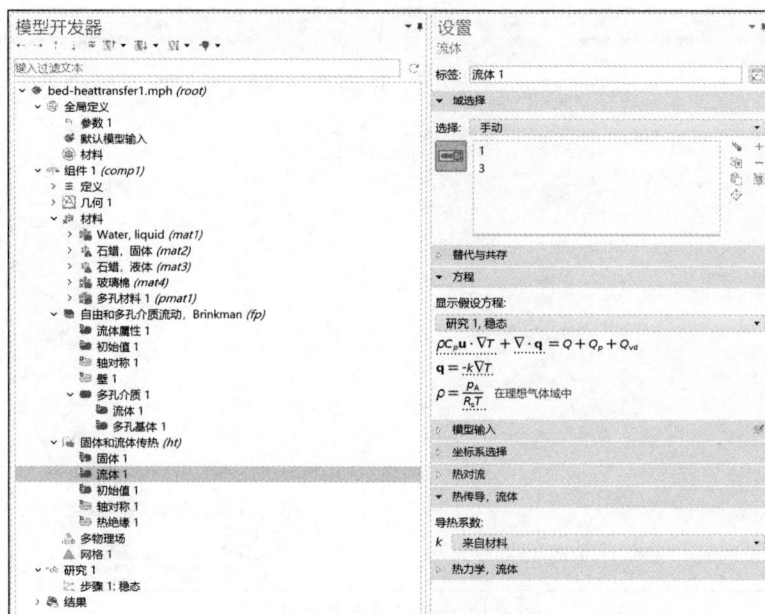

图 6-15 设置"流体 1"

（2）设置"初始值 1"。在"模型开发器"窗口的"固体和流体传热(ht)"节点下，单击"初始值 1"。在"初始值"设置窗口中，定位到"初始值"栏，在"温度"文本框中输入"T0"，如图 6-16 所示。

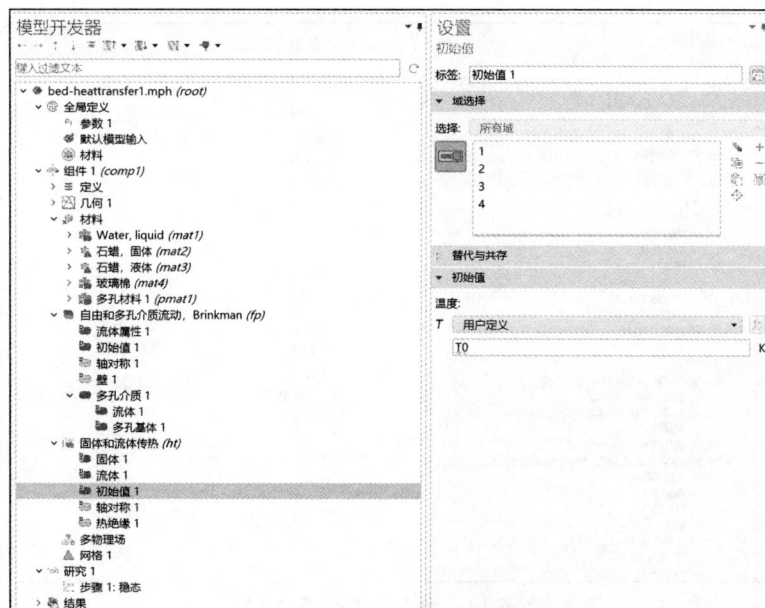

图 6-16 设置"初始值 1"

（3）设置"多孔介质 1"。在"物理场"工具栏中，单击"域"→"多孔介质"（此处是第二次设置"多孔介质 1"，但要注意这次与上次不在同一个节点下），在"多孔介质"设置窗口中，定位到"域选择"栏，在"图形"窗口选择域 2；定位到"多孔介质"栏，在"多孔介质类型"列表中选择"局部热非平衡"，在"间隙对流传热系数"列表中选择"球形颗粒"，在"d_{pe}"文本框中输入"dp"，如图 6-17 所示。

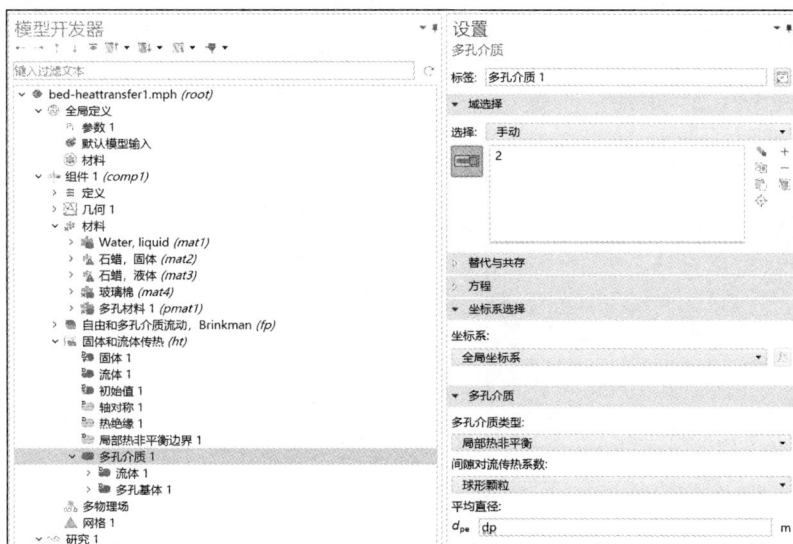

图 6-17　设置"多孔介质 1"

（4）设置"初始值 1"。在"模型开发器"窗口的"组件 1(comp1)"→"固体和流体传热(ht)"→"多孔介质 1"→"流体 1"节点下，单击"初始值 1"。在"初始值"设置窗口中，定位到"初始值"栏，在"温度"文本框中输入"T0"，如图 6-18 所示。

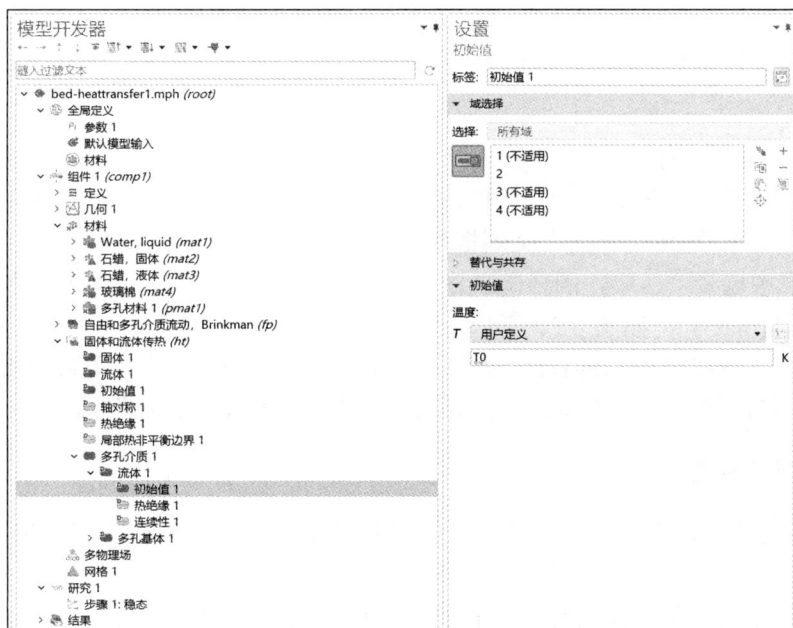

图 6-18　设置"初始值 1"

（5）设置"多孔基体 1"。在"模型开发器"窗口中，单击"组件 1(comp1)"→"固体和流体传热(ht)"→"多孔介质 1"→"多孔基体 1"。在"多孔基体"设置窗口中，定位到"基体属性"栏，从"定义"列表中选择"固相属性"，如图 6-19 所示。

（6）设置"初始值 1"。在"模型开发器"窗口中展开"多孔基体 1"节点，然后单击"初始值 1"。在"初始值"设置窗口中，定位到"初始值"栏，在"温度"文本框中输入"T0"，如图 6-20 所示。

图 6-19 设置"多孔基体 1"

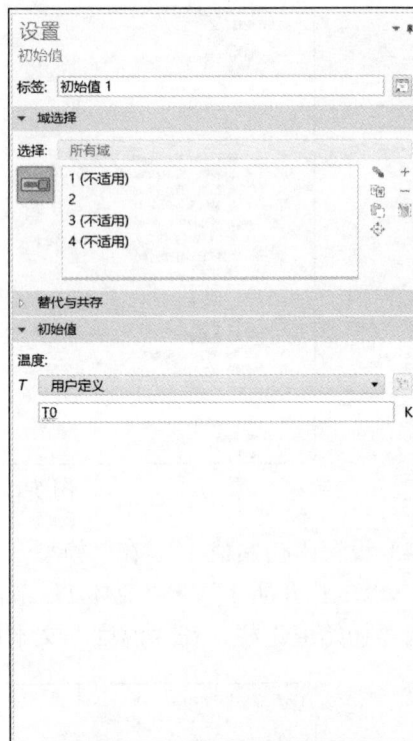

图 6-20 设置"初始值 1"

（7）设置"相变材料 1"。在"物理场"工具栏中单击"属性"→"相变材料"，在"相变材料"设置窗口中，定位到"相变"栏，在"$T_{1 \to 2}$"文本框中输入"60[degC]"，在"$\Delta T_{1 \to 2}$"文本框中输入"2[K]"，在"$L_{1 \to 2}$"文本框中输入"213[kJ/kg]"；定位到"相 1"栏，从"材料，相 1"列表中选择"石蜡，固体(mat2)"；定位到"相 2"栏，从"材料，相 2"列表中选择"石蜡，液体(mat3)"，如图 6-21 所示。

（8）设置"非等温流动 1(nitf1)"。在"物理场"工具栏中，单击"多物理场耦合"→"非等温流动"，这样就将"自由和多孔介质流动"与"固体和流体传热"两个接口相耦合。

6．材料属性设置

下面继续设置材料属性（因为已经设置了物理场，系统会自动检测模拟中各材料所需的属性）。

（1）设置"石蜡，固体(mat2)"的属性。在"模型开发器"窗口的"组件 1(comp1)"→"材料"节点下，单击"石蜡，固体(mat2)"。在"材料"设置窗口中，定位到"材料属性明细"栏，在"导热系数"的"值"文本框中输入"0.4"，在"恒压热容"的"值"文本框中输入"1850"，如图 6-22 所示。

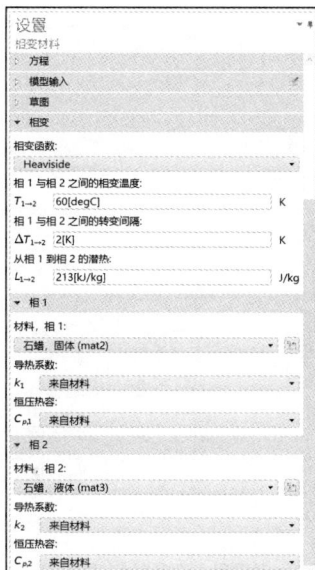

图 6-21 设置"相变材料 1"

图 6-22 设置"石蜡，固体"的属性

（2）设置"石蜡，液体(mat3)"的属性。在"模型开发器"窗口的"组件 1(comp1)"→"材料"节点下，单击"石蜡，液体(mat3)"。在"材料"设置窗口中，定位到"材料属性明细"栏，在"导热系数"的"值"文本框中输入"0.15"，在"恒压热容"的"值"文本框中输入"2384"，如图 6-23 所示。

（3）设置"玻璃棉(mat4)"的属性。在"模型开发器"窗口的"组件 1(comp1)"→"材料"节点下，单击"玻璃棉(mat4)"。在"材料"设置窗口中，定位到"材料属性明细"栏，在"导热系数"的"值"文本框中输入"0.025"，在"密度"的"值"文本框中输入"850"，在"恒压热容"的"值"文本框中输入"1250"，如图 6-24 所示。

图 6-23 设置"石蜡，液体"的属性

图 6-24 设置"玻璃棉"的属性

（4）设置"多孔材料 1"。在"模型开发器"窗口的"组件 1(comp1)"→"材料"节点下，单击"多孔材料 1(pmat1)"。在"多孔材料"设置窗口中，定位到"相特定的属性"栏，单击"添加所需的相节点"按钮，会在"多孔材料 1"节点下出现"流体 1""固体 1"两个节点，如图 6-25 所示。

图 6-25　设置"多孔材料 1"

（5）设置"流体 1"。在"模型开发器"窗口的"组件 1(comp1)"→"材料"→"多孔材料 1(pmat1)"节点下，单击"流体 1(pmat1.fluid1)"。在"流体"设置窗口中，定位到"流体属性"栏，从"材料"列表中选择"Water, liquid (mat1)"。

（6）设置"固体 1"。在"模型开发器"窗口的"组件 1(comp1)"→"材料"→"多孔材料 1(pmat1)"节点下，单击"固体 1(pmatl.solid1)"。在"固体"设置窗口中，定位到"固体属性"栏，在 θ_s 文本框中输入"1-por"；定位到"材料属性明细"栏，在"密度"的"值"文本框中输入"rho_av"，如图 6-26 所示。

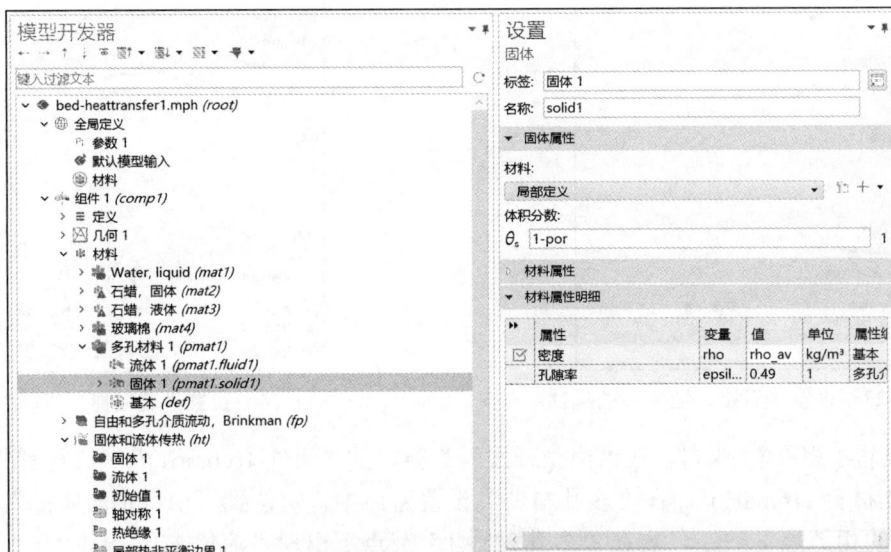

图 6-26　设置"固体 1"

7. 边界条件设置

（1）设置"入口 1"。在"模型开发器"窗口的"组件 1(comp1)"节点下，单击"自由和多孔介质流动，Brinkman(fp)"。在"物理场"工具栏中，单击"边界"→"入口"。在"入口"设置窗口中，定位到"边界选择"栏，选择边界 7；定位到"边界条件"栏，从列表中选择"充分发展的流动"；定位到"充分发展的流动"栏，选中"流率"单选按钮，在"V_0"文本框中输入"V_in"，如图 6-27 所示。

（2）设置"出口 1"。在"模型开发器"窗口的"组件 1(comp1)"节点下，单击"自由和多孔介质流动，Brinkman(fp)"。在"物理场"工具栏中，单击"边界"→"出口"。在"出口"设置窗口中，定位到"边界选择"栏，选择边界 2，如图 6-28 所示。

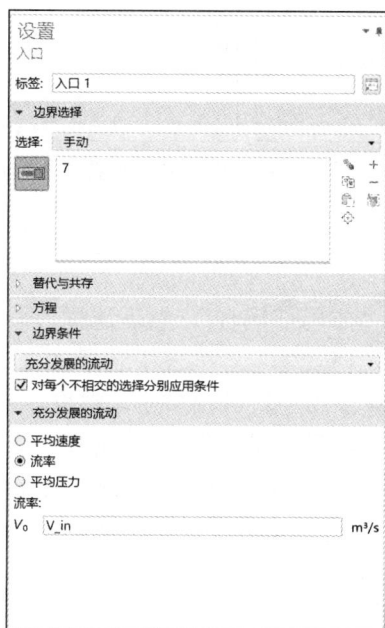

图 6-27 设置"入口 1"

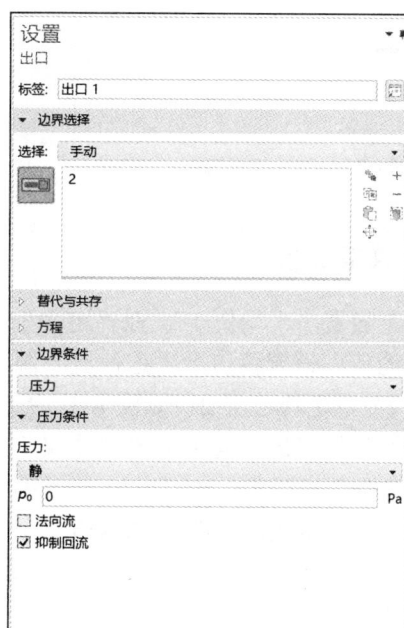

图 6-28 设置"出口 1"

（3）设置"流入 1"。在"模型开发器"窗口的"组件 1(comp1)"节点下，单击"固体和流体传热(ht)"。在"物理场"工具栏中，单击"边界"→"流入"。在"流入"设置窗口中，定位到"边界选择"栏，选择边界 7；定位到"上游属性"栏，在"T_{ustr}"文本框中输入"T_in"，如图 6-29 所示。

（4）设置"流出 1"。在"模型开发器"窗口的"组件 1(comp1)"节点下，单击"固体和流体传热(ht)"。在"物理场"工具栏中，单击"边界"→"流出"。在"流出"设置窗口中，定位到"边界选择"栏，选择边界 2，如图 6-30 所示。

（5）设置"热通量 1"。在"模型开发器"窗口的"组件 1(comp1)"节点下，单击"固体和流体传热(ht)"。在"物理场"工具栏中，单击"边界"→"热通量"。在"热通量"设置窗口中，定位到"边界选择"栏，选择边界 14～17、边界 21～23；定位到"热通量"栏，从"通量类型"列表中选择"对流热通量"，在"h"文本框中输入"5"（该值是根据周围空气冷却情况近似确定的），如图 6-31 所示。

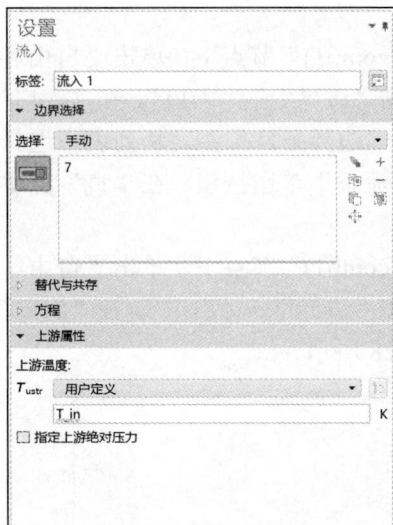

图 6-29　设置"流入 1"　　　图 6-30　设置"流出 1"　　　图 6-31　设置"热通量 1"

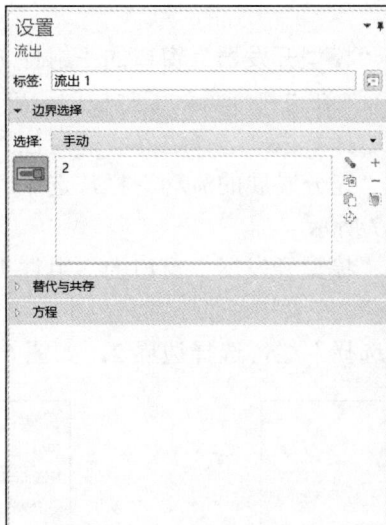

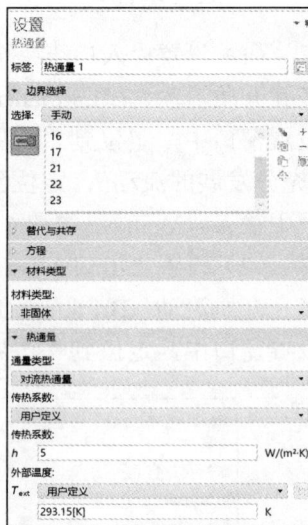

8. 变量设置

（1）设置"平均值 1"。在"定义"工具栏中，单击"非局部耦合"，然后选择"平均值"。在"平均值"设置窗口中，定位到"源选择"栏，从"几何实体层"列表中选择"边界"，在"图形"窗口选择边界 2，如图 6-32 所示。这个平均值算子用于计算出口平均温度。

（2）设置"最小值 1"。在"定义"工具栏中，单击"非局部耦合"，然后选择"最小值"。在"最小值"设置窗口中，定位到"源选择"栏，在"几何实体层"列表中选择"域"，在"图形"窗口选择域 2，如图 6-33 所示。这个最小值算子用于计算多孔区的最小温度。

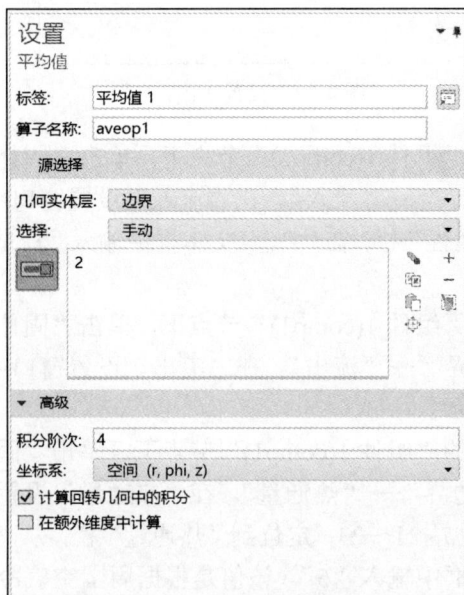

图 6-32　设置"平均值 1"　　　　　图 6-33　设置"最小值 1"

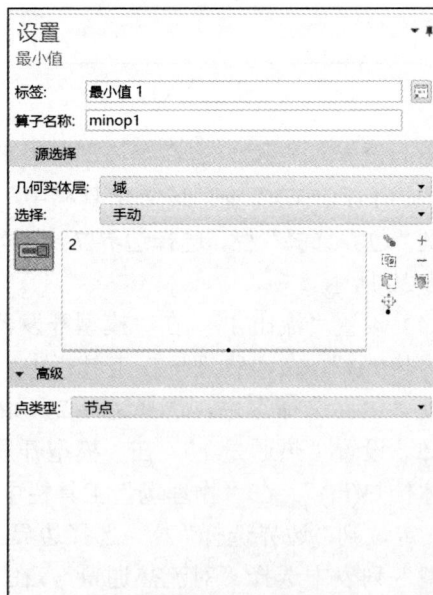

（3）定义变量 deltaT、T_in、T_min。这 3 个变量的表达式、单位和描述见表 6-2。

表 6-2 变量表

名称	表达式	单位	描述
deltaT	Qu/V_in/aveop1(ht.Cp)/aveop1(ht.rho)	K	温度增量
T_in	aveop1(T)+deltaT	K	入口温度
T_min	minop1(ht.porous.pm.T)	K	最低温度

定义变量 deltaT：在"模型开发器"窗口的"组件 1(comp1)"节点下，右击"定义"，选择"变量"。在"变量"设置窗口中，定位到"变量"栏，在"名称"框内输入"deltaT"，在"表达式"框内输入"Qu/V_in/aveop1(ht.Cp)/aveop1(ht.rho)"，在"描述"框内输入"温度增量"。

定义变量 T_in：在"模型开发器"窗口的"组件 1(comp1)"节点下，右击"定义"，选择"变量"。在"变量"设置窗口中，定位到"变量"栏，在"名称"框内输入"T_in"，在"表达式"框内输入"aveop1(T)+deltaT"，在"描述"框内输入"入口温度"。

定义变量 T_min：在"模型开发器"窗口的"组件 1(comp1)"节点下，右击"定义"，选择"变量"。在"变量"设置窗口中，定位到"变量"栏，在"名称"框内输入"T_min"，在"表达式"框内输入"minop1(ht.porous.pm.T)"，在"描述"框内输入"最低温度"。

这 3 个变量的设置窗口如图 6-34 所示。至此，变量已设置完毕。

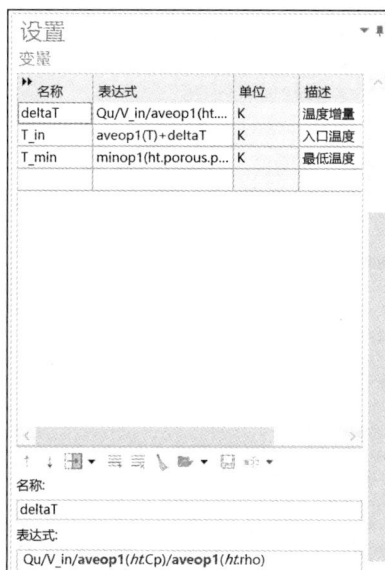

图 6-34 定义"变量"

9. 网格划分

在"模型开发器"窗口的"组件 1(comp1)"节点下，单击"网格 1"。在"网格"设置窗口中，定位到"物理场控制网格"栏，从"单元大小"列表中选择"更细"，单击"全部构建"按钮，网格划分完成，如图 6-35 所示。

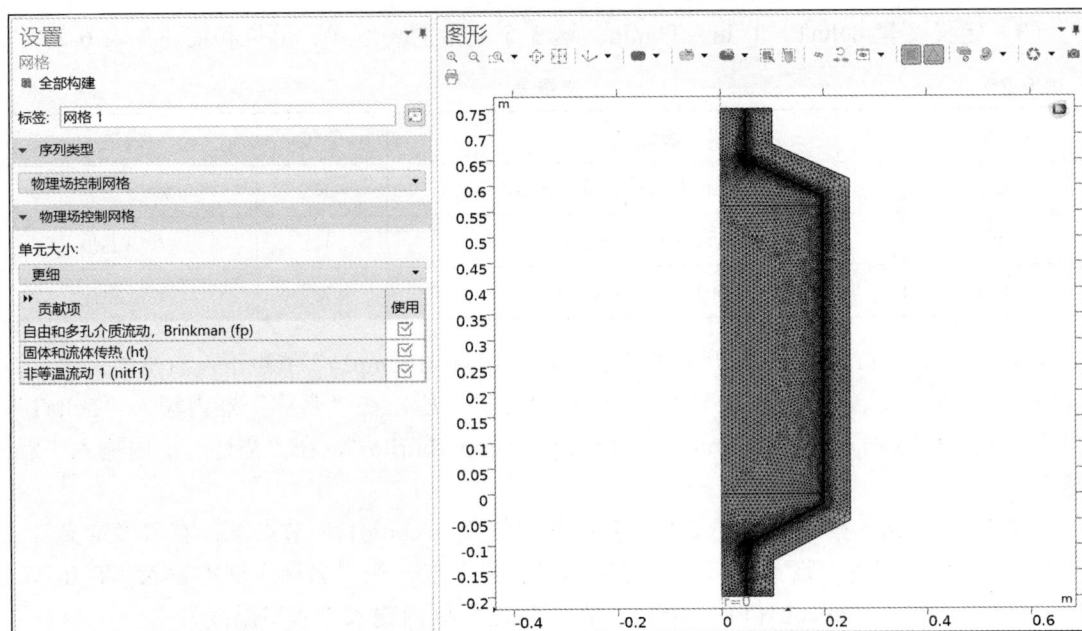

图 6-35　网格划分

在"模型开发器"窗口的"组件 1(comp1)"节点下，右击"网格 1"，选择"统计信息"，显示已划分网格的相关信息，如图 6-36 所示。

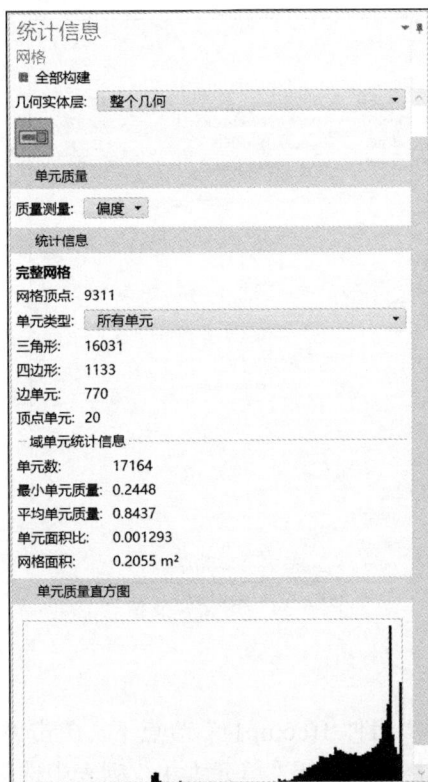

图 6-36　网格相关信息

10．计算

因为假设流场不随时间变化，所以先在第一个稳态研究步骤中计算，然后将结果用作接下来的瞬态传热研究步骤的输入。

（1）稳态设置。在"模型开发器"窗口的"组件 1(comp1)"→"研究 1"节点下，单击"步骤 1：稳态"。在"稳态"设置窗口中，定位到"物理场和变量选择"栏，清除"固体和流体传热(ht)"的"求解"复选框，清除"非等温流动 1(nitf1)"的"求解"复选框，如图 6-37 所示。

（2）瞬态设置。在"研究"工具栏中单击"研究步骤"→"瞬态"，在"瞬态"设置窗口中，定位到"物理场和变量选择"栏，清除"自由和多孔介质流动，Brinkman(fp)"的"求解"复选框，定位到"研究设置"栏，从"时间单位"列表中选择"h"，在"输出时步"文本框中输入"range(0, 0.25, 3.75) range(4, 5[min], 9) range(9.25, 0.25, 24)"（注意，几个 range 之间用空格隔开），从"容差"列表中选择"用户控制"，在"相对容差"文本框中输入"0.0001"，如图 6-38 所示。

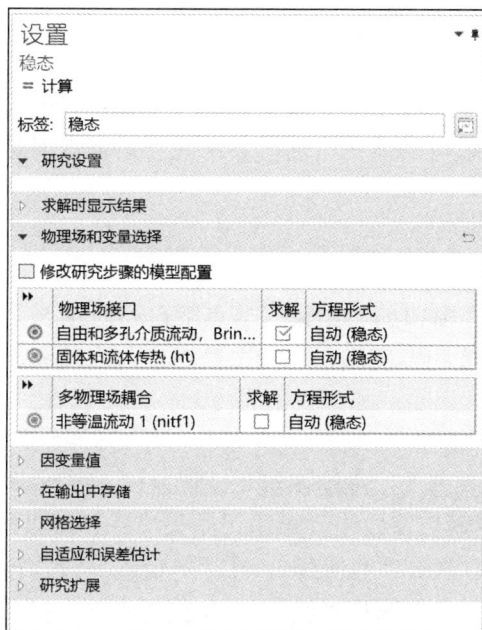

图 6-37　"稳态"设置

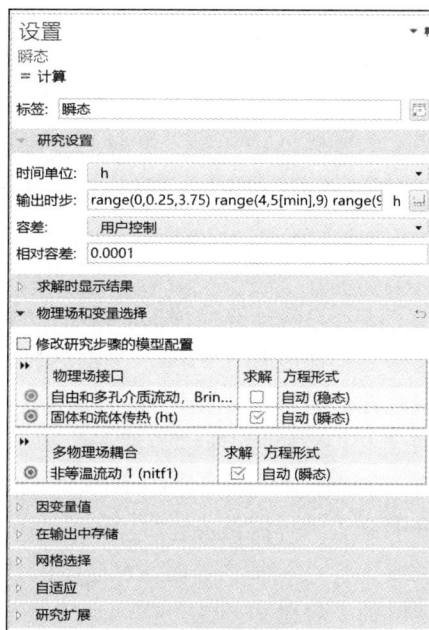

图 6-38　"瞬态"设置

（3）设置"瞬态求解器"。在"研究"工具栏中，单击"显示默认求解器"。在"模型开发器"窗口中展开"解 1(sol1)"节点，然后单击"瞬态求解器 1"。在"瞬态求解器"设置窗口中，定位到"时间步进"栏，从"求解器采用的步长"列表中选择"精确"，如图 6-39 所示，这样可使求解器至少使用上面指定的时步。

（4）设置"停止条件"。在"模型开发器"窗口的"研究 1"→"求解器配置"→"解 1(sol1)"节点下，右击"瞬态求解器 1"，选择"停止条件"。在"停止条件"设置窗口中，定位到"停止表达式"栏，单击"+"按钮，在"停止表达式"文本框中输入"comp1.T_min > 70[degC]"，如图 6-40 所示。

图 6-39　"瞬态求解器"设置

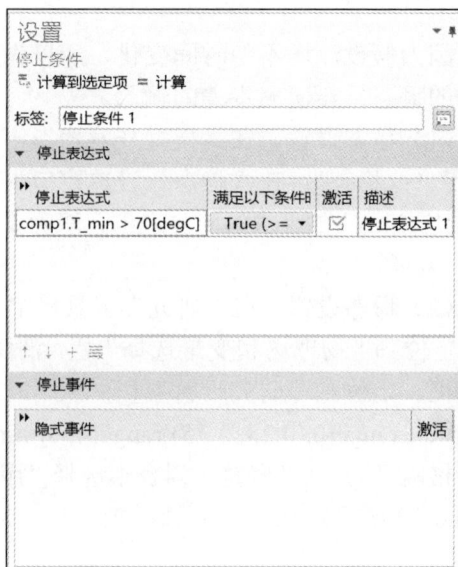

图 6-40　"停止条件"设置

（5）计算求解。在"模型开发器"窗口中，单击"研究 1"。在"研究"设置窗口中，单击"计算"按钮进行计算。求解器在满足停止条件时自动停止，这时会出现一条警告消息，提示在大约 59850 s（约 16.6 h）后满足停止条件。

11．结果后处理

当 COMSOL 计算完成时，会在"模型开发器"窗口的"结果"节点下自动创建 5 个绘图，包括二维速度和压力图、三维旋转几何中的速度和温度图，以及二维温度与流动图，如需其他后处理结果，则需用户手动生成。

1）绘制等温线和速度流线

（1）在"结果"工具栏中单击"二维绘图组"，打开"二维绘图组"设置窗口，在"标签"文本框中输入"等温线&速度流线"。在"模型开发器"窗口中，单击"结果"→"等温线&速度流线"节点。在"等温线&速度流线"工具栏中单击"等值线"，在"等值线"设置窗口中，定位到"着色和样式"栏，从"等值线类型"列表中选择"线"；定位到"水平"栏，在"总水平数"文本框中输入"15"；单击"绘制"按钮，如图 6-41 所示（注意，这里时间选的是 13 h，"表达式"文本框中是"T"，如果默认不是"T"，则需修改表达式）。

（2）在"等温线&速度流线"工具栏中单击"流线"，在"流线"设置窗口中，定位到"流线定位"栏，在"数量"文本框中输入"10"；定位到"选择"栏，在"图形"窗口选择边界 7；单击"绘制"按钮，如图 6-42 所示。

2）绘制石蜡温度、水温和多孔介质温度的变化图

首先新建一个数据集，然后使用"点计算"节点计算不同的温度。

（1）在"结果"工具栏中单击"二维截点"，在"二维截点"设置窗口中，定位到"点数据"栏，在"r"文本框中输入"0"，在"z"文本框中输入"0.05 0.56/2 0.51"（3 个数据间用空格分隔），单击"绘制"按钮，可以在"图形"窗口看到所设置点的位置，如图 6-43 所示。

（2）在"结果"工具栏中单击"点计算"，在"点计算"设置窗口中，定位到"数据"栏，从"数据集"列表中选择"二维截点 1"；定位到"表达式"栏，在"表达式"文本框中分别输入"ht.porous.pm.T""ht.porous.fluid.T""T"（默认时有），在"描述"文本框中分别输入"石蜡温度""流体温度""多孔介质温度"，如图 6-44 所示，然后单击"计算"按钮。

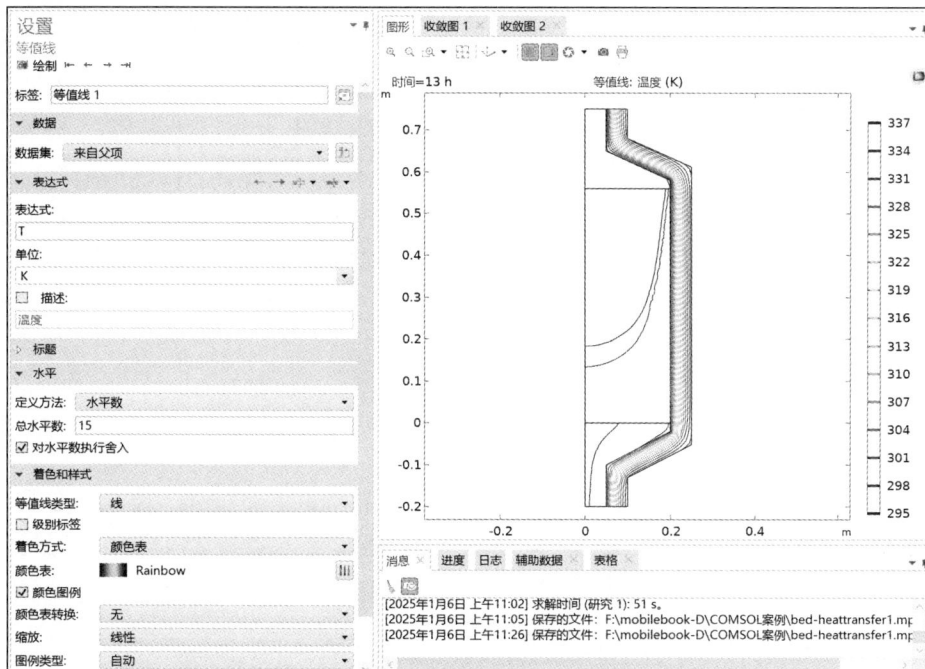

图 6-41　"等值线"设置

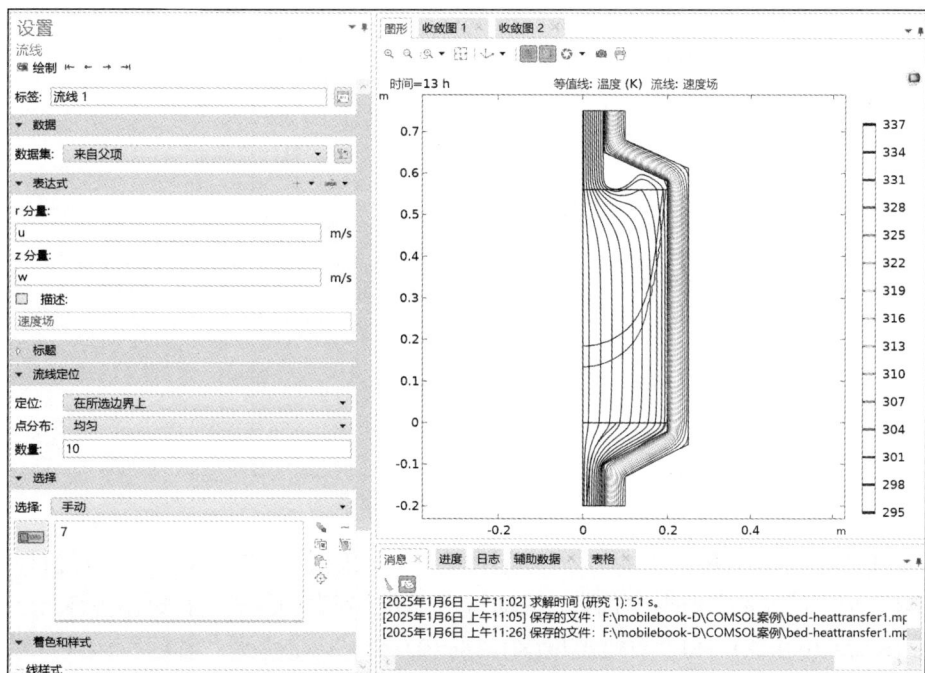

图 6-42　"流线"设置

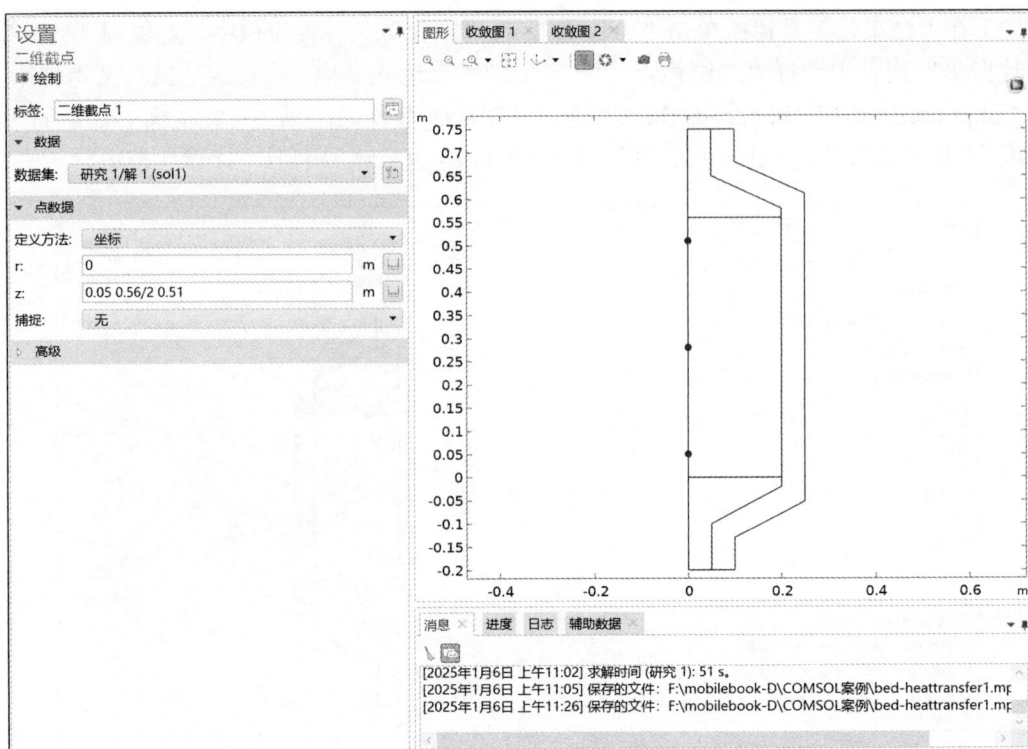

图 6-43　"二维截点"设置

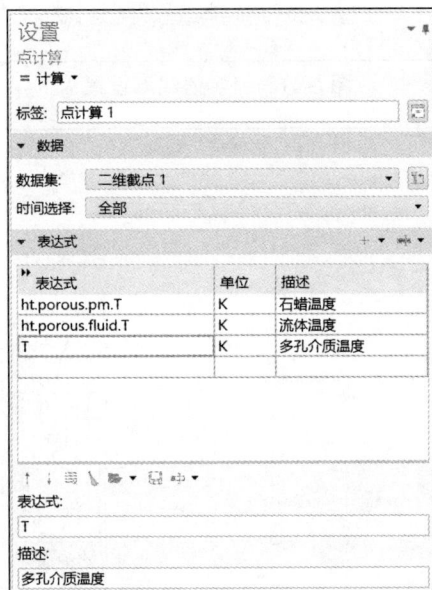

图 6-44　"点计算"设置

（3）单击"结果"工具栏中的"一维绘图组"→"表图"，在"表图"设置窗口中，定位到"数据"栏，从"绘制列"列表中选择"手动"，从"列"列表中选择"石蜡温度(K),点:(0,0.05)""石蜡温度(K),点:(0,0.28)"和"石蜡温度(K)，点:(0,0.51)"；定位到"着色和样式"栏，在"线样式"子栏的"线"列表中选择"点虚线"；单击"绘制"按钮，如图 6-45 所示。

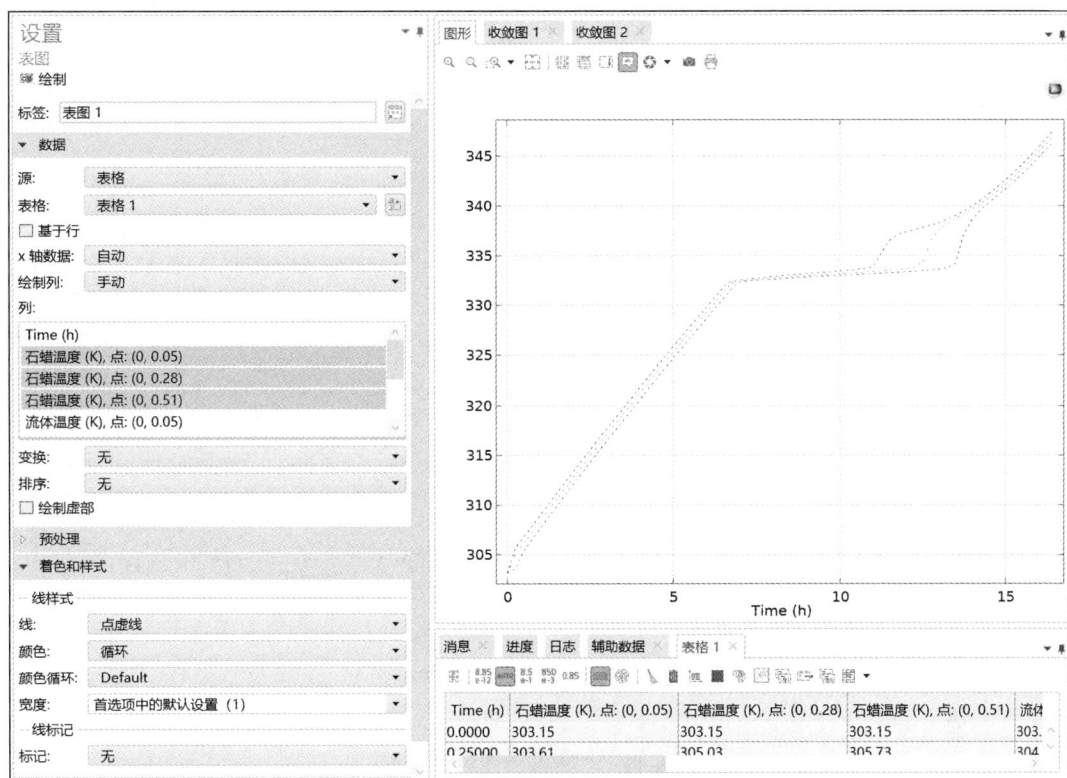

图 6-45　"表图 1"设置

（4）在"模型开发器"窗口的"结果"→"一维绘图组 7"节点下，右击"表图 1"，选择"复制粘贴"。在"表图"设置窗口中，定位到"数据"栏，从"列"列表中选择"流体温度(K),点:(0,0.05)""流体温度(K),点:(0,0.28)"和"流体温度(K),点:(0,0.51)"；定位到"着色和样式"栏，在"线样式"子栏的"线"列表中选择"虚线"；单击"绘制"按钮。

（5）在"模型开发器"窗口的"结果"→"一维绘图组 7"节点下，右击"表图 2"，选择"复制粘贴"。在"表图"设置窗口中，定位到"数据"栏，从"列"列表中选择"多孔介质温度(K),点:(0,0.05)""多孔介质温度(K),点:(0,0.28)"和"多孔介质温度(K),点:(0,0.51)"；定位到"着色和样式"栏，在"线样式"子栏的"线"列表中选择"实线"；单击"绘制"按钮。

（6）优化上述表图。在"模型开发器"窗口的"结果"节点下，单击"一维绘图组 7"，打开"一维绘图组"设置窗口，在"标签"文本框中输入"温度演变"；定位到"轴"栏，选中"手动轴限制"复选框，在"x 最小值"文本框中输入"4"，在"x 最大值"文本框中输入"16"，在"y 最小值"文本框中输入"326"，在"y 最大值"文本框中输入"344"；单击"绘制"按钮，如图 6-46 所示。

3）绘制液相饱和度和速度流线图

（1）设置"二维旋转数据集"。在"结果"工具栏中单击"更多数据集"，然后选择"解"。在"结果"工具栏中单击"属性"，然后选择"选择"。在"选择"设置窗口中，定位到"几何实体选择"栏，从"几何实体层"列表中选择"域"，选择域 4。在"模型开发器"窗口中，右击"二维旋转"，选择"复制粘贴"。在"二维旋转"设置窗口中，定位到"数据"栏，从"数据集"列表中选择"研究 1/解 1(3)(so11)"。

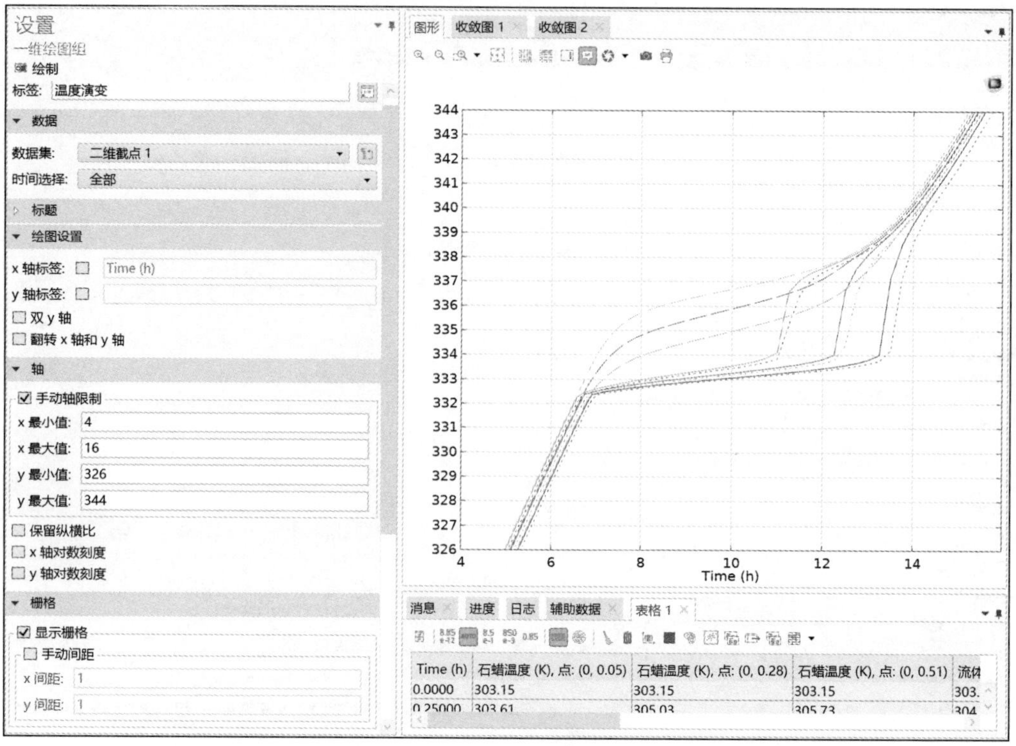

图 6-46　"一维绘图组"设置

（2）在"结果"工具栏中单击"三维绘图组"，在"模型开发器"窗口中，右击"三维绘图组 8"，选择"体"。在"体"设置窗口中，单击"表达式"栏右上角的"替换表达式"按钮，从菜单中选择"组件 1(comp1)"→"固体和流体传热"→"相变"→"ht.theta2-相指示器，相 2"；定位到"着色和样式"栏，单击"更改颜色表"按钮，在"颜色表"对话框中，选择模型树中的"Linear"→"Cividis"，单击"确定"按钮。在"体"设置窗口中，定位到"范围"栏，选中"手动控制颜色范围"复选框，在"最大值"文本框中输入"1"。

（3）在"模型开发器"窗口中，右击"体 1"，选择"透明"。在"透明"设置窗口中，定位到"透明"栏，在"透明"文本框中输入"0.1"。

（4）在"模型开发器"窗口中，右击"三维绘图组 8"，选择"体"。在"体"设置窗口中，定位到"数据"栏，从"数据集"列表中选择"二维旋转 2"；定位到"表达式"栏，在"表达式"文本框中输入"1"。

（5）在"模型开发器"窗口中，右击"体 2"，选择"材料外观"。在"材料外观"设置窗口中，定位到"外观"栏，从"外观"列表中选择"定制"，从"材料类型"列表中选择"铝"。

（6）在"模型开发器"窗口的"结果"节点下，单击"三维绘图组 8"，打开"三维绘图组"设置窗口，在"标签"文本框中输入"液相"；定位到"标题"栏，从"标题类型"列表中选择"手动"，在"标题"文本框中输入"液相饱和度(1)和速度流线"，在"参数指示器"文本框中输入"Time = eval(t,h)h"；定位到"绘图设置"栏，清除"绘制数据集的边"复选框；定位到"数据"栏，从"时间(h)"列表中选择"11"。

（7）在"模型开发器"窗口中，右击"三维绘图组 8"，选择"流线"。在"流线"设置窗口中，定位到"流线定位"栏，从"定位"列表中选择"均匀密度"，在"间隔距离"文本框中输入"0.06";定位到"着色和样式"栏,在"点样式"子栏的"类型"列表中选择"箭头",选中"箭头数"复选框,在其关联文本框中输入"120",从"颜色"列表中选择"绿色";单击"绘制"按钮。在"图形"窗口中单击"显示栅格"按钮,在"图形"窗口中单击"显示轴方向"按钮,在"图形"窗口中单击"缩放到窗口大小"按钮,如图 6-47 所示。

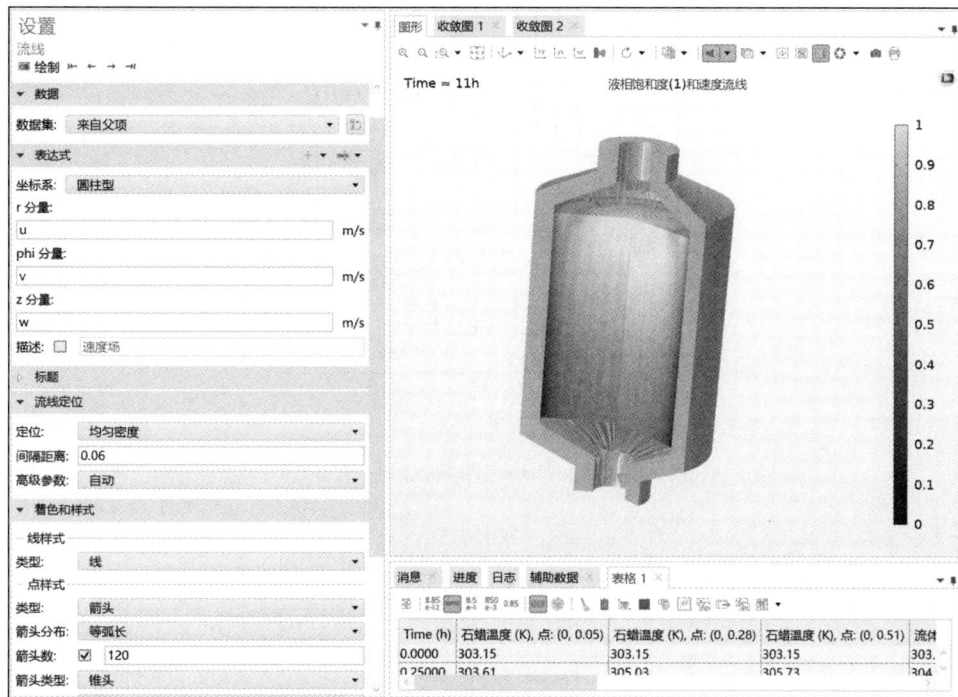

图 6-47　绘制液相饱和度和速度流线图

也可以绘制其他时刻的液相饱和度和速度流线图,只需从"三维绘图组"设置窗口的"时间(h)"列表中选择对应的时刻,然后单击"绘制"即可。

6.2 加热电路的电热固耦合分析

本节通过一个具体案例来介绍如何分析电热固耦合传热问题。

6.2.1 问题描述

为了加热微流控反应器,设计了加热电路,加热电路与流体之间插入玻璃板分隔,几何模型如图 6-48 所示。电路由沉积在玻璃板上厚度 10 μm、宽度 5 mm 的蛇形镍铬电阻层组成,两端各有一块 10 mm×10 mm×10 μm 的银触垫。玻璃板的尺寸为长 130 mm、宽 90 mm、厚 2 mm。玻璃板的沉积侧与周围空气接触,背面与被加热的流体接触(假定玻璃板的边和侧面都是绝热的)。两个银触垫中,一个垫(左边)的一条边的电势设置为 12 V,另一个垫(右边)的一条边的电势设置为 0 V。案例中使用到的材料属性如表 6-3 所示。需分析加热电路的产热与玻璃板传热情况,以及两者变形情况,为电路结构优化设计提供数据。

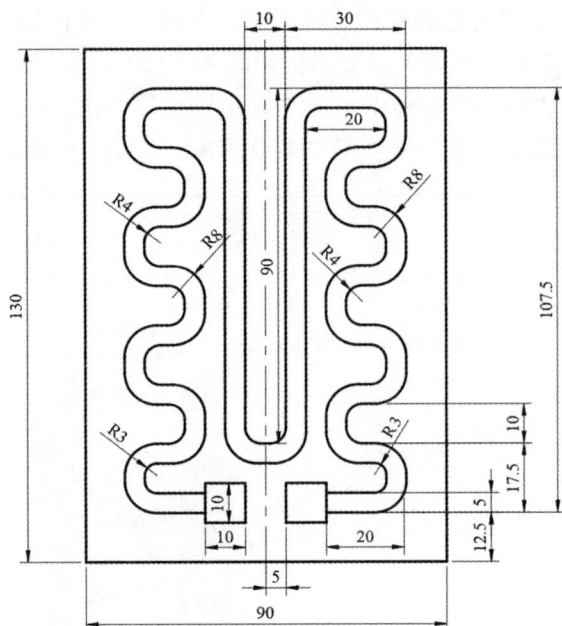

图 6-48　加热电路装置几何模型

表 6-3　材料属性

材料	E/GPa	v	$\alpha/(1/\text{K})$	$k/[\text{W}/(\text{m}\cdot\text{K})]$	$\rho/(\text{kg/m}^3)$	$C_p/[\text{J}/(\text{kg}\cdot\text{K})]$
银	83	0.37	1.89e-5	420	10500	230
镍铬合金	213	0.33	1e-5	15	9000	20
玻璃	73.1	0.17	5.5e-7	1.38	2203	703

6.2.2　建模思路及注意事项

本案例需要模拟加热电路装置的电热产生、传热以及机械应力和变形，故需同时使用传热模块的"固体传热"接口、AC/DC 模块的"多层壳中的电流"接口以及结构力学模块的"固体力学"接口。其中薄层电阻产生的单位面积热耗率（单位为 W/m^2 ）由式（6.7）给出。

$$q_{\text{prod}} = \text{d}Q_{\text{DC}} \tag{6.7}$$

其中，$Q_{\text{DC}} = \boldsymbol{J} \cdot \boldsymbol{E} = \sigma|\nabla_t V|^2$ （ W/m^3 ）是功率密度。产生的热量在玻璃板表面表现为向内热通量。

在稳定状态下，电阻层在其上方的空气中（温度为 293K）及其下方的玻璃板上耗散热量。玻璃板以两种方式冷却：在其电路侧通过空气冷却；在背面通过流经的流体冷却（353K）。使用传热系数 h 来模拟耗散到周围的热通量。向空气传热时，$h = 5\text{W}/(\text{m}^2\cdot\text{K})$，代表自然对流。在玻璃板背面，$h = 10\text{W}/(\text{m}^2\cdot\text{K})$，代表与流体进行对流传热。玻璃板的侧面是绝热的。

使用静态结构力学分析与模拟热膨胀，其中对玻璃板和电路层都采用"固体力学"接口。电路层中的应力通过添加"薄层"特征，采用膜理论进行建模。在温度为 293 K 时，应力设为零。可以通过固定一个角的 x-、y- 和 z-位移及旋转来确定"固体力学"接口的边界条件。

6.2.3 具体计算

具体计算涉及模型向导、几何构建、添加材料、边界条件设置、网格划分、计算求解、结果后处理等内容。

1. 模型向导

打开 COMSOL 软件，单击"模型向导"，进入"选择空间维度"窗口；单击"三维"，进入"选择物理场"窗口；选择"结构力学"→"热–结构相互作用"→"热应力，实体"，单击"添加"按钮；选择"AC/DC"→"电场和电流"→"多层壳中的电流（ecis）"，单击"添加"按钮，在"添加的物理场接口"列表框中会出现已添加的物理场；单击"研究"按钮，进入"选择研究"窗口；选择"一般研究"→"稳态"，单击"完成"按钮，进入 COMSOL 建模界面。注意，"热应力，实体"接口包含"固体传热"和"固体力学"接口，不必单独添加这两个接口。

2. 全局参数定义

在"模型开发器"窗口的"全局定义"节点下，单击"参数 1"。在"参数"设置窗口中，定位到"参数"栏，分别单击"名称""表达式""值""描述"下的文本框，依次输入表 6-4 中的各个参数，如图 6-49 所示。

表 6-4　　　　　　　　　　参数表

名称	表达式	值	描述
V_in	12[V]	12V	输入电压
d_layer	10[μm]	1E-5m	层厚度
sigma_silver	6.3e7[S/m]	6.3 E7 S/m	银的电导率
sigma_nichrome	9.3e5[S/m]	9.3 E5 S/m	镍铬合金的电导率
T_air	20[degC]	293.15K	空气温度
h_air	5[W/(m^2*K)]	5 W/(m²·K)	空气层的传热系数
T_fluid	353[K]	353K	流体温度
h_fluid	20[W/(m^2*K)]	20 W/(m²·K)	流体层的传热系数

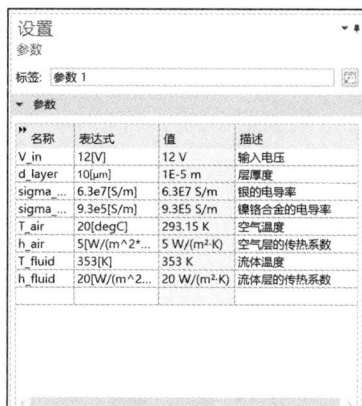

图 6-49　参数设置

3．几何构建

（1）在"模型开发器"窗口的"组件 1(comp1)"节点下，单击"几何 1"。在"几何"设置窗口中，定位到"单位"栏，从"长度单位"列表中选择"mm"。

（2）构建"长方体 1"。在"几何"工具栏中单击"长方体"，在"长方体"设置窗口中，定位到"大小和形状"栏，在"宽度"文本框中输入"90"，在"深度"文本框中输入"130"，在"高度"文本框中输入"2"，单击"构建选定对象"按钮，构建了玻璃板，如图 6-50 所示。

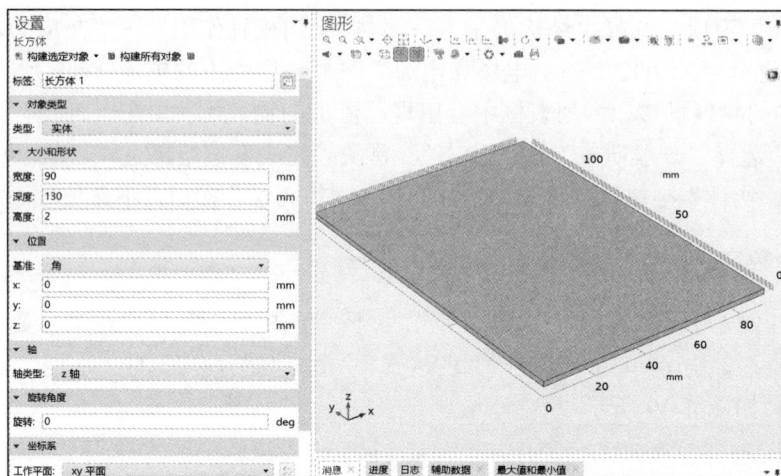

图 6-50　"长方体 1"几何构建

（3）构建"工作平面 1"。在"几何"工具栏中单击"工作平面"，在"工作平面"设置窗口中，定位到"平面定义"栏，在"z 坐标"文本框中输入"2"，单击"显示工作平面"按钮，完成"工作平面 1"的构建。

（4）构建"工作平面 1 中的正方形 1"。在"工作平面"工具栏中单击"正方形"，在"正方形"设置窗口中，定位到"大小"栏，在"边长"文本框中输入"10"；定位到"位置"栏，在"xw"文本框中输入"30"，在"yw"文本框中输入"10"；单击"构建选定对象"按钮，如图 6-51 所示。

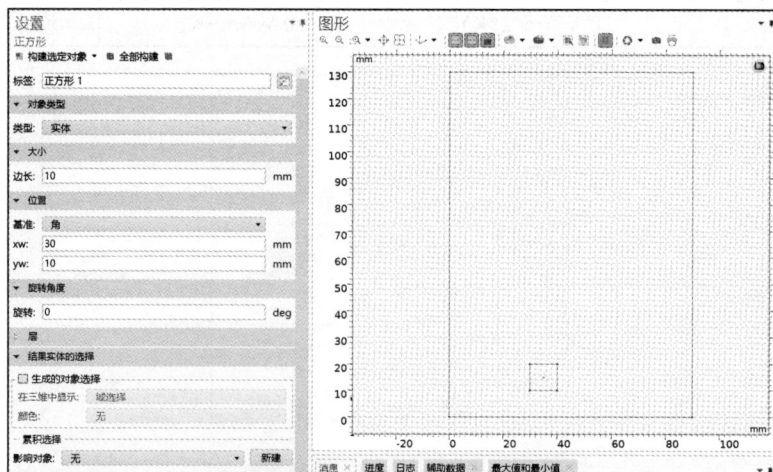

图 6-51　"正方形 1"几何构建

（5）构建"工作平面 1 中的正方形 2"。在"工作平面"工具栏中单击"正方形"，在"正方形"设置窗口中，定位到"大小"栏，在"边长"文本框中输入"10"；定位到"位置"栏，在"xw"文本框中输入"50"，在"yw"文本框中输入"10"；单击"构建选定对象"按钮，如图 6-52 所示。

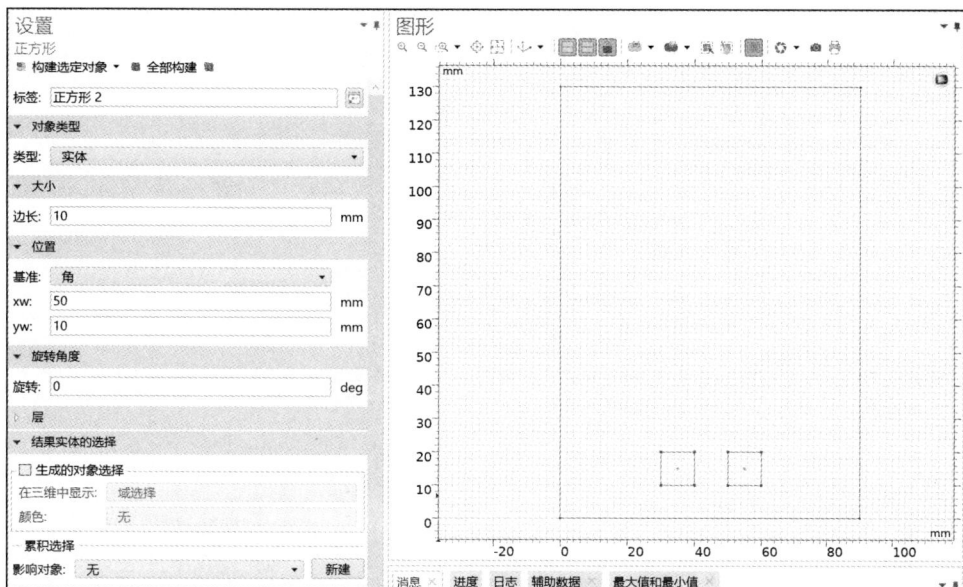

图 6-52　"正方形 2"几何构建

（6）构建"工作平面 1 中的多边形 1"。在"工作平面"工具栏中单击"多边形"，在"多边形"设置窗口中，定位到"坐标"栏，从"数据源"列表中选择"文件"，单击"浏览"按钮，找到数据文件所在文件夹，然后双击数据文件（案例 6.2 文件夹中的"circuit-1.txt"文件），单击"构建选定对象"按钮，如图 6-53 所示。

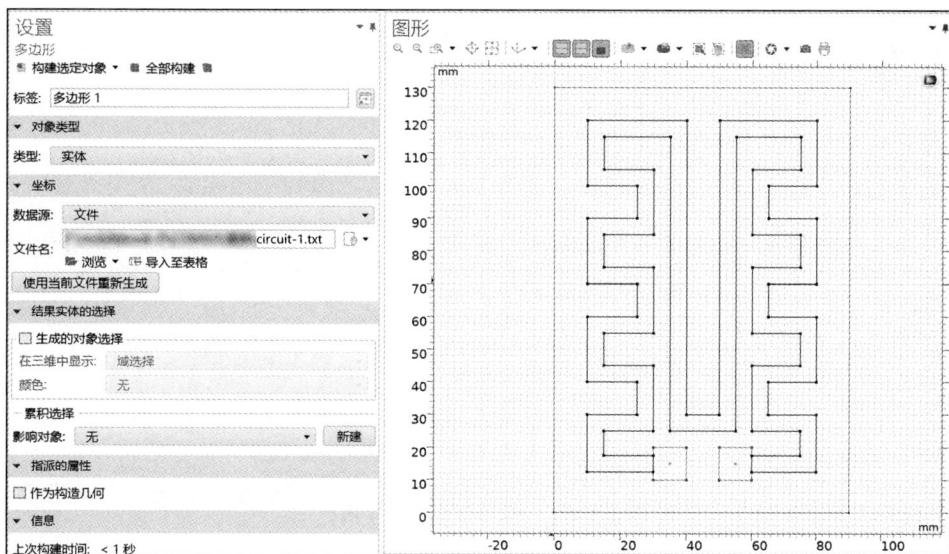

图 6-53　"多边形 1"几何构建

（7）构建"工作平面 1 中的倒圆角 1"。在"工作平面"工具栏中单击"倒圆角"，在"倒圆角"设置窗口中，定位到"点"栏，选择点 1～8、点 25～31、点 34、点 36～37、点 41～46、点 61～68（可以在"图形"窗口进行选择）；定位到"半径"栏，在"半径"文本框中输入"8"；单击"构建选定对象"按钮，如图 6-54 所示。

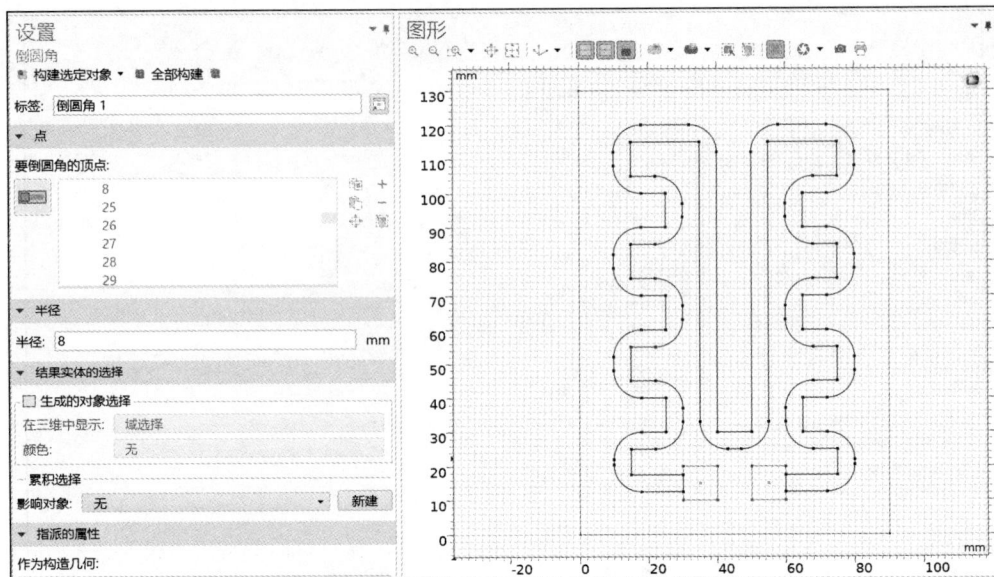

图 6-54　"倒圆角 1"几何构建

（8）构建"工作平面 1 中的倒圆角 2"。在"工作平面"工具栏中单击"倒圆角"，在"倒圆角"设置窗口中，定位到"点"栏，选择点 11～16、点 31～34、点 47～48、点 52、点 55、点 65～70、点 87～92（可以在"图形"窗口进行选择）；定位到"半径"栏，在"半径"文本框中输入"4"；单击"构建选定对象"按钮，如图 6-55 所示。

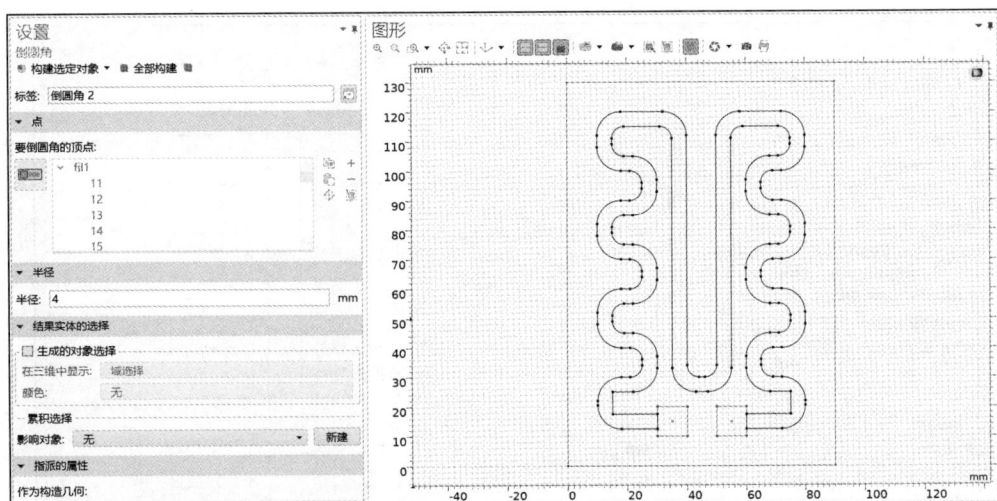

图 6-55　"倒圆角 2"几何构建

（9）构建"工作平面 1 中的倒圆角 3"。在"工作平面"工具栏中单击"倒圆角"，在"倒圆角"设置窗口中,定位到"点"栏,选择点 9～10、点 113～114(可以在"图形"窗口进行选择);定位到"半径"栏,在"半径"文本框中输入"3";单击"构建选定对象"按钮,如图 6-56 所示。

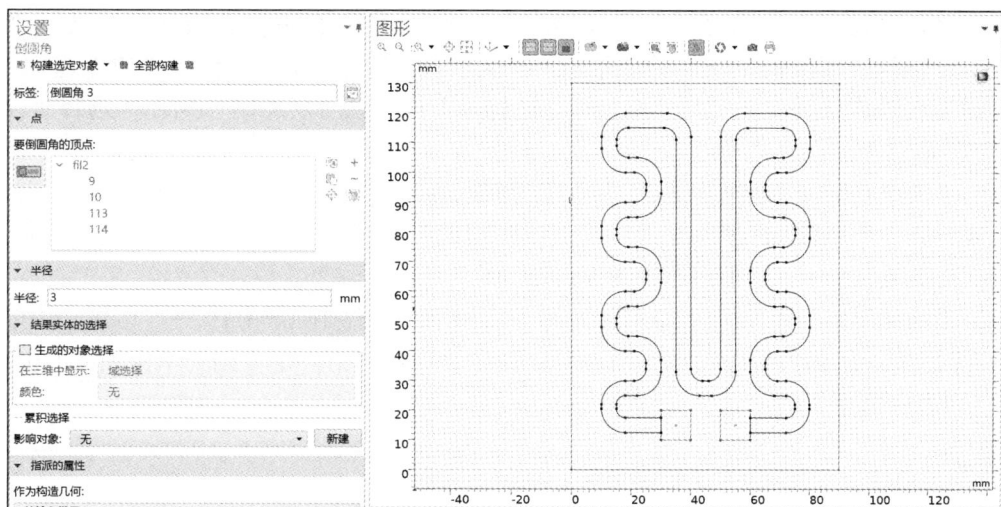

图 6-56　"倒圆角 3"几何构建

(10)在"模型开发器"窗口中,单击"形成联合体(fin)",在"形成联合体/装配"设置窗口中,单击"全部构建"按钮。在"图形"窗口中单击"缩放到窗口大小"按钮,几何构建完毕。

4.定义"电路"选择集

定义一个"电路"选择集,后续可在应用边界条件以及设置壳物理场时使用。在"定义"工具栏中单击"显式",打开"显式"设置窗口,在"标签"文本框中输入"电路";定位到"输入实体"栏,从"几何实体层"列表中选择"边界",选择边界 6～8,完成"电路"选择集的定义,如图 6-57 所示。

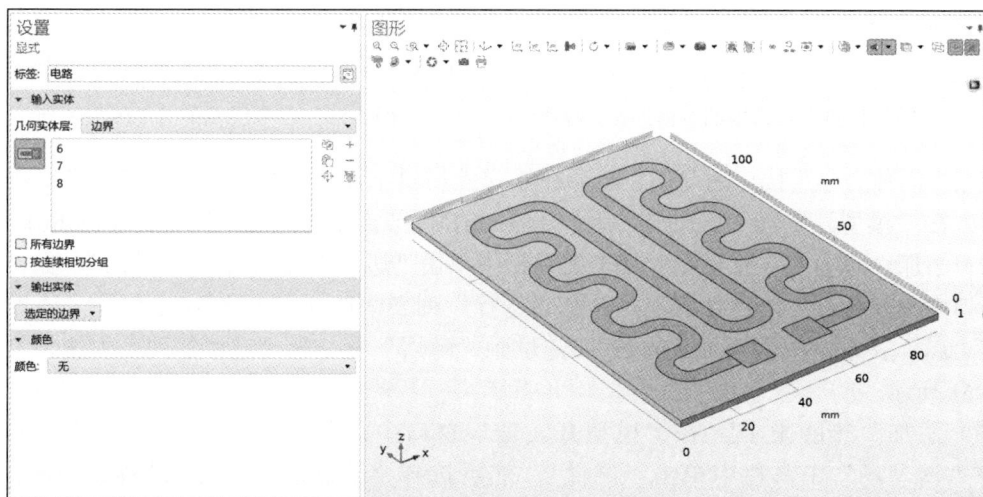

图 6-57　"电路"选择集的定义

5．添加材料前的准备

在添加材料之前，最好指定要将哪些边界模拟为导电壳，这样 COMSOL 就可以检测到需要哪些材料属性。

（1）添加"薄层 1"。在"模型开发器"窗口的"组件 1(comp1)"节点下，右击"固体传热(ht)"，选择"薄结构"→"薄层"。在"薄层"设置窗口中，定位到"边界选择"栏，从"选择"列表中选择"电路"；定位到"层类型"栏，从"层类型"列表中选择"热薄近似"，如图 6-58 所示。

（2）添加"多层壳中的电流(ecis)"。在"模型开发器"窗口的"组件 1(comp1)"节点下，单击"多层壳中的电流(ecis)"。在"多层壳中的电流"设置窗口中，定位到"边界选择"栏，从"选择"列表中选择"电路"，如图 6-59 所示。

（3）添加"导电壳 1"。在"模型开发器"窗口的"组件 1(comp1)"→"多层壳中的电流(ecis)"节点下，单击"导电壳 1"。在"导电壳"设置窗口中，定位到"本构关系 D-E"栏，从"ε_r"列表中选择"用户定义"，如图 6-60 所示。

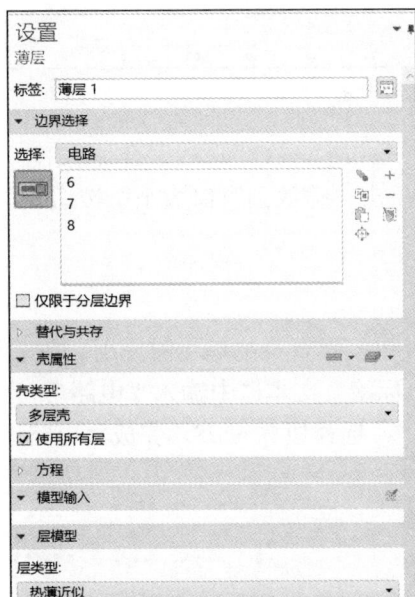

图 6-58　"固体传热"接口中的"薄层 1"构建　　　　图 6-59　"多层壳中的电流"构建

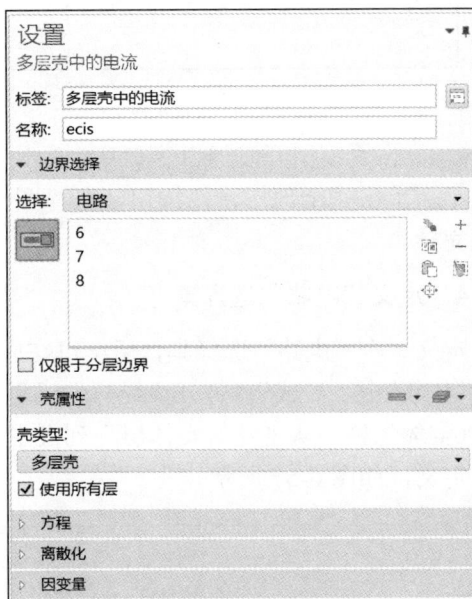

使用"固体力学"接口的薄层，然后在线弹性材料下添加"热膨胀"节点以模拟热效应。

（1）在"模型开发器"窗口的"组件 1(comp1)"节点下，单击"固体力学(solid)"。

（2）添加"薄层 1"。在"物理场"工具栏中单击"边界"，然后选择"薄层"。在"薄层"设置窗口中，定位到"边界选择"栏，从"选择"列表中选择"电路"；定位到"边界属性"栏，在"L_{th}"文本框中输入"d_layer"；定位到"薄层"栏，从"近似"列表中选择"膜"，如图 6-61 所示。

（3）添加"热膨胀 1"。在"模型开发器"窗口中，单击"薄层 1"→"线弹性材料 1"。在"物理场"工具栏中单击"属性"，然后选择"热膨胀"。至此材料添加的前置工作准备完毕。

图 6-60 "导电壳 1"构建

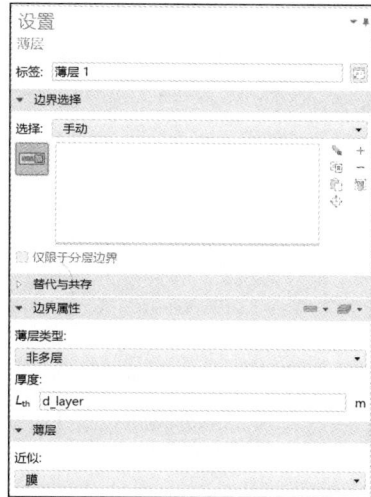

图 6-61 "固体力学"接口中的"薄层 1"构建

6. 添加材料

（1）添加"Silica glass"。在"主屏幕"工具栏中，单击"添加材料"，打开"添加材料"窗口，在模型树中选择"内置材料"→"Silica glass"，单击"添加到组件"按钮，如图 6-62 所示。在"主屏幕"工具栏中，单击"添加材料"，关闭"添加材料"窗口。

（2）添加"银层"。在"模型开发器"窗口的"组件 1(comp1)"节点下，右击"材料"，选择"层"→"单层材料"，打开"材料"设置窗口，在"标签"文本框中输入"银层"；定位到"几何实体选择"栏，从"选择"列表中选择"电路"；定位到"方向和位置"栏，从"位置"列表中选择"底边在边界"；定位到"材料属性明细"栏，输入表 6-5 的银层材料参数，如图 6-63 所示。

表 6-5　　　　　　　　　　　　银层材料参数

属性	变量	值	单位	属性组
恒压热容	Cp	230	J/(kg·K)	基本
杨氏模量	E	83e9	Pa	杨氏模量和泊松比
泊松比	nu	0.37	1	杨氏模量和泊松比
密度	rho	10500	kg/m³	基本
导热系数	k_iso; kii=k_iso, kij=0	420	W/(m·K)	基本
热膨胀系数	alpha_iso; alphaii = alpha_iso, alphaij = 0	18.9e-6	1/K	基本
电导率	sigma_iso; sigmaii = sigma_iso, sigmaij = 0	sigma_silver	S/m	基本
厚度	lth	d_layer	m	壳

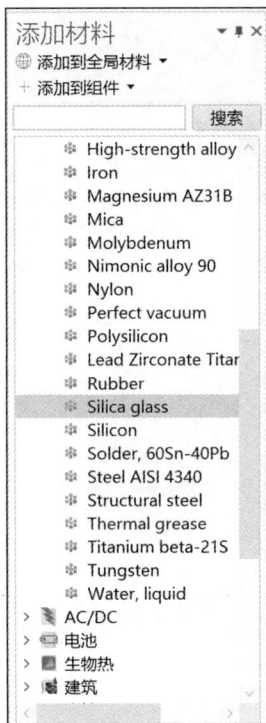

图 6-62　添加"Silica glass"

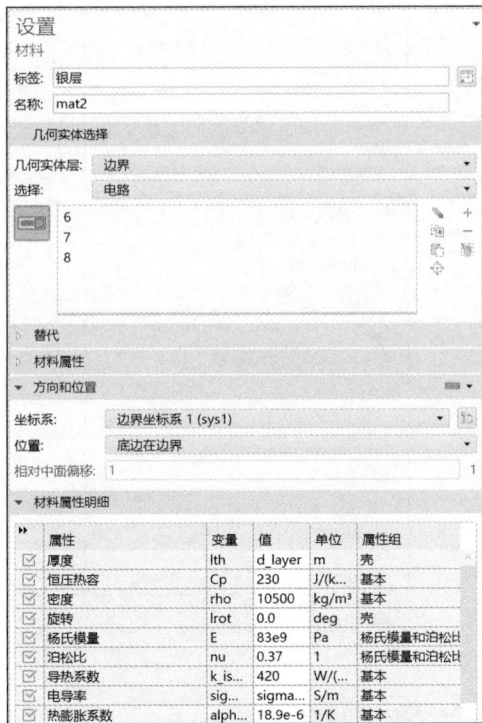

图 6-63　添加"银层"

（3）添加"镍铬合金层"。在"模型开发器"窗口的"组件 1(comp1)"节点下，右击"材料"，选择"层"→"单层材料"，打开"材料"设置窗口，在"标签"文本框中输入"镍铬合金层"；定位到"几何实体选择"栏，选择边界 6；定位到"方向和位置"栏，从"位置"列表中选择"底边在边界"；定位到"材料属性明细"栏，输入表 6-6 的镍铬合金层材料参数，如图 6-64 所示。

表 6-6　　　　　　　　　　　　　　镍铬合金层材料参数

属性	变量	值	单位	属性组
恒压热容	Cp	20	J/(kg·K)	基本
杨氏模量	E	213e9	Pa	杨氏模量和泊松比
泊松比	nu	0.33	1	杨氏模量和泊松比
密度	rho	9000	kg/m³	基本
导热系数	k_iso; kii=k_iso, kij=0	15	W/(m·K)	基本
热膨胀系数	alpha_iso; alphaii = alpha_iso, alphaij = 0	10e-6	1/K	基本
电导率	sigma_iso; sigmaii = sigma_iso, sigmaij = 0	sigma_nichrome	S/m	基本
厚度	lth	d_layer	m	壳

7. 边界条件设置

1）"多层壳中的电流(ecis)"边界条件设置

（1）添加"接地 1"。在"模型开发器"窗口的"组件 1(comp1)"节点下，单击"多层壳中的电流(ecis)"。在"物理场"工具栏中单击"边"，然后选择"接地"。在"接地"设置窗口中，定位到"边选择"栏，选择边 83。

（2）添加"电势 1"。在"物理场"工具栏中单击"边"，然后选择"电势"。在"电势"设置窗口中，定位到"边选择"栏，选择边 63；定位到"电势"栏，在"V_0"文本框中输入"V_in"，如图 6-65 所示。

（3）添加"连续性 1"。在"物理场"工具栏中，单击"边"，然后选择"连续性"。在"连续性"设置窗口中，定位到"层选择"栏，从"源"列表中选择"银层(mat2)"，从"目标"列表中选择"镍铬合金层(mat3)"，如图 6-66 所示。

图 6-64 添加"镍铬合金层"

图 6-65 添加"电势 1"

图 6-66 添加"连续性 1"

（4）添加"电磁热，多层壳 1(ehls1)"。在"物理场"工具栏中单击"多物理场耦合"，然后选择"边界"→"电磁热，多层壳"。

2）"固体传热"边界条件设置

（1）添加"热通量 1"。在"模型开发器"窗口的"组件 1(comp1)"节点下，单击"固体传热(ht)"。在"物理场"工具栏中单击"边界"，然后选择"热通量"。在"热通量"设置窗口中，定位到"边界选择"栏，选择边界 4 和边界 6～8；定位到"热通量"栏，从"通量类型"列表中选择"对流热通量"，在"h"文本框中输入"h_air"，在"T_{ext}"文本框中输入"T_air"，如图 6-67 所示。

（2）添加"热通量 2"。在"模型开发器"窗口的"组件 1(comp1)"节点下，单击"固体传热(ht)"。在"物理场"工具栏中单击"边界"，然后选择"热通量"。在"热通量"设置窗口中，定位到"边界选择"栏，选择边界 3；定位到"热通量"栏，从"通量类型"列表中选择"对流热通量"，在"h"文本框中输入"h_fluid"，在"T_{ext}"文本框中输入"T_fluid"，如图 6-68 所示。

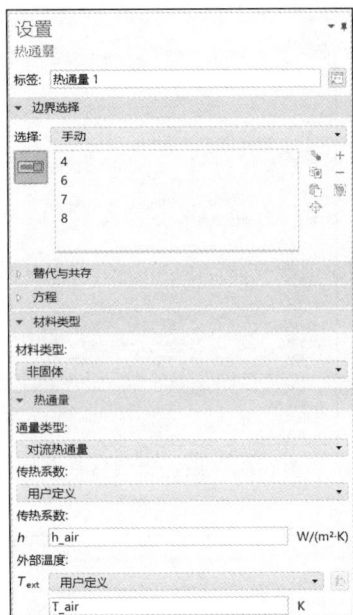

图 6-67 添加"热通量 1"

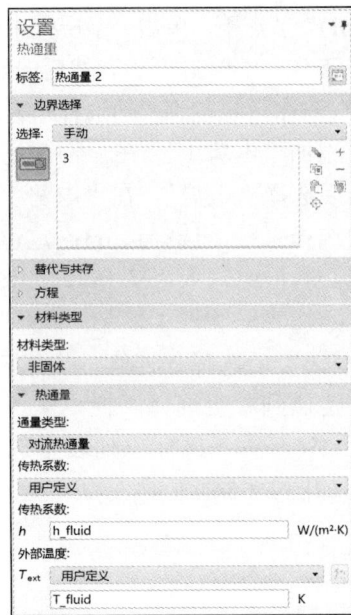

图 6-68 添加"热通量 2"

3）"固体力学"边界条件设置

（1）为了分析底面的翘曲变形，在"固体力学"中添加"翘曲"节点。

在"模型开发器"窗口的"组件 1(comp1)"节点下，单击"固体力学(solid)"。在"物理场"工具栏中单击"边界"，然后选择"翘曲"。在"翘曲"设置窗口中，定位到"边界选择"栏，选择边界 3。

（2）有限元分析需要对玻璃板施加约束，使其不可能发生任何刚体平移或旋转，该约束必须确保抑制热膨胀时不会产生应力。

在"模型开发器"窗口的"组件 1(comp1)"节点下，单击"固体力学(solid)"，在"物理场"工具栏中单击"域"，然后选择"刚体运动抑制"。

8. 网格划分

（1）添加"自由三角形网格 1"。在"网格"工具栏中单击"边界"，然后选择"自由三角形网格"。在"自由三角形网格"设置窗口中，定位到"边界选择"栏，选择边界 4 和边界 6～8。

（2）添加"大小 1"。右击"自由三角形网格 1"，选择"大小"。在"大小"设置窗口中，定位到"单元大小"栏，单击"定制"按钮；定位到"单元大小参数"栏，选中"最大单元大小"复选框，在关联文本框中输入"2"，如图 6-69 所示。

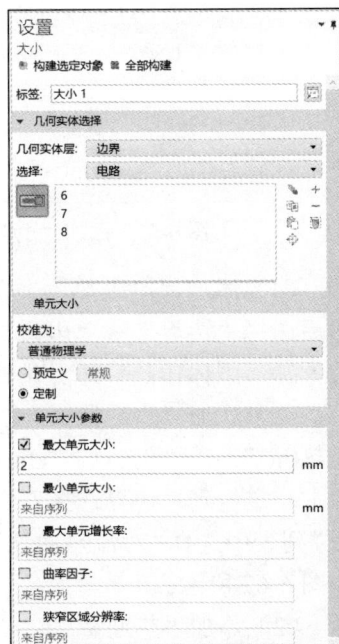

图 6-69 添加"大小 1"

（3）添加"扫掠 1"。在"网格"工具栏中，单击"扫掠"。

（4）添加"分布 1"。右击"扫掠 1"，选择"分布"。在"分布"设置窗口中，定位到"分布"栏，在"单元数"文本框中输入"3"，单击"全部构建"按钮，网格划分完成，如图 6-70 所示。

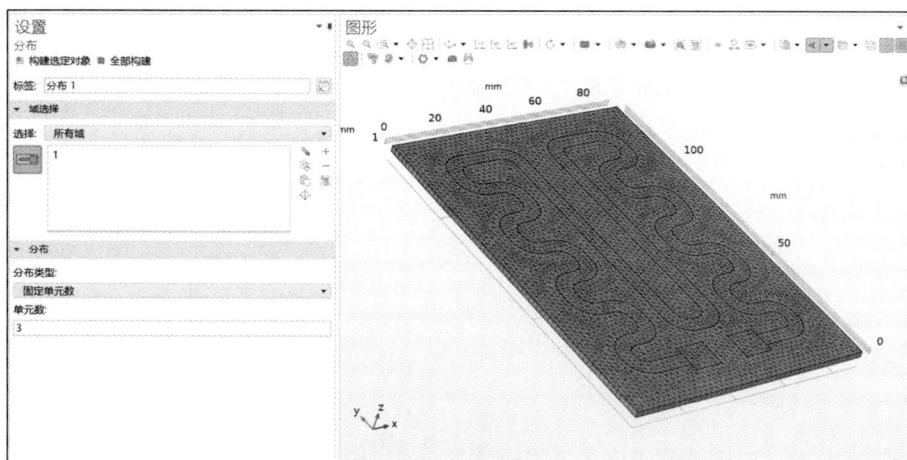

图 6-70　网格划分

在"模型开发器"窗口的"组件 1(comp1)"节点下，右击"网格 1"，选择"统计信息"，显示已划分网格的相关信息，如图 6-71 所示。

9. 计算

在"研究"工具栏中单击"显示默认求解器"，在"模型开发器"窗口中展开"研究 1"→"求解器配置"→"解 1(sol1)"→"因变量 1"节点，然后单击"位移场(comp1.u)"。在"场"设置窗口中，定位到"缩放"栏，从"方法"列表中选择"手动"，在"比例因子"文本框中输入"1e-3"，如图 6-72 所示。

图 6-71　网格相关信息

图 6-72　位移场设置

在"研究"工具栏中，单击"计算"按钮，等待计算完成。

10．结果后处理

计算完成后，会给出一些计算结果，如 von Mises 应力和变形、全三维几何表面上的温度分布、电路层上的电势分布。如需其他后处理结果，则需用户手动生成。

（1）绘制"von Mises 应力和变形"。在"模型开发器"窗口中展开"结果"→"应力(solid)"节点，然后单击"体 1"。在"体"设置窗口中，定位到"表达式"栏，从"单位"列表中选择"MPa"（见图 6-73（a））。在"应力(solid)"三维绘图组设置窗口中单击"绘制"按钮，得到如图 6-73（b）所示的应力和变形图。

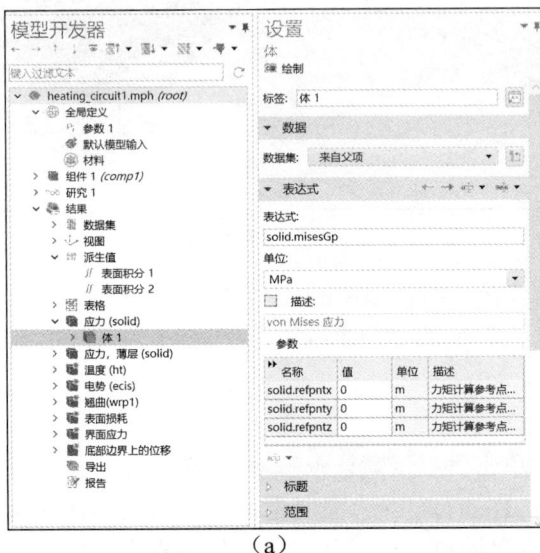

（a）

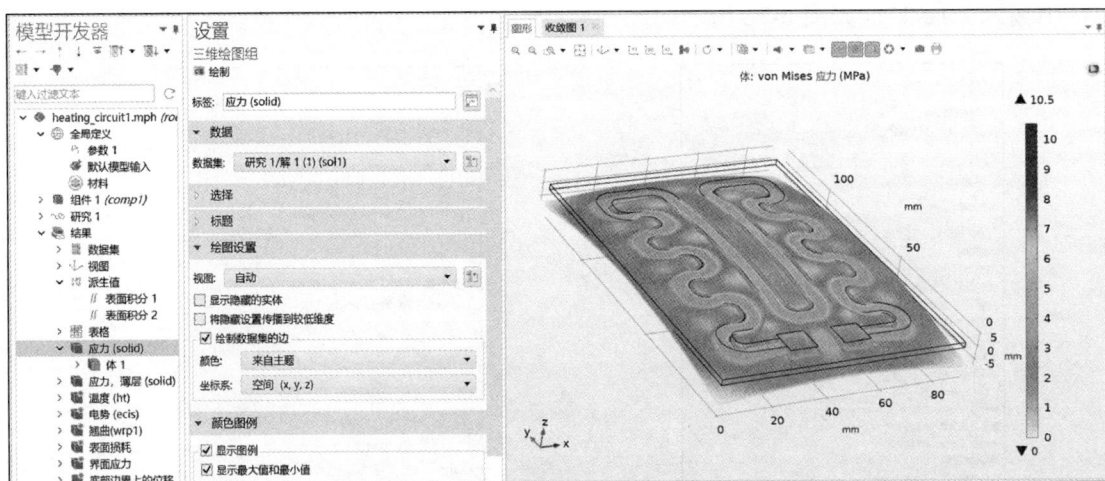

（b）

图 6-73　von Mises 应力和变形

（2）绘制"温度分布"。在"模型开发器"窗口中展开"结果"→"温度(ht)"节点，在"三维绘图组"设置窗口中，单击"绘制"按钮，得到如图 6-74 所示的温度分布图。

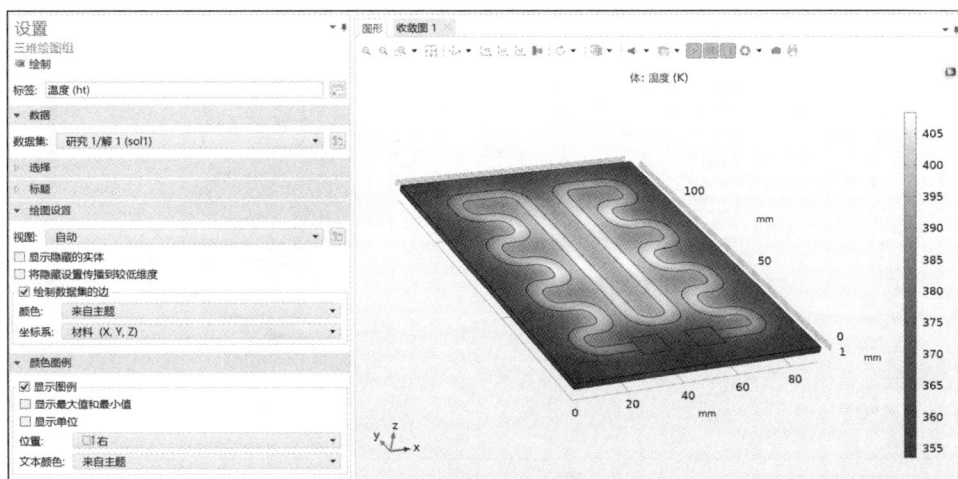

图 6-74 温度分布

（3）绘制"电势分布"。在"模型开发器"窗口中展开"结果"→"电势(ecis)"节点，在"三维绘图组"设置窗口中，单击"绘制"按钮，得到如图 6-75 所示的电势分布图。

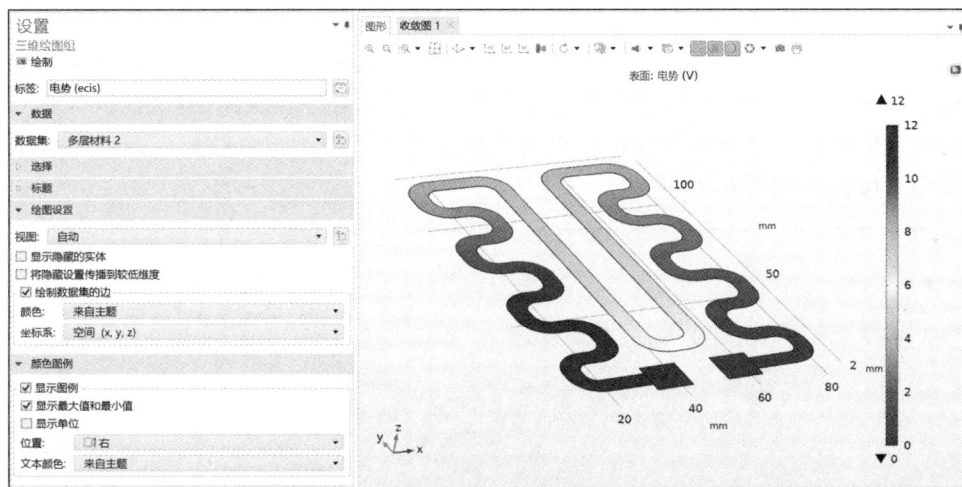

图 6-75 电势分布

（4）绘制"翘曲位移"。在"模型开发器"窗口中展开"结果"节点，在"结果"工具栏单击"三维绘图组"，再单击"表面"。在"表面"设置窗口中，定位到"表达式"栏，单击"替换表达式"按钮，选择"模型"→"组件"→"固体力学"→"翘曲"→"翘曲位移，法向量"。在"结果"工具栏单击"变形"，在"变形"设置窗口中，定位到"表达式"栏，单击"替换表达式"按钮，选择"模型"→"组件"→"固体力学"→"翘曲"→"翘曲位移"。在"结果"工具栏添加最大最小值的显示标记。将"表面 1"复制粘贴，生成"表面 2"，删除其中的"标记"，在其"表面"设置窗口中，定位到"表达式"栏，单击"替换表达式"按钮，选择"模型"→"组件"→"固体力学"→"翘曲"→"平均位移大小"。在"变形"设置窗口中，定位到"表达式"栏，单击"替换表达式"按钮，选择"模型"→"组件"→"固体力学"→"翘曲"→"平均位移"。单击"绘制"按钮，得到如图 6-76 所示的翘曲位移图。

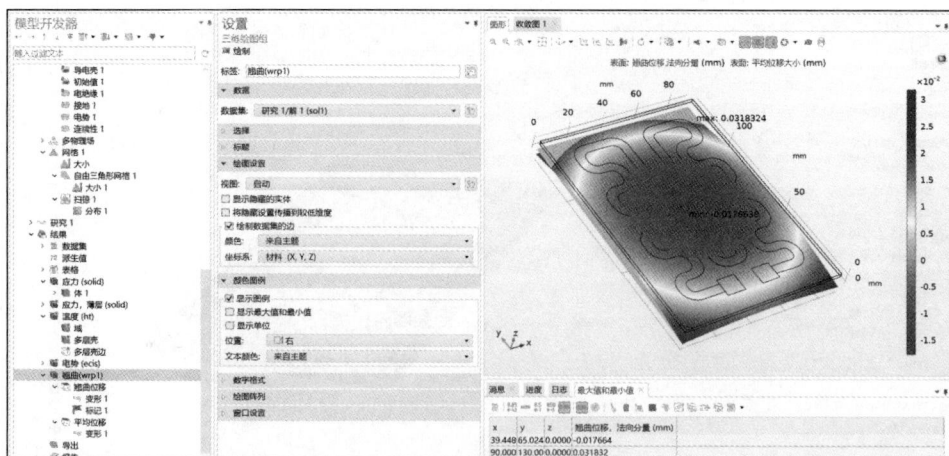

图 6-76　翘曲位移

（5）绘制"表面损耗"。在"模型开发器"窗口中展开"结果→数据集"节点，右击"结果→数据集→研究 1/解 1(sol1)"，并选择"复制粘贴"。在"结果"工具栏中单击"三维绘图组"，打开"三维绘图组"设置窗口，在"标签"文本框中输入"表面损耗"，定位到"数据"栏，从"数据集"列表中选择"研究 1/解 1(2)(sol1)"。在"表面损耗"工具栏中单击"表面"，在"表面"设置窗口中，单击"表达式"栏右上角的"替换表达式"按钮，从菜单中选择"组件 1(comp1)"→"多层壳中的电流"→"发热和损耗"→"ecis.Qsh-表面损耗密度，电磁-W/ m²"，单击"绘制"按钮，在"图形"窗口中单击"场景光"按钮，在"图形"窗口中单击"缩放到窗口大小"按钮，如图 6-77 所示。

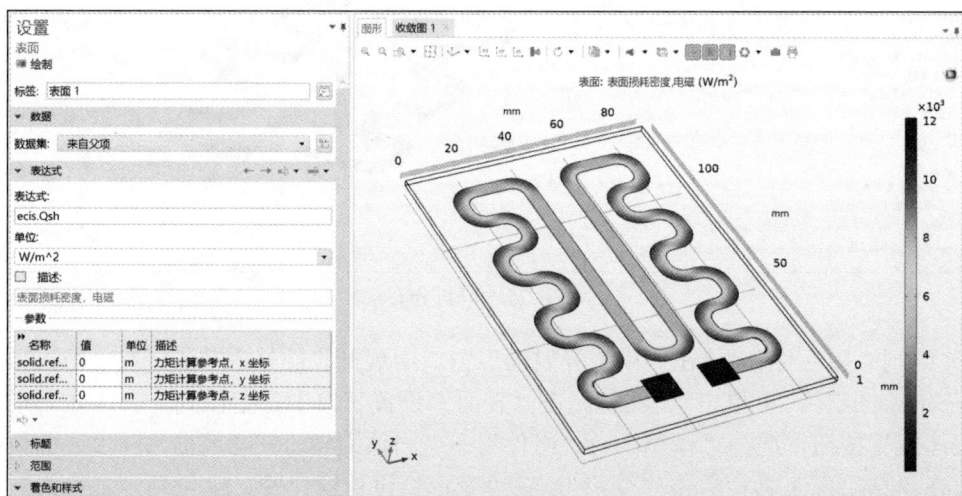

图 6-77　表面损耗

（6）绘制"界面应力"。在"主屏幕"工具栏中单击"添加绘图组"，然后选择"三维绘图组"，打开"三维绘图组"设置窗口，在"标签"文本框中输入"界面应力"；定位到"数据"栏，从"数据集"列表中选择"研究 1/解 1(2)(sol1)"。在"界面应力"工具栏中单击"表面"，在"表面"设置窗口中，定位到"表达式"栏，在"表达式"文本框中输入"sqrt(solid.Tax^2+solid.Tay^2)"，从"单位"列表中选择"MPa"；定位到"着色和样式"栏，单击"更改颜色表"按钮，在"颜色表"对话框中，选择模型树中的"Rainbow"→"Prism"，单击"确定"按钮；返回"表面"设置窗口，单击"绘制"按钮，如图 6-78 所示。

（7）绘制"底部边界上的位移"。在"结果"工具栏中单击"更多数据集"，然后选择"表面"，选择边界 3。在"结果"工具栏中单击"二维绘图组"，打开"二维绘图组"设置窗口，在"标签"文本框中输入"底部边界上的位移"。在"模型开发器"窗口中，右击"底部边界上的位移"，并选择"表面"。在"表面"设置窗口中，定位到"表达式"栏，单击"表达式"栏右上角的"替换表达式"按钮，从菜单中选择"组件 1(comp1)"→"固体力学"→"位移"→"solid.disp-位移大小-m"，在"单位"列表中选择"μm"；定位到"着色和样式"栏，单击"更改颜色表"按钮，在"颜色表"对话框中，选择模型树中的"Rainbow"→"SpectrumLight"，单击"确定"按钮；返回"表面"设置窗口，单击"绘制"按钮，结果如图 6-79 所示。

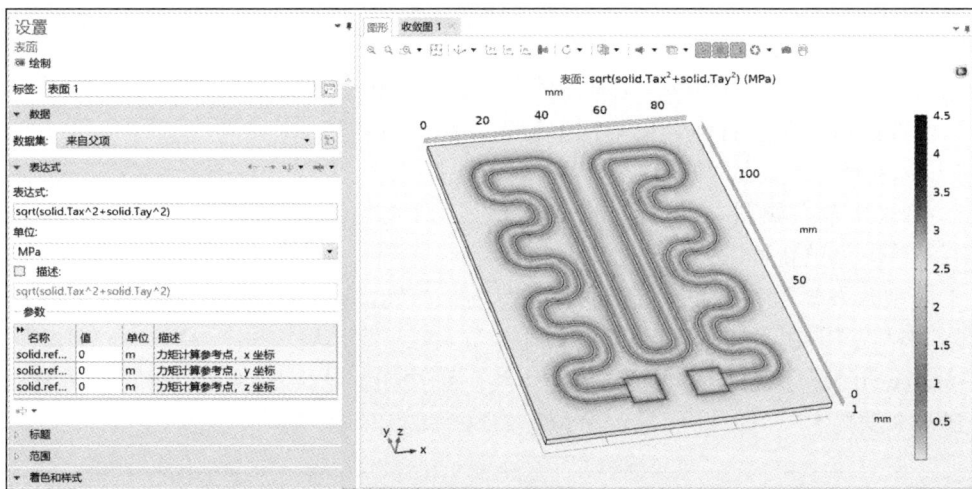

图 6-78　界面应力

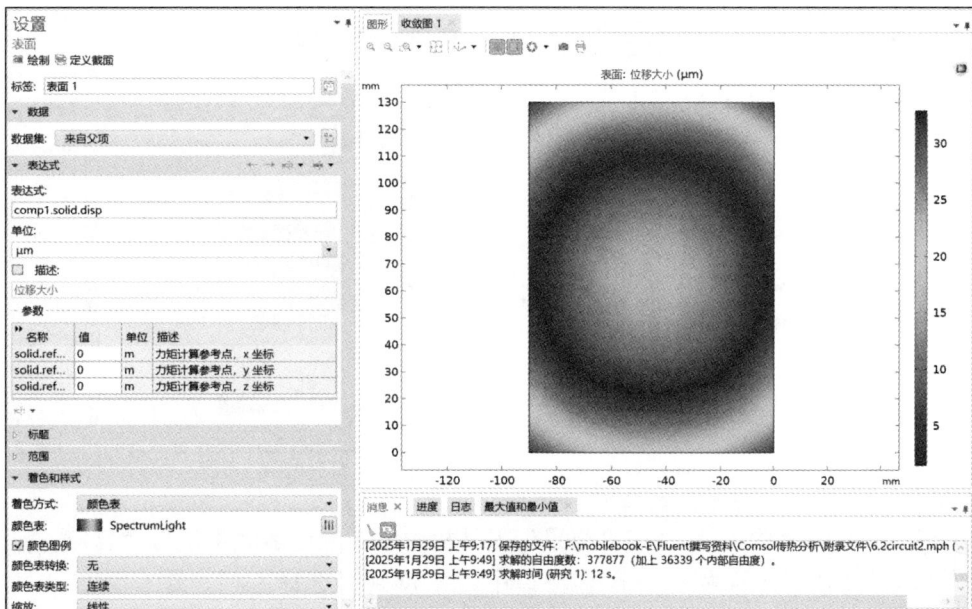

图 6-79　底部边界上的位移

如果想知道边界相对于平面形状变形了多少，可以使用最小二乘拟合创建一个线性近似，然后绘制出平面的变形情况。下面对底部边界上的位移结果进行积分处理。

（8）积分处理"底部边界上的位移"。在"定义"工具栏中单击"非局部耦合"，然后选择"积分"，打开"积分"设置窗口，在"算子名称"文本框中输入"intBelow"；定位到"源选择"栏，从"几何实体层"列表中选择"边界"，选择边界3；定位到"高级"栏，从"坐标系"列表中选择"材料(X,Y,Z)"。在"模型开发器"窗口中，右击"定义"，并选择"变量"。在"变量"设置窗口中，定位到"变量"栏，单击"从文件加载"按钮，浏览到"案例6.2"文件夹，然后双击文件"hcircuit-variables.txt"。在"模型开发器"窗口中，单击"显示更多选项"按钮，打开"显示更多选项"对话框，在树中，选中"常规"→"变量实用程序"节点的复选框，单击"确定"按钮。在"定义"工具栏中单击"变量实用程序"，然后选择"矩阵求逆"，打开"矩阵求逆"设置窗口，在"名称"文本框中输入"AInv"；定位到"输入矩阵"栏，从"矩阵格式"列表中选择"对称"，在矩阵表中输入如图6-80所示的数据。在"研究"工具栏中，单击"更新解"。

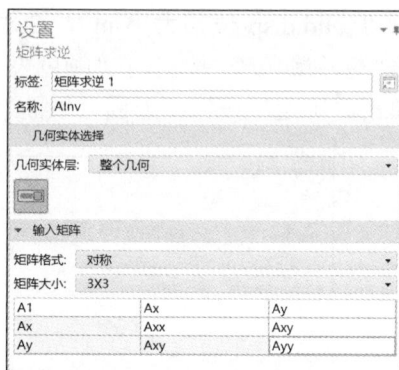

图 6-80 矩阵求逆的设置

在"模型开发器"窗口的"结果"→"底部边界上的位移"节点下，右击"表面1"，选择"复制粘贴"。在"表面"设置窗口中，定位到"表达式"栏，在"表达式"文本框中输入"w-(w_0+w_x*X+w_y*Y)"，单击"绘制"按钮，结果如图6-81所示。对比图6-79，可以看到两个结果有差异，前面是绝对位移，这里是相对变形。

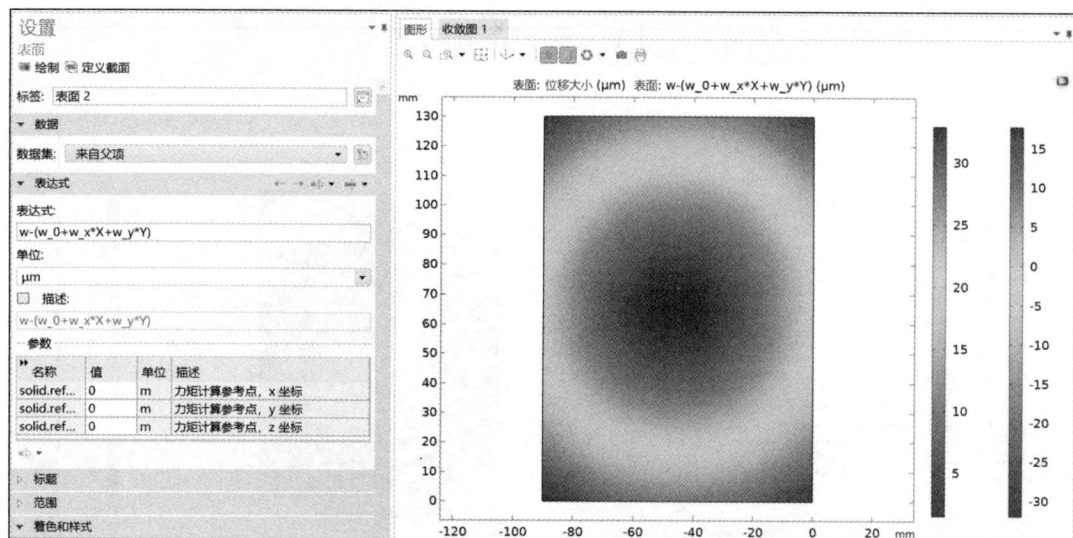

图 6-81 底部边界上的位移的积分结果

（9）获取"底面上总热量"。在"结果"工具栏中单击"更多派生值"，然后选择"积分"→"表面积分"。在"表面积分"设置窗口中，定位到"选择"栏，选择边界3；定位到"表达式"栏，单击"表达式"栏右上角的"替换表达式"按钮，从菜单中选择"组件

1(comp1)"→"固体传热"→"边界通量"→"ht.q0-向内热通量-W/m²"；单击"计算"
按钮，得到的结果约为 6.83 W，如图 6-82 所示。

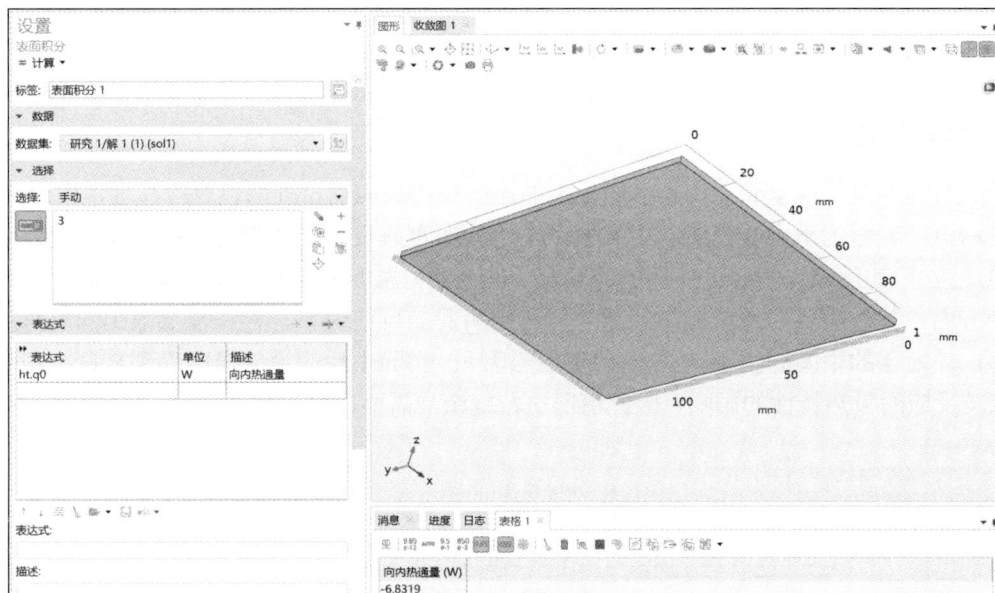

图 6-82　底面上总热量

（10）获取"电路的热通量积分值"。在"结果"工具栏中单击"更多派生值"，然后选择
"积分"→"表面积分"。在"表面积分"设置窗口中，定位到"选择"栏，从"选择"列表
中选择"电路"；定位到"表达式"栏，单击"表达式"栏右上角的"替换表达式"按钮，
从菜单中选择"组件 1(comp1)"→"多层壳中的电流"→"发热和损耗"→"ecis.Qsh-表面
损耗密度，电磁-W/m²"；单击"计算"按钮，得到的结果约为 12 W，如图 6-83 所示。

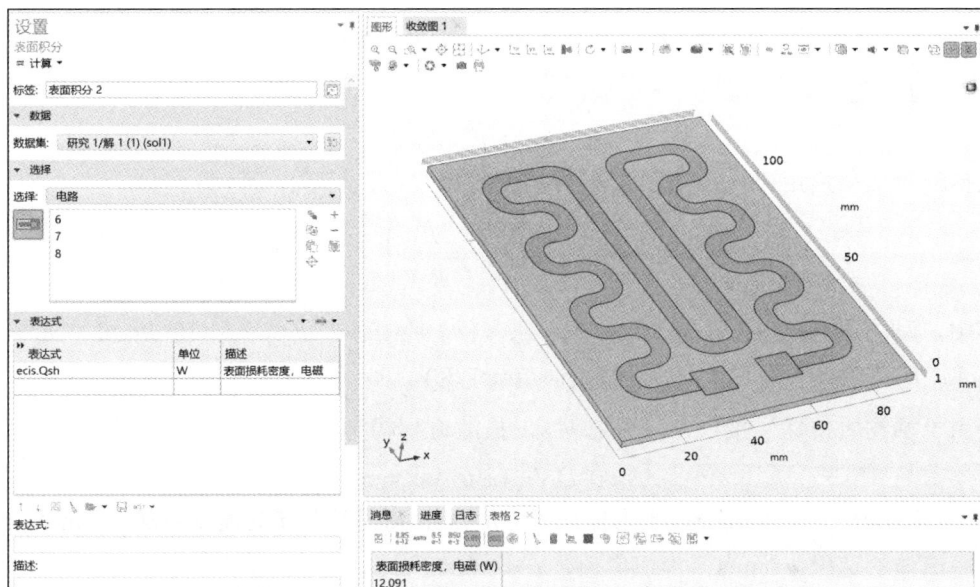

图 6-83　电路的热通量积分值

6.3　管式反应器温度条件优化分析

本节通过一个具体案例来介绍如何优化管式反应器的温度条件。

6.3.1　问题描述

管式反应器是一种呈管状、长径比很大的连续操作反应器，外面包有冷却套，如图 6-84 所示，其内流动近似为平推流，流动中发生两个连续的水解反应（本例是水解，其他地方可能发生其他反应），其反应速率通过外面的冷却套（换热器）温度来控制。反应器中的温度控制关系到两个方面，其一需要向系统提供能量才能达到所需的反应速率，其二需要限制向反应流的能量转移，使所需的中间产物不被进一步的反应消耗。实际中反应流的温度受到来自冷却套的传热，以及反应的吸热特性的影响，因此情况比较复杂，需要研究参数的影响，获得较优的参数。

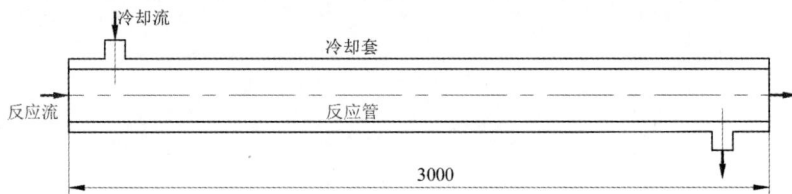

图 6-84　管式反应器

6.3.2　建模思路及注意事项

本案例模型以一维模式建立，将管式反应器中的质量和能量平衡与换热器水套的能量平衡相耦合。反应管和冷却中的流都视为平推流。采用"化学"接口来分析反应器中的流动过程发生的两个连续水解反应，如下式所示，其中，中间产物为物质 B。

$$A \xrightarrow{k_1} B;\ B \xrightarrow{k_2} C \tag{6.8}$$

其中，k_1、k_2 为反应速率，其表达式为

$$r_1 = k_1 c_A;\ r_2 = k_2 c_B \tag{6.9}$$

根据阿累尼乌斯定律，速率常数 k_j 与温度 T 相关。

$$k_j = A_j \exp\left(-\frac{E_j}{R_g T}\right) \tag{6.10}$$

其中，动力学参数 $A_1 = 1.6 \times 10^8 (1/\text{s})$，$A_2 = 1 \times 10^{15} (1/\text{s})$，$E_1 = 7.5 \times 10^4\,\text{J/mol}$，$E_2 = 1.25 \times 10^5\,\text{J/mol}$；$R_g$ 为通用气体常数，$R_g = 8.314\,\text{J/(mol·K)}$。

利用"稀物质传递"接口，以稳态对流-扩散方程模拟质量传递，如下式所示。

$$\nabla \cdot (-D_i \nabla c_i) + \boldsymbol{u} \cdot \nabla c_i = R_i \tag{6.11}$$

其中，c_i 为浓度（mol/m^3）；D_i 为扩散率（m^2/s）；R_i 是物质 i 的速率表达式（mol/(m^3·s)）；反应器中流体的速度 $\boldsymbol{u}$（m/s）为恒定值，$u = 0.0042\,\text{m/s}$。

在入口处，反应物 A 的浓度为 700 mol/m^3，假设出口处的对流质量传递占主导地位，则

$$\nabla \cdot (-D_i \nabla c_i) = 0 \tag{6.12}$$

反应器中的能量传递通过"流体传热"接口建模，其中需要求解式（6.13）。

$$\nabla \cdot (-k \nabla T) + \rho C_p \boldsymbol{u} \cdot \nabla T = Q_{rxn} + Q_j \tag{6.13}$$

其中，k 为热导率（W/(m·K)）；T 为反应流的温度（K）；ρ 为密度（kg/m³）；C_p 为热容（J/(kg·K)）。由于反应物质在水中被稀释，故这里假定反应混合物的物理属性为水的物理属性。反应产生的热源 Q_{rxn}(W/m³)可根据反应速率和反应焓计算得出：

$$Q_{rxn} = \sum_{j=1,2} -\Delta H_j r_j \tag{6.14}$$

由于两种反应都属于吸热反应，有 $\Delta H_1 = 200\,\text{kJ/mol}$，$\Delta H_2 = 100\,\text{kJ/mol}$。从反应器传递到冷却套的热量由下式给出：

$$Q_j = -KS(T - T_j) \tag{6.15}$$

其中，K 为总传热系数（J/(K·m²·s)）；S 表示每单位体积的热交换面积（m²/m³）。

入口处反应流的温度为 400 K，假设出口处的对流传热占主导地位，则

$$\nabla \cdot (-k \nabla T) = 0 \tag{6.16}$$

水是冷却套中的冷却介质，能量传递由以下方程给出，通过"流体传热"接口建模和求解。

$$\nabla \cdot (-k \nabla T_j) + \rho C_p \boldsymbol{u}_j \cdot \nabla T = -Q_j \tag{6.17}$$

假定冷却流具有平推流特性，则其具有恒定的速度分布：$u_j = 0.01\,\text{m/s}$。通过优化计算，将寻求入口处冷却流的最佳温度，使物质 B 在出口处达到最大浓度。

本节将执行两个模拟，在第一个模拟中，冷却流和反应流的入口温度设置为相等：400 K。在第二个模拟中，执行优化计算，以找到使反应器出口处所需中间产物(B)的浓度最大化的冷却流的入口温度。

6.3.3 具体计算

具体计算涉及模型向导、几何构建、添加材料、边界条件设置、网格划分、计算求解、结果后处理等内容。

1. 模型向导

打开 COMSOL 软件，单击"模型向导"，进入"选择空间维度"窗口；单击"一维"，进入"选择物理场"窗口；选择"化学物质传递"→"化学（chem）"，单击"添加"按钮；选择"化学物质传递"→"稀物质传递（tds）"，单击"添加"按钮，在"物质数"文本框中输入"3"，在"浓度"表中，分别输入 cA、cB、cC；在"选择物理场"窗口中，选择"传热"→"流体传热（ht）"，单击"添加"按钮，在"温度"文本框中输入"Tj"。单击"研究"按钮，进入"选择研究"窗口；选择"一般研究"→"稳态"，单击"完成"按钮，进入 COMSOL 建模界面。

2．全局参数定义

在"模型开发器"窗口的"全局定义"节点下，单击"参数 1"。在"参数"设置窗口中，定位到"参数"栏，单击"从文件加载"按钮，浏览到"案例 6.3"文件夹，然后双击文件"pipe_cooling_parameters"，加载如表 6-7 所示的参数。

表 6-7　　　　　　　　　　　　参数表

名称	表达式	值	描述
L_r	3[m]	3 m	反应器长度
D	1e-8[m^2/s]	1 E-8 m²/s	扩散系数
U	0.0042[m/s]	0.0042 m/s	流体速度，反应器
uj	0.01[m/s]	0.01 m/s	流体速度，冷却套
cA_in	700[mol/m^3]	700 mol/m³	A 的入口浓度，反应器
Mn_A	0.030[kg/mol]	0.03 kg/mol	摩尔质量，A
Mn_B	0.048[kg/mol]	0.048 kg/mol	摩尔质量，B
Mn_C	0.056[kg/mol]	0.056 kg/mol	摩尔质量，C
Mn_H2O	0.018[kg/mol]	0.018 kg/mol	摩尔质量，溶剂
c_solv	(941[kg/m^3]-cA_in*Mn_A)/Mn_H2O	51111 mol/m³	浓度，溶剂
T_in	400[K]	400 K	入口温度，反应器
Tj_in	400[K]	400 K	入口温度，冷却套
UA	10000[W/m^3/K]	10000 W/(m³·K)	传热系数
H1	200e3[J/mol]	2E5 J/mol	反应热 1
H2	100e3[J/mol]	1E5 J/mol	反应热 2
Rg	8.314[J/mol/K]	8.314 J/(mol·K)	通用气体常数
A1	1.6e8[1/s]	1.6E8 1/s	频率因子，反应 1
A2	1e15[1/s]	1E15 1/s	频率因子，反应 2
E1	75e3[J/mol]	75000 J/mol	活化能，反应 1
E2	125e3[J/mol]	1.25E5 J/mol	活化能，反应 2

3．几何构建

在"模型开发器"窗口的"组件 1(comp1)"节点下，右击"几何 1"，选择"线段间隔"。在"线段间隔"设置窗口中，定位到"线段间隔"栏，在"坐标"表中输入 0、L_r，单击"构建选定对象"按钮，如图 6-85 所示。

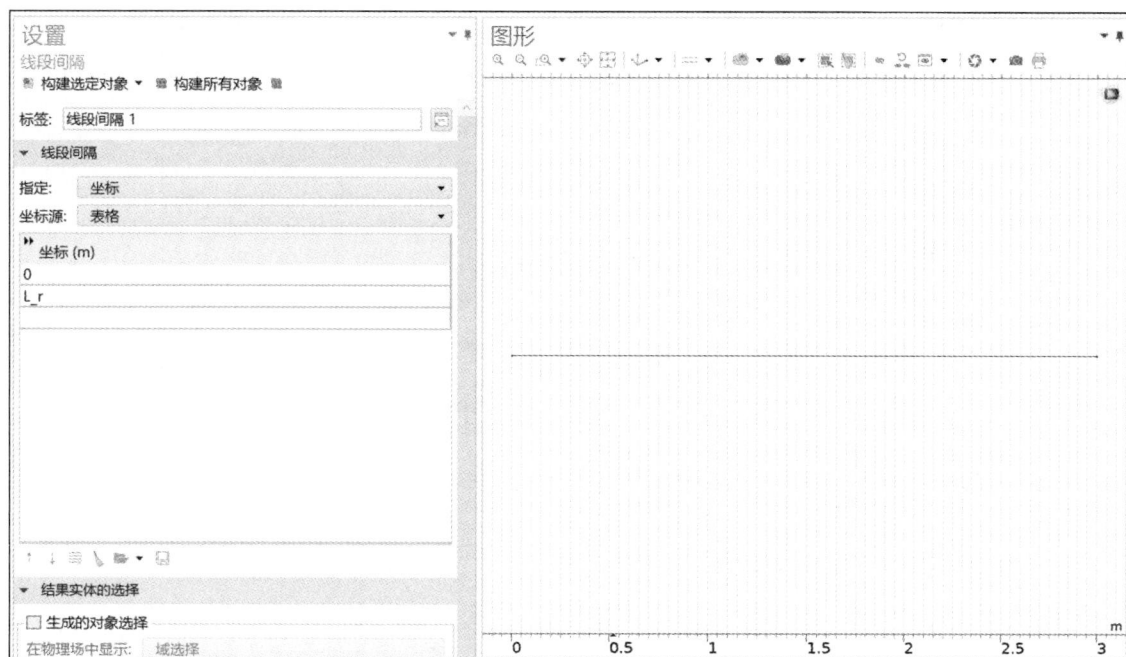

图 6-85　几何构建

4．定义积分与变量

（1）定义"积分 1"。在"定义"工具栏中单击"非局部耦合"，然后选择"积分"。在"积分"设置窗口中，定位到"源选择"栏，从"几何实体层"列表中选择"边界"，选择边界 2。

（2）定义"变量 1"。在"定义"工具栏中单击"局部变量"，在"变量"设置窗口中，定位到"变量"栏，在表中的"名称"下输入"cB_out"，在"表达式"下输入"intop1(cB)"，在"描述"下输入"出口浓度"，如图 6-86 所示。

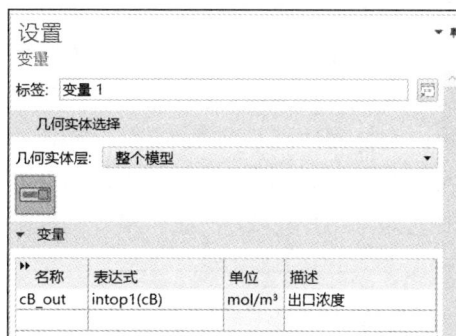

图 6-86　定义变量

5．添加材料

在"主屏幕"工具栏中，单击"添加材料"，打开"添加材料"窗口，在模型树中选择"液体和气体"→"Liquids"→"Water"，单击"添加到组件"按钮，如图 6-87 所示。在"主屏幕"工具栏中，单击"添加材料"，关闭"添加材料"窗口。

6．边界条件设置

1）"化学"边界条件设置

（1）设置"化学"。在"模型开发器"窗口的"组件 1(comp1)"节点下，单击"化学(chem)"。在"化学"设置窗口中，定位到"模型输入"栏，从"T"列表中选择"温度(ht)"；定位到"混合物属性"栏，从"相"列表中选择"液体"，如图 6-88 所示。

图 6-87　添加 Water 材料

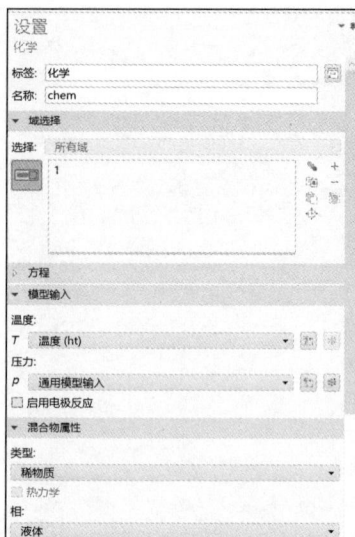

图 6-88　设置"化学"

（2）设置"反应 1"。在"物理场"工具栏中单击"域"，然后选择"反应"。在"反应"设置窗口中，定位到"反应式"栏，在"反应式"文本框中输入"A=>B"，单击"应用"按钮；定位到"速率常数"栏，选中"使用阿累尼乌斯表达式"复选框，在"A^f"文本框中输入"A1"，在"E^f"文本框中输入"E1"；定位到"反应热力学属性"栏，从"反应焓"列表中选择"用户定义"，在"H"文本框中输入"H1"，如图 6-89 所示。

（3）设置"反应 2"。在"物理场"工具栏中单击"域"，然后选择"反应"。在"反应"设置窗口中，定位到"反应式"栏，在"反应式"文本框中输入"B=>C"，单击"应用"按钮；定位到"速率常数"栏，选中"使用阿累尼乌斯表达式"复选框，在"A^f"文本框中输入"A2"，在"E^f"文本框中输入"E2"；定位到"反应热力学属性"栏，从"反应焓"列表中选择"用户定义"，在"H"文本框中输入"H2"，如图 6-90 所示。

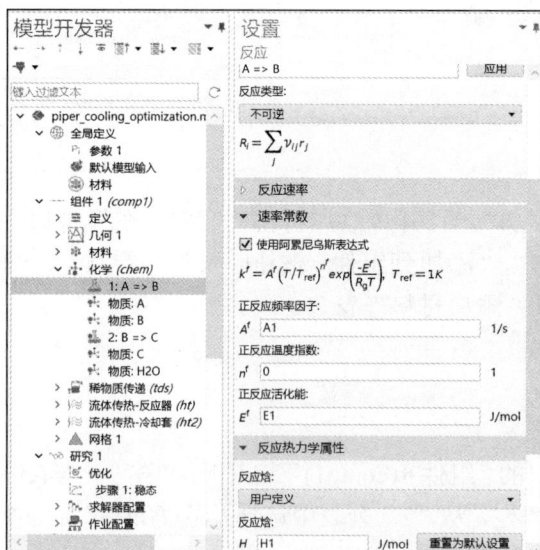

图 6-89　设置"反应 1"

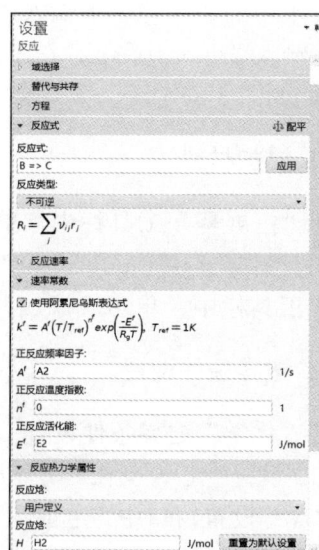

图 6-90　设置"反应 2"

（4）设置"物质：A"。在"模型开发器"窗口中，单击"物质：A"。在"物质"设置窗口中，定位到"化学式"栏，清除"启用分子式"复选框，在"M"文本框中输入"Mn_A"。

（5）设置"物质：B"。在"模型开发器"窗口中，单击"物质：B"。在"物质"设置窗口中，定位到"化学式"栏，清除"启用分子式"复选框，在"M"文本框中输入"Mn_B"。

（6）设置"物质：C"。因为物质 A、B、C 并不对应于碳，所以需要取消"启用分子式"的勾选，如图 6-91 所示。

（7）设置"物质 H2O"。在"物理场"工具栏中单击"域"，然后选择"物质"。在"物质"设置窗口中，定位到"名称"栏，在文本框中输入"物质：H2O"和"变量名称：H2O"；定位到"类型"栏，从列表中选择"溶剂"；定位到"化学式"栏，在"M"文本框中输入"Mn_H2O"，如图 6-92 所示。

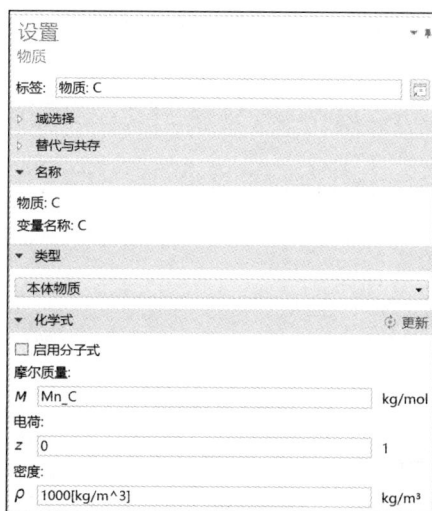

图 6-91　设置"物质：C"

图 6-92　设置"物质 H2O"

2）"稀物质传递"边界条件设置

（1）设置"物质匹配"。在"模型开发器"窗口中，单击"化学(chem)"。在"化学"设置窗口中，定位到"物质匹配"栏，从"求解的物质"列表中选择"稀物质传递"，在"本体物质"表中输入各物质摩尔浓度的设置，如图 6-93 所示。

（2）设置"传递属性 1"。在"模型开发器"窗口的"组件 1(comp1)"→"稀物质传递(tds)"节点下，单击"传递属性 1"。在"传递属性"设置窗口中，定位到"对流"栏，将 u 的 x 分量设置为"u"；定位到"扩散"栏，在"D_{cA}"文本框中输入"D"，在"D_{cB}"文本框中输入"D"，在"D_{cC}"文本框中输入"D"，如图 6-94 所示。

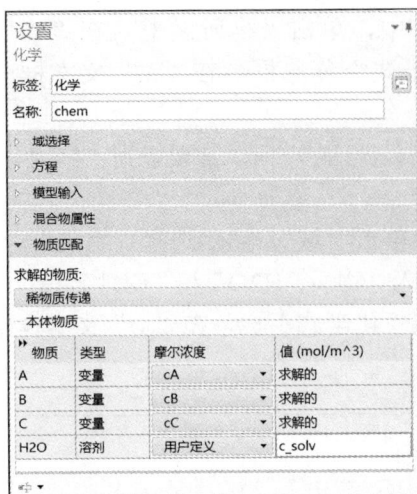

图 6-93　设置"物质匹配"

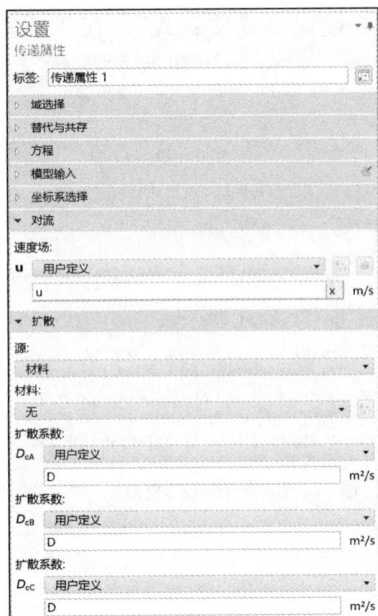

图 6-94　设置"传递属性 1"

（3）添加"流入 1"。选中"稀物质传递(tds)"节点，在"物理场"工具栏中单击"边界"，然后选择"流入"。在"流入"设置窗口中，定位到"边界选择"栏，选择边界 1；定位到"浓度"栏，在"$c_{0,cA}$"文本框中输入"cA_in"，如图 6-95 所示。

（4）添加"流出 1"。在"物理场"工具栏中单击"边界"，然后选择"流出"，选择边界 2。

（5）添加"反应 1"。在"物理场"工具栏中单击"域"，然后选择"反应"。在"反应"设置窗口中，定位到"域选择"栏，选择域 1；定位到"反应速率"栏，从"R_{cA}""R_{cB}""R_{cC}"列表中分别选择物质 A、B、C 的反应速率，如图 6-96 所示。

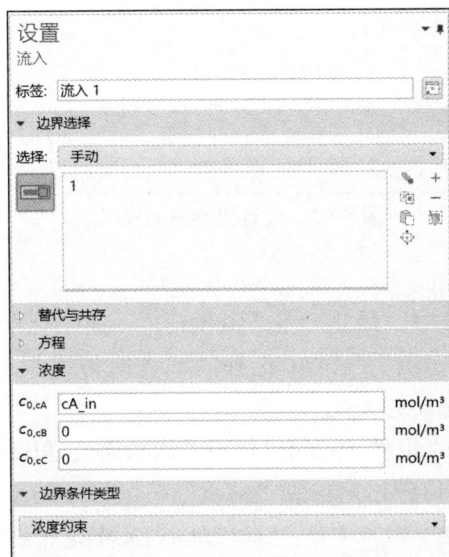

图 6-95　添加"流入 1"

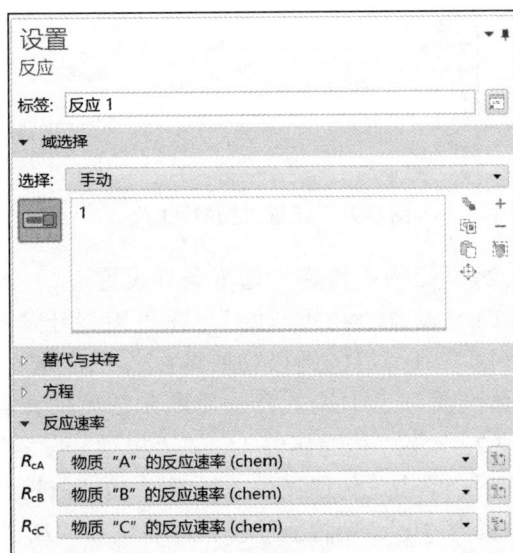

图 6-96　添加"反应 1"

3）"流体传热"边界条件设置

（1）设置"流体传热-反应器"。在"模型开发器"窗口的"组件 1(comp1)"节点下，单击"流体传热(ht)"，打开"流体传热"设置窗口，在"标签"文本框中输入"流体传热-反应器"。

（2）设置"流体 1"。在"模型开发器"窗口的"组件 1(comp1)"→"流体传热-反应器(ht)"节点下，单击"流体 1"。在"流体"设置窗口中，定位到"热对流"栏，将 u 的 x 分量设置为"u"，如图 6-97 所示。

（3）添加"温度 1"。在"物理场"工具栏中单击"边界"，然后选择"温度"。在"温度"设置窗口中，定位到"边界选择"栏，选择边界 1；定位到"温度"栏，在"T_0"文本框中输入"T_in"，如图 6-98 所示。

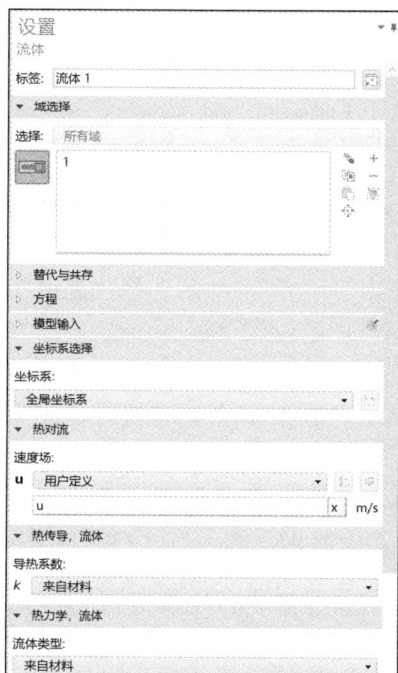

图 6-97 设置"流体 1"

图 6-98 添加"温度 1"

（4）添加"流出 1"。在"物理场"工具栏中单击"边界"，然后选择"流出"，选择边界 2。

（5）添加"热源 1"。在"物理场"工具栏中单击"域"，然后选择"热源"。在"热源"设置窗口中，定位到"域选择"栏，选择域 1；定位到"热源"栏，在"Q_0"文本框中输入"-UA*(T-Tj)+chem.Qtot"，如图 6-99 所示。

（6）设置"流体传热-冷却套"。在"模型开发器"窗口的"组件 1(comp1)"节点下，单击"流体传热 2(ht2)"，打开"流体传热"设置窗口，在"标签"文本框中输入"流体传热-冷却套"。

（7）设置"流体 1"。在"模型开发器"窗口的"组件 1(comp1)"→"流体传热-冷却套(ht2)"节点下，单击"流体 1"。在"流体"设置窗口中，定位到"热对流"栏，将 u 的 x 分量设置为"uj"，如图 6-100 所示。

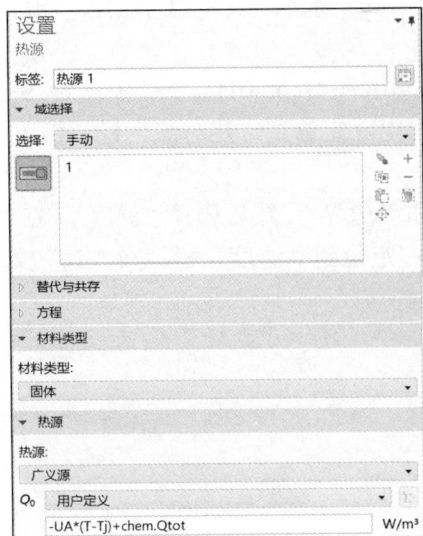

图 6-99　添加"热源 1"

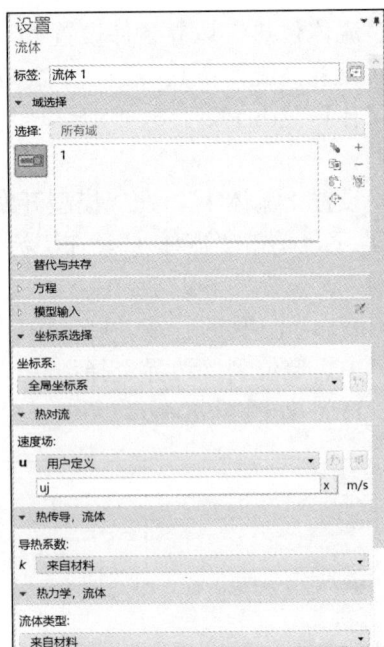

图 6-100　设置"流体 1"

（8）添加"温度 1"。在"物理场"工具栏中单击"边界"，然后选择"温度"。在"温度"设置窗口中，定位到"边界选择"栏，选择边界 1；定位到"温度"栏，在"T_0"文本框中输入"Tj_in"，如图 6-101 所示。

（9）添加"流出 1"。在"物理场"工具栏中单击"边界"，然后选择"流出"，选择边界 2。

（10）添加"热源 1"。在"物理场"工具栏中单击"域"，然后选择"热源"。在"热源"设置窗口中，定位到"域选择"栏，选择域 1；定位到"热源"栏，在"Q_0"文本框中输入"UA*(T-Tj)"，如图 6-102 所示。

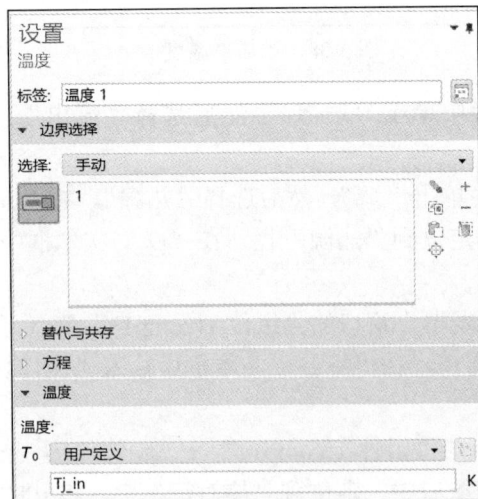

图 6-101　添加"温度 1"

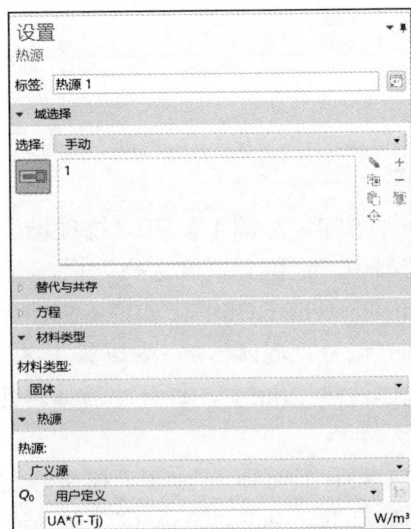

图 6-102　添加"热源 1"

7．网格划分

（1）添加"边"。在"网格"工具栏中单击"边"。

（2）设置"大小"。在"模型开发器"窗口中，单击"大小"。在"大小"设置窗口中，定位到"单元大小"栏，从"预定义"列表中选择"超细"，单击"全部构建"按钮，如图 6-103 所示。

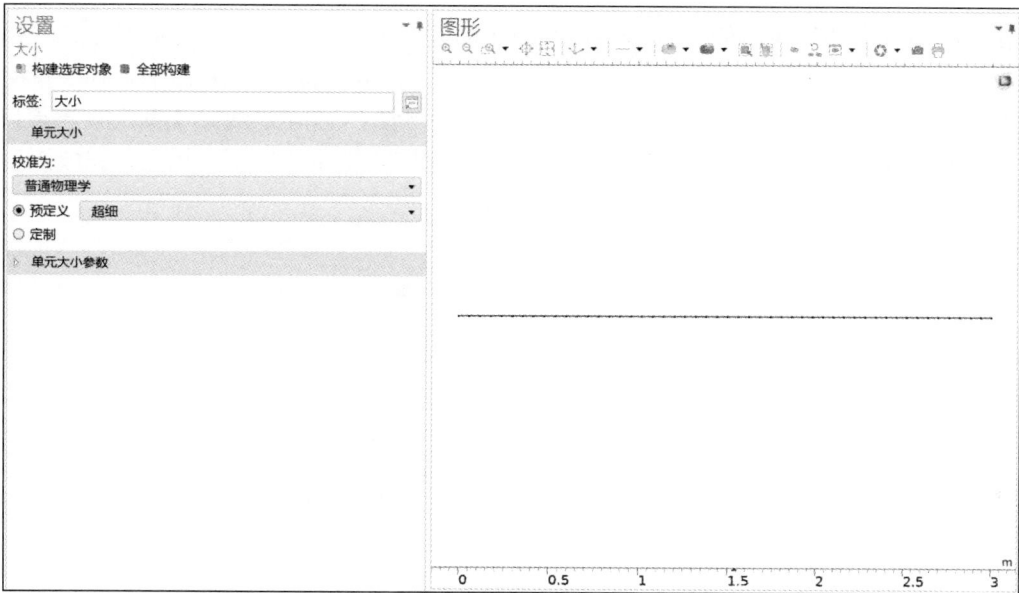

图 6-103　网格划分

在"模型开发器"窗口的"组件 1(comp1)"节点下，右击"网格 1"，选择"统计信息"，显示已划分网格的相关信息，如图 6-104 所示。

8．计算

（1）在"研究"工具栏中，单击"计算"按钮，等待计算完成。

（2）复制"解 1(sol1)"。在"模型开发器"窗口中展开"研究 1"→"求解器配置"节点，右击"解 1(sol1)"，并选择"解"→"复制"。

（3）设置"Tj_in = 400 K"。在"模型开发器"窗口的"研究 1"→"求解器配置"节点下，单击"解 1-复制 1(sol2)"，打开"解"设置窗口，在"标签"文本框中输入"Tj_in = 400 K"。

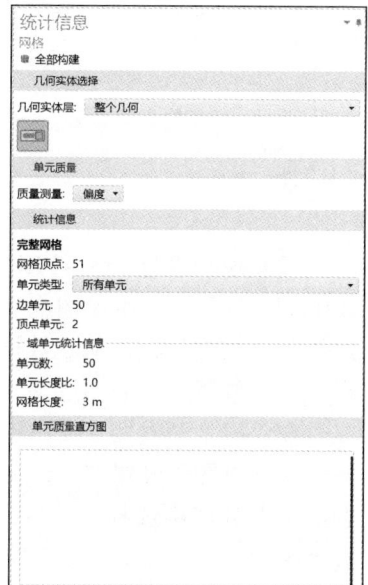

图 6-104　网格相关信息

9．结果后处理

计算完成后，COMSOL 会自动生成"浓度，所有物质(tds)""温度(ht)""温度(ht2)"等结果。如需其他后处理结果，则需用户手动生成。

（1）绘制"Tj_in = 400K 的浓度"。在"模型开发器"窗口的"结果"节点下，单击"浓度，所有物质(tds)"，打开"一维绘图组"设置窗口，在"标签"文本框中输入"Tj_in = 400K 的浓度"；定位到"数据"栏，从"数据集"列表中选择"研究 1/Tj_in = 400K (sol2)"；定位到"绘图设置"栏，选中"x 轴标签"复选框，在关联文本框中输入"x 坐标(m)"；定位到"图例"栏，从"位置"列表中选择"上居中"。

在"模型开发器"窗口的"Tj_in = 400K 的浓度"节点下，单击"物质 B"。在"线结果图"设置窗口中，定位到"着色和样式"栏，在"线"列表中选择"点虚线"。在"模型开发器"窗口的"Tj_in = 400K 的浓度"节点下，单击"物质 C"。在"线结果图"设置窗口中，定位到"着色和样式"栏，在"线"列表中选择"虚线"，单击"绘制"按钮，完成浓度曲线绘制，如图 6-105 所示。

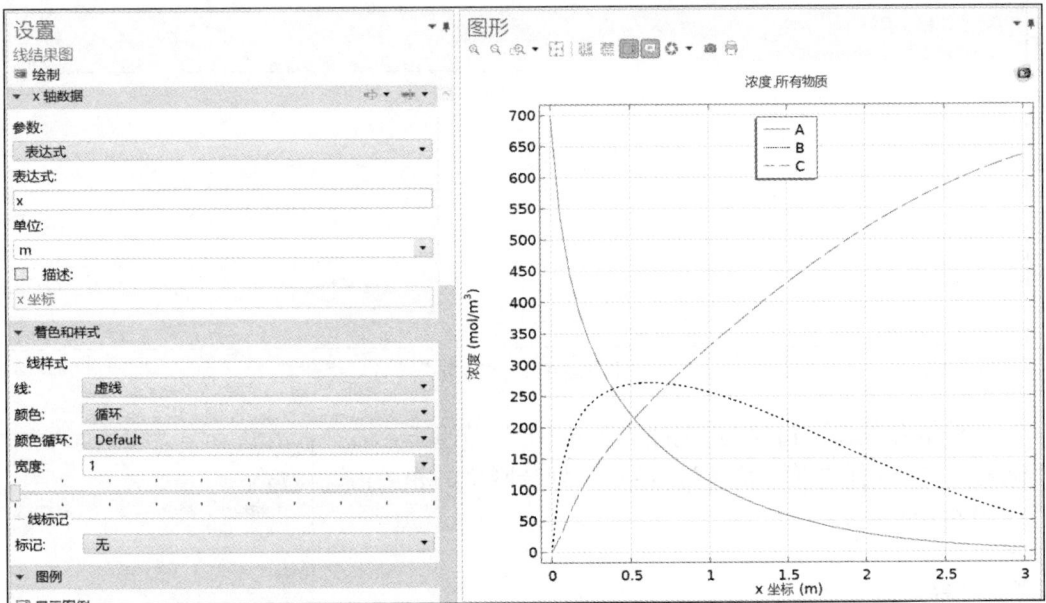

图 6-105　浓度曲线绘制

（2）绘制"Tj_in = 400K 的温度"。在"模型开发器"窗口的"结果"节点下，单击"温度(ht)"，打开"一维绘图组"设置窗口，在"标签"文本框中输入"Tj_in = 400K 的温度"；定位到"数据"栏，从"数据集"列表中选择"研究 1/Tj_in = 400K(sol2)"；定位到"图例"栏，从"位置"列表中选择"上居中"。

在"模型开发器"窗口中展开"Tj_in = 400K 的温度"节点，然后单击"线结果图"，打开"线结果图"设置窗口，在"标签"文本框中输入"反应器"；定位到"标题"栏，从"标题类型"列表中选择"无"；定位到"着色和样式"栏，从"宽度"列表中选择"2"；定位到"图例"栏，选中"显示图例"复选框，从"图例"列表中选择"手动"，在表中输入"反应器"。

在"模型开发器"窗口的"结果"→"Tj_in = 400K 的温度"节点下，右击"反应器"，选择"复制粘贴"，打开"线结果图"设置窗口，在"标签"文本框中输入"冷却套"；单击

"y 轴数据"栏右上角的"替换表达式"按钮，从菜单中选择"组件 1(comp1)"→"流体传热–冷却套"→"温度–Tj-温度-K"；定位到"着色和样式"栏，从"线"列表中选择"点虚线"；定位到"图例"栏，在表中输入"冷却套"；单击"绘制"按钮，完成温度曲线绘制，如图 6-106 所示。

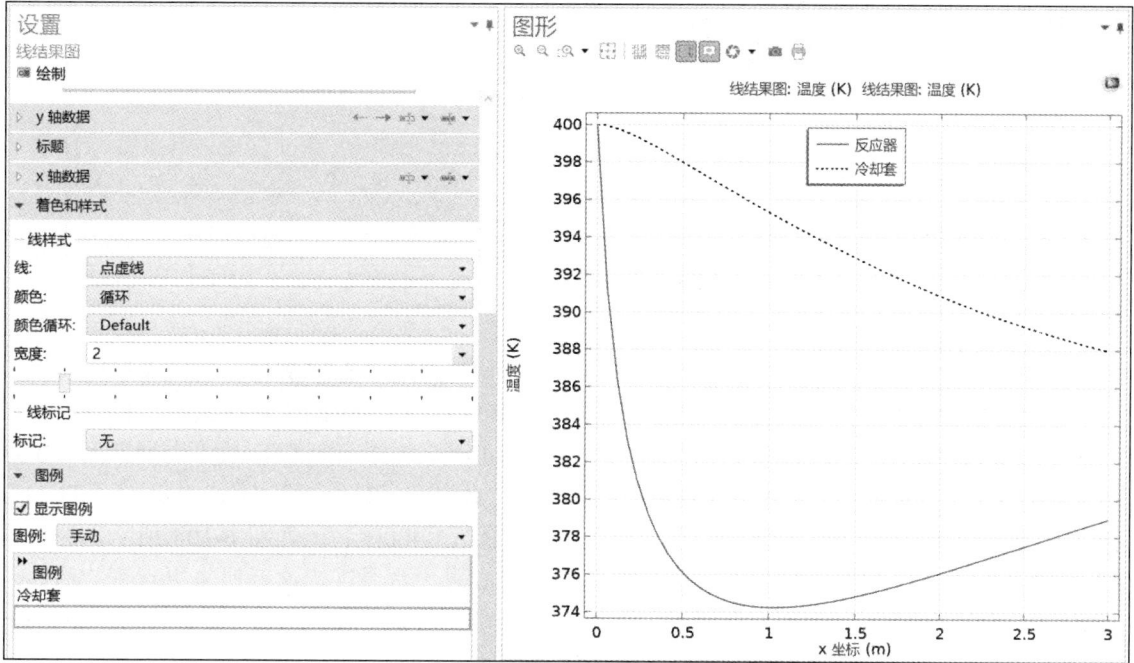

图 6-106　温度曲线绘制

（3）绘制"Tj_in = 400K 的产率"。在"模型开发器"窗口的"结果"节点下，单击"温度(ht2)"，打开"一维绘图组"设置窗口，在"标签"文本框中输入"Tj_in = 400K 的产率"，定位到"数据"栏，从"数据集"列表中选择"研究 1/Tj_in = 400K (sol2)"。

在"模型开发器"窗口中展开"Tj_in = 400K 的产率"节点，然后单击"线结果图"，打开"线结果图"设置窗口，在"标签"文本框中输入"反应 1"；定位到"标题"栏，从"标题类型"列表中选择"无"；单击"y 轴数据"栏右上角的"替换表达式"按钮，从菜单中选择"组件 1(comp1)"→"化学"→"chem.r_1-反应速率-mol/(m³·s)"；定位到"着色和样式"栏，从"宽度"列表中选择"2"；定位到"图例"栏，选中"显示图例"复选框，从"图例"列表中选择"手动"，在表中输入"反应 1"。

在"模型开发器"窗口的"结果"→"Tj_in = 400K 的产率"节点下，右击"反应 1"，选择"复制粘贴"，打开"线结果图"设置窗口，在"标签"文本框中输入"反应 2"；单击"y 轴数据"栏右上角的"替换表达式"按钮，从菜单中选择"组件 1(comp1)"→"化学"→"chem.r_2-反应速率-mol/(m³·s)"；定位到"着色和样式"栏，从"线"列表中选择"点虚线"；定位到"图例"栏，在表中输入"反应 2"；单击"绘制"按钮，完成产率曲线绘制，如图 6-107 所示。

（4）下面继续对温度条件进行优化，主要是设置目标函数与设计变量，求解优化问题。

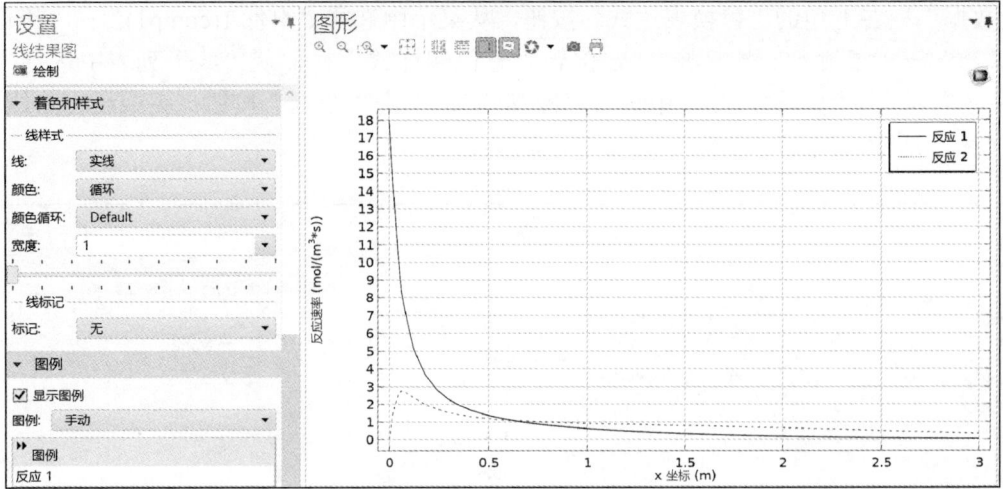

图 6-107　产率曲线绘制

在"模型开发器"窗口中，右击"研究 1"，选择"优化"。在"优化"设置窗口中，定位到"优化求解器"栏，从"方法"列表中选择"BOBYQA"；定位到"目标函数"栏，在"表达式"中输入"comp1.cB_out"，在"描述"中会自动出现"出口浓度"，从"类型"列表中选择"最大化"；定位到"控制变量和参数"栏，单击"添加"，在"参数名称"中选择"Tj_in"，在"初始值"中输入"400[K]"，在"比例因子"中输入"400[K]"，如图 6-108 所示。注意，BOBYQA 算法是一种无参数的全局优化方法，其核心思想是通过二次近似来更新解的估计，该算法不需要任何参数，并且经过验证，其性能优于随机搜索方法。设定估计参数的比例因子可以提高优化过程的效率，这里使用与初始值阶数相同的比例因子。

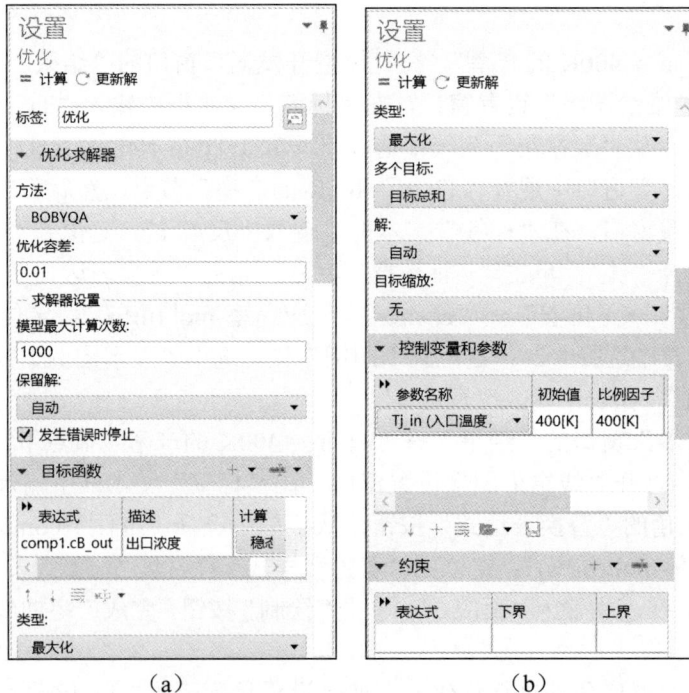

（a）　　　　　　　　（b）

图 6-108　优化设置

在"模型开发器"窗口中，单击"研究 1"。在"研究"设置窗口中，定位到"研究设置"栏，清除"生成默认绘图"复选框。在"主屏幕"工具栏中，单击"计算"按钮。

（5）绘制"优化的 Tj_in 的浓度"。在"模型开发器"窗口中，右击"Tj_in = 400K 的浓度"，选择"复制粘贴"，打开"一维绘图组"设置窗口，在"标签"文本框中输入"优化的 Tj_in 的浓度"；定位到"数据"栏，从"数据集"列表中选择"研究 1/参数化解 1(sol3)"；单击"绘制"按钮，得到优化的 Tj_in 的浓度曲线图，如图 6-109 所示。

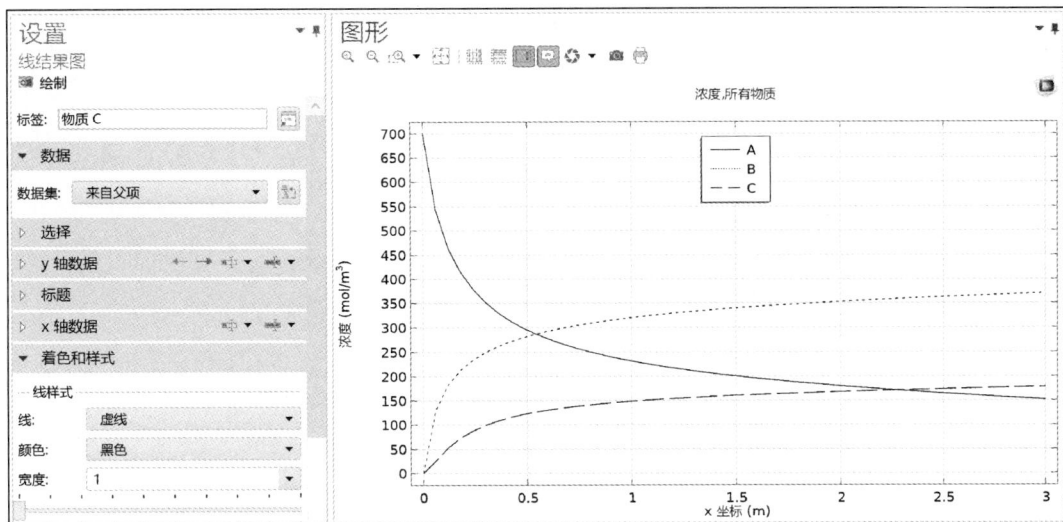

图 6-109　优化的 Tj_in 的浓度

（6）绘制"优化的 Tj_in 的温度"。在"模型开发器"窗口中，右击"Tj_in = 400K 的温度"，选择"复制粘贴"，打开"线结果图"设置窗口，在"标签"文本框中输入"优化的 Tj_in 的温度"；定位到"数据"栏，从"数据集"列表中选择"研究 1/参数化解 1(sol3)"；单击"绘制"按钮，得到优化的 Tj_in 的温度曲线图，如图 6-110 所示。

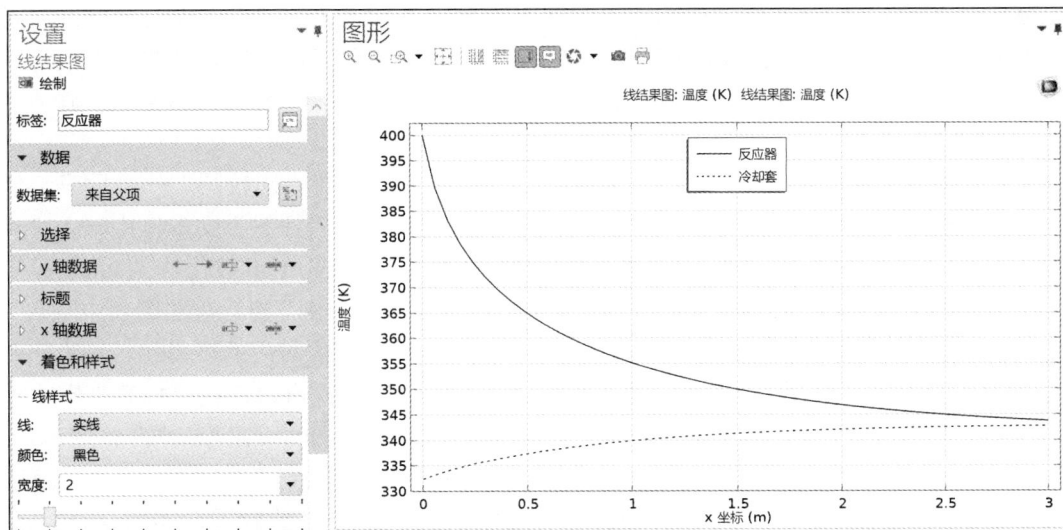

图 6-110　优化的 Tj_in 的温度

（7）绘制"优化的 Tj_in 的产率"。在"模型开发器"窗口中，右击"Tj_in＝400K 的产率"，选择"复制粘贴"，打开"一维绘图组"设置窗口，在"标签"文本框中输入"优化的 Tj_in 的产率"；定位到"数据"栏，从"数据集"列表中选择"研究 1/参数化解 1(sol3)"；单击"绘制"按钮，得到优化的 Tj_in 的产率曲线图，如图 6-111 所示。另外，在"信息"窗口单击"目标表格 2"的页面，能够看到入口温度的最终值。

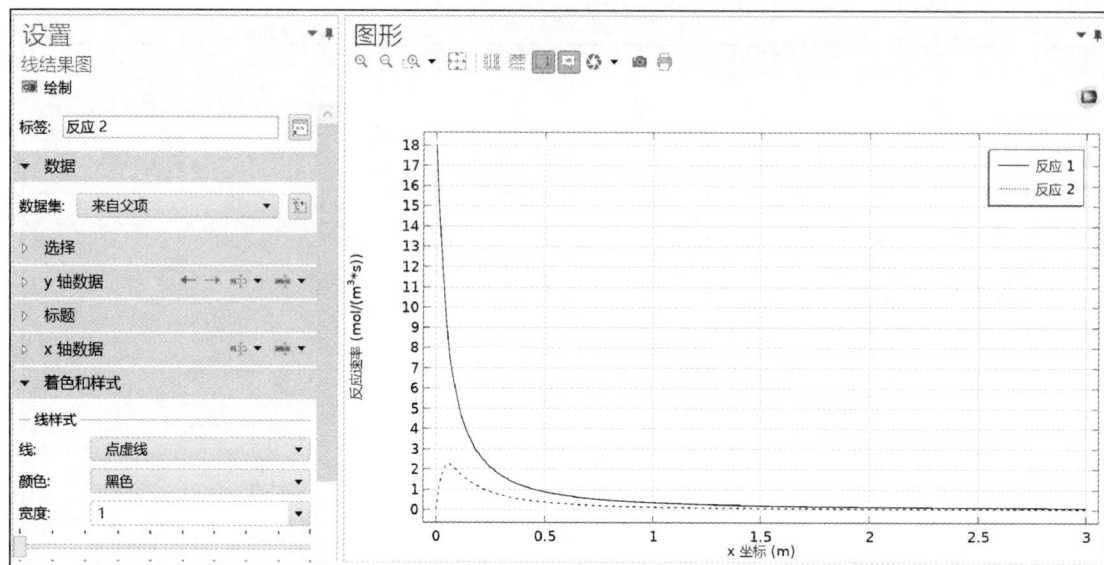

图 6-111　优化的 Tj_in 的产率

（8）绘制"优化前后的产率比较图"。在"模型开发器"窗口中，右击"Tj_in=400K 的产率"，选择"复制粘贴"，打开"一维绘图组"设置窗口，在"标签"文本框中输入"优化前后的产率比较图"。在"模型开发器"窗口中，单击"结果"→"优化前后的产率比较图"→"反应 1"节点，打开"线结果图"设置窗口，在"标签"文本框中输入"反应 1-优化前"，定位到"图例"栏，在图例表中输入"反应 1-优化前"。在"模型开发器"窗口中，单击"结果"→"优化前后的产率比较图"→"反应 2"节点，打开"线结果图"设置窗口，在"标签"文本框中输入"反应 2-优化前"，定位到"图例"栏，在图例表中输入"反应 2-优化前"。

在"模型开发器"窗口中，右击"结果"→"优化前后的产率比较图"→"反应 1-优化前"节点，选择"复制粘贴"，打开"线结果图"设置窗口，在"标签"文本框中输入"反应 1-优化后"；定位到"数据"栏，从"数据集"列表中选择"研究 1/参数化解 1(sol3)"；定位到"着色和样式"栏，从"线"列表中选择"虚线"；定位到"图例"栏，在图例表中输入"反应 1-优化后"。在"模型开发器"窗口中，右击"结果"→"优化前后的产率比较图"→"反应 2-优化前"节点，选择"复制粘贴"，打开"线结果图"设置窗口，在"标签"文本框中输入"反应 2-优化后"；定位到"数据"栏，从"数据集"列表中选择"研究 1/参数化解 1(sol3)"；定位到"着色和样式"栏，从"线"列表中选择"点划线"；定位到"图例"栏，在图例表中输入"反应 2-优化后"；单击"绘制"按钮，得到优化前后的产率比较图，如图 6-112 所示。其他的比较图（如浓度、温度）也可参考此方法进行绘制，以便于比较。

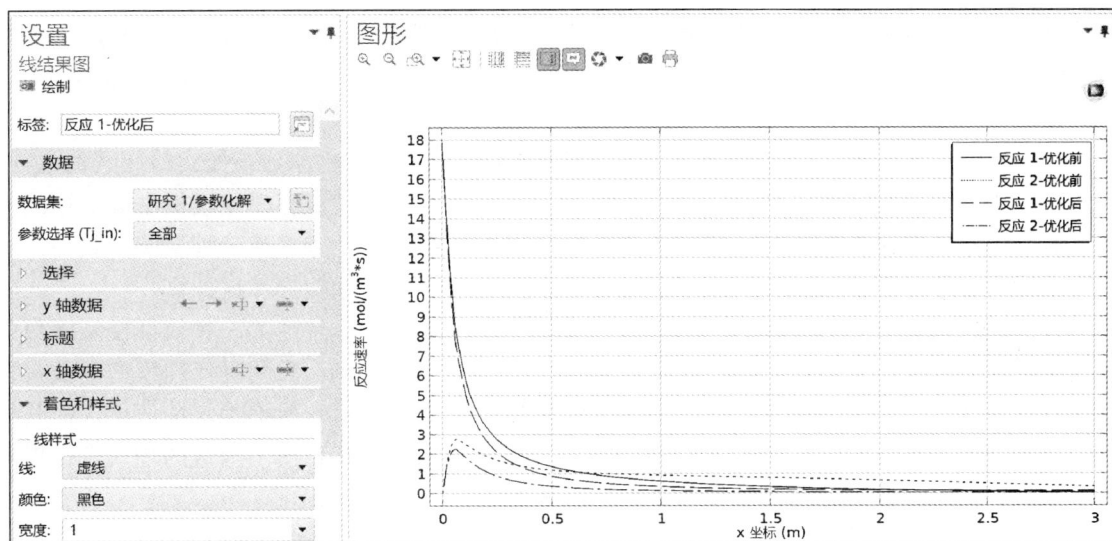

图 6-112　优化前后的产率比较图

6.4　管式反应器的代理模型训练

本节通过一个具体案例来介绍如何进行代理模型训练和制作 App。

6.4.1　代理模型概述

代理模型是一种更简单的、计算成本更低的模型，用于近似替代更复杂、计算成本更高的有限元模型，可以大幅提高仿真 App 的计算速度。利用代理模型快速响应和体积紧凑的特点，还可以将仿真 App 应用于数字孪生项目。COMSOL 可以用于创建和使用代理模型，即通过基于实验设计（DOE）的求解器以及函数定义来实现。在 COMSOL 中，创建代理模型的工作流程如图 6-113 所示。

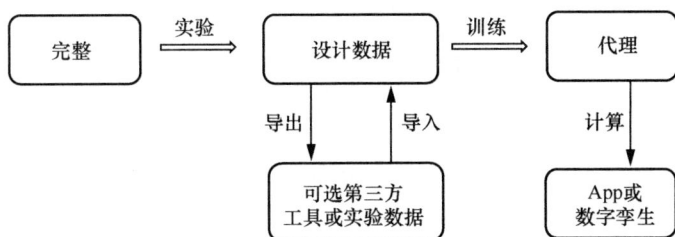

图 6-113　COMSOL 创建代理模型的工作流程

在 COMSOL 中，进行代理模型训练的过程主要包括：使用"代理模型训练"研究生成设计数据表，指定输入参数和关注物理量；基于实验设计数据表在参数空间中生成数据，选择代理模型函数，进行训练，最终生成代理模型。

代理模型本质上是采用表格替代有限元模型，是从数据表得到相关数据，而不是真实的有限元解。对于数据表中各个数据之间的部分，采用一组函数来填补，因而非常擅长近似非线性函数。如果将原始有限元模型看作一个或多个函数 $(y_1 = f_1(x_1, x_2, \cdots, x_n); y_2 = f_2(x_1, x_2, \cdots, x_n); \cdots)$，则代理模型是用与原始函数近似的新函数替换原始模型 $(y_1 = g_1(x_1, x_2, \cdots, x_n) \sim f_1(x_1, x_2, \cdots, x_n); y_2 = g_2(x_1, x_2, \cdots, x_n) \sim f_2(x_1, x_2, \cdots, x_n); \cdots)$。

代理模型所用数据由"代理模型训练"研究得到，或者从其他来源（如实验或其他软件）导入。在"代理模型训练"研究中需要指定输入点的数目，如设置有限元模拟生成数据的计算次数。可以使用拉丁超立方采样方式在参数空间中计算，这种方式是一种稀疏参数扫描，可覆盖输入空间，不需要过多的采样点，也可以采用集群分布式扫描加速计算。

"代理模型训练"研究中需要使用代理模型函数，COMSOL 提供了 3 种代理模型函数：深度神经网络（DNN），多项式混沌展开（PCE），高斯过程（GP）。后两种代理模型函数包含有关数据拟合质量的不确定性估计，而 DNN 模型函数则不给出任何不确定性估计，但其优势在于可以处理比 GP 和 PCE 模型函数更大的数据集（GP 和 PCE 模型函数的输入点都仅限于 2000 个）。这 3 种函数都需基于设计数据表训练。

DNN 代理模型可以引用结果表，也可以引用文本文件，需要定义输入参数的深度神经网络函数，代理模型输入或输出参数的数量没有限制。DNN 代理模型由一个输入层、一系列隐藏层和一个输出层组成，每层都包含若干节点或神经元组，例如，图 6-114 所示的 DNN 代理模型是一种有 3 个隐藏层、5 个输入节点和 2 个输出节点的神经网络。在 COMSOL 中，可以根据实际问题的需要，为 DNN 代理模型定义任意数量的层和节点。通常情况下，某层的神经元为前一层的加权和，例如，图 6-114 中第二层的神经元计算为 $y_1 = w_1 x_1 + w_2 x_2 + w_3 x_3 + w_4 x_4 + w_5 x_5 + b$（其中 w 为权重，b 为偏置），之后通过激活函数将线性过程转为非线性过程，使神经网络能够拟合复杂的数据分布。常见的激活函数包括 ReLU、Sigmoid、Tanh 等。

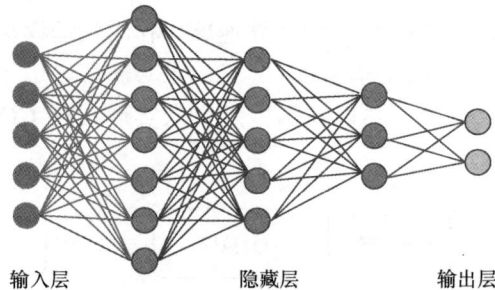

图 6-114　DNN 代理模型示例

6.4.2　问题描述

管式反应器代理模型用于分析基本反应、放热反应和不可逆反应，这些反应均在液相中进行，且反应器在层流流态下运行，外面包有冷却套实现反应器内温度控制，这个模型重点分析反应器的稳态特性。反应涉及液态中的化学物质 A、B 和 C 之间的转化，如式（6.18）所示。

$$A + B \rightarrow C \tag{6.18}$$

其中，A 表示环氧丙烷，B 表示水，C 表示丙二醇。该反应的动力学特性与物质 A 的浓度呈一阶关系。图 6-115 所示为反应器模型。

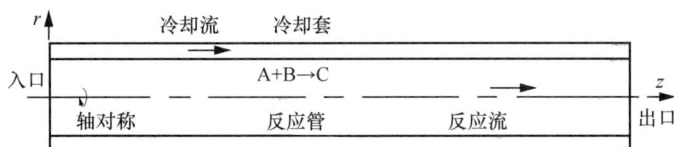

图 6-115 反应器模型

因为管式反应器有限元模型计算比较耗时，不能立即响应输入参数改变，故需要构建管式反应器的代理模型 App，用来分析径向和轴向上的成分变化。该代理模型提供了温度和化学物质浓度的空间分布，以及由此得出的多个物理量。在 App 中，结果仅限于温度和物质 A 的转化率，这是一个介于 0 和 1 之间的数值，表示物质 A 转化为物质 C 的程度。转化率为 0 意味着没有发生转化，转化率为 1 则表示物质 A 已完全转化为物质 C。

该代理模型有 5 个输入参数：径向坐标 r，轴向坐标 z，活化能 E，热导率 k，反应热 $\mathrm{d}H_{\mathrm{rx}}$。输出参数有两个，分别为温度 T 和转化率 x_{A}。

6.4.3 构建思路及注意事项

本案例代理模型构建主要是通过有限元分析输出数据表（该数据表为有限元分析提供了函数 $T = f(r, z, E, k, \mathrm{d}H_{\mathrm{rx}})$，$x_{\mathrm{A}} = g(r, z, E, k, \mathrm{d}H_{\mathrm{rx}})$），建立输出参数与输入参数的近似函数：

$$\begin{cases} T = f_s(r, z, E, k, \mathrm{d}H_{\mathrm{rx}}) \\ x_{\mathrm{A}} = g_s(r, z, E, k, \mathrm{d}H_{\mathrm{rx}}) \end{cases} \tag{6.19}$$

为了训练代理模型，需要大量数据点来充分揭示输入 $(r, z, E, k, \mathrm{d}H_{\mathrm{rx}})$ 如何映射到输出 T 和 x_{A}。管式反应器的完整有限元模型需要针对由输入参数定义的五维输入空间中的每个数据点进行求解。虽然直接的参数化扫描可以将输入点密集且均匀地分布在整个五维栅格中，但这种方法效率不高。随机采样可以作为一种替代方案，但它也有一些固有的缺点，比如采样不均匀，可能无法覆盖整个输入空间。使用实验设计法，可以在参数空间内进行精心采样。在 COMSOL 中，专用的"代理模型训练"研究采用拉丁超立方采样（LHS），这是一种实验设计方法，可生成一个数据集，能够均匀覆盖输入空间，而不需要过多的有限元计算。与均匀栅格或随机采样相比，LHS 是一种更有效的数据生成方法，特别适合于训练代理模型。使用的数据点越多，代理模型就能越准确地表示实际解。训练代理模型需要运行大量仿真，故要在生成所有数据点所需的时间与代理模型所需的精度之间进行平衡。在本例中设置了 4500 个有限元解（或者说输入点数），用于生成数据，这是基于经验选择的，目的是确保训练出的代理模型能够达到足够的精度。如果使用集群资源，就可以通过并行化技术来加速代理模型数据的生成过程，这一选项称为分布模型计算，可以在"代理模型训练"设置窗口的"高级设置"栏中找到。

另需注意，为了确保训练过程的稳健性，在误差处理设置中选择了"跳过有问题的参数"选项。这样，即便在某些输入参数组合下模型无法完成计算，训练仍能够继续进行。例如，如果输入参数导致生成了无效的几何模型或网格，或者求解器不收敛，这个选项可以保证训练不受这些情况的干扰。

神经网络架构（层数与节点数）的选择是一个迭代过程，层和节点的设置经过反复测试，并结合具体问题的特征、经验测试及一些试错的情况进行调整。当层/节点太少时，可能导致拟合不够，无法作为精确的代理模型。而当层/节点过多时，会导致过度拟合，训练数据准确率高，但无法泛化到未训练过的数据集上。同时需要考虑计算效率，当层/节点越多时，模型计算时间越长，而结构简单的模型计算速度相对较快，故在实际中，力求构建一个既准确又高效的模型。图 6-116 给出了一些额外的神经网络配置（或称拓扑）供参考。在本例的管式反应器中，采用了较为复杂的网络，包括 4 个隐藏层，节点数量依次为 50 个、40 个、30 个和 20 个。

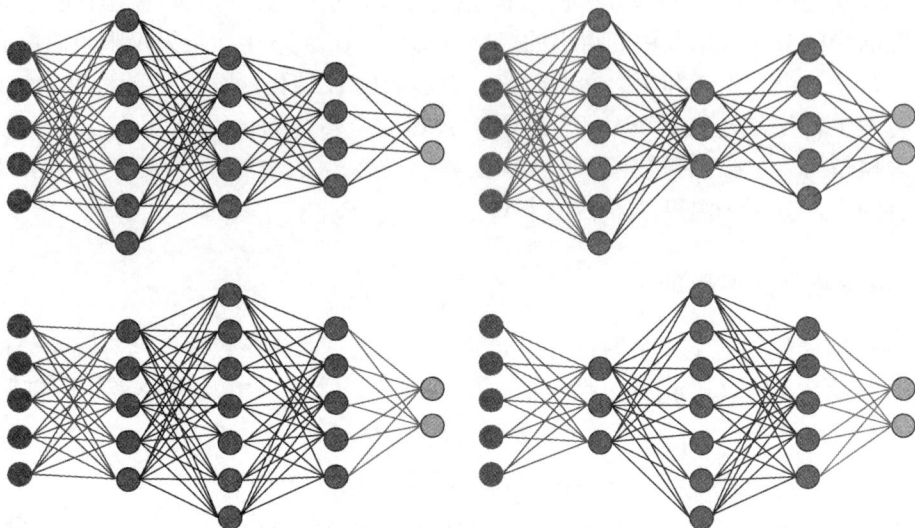

图 6-116　DNN 配置参考

神经网络图中的每条边都关联着一个权重。当神经网络在"代理模型训练"研究生成的数据上进行训练时，权重和其他网络参数（称为偏差）将被优化，以最大限度地减小代理模型与有限元模型之间的误差。这个误差称为损失函数 L。损失函数可以是不同类型的，默认设置为均方根误差（RMSE）损失函数。基于先前定义的函数 f、g、f_s 和 g_s，将 RMSE 损失函数示意性地写为

$$L = \sqrt{\frac{1}{N} \Sigma ((f - f_s)^2 + (g - g_s)^2)} \tag{6.20}$$

其中，N 是对应于训练损失的训练数据点和对应于验证损失的验证数据点的数量。

模型训练中最重要的参数包括学习率、批量大小和训练周期数。学习率在某种程度上类似于非线性牛顿求解器中的数值阻尼，决定了优化过程中的步长。学习率过小会导致模型停留在局部最小值，过大则会导致越过最小值，收敛效果不佳。批量大小表示在优化过程中训练数据如何被划分为子集。批量大小过小可能会导致梯度更新数据嘈杂、训练时间更长，过大则可能导致泛化效果差，且计算资源利用效率低。训练周期数定义了完整遍历整个数据集的次数，在训练过程中起着重要作用。训练周期数过少可能会导致模型欠拟合，即模型没有从训练数据中充分学习；而训练周期数过多可能会导致过拟合，即模型学习了训练数据中的嘈杂数据，对新的、未见数据表现不佳。在本例中，训练周期数根据经验设置为 50000 次，而其他参数保留默认值。

要训练代理模型,可以单击"深度神经网络"设置窗口顶部的"训练模型"按钮。在训练过程中,可以在"收敛图"窗口中监控损失函数相对于训练周期的进展。收敛图显示了两个版本的损失函数:训练损失和验证损失。训练损失反映了与"代理模型训练"研究创建的主要训练数据对应的损失函数。出于验证目的,数据中会随机保留一部分作为未见数据,验证损失所表示的正是这部分数据的损失情况。更具体地说,训练损失是衡量神经网络对训练数据拟合程度的指标。在训练过程中,随着模型的学习,这一损失会逐渐降低。然而,如果训练损失过低,可能预示着模型开始过拟合,即模型对训练数据的拟合过于精确,这可能会影响其在新数据上的表现。验证损失衡量模型在验证数据上的表现,它反映了模型对新的、未见数据的泛化程度。如果验证损失开始上升,而训练损失继续下降,通常就意味着模型出现过拟合现象。通过调整超参数,旨在寻找一个平衡点,使训练损失和验证损失都能达到最小,达到这个平衡时,表明该模型学习效果良好,同时也能很好地泛化到新数据中。需要注意的是,如果数据点非常少,可能无法观察到收敛图,只能看到"深度神经网络"设置窗口中信息栏的内容。

6.4.4 具体设置

具体设置包括原始模型加载、全局参数定义、定义"域点探针"、设置"代理模型训练"、生成训练数据、数据表抽取处理等内容。

1. 原始模型加载

打开 COMSOL 软件,从"文件"菜单中选择"打开",浏览到"案例 6.4"文件夹,双击文件"pipe_reactor.mph",然后另存为"pipe_reactor_DNN.mph"(或自定义文件名)。

2. 全局参数定义

分别为径向位置和轴向位置定义两个位置参数,将其用于探测模型中不同位置的解,以训练代理模型。

在"模型开发器"窗口的"全局定义"节点下,单击"参数 1"。在"参数"设置窗口中,定位到"参数"栏,按表 6-8 中的位置参数进行设置,如图 6-117 所示。

表 6-8   位置参数

名称	表达式	值	描述
r0	0[m]	0 m	径向位置
z0	0[m]	0 m	轴向位置

3. 定义"域点探针"

定义两个"域点探针",分别用于对温度 T 和转化率 x_A 的求解值进行采样。

(1) 在"模型开发器"窗口中,展开"组件 1(comp1) → 定义"节点,右击"定义",选择"探针→域点探针"。在"域点探针"设置窗口中,定位到"点选择"栏,在"坐标"行中,将"r"设为"r0",将"z"设为"z0",如图 6-118 所示。

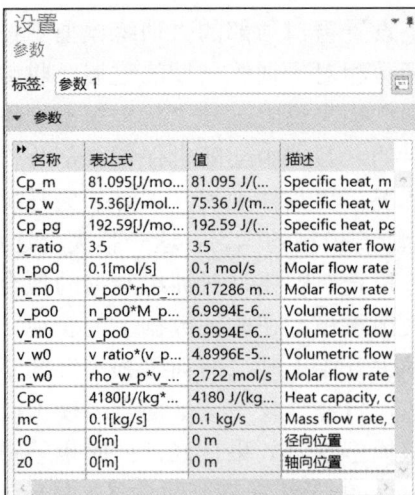

图 6-117　位置参数定义

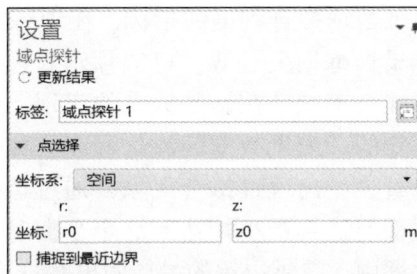

图 6-118　"域点探针"设置

（2）设置"点探针表达式 1(ppb1)"。在"模型开发器"窗口中，展开"域点探针 1"节点，然后单击"点探针表达式 1(ppb1)"。在"点探针表达式"设置窗口中，定位到"表达式"栏，在"表达式"文本框中输入"T"，如图 6-119 所示。

（3）添加"点探针表达式 2(ppb2)"。在"模型开发器"窗口中，右击"域点探针 1"，选择"点探针表达式"。在"点探针表达式"设置窗口中，定位到"表达式"栏，在"表达式"文本框中输入"xA"，在"表和绘图单位"文本框中输入"1"，如图 6-120 所示。

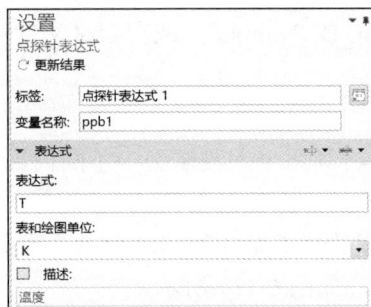

图 6-119　"点探针表达式 1"设置

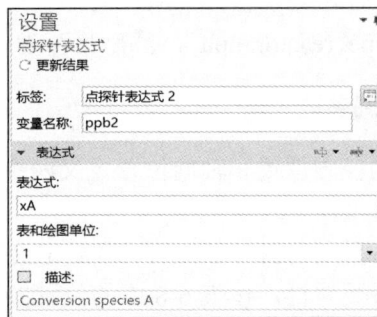

图 6-120　"点探针表达式 2"设置

4．设置"代理模型训练"

（1）在"模型开发器"窗口中，展开"研究 1"节点，右击"研究 1"，选择"代理模型训练"。

（2）设置输出参数。在"代理模型训练"设置窗口中，定位到"研究设置"栏，在"关注量(输出)"子栏中，单击"添加"按钮两次，按表 6-9 输入数据，如图 6-121 所示。这里的关注量分别取值于域点探针的温度 T 和转化率 xA。

表 6-9　输出参数

表达式	描述	要使用的单个解
comp1.ppb1	温度	来自"要使用的解"
comp1.ppb2	转化率	来自"要使用的解"

（3）设置输入参数。在"代理模型训练"设置窗口中，定位到"输入参数"栏，单击"添加"按钮 5 次，更新表格中的第一列输入参数（r0、z0、E、ke 和 dHrx），如图 6-121 所示。r0、z0、E、ke 和 dHrx 分别代表径向位置、轴向位置、活化能、热导率和反应热。

（4）设置参数界限。在上述"输入参数"表格中，单击选择列号为 3、行号为 1 的单元格，在"下界"文本框中输入"0"，在"上界"文本框中输入"0.1"；单击选择列号为 3、行号为 2 的单元格，在"下界"文本框中输入"0"，在"上界"文本框中输入"1"；单击选择列号为 3、行号为 3 的单元格，在"下界"文本框中输入"71500"，在"上界"文本框中输入"79300"；单击选择列号为 3、行号为 4 的单元格，在"下界"文本框中输入"0.05"，在"上界"文本框中输入"5.6"；单击选择列号为 3、行号为 5 的单元格，在"下界"文本框中输入"−101600"，在"上界"文本框中输入"−67700"。注意，这些界限设置可参考"信息"窗口的"设计数据"页输出结果进行确定。

（5）设置采样点数。定位到"输入参数采样设置"子栏，在"输入点数"文本框中输入"4500"，如图 6-122 所示。

（6）设置"误差处理"。在"代理模型训练"设置窗口中，定位到"高级设置"栏，从"误差处理"列表中选择"跳过有问题的参数"，这一设置可使训练阶段更加稳健。

5. 生成训练数据

在"研究"工具栏中，单击"计算"按钮，开始生成带有训练数据的表格，求解 4500 个数据点需要 5h 左右（中等性能的工作站）。

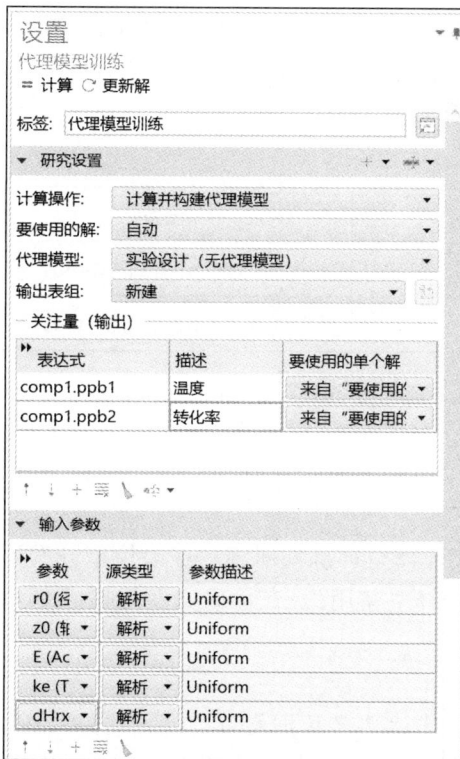

图 6-121 输出与输入参数设置

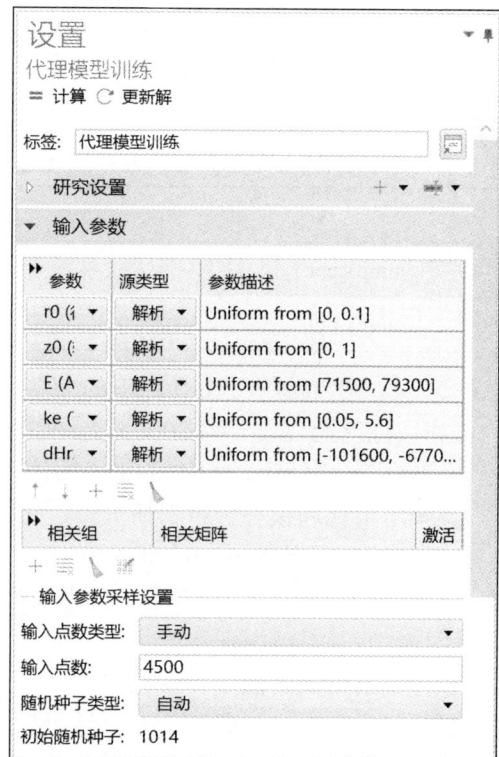

图 6-122 输入参数的界限与采样点数设置

6．数据表抽取处理

1）定义"二维栅格"数据集

首先定义一个用于计算代理模型函数的"二维栅格"数据集。

在"结果"工具栏中单击"更多数据集"，然后选择"栅格"→"二维栅格"。在"二维栅格"设置窗口中，定位到"参数界限"栏，找到"第一参数"子栏，在"名称"文本框中输入"x1"，在"最大值"文本框中输入"0.1"；找到"第二参数"子栏，在"名称"文本框中输入"x2"；定位到"栅格"栏，在"x1 分辨率"文本框中输入"25"，在"x2 分辨率"文本框中输入"75"；定位到"数据"栏，从"源"列表中选择"函数"。

2）定义深度神经网络函数

本案例的代理模型中有 4 个隐藏层，分别包含 50 个、40 个、30 个和 20 个节点。将训练周期数（求解器迭代次数）增加到 50000 次，然后开始训练模型。

（1）在"主屏幕"工具栏中单击"函数"，然后选择"全局"→"深度神经网络"。在"深度神经网络"设置窗口中，定位到"层"栏，单击"添加"按钮 5 次。在表格中，单击选择列号为 2、行号为 1 的单元格，在"输出特征"文本框中输入"50"；单击选择列号为 2、行号为 2 的单元格，在"输出特征"文本框中输入"40"；单击选择列号为 2、行号为 3 的单元格，在"输出特征"文本框中输入"30"；单击选择列号为 2、行号为 4 的单元格，在"输出特征"文本框中输入"20"；单击选择列号为 2、行号为 5 的单元格，在"输出特征"文本框中输入"2"。

（2）定位到"数据"栏，从"数据源"列表中选择"结果表"；定位到"数据列设置"栏，在表格中，单击选择列号为 3、行号为 6 的单元格，在"名称"文本框中输入"dnn1_1"；单击选择列号为 3、行号为 7 的单元格，在"名称"文本框中输入"dnn1_2"。这两行的具体参数如表 6-10 所示。

表 6-10　　　　　　　　　　　　　　　数据列设置参数

表达式	类型	设置
comp1.ppb1	函数值	名称=dnn1_1，缩放=to01
comp1.ppb2	函数值	名称=dnn1_2，缩放=to01

（3）定位到"训练和验证"栏下的"停止条件"子栏，在"纪元数"文本框中输入"50000"，也就是将训练周期数设置为 50000 次，如图 6-123 所示。单击"训练模型"按钮，等待代理模型训练完成（中等工作站约 8min 可训练完毕）。

3）禁用"代理模型训练"研究

为了将模型用作 App 中的嵌入模型，需禁用"代理模型训练"研究。在"模型开发器"窗口的"研究 1"节点下，右击"代理模型训练"，选择"禁用"。在"研究"工具栏中，单击"计算"按钮。

4）绘制三维旋转温度显示图

（1）添加"二维镜像 2"。在"结果"工具栏中单击"更多数据集"，然后选择"二维镜像"。在"二维镜像"设置窗口中，定位到"数据"栏，从"数据集"列表中选择"二维栅格 1"，如图 6-124 所示。

图 6-123 "深度神经网络"设置

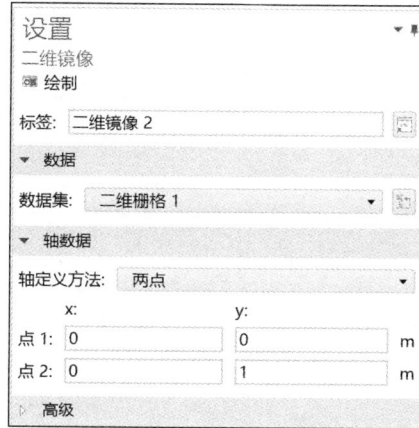
图 6-124 添加"二维镜像 2"

（2）添加"二维旋转 3"。在"结果"工具栏中单击"更多数据集"，然后选择"二维旋转"。在"二维旋转"设置窗口中，定位到"数据"栏，从"数据集"列表中选择"二维栅格1"；定位到"旋转层"栏，在"起始角度"文本框中输入"–90"，在"旋转角度"文本框中输入"225"，如图 6-125 所示。

图 6-125 添加"二维旋转 3"

（3）设置"二维栅格 1"。在"模型开发器"窗口的"结果"节点下，单击"二维栅格 1"。在"二维栅格"设置窗口中，定位到"数据"栏，从"函数"列表中选择"深度神经网络 1(dnn1_1, dnn1_2)"。

（4）添加"温度三维(旋转)"。在"结果"工具栏中单击"三维绘图组"，打开"三维绘图组"设置窗口，在"标签"文本框中输入"温度,三维(旋转)"。

（5）添加"表面 1"。在"模型开发器"窗口中，右击"温度,三维(旋转)"，选择"表面"。在"表面"设置窗口中，定位到"表达式"栏，在"表达式"文本框中输入"T"；定位到"着色和样式"栏，单击"更改颜色表"按钮，在"颜色表"对话框中，选择模型树中的"Thermal"→"ThermalLight"，单击"确定"按钮；返回"表面"设置窗口，单击"绘制"按钮，在"图形"窗口中单击"缩放到窗口大小"按钮，得到三维旋转温度显示图，如图 6-126 所示。

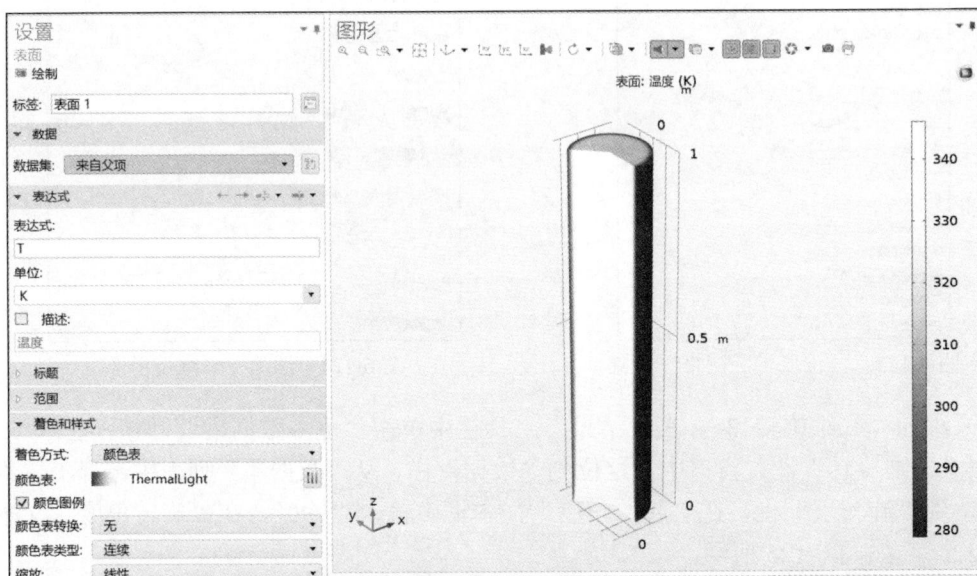

图 6-126　三维旋转温度显示

5）设置温度的代理模型

下面设置温度的代理模型，该代理模型通过相应的函数 dnn1_1 的表达式进行可视化。

（1）添加"温度,三维(旋转),代理模型"。在"结果"工具栏中单击"三维绘图组"，打开"三维绘图组"设置窗口，在"标签"文本框中输入"温度,三维(旋转),代理模型"；定位到"数据"栏，从"数据集"列表中选择"二维旋转 3"；定位到"绘图设置"栏，从"视图"列表中选择"View 3D 3"，如图 6-127 所示。

（2）添加"表面 1"。在"模型开发器"窗口中，右击"温度,三维(旋转),代理模型"，选择"表面"。在"表面"设置窗口中，定位到"表达式"栏，在"表达式"文本框中输入"dnn1_1(x1,x2,E,ke,dHrx)"；定位到"着色和样式"栏，单击"更改颜色表"按钮，在"颜色表"对话框中，选择模型树中的"Thermal"→"ThermalLight"，单击"确定"按钮；返回

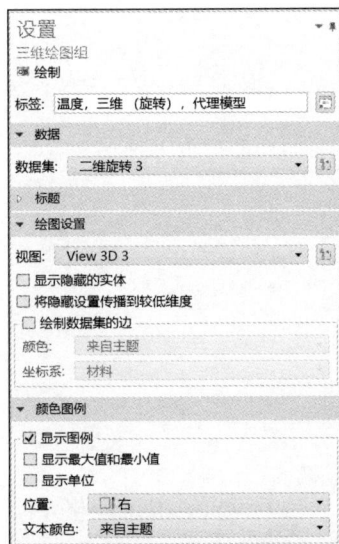

图 6-127　添加"温度,三维（旋转），代理模型"

"表面"设置窗口，单击"绘制"按钮，得到如图 6-128 所示的代理模型的三维旋转温度显示图，跟图 6-126 有限元计算结果接近。

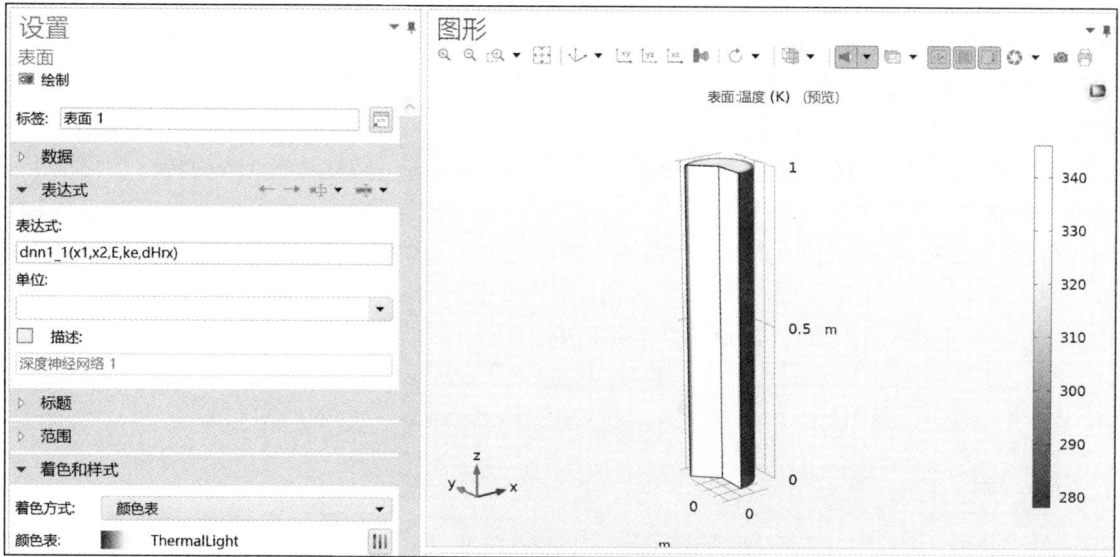

图 6-128　代理模型的三维旋转温度显示

6）绘制三维旋转的转化率显示图

（1）添加"转化率,三维(旋转)"。在"结果"工具栏中单击"三维绘图组"，打开"三维绘图组"设置窗口，在"标签"文本框中输入"转化率,三维(旋转)"。

（2）添加"表面 1"。在"模型开发器"窗口中，右击"转化率,三维(旋转)"，选择"表面"。在"表面"设置窗口中，定位到"表达式"栏，在"表达式"文本框中输入"xA"；定位到"范围"栏，选中"手动控制颜色范围"复选框，在"最大值"文本框中输入"1"；单击"绘制"按钮，得到如图 6-129 所示的转化率的三维结果图。

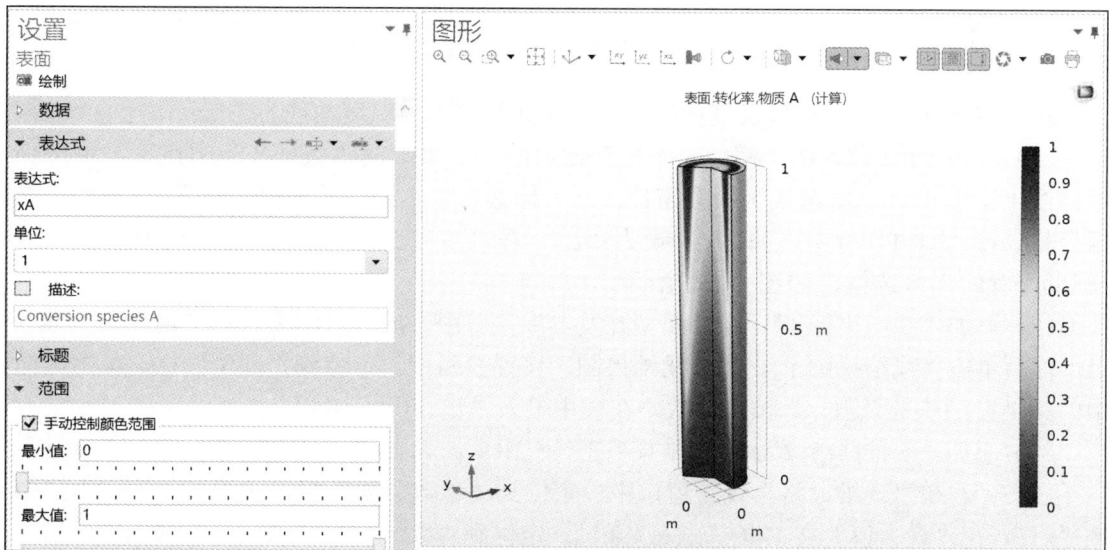

图 6-129　三维旋转的转化率显示

7）设置转化率的代理模型

接着设置转化率的代理模型，该代理模型通过相应的函数 dnn1_2 的表达式进行可视化。

（1）添加"转化率,三维(旋转),代理模型"。在"结果"工具栏中单击"三维绘图组"，打开"三维绘图组"设置窗口，在"标签"文本框中输入"转化率,三维(旋转),代理模型"；定位到"数据"栏，从"数据集"列表中选择"二维旋转 3"；定位到"绘图设置"栏，从"视图"列表中选择"View 3D 3"。

（2）添加"表面 1"。在"模型开发器"窗口中，右击"转化率,三维(旋转),代理模型"，选择"表面"。在"表面"设置窗口中，定位到"表达式"栏，在"表达式"文本框中输入"dnn1_2(x1,x2,E,ke,dHrx)"；定位到"范围"栏，选中"手动控制颜色范围"复选框，在"最大值"文本框中输入"1"；单击"绘制"按钮，得到如图 6-130 所示的代理模型的三维旋转的转化率显示图，与图 6-129 的有限元计算结果相近。

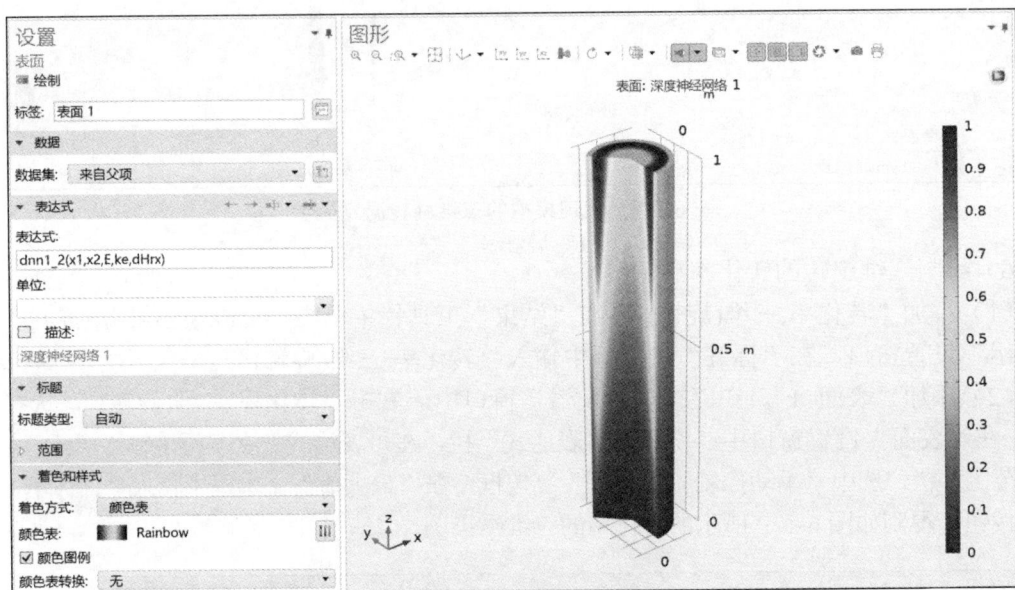

图 6-130　代理模型的三维旋转的转化率显示

8）比较代理模型的出口温度曲线与有限元计算的出口温度曲线

（1）添加"出口"。在"模型开发器"窗口的"结果"→"数据集"节点下，单击"二维截线 1"，打开"二维截线"设置窗口，在"标签"文本框中输入"出口"，定位到"线数据"栏，在"点 1"行中，将"Z"设为"L"，在"点 2"行中，将"Z"设为"L"，清除"辅助平行线"复选框，如图 6-131 所示。

（2）添加"线结果图 1"。在"模型开发器"窗口中，展开"结果"→"温度,一维"节点，然后单击"线结果图 1"。在"线结果图"设置窗口中，定位到"图例"栏，单击选择表中的第 1 行，单击"删除"按钮两次，在表中输入"出口(计算)"。

（3）添加"一维栅格 2"。在"结果"工具栏中单击"更多数据集"，然后选择"栅格"→"一维栅格"。在"一维栅格"设置窗口中，定位到"参数界限"栏，在"名称"文本框中输入"x1"，在"最大值"文本框中输入"0.1"；定位到"数据"栏，从"源"列表中选择"函数"，从"函数"列表中选择"深度神经网络 1(dnn1_1, dnn1_2)"，如图 6-132 所示。

图 6-131 添加"出口"

图 6-132 添加"一维栅格 2"

（4）设置"温度,一维"。在"模型开发器"窗口的"结果"节点下，单击"温度,一维"。在"一维绘图组"设置窗口中，定位到"绘图设置"栏，在"x 轴标签"中输入"径向位置(m)"，在"y 轴标签"中输入"温度(K)"；定位到"标题"栏，在"标题"文本框中输入"径向温度分布曲线"。

（5）添加"线结果图 2"。在"模型开发器"窗口的"结果"节点下，右击"温度,一维"，选择"线结果图"。在"线结果图"设置窗口中，定位到"数据"栏，从"数据集"列表中选择"一维栅格 2"；定位到"y 轴数据"栏，在"表达式"文本框中输入"dnn1_1(x1, L, E, ke, dHrx)"；定位到"着色和样式"栏下的"线样式"子栏，从"线"列表中选择"虚线"，从"颜色"列表中选择"蓝色"；定位到"图例"栏，选中"显示图例"复选框，从"图例"列表中选择"手动"，在表中输入"出口(预览)"（这个是代理模型的结果）；单击"绘制"按钮，得到如图 6-133 所示的出口温度曲线比较图。

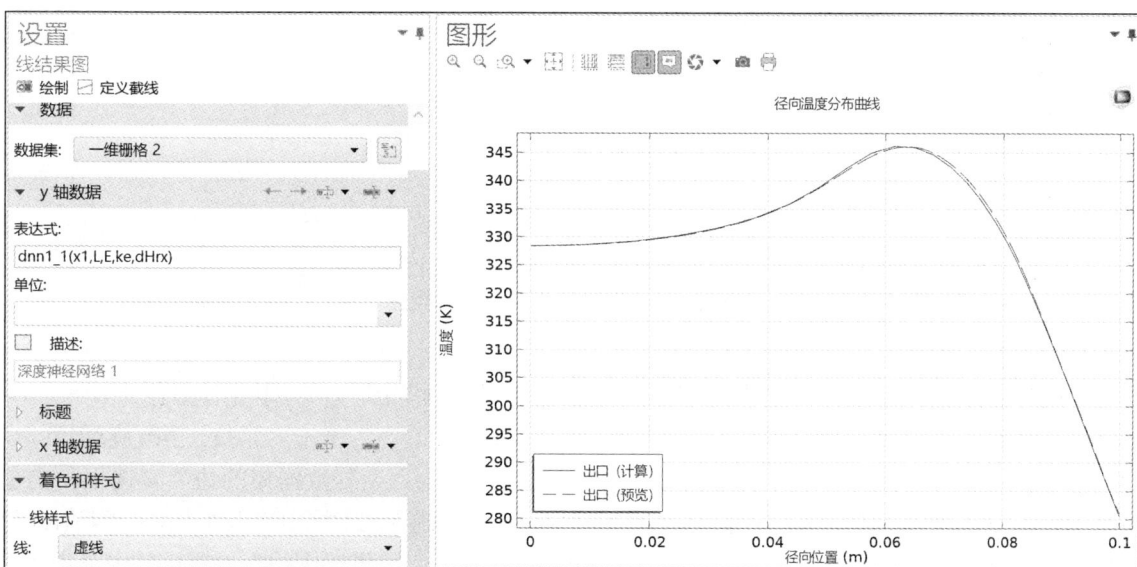

图 6-133 出口温度曲线比较图

9）比较代理模型的出口转化率曲线与有限元计算的出口转化率曲线

（1）设置"线结果图 1"。在"模型开发器"窗口中，展开"结果"→"一维转化率"节点，然后单击"线结果图 1"。在"线结果图"设置窗口中，定位到"图例"栏，单击选择表中的第 1 行，单击"删除"按钮两次，在表中输入"出口(计算)"。

（2）设置"一维转化率"。在"模型开发器"窗口中，单击"一维转化率"。在"一维绘图组"设置窗口中，定位到"标题"栏，在"标题"文本框中输入"径向转化率曲线"；定位到"轴"栏，选中"手动轴限制"复选框，在"x 最小值"文本框中输入"0"，在"x 最大值"文本框中输入"0.1"，在"y 最小值"文本框中输入"0"，在"y 最大值"文本框中输入"1"；定位到"图例"栏，从"位置"列表中选择"左下角"。

（3）添加"线结果图 2"。在"模型开发器"窗口中，右击"一维转化率"，选择"线结果图"。在"线结果图"设置窗口中，定位到"数据"栏，从"数据集"列表中选择"一维栅格 2"；定位到"y 轴数据"栏，在"表达式"文本框中输入"dnn1_2(x1,L,E,ke,dHrx)"；定位到"着色和样式"栏下的"线样式"子栏，从"线"列表中选择"虚线"，从"颜色"列表中选择"蓝色"；定位到"图例"栏，选中"显示图例"复选框，从"图例"列表中选择"手动"，在表中输入"出口(预览)"（这个是代理模型的结果）；单击"绘制"按钮，得到如图 6-134 所示的出口转化率曲线比较图。

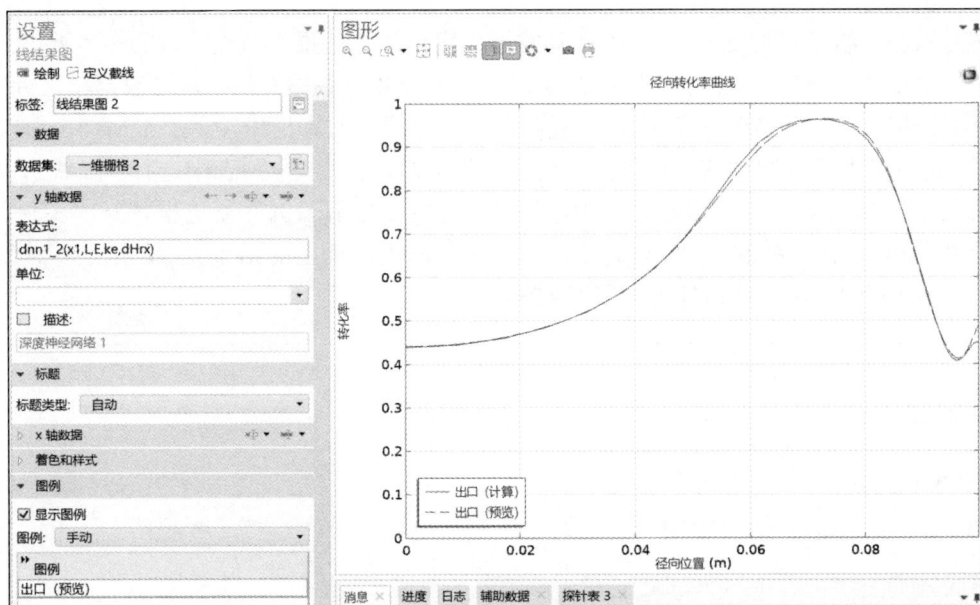

图 6-134　出口转化率曲线比较图

10）修改绘图标题

最后修改绘图标题，以更容易区分代理模型结果（预览图）和有限元计算结果。

（1）设置"温度,三维(旋转)"。在"模型开发器"窗口中，单击"温度,三维(旋转)"。在"三维绘图组"设置窗口中，定位到"绘图设置"栏，清除"绘制数据集的边"复选框；定位到"标题"栏，从"标题类型"列表中选择"手动"，在"标题"文本框中输入"表面:温度(K)(计算)"；在"图形"窗口中单击"缩放到窗口大小"按钮；在"三维绘图组"设置窗口中单击"绘制"按钮，得到修改后的三维旋转温度图（有限元计算结果），如图 6-135 所示。

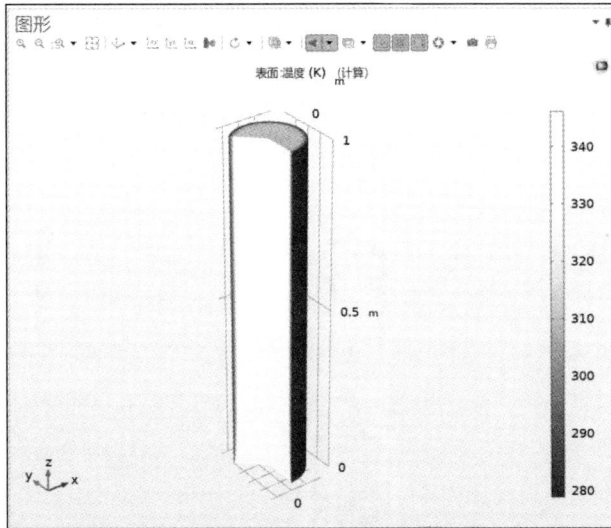

图 6-135　三维旋转温度（有限元计算结果）

（2）设置"温度,三维(旋转),代理模型"。在"模型开发器"窗口中，单击"温度,三维(旋转),代理模型"。在"三维绘图组"设置窗口中，定位到"绘图设置"栏，清除"绘制数据集的边"复选框；定位到"标题"栏，从"标题类型"列表中选择"手动"，在"标题"文本框中输入"表面：温度(K)(预览)"；在"图形"窗口中单击"缩放到窗口大小"按钮；在"三维绘图组"设置窗口中单击"绘制"按钮，得到修改后的三维旋转温度图（代理模型结果），如图 6-136 所示。

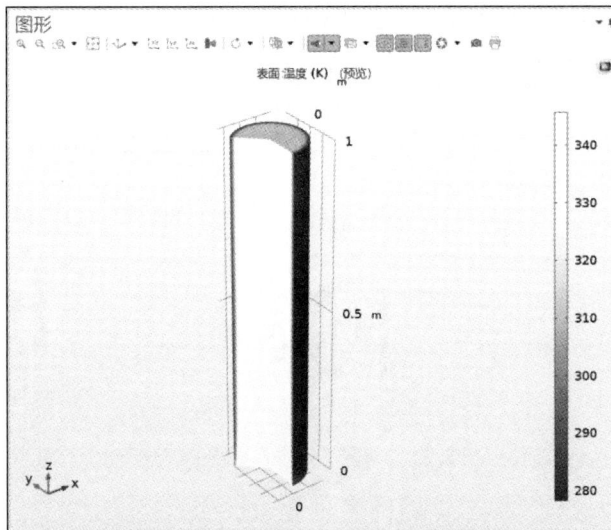

图 6-136　三维旋转温度（代理模型结果）

（3）设置"转化率,三维(旋转)"。在"模型开发器"窗口中，单击"转化率,三维(旋转)"。在"三维绘图组"设置窗口中，定位到"绘图设置"栏，清除"绘制数据集的边"复选框；定位到"标题"栏，从"标题类型"列表中选择"手动"，在"标题"文本框中输入"表面：转化率 A(计算)"；在"图形"窗口中单击"缩放到窗口大小"按钮；在"三维绘图组"设置窗口中单击"绘制"按钮，得到修改后的三维旋转的转化率（有限元计算结果），如图 6-137 所示。

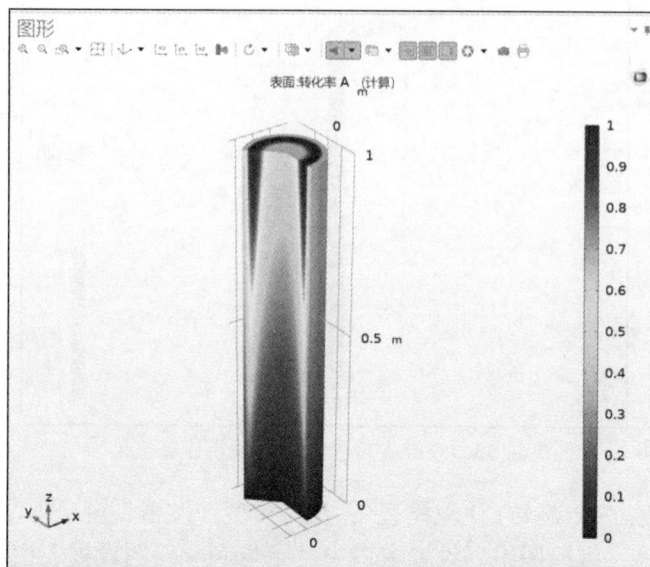

图 6-137　三维旋转的转化率（有限元计算结果）

（4）设置"转化率,三维(旋转),代理模型"。在"模型开发器"窗口中，单击"转化率,三维(旋转),代理模型"。在"三维绘图组"设置窗口中，定位到"绘图设置"栏，清除"绘制数据集的边"复选框；定位到"标题"栏，从"标题类型"列表中选择"手动"，在"标题"文本框中输入"表面：转化率 A(预览)"；在"图形"窗口中单击"缩放到窗口大小"按钮；在"三维绘图组"设置窗口中单击"绘制"按钮，得到修改后的三维旋转的转化率(代理模型结果)，如图 6-138 所示。

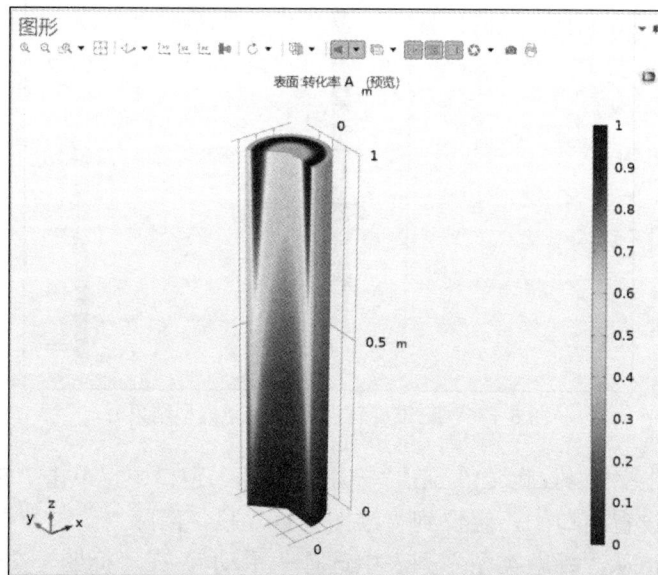

图 6-138　三维旋转的转化率（代理模型结果）

7．制作 App

将上述代理模型制作成 App，便于脱离 COMSOL 软件使用。在"主屏幕"工具栏中单击"App 开发器"，进入 App 开发器界面，如图 6-139 所示。

图 6-139　App 开发器界面

在"主屏幕"工具栏中，单击"新建表单"→"全局"，选择"子窗口"模板，如图 6-140 所示。单击"内容"按钮，进入 App 页面内容设计界面，左边是"选择内容"区，右边是拟设计页面内容的"预览"区，如图 6-141 所示。

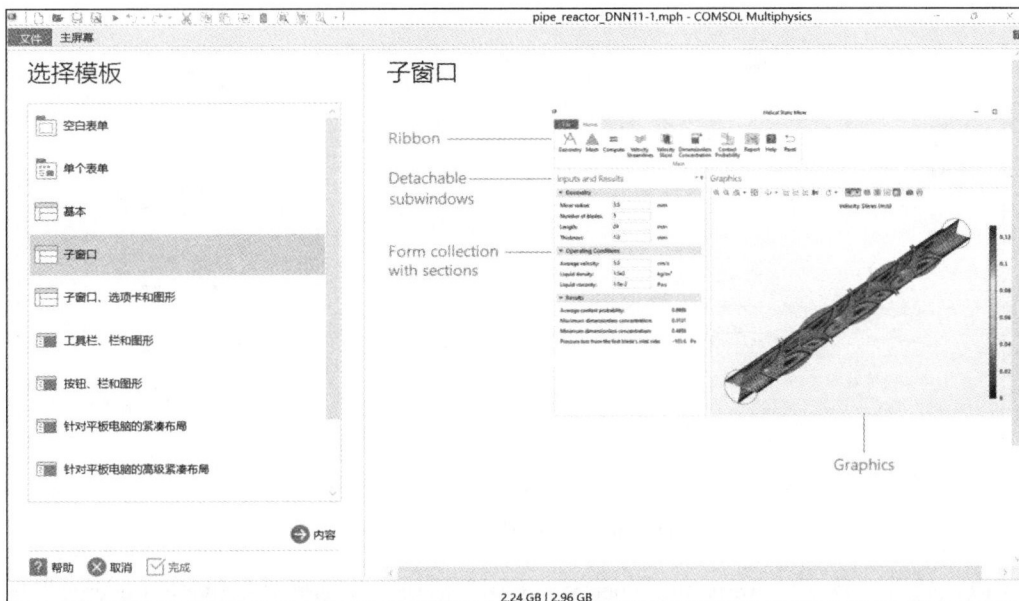

图 6-140　选择模板

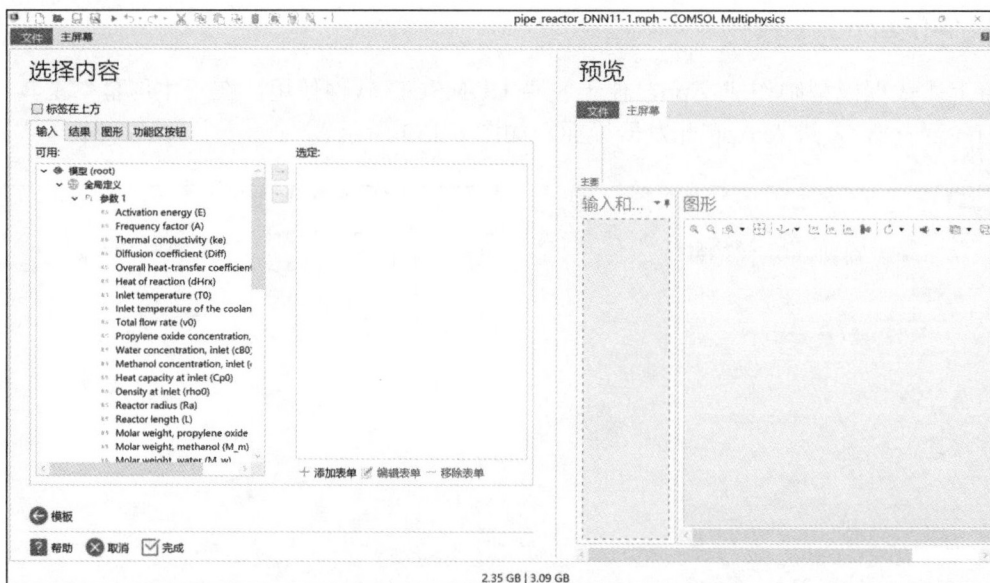

图 6-141　App 页面内容设计界面

在"选择内容"→"输入(可用)"→"模型"→"全局定义"→"参数 1"中，单击选择"Activation energy(E)""Thermal conductivity(ke)""Heat of reaction(dHrx)"，再单击"可用"框与"选定"框之间的"→"按钮，就可以看到，在"输入和结果"窗口的"输入"栏出现了这 3 个输入参数。类似地，可以设置"结果""图形""功能区按钮"等内容。根据用户的需要，设置好页面内容后，单击"完成"按钮，返回 App 开发器界面，如图 6-142 所示。

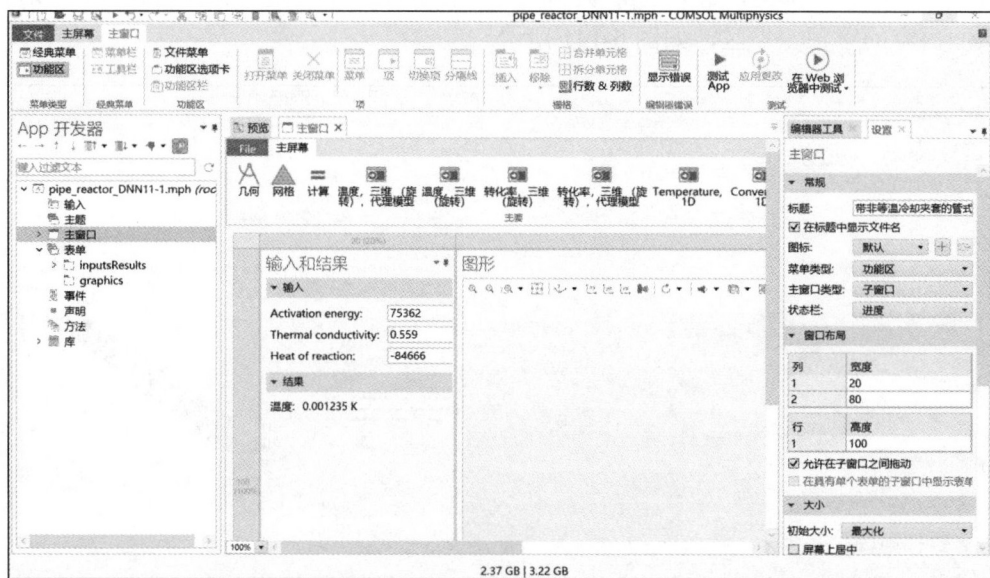

图 6-142　设计后的 App 页面内容

可以在输入参数（如 Activation energy）下插入滑块。先选择"Activation energy"后的文本框，在"表单"工具栏中，单击"插入"→"在下方插入"，如图 6-143 所示，插入一行后，可以像 Word 表格一样合并成一个格。接着选择新插入的行，在"表单"工具栏中，单击"更多对象"→"其他"→"滑块"，便在新插入的行中插入了滑块。选中该"滑块"，在右边的"设置"窗口中，定位到"源"栏，在"参数 1"下双击"Activation energy"，这样就建立了滑块与数据的关联，随后可以设置滑块的名称、最小值、最大值、步数等，如图 6-144 所示。

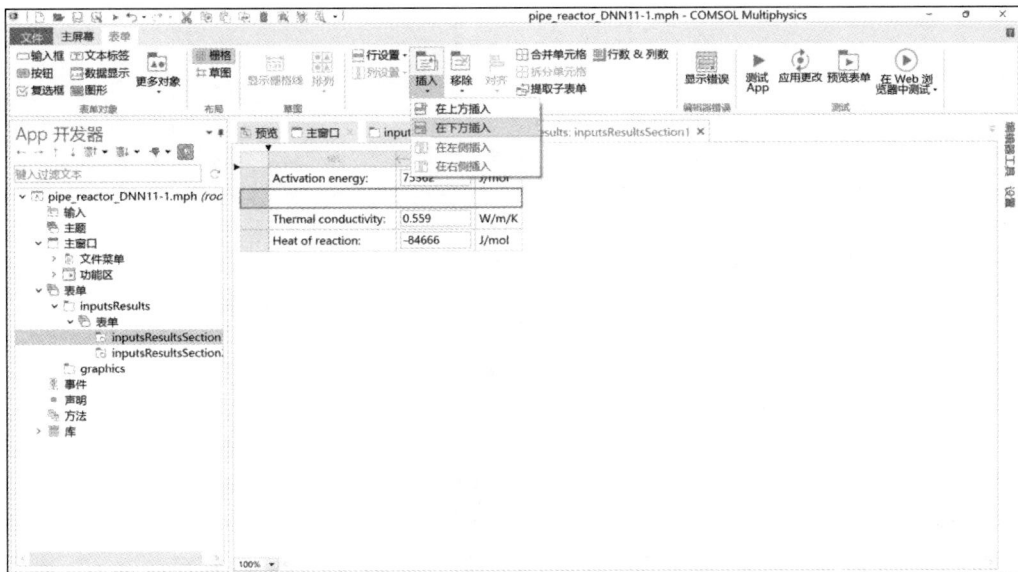

图 6-143　在输入参数下插入行

图 6-144　插入滑块并建立与数据的关联

再给各个页面内容设置具体的方法、事件与触发等，之后单击"测试 App"，就可以显示出 App 使用界面，如图 6-145 所示。通过 COMSOL Compiler 编译输出成可以独立执行的 App，即可在没有 COMSOL（也不需要 COMSOL Server 许可证）的环境中使用（初次使用时需要安装 COMSOL Runtime）。

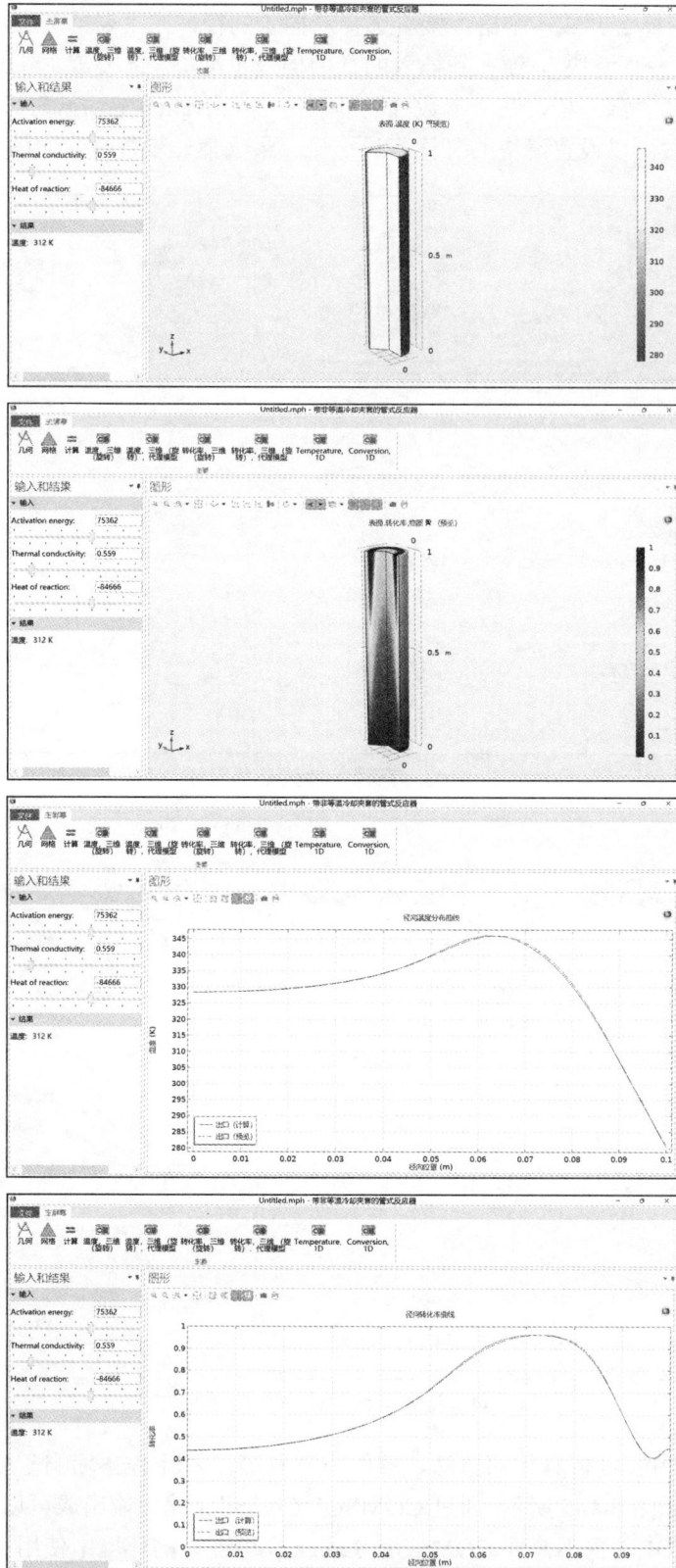

图 6-145　App 使用界面

参考文献

[1] 王成恩, 崔东亮, 曲蓉霞, 等. 传热与结构分析有限元法及应用[M]. 北京: 科学出版社, 2012.

[2] 毕超. 计算流体力学有限元方法及其编程详解[M]. 北京: 机械工业出版社, 2013.

[3] 尹飞鸿. 有限元法基本原理及应用[M]. 北京: 高等教育出版社, 2018.

[4] 江帆, 温锦锋, 谢智铭, 等. 有限元基础与 COMSOL 案例分析[M]. 北京: 人民邮电出版社, 2024.

[5] 马慧. COMSOL Multiphysics 基本操作指南和常见问题解答[M]. 北京: 人民交通出版社, 2009.

[6] 田瑞峰, 刘平安. 传热与流体流动的数值计算[M]. 哈尔滨: 哈尔滨工程大学出版社, 2015.

[7] 王刚, 安琳. COMSOL Multiphysics 工程实践与理论仿真: 多物理场数值分析技术[M]. 北京: 电子工业出版社, 2012.

[8] William B J Zimmerman. COMSOL Multiphysics 有限元法多物理场建模与分析[M]. 北京: 人民交通出版社, 2007.

[9] 周博, 薛世峰. 基于 MATLAB 的有限元法与 ANSYS 应用[M]. 北京: 科学出版社, 2015.

[10] COMSOL Inc.. COMSOL Multiphysics reference manual [M]. Stockholm: COMSOL Inc., 2021.

[11] 江帆, 徐勇程, 黄鹏. Fluent 高级应用与实例分析[M]. 2 版. 北京: 清华大学出版社, 2018.

[12] 江帆, 谢宝山, 张冥聪, 等. CFD 基础与 Fluent 工程应用分析[M]. 北京: 人民邮电出版社, 2022.

[13] 陈俊超. 基于水平集的人工膝关节磨粒流加工流场分析与实验研究[D]. 杭州: 浙江工业大学, 2018.

[14] Huang H, Usmani A. Finite element analysis for heat transfer theory and software[M]. London: Springer-Verlag London Limited, 2014.

[15] 祝秋睿. 脉动热管气液两相流动及传热应用研究[D]. 大连: 大连理工大学, 2020.

[16] COMSOL Inc.. CFD Module user's guide [M]. Stockholm: COMSOL Inc., 2021.

[17] COMSOL Inc.. Porous media Module user's guide [M]. Stockholm: COMSOL Inc., 2021.

[18] COMSOL Inc.. Chemical reaction engineering Module user's guide [M]. Stockholm: COMSOL Inc., 2021.

[19] Derzsi L, Kasprzyk M, Plog J P, et al. Flow focusing with viscoelastic liquids[J]. Physics of Fluids, 2013, 25(9): 092001.

[20] 苏亚欣. 传热学[M]. 北京: 机械工业出版社, 2023.

[21] 李星辰, 田野, 姚雯. COMSOL 传热与多物理场耦合仿真[M]. 北京: 机械工业出版社, 2023.

[22] 刘希云, 赵润祥. 流体力学中的有限元与边界元方法[M]. 上海: 上海交通大学出版社, 1993.

[23] 黄奕勇, 李星辰, 田野, 等. COMSOL 多物理场仿真入门指南[M]. 北京: 机械工业出版社, 2021.

[24] 李浩哲, 宋美琪, 刘晓晶. 基于可解释机器学习的超临界流体传热特性预测与分析[J]. 核动力工程, 2024, 45(6): 63-74.

[25] 张昂. 泉州湾高铁斜拉桥桥塔温度特征与温度模式研究[D]. 长沙: 中南大学, 2023.

[26] 王爱军. 车用涡轮增压器冷却水量影响机理分析及其智能预测[D]. 长沙: 湖南大学, 2013.

[27] 吴哲. 机器学习在单相热流对流传热领域的应用研究[D]. 扬州: 扬州大学, 2023.

[28] 吴浩, 牛风雷. 高温球床辐射传热中的机器学习模型[J]. 清华大学学报（自然科学版）, 2023, 63(8): 1213-1218.

[29] 刘天赐. 基于深度学习的对流传热问题算法及应用研究[D]. 北京: 华北电力大学, 2023.

[30] Ain Q U, Shah I A, Alzahrani S M. Enhanced heat transfer in novel star-shaped enclosure with hybrid nanofluids: A neural network-assisted study[J]. Case Studies in Thermal Engineering, 2024, 61: 105065.

[31] Manavi S, Fattahi E, Becker T. A parameterized physics-informed machine learning approach for solving heat and mass transfer equations in the drying process[J]. International Communications in Heat and Mass Transfer, 2024, 158: 107897.

[32] Jalili D, Mahmoudi Y. Physics-informed neural networks for two-phase film boiling heat transfer [J]. International Journal of Heat and Mass Transfer, 2025, 241: 126680.

[33] 刘振海, 齐飞鹏, 周毅, 等. 基于机器学习的燃料棒温度分布代理模型构建方法研究[J]. 核动力工程, 2023, 44(S02): 1-5.

[34] 晁浩杰, 王毅飞, 孙心茹, 等. 不同纳米流体在微通道内的流动传热特性研究[J]. 低温与超导, 2023, 51(4): 25-32.

[35] Dadvand A, Hosseini S, Aghebatandish S, et al. Enhancement of heat and mass transfer in a microchannel via passive oscillation of a flexible vortex generator [J]. Chemical Engineering Science, 2019, 207(C): 556-580.

[36] 张记杨, 张泽. 基于 Fluent 的水冷散热器特性研究[J]. 农业装备与车辆工程, 2023, 61(9): 107-110.

[37] Lv P, Liu L, Lei G, et al. Pore-scale numerical investigation on the thermal storage properties of packed-bed systems with phase change material microcapsules[J]. Journal of Cleaner Production, 2023, 405: 137071.

[38] 陈诚. 新能源汽车方形动力锂电池散热及优化设计研究[D]. 上海: 上海应用技术大学, 2020.

[39] 张明, 陈宝明, 常钊, 等. 不同结构金属翅片对石蜡相变传热的影响[J]. 煤气与热力, 2022, 42(1): 15-21.

[40] Jafari R, Okutucu-Özyurt T. Phase-field modeling of vapor bubble growth in a microchannel[J]. Journal of Computational Multiphase Flows, 2015, 7(3): 143-158.